Edition der
Carl Friedrich von Siemens
Stiftung

Friedrich Wilhelm Graf und
Heinrich Meier (Hg.)

Die Zukunft der Demokratie

Kritik und Plädoyer

Mit Beiträgen von
Sabino Cassese
Dan Diner
Horst Dreier
Egon Flaig
Friedrich Wilhelm Graf
Heinrich Meier
Herfried Münkler
Dietrich Murswiek
Thomas L. Pangle
Peter Sloterdijk

C.H.Beck

Redaktionelle Mitarbeit: Hannes Kerber

Originalausgabe

© Verlag C.H.Beck oHG, München 2018
Satz: C.H.Beck.Media.Solutions, Nördlingen
Druck und Bindung: Druckerei C.H.Beck, Nördlingen
Umschlaggestaltung: Kunst oder Reklame, München
Gedruckt auf säurefreiem, alterungsbeständigem Papier
(hergestellt aus chlorfrei gebleichtem Zellstoff)
Printed in Germany
ISBN 978 3 406 72614 9

www.chbeck.de

INHALT

FRIEDRICH WILHELM GRAF
Einleitung
7

HORST DREIER
Vom Schwinden der Demokratie
29

HERFRIED MÜNKLER
Verkleinern und Entschleunigen
oder die Partizipationsformen neu arrangieren?
83

EGON FLAIG
Wie entscheidungsfähig sind Demokratien?
Historische Rückbesinnung auf Gemeinwohl und
politische Kohäsion
121

PETER SLOTERDIJK
Von pseudonymer Politik
Über einige weit verbreitete Mißverständnisse
der Demokratie
171

THOMAS L. PANGLE
Was macht die amerikanische Demokratie
so außergewöhnlich?
203

DAN DINER
Volkssouveränität und Legitimität
Historisches zum «Arabischen Frühling»
in prospektiver Absicht
235

SABINO CASSESE
Globale Dimensionen der Demokratie
265

DIETRICH MURSWIEK
Die Mehrebenendemokratie in Europa –
ein Ding der Unmöglichkeit?
293

HEINRICH MEIER
Epilog
Die Vergangenheit einer Illusion
341

Über die Autoren
353

FRIEDRICH WILHELM GRAF

Einleitung

I. Unbekannte Zukünfte

Wer nach der Zukunft von Gesellschaften, Staaten, politischen Institutionenordnungen und sozialen oder kulturellen Einrichtungen gleich welcher Art fragt, begibt sich in eine erkenntnistheoretisch schwierige Situation. Denn der temporale Modus «Zukunft» ist dadurch bestimmt, daß er das bald und unausweichlich kommende andere der «Vergangenheit» und zugleich das Ende der «Gegenwart» ist, die zukünftig zur Vergangenheit geworden sein wird. Mit Niklas Luhmann, einem ausgewiesenen Spezialisten für Temporalsemantik, kann man zwischen «der Zukunft (oder: dem Zukunftshorizont) der Gegenwart als dem Reich des Wahrscheinlichen/Unwahrscheinlichen» einerseits und «den künftigen Gegenwarten» andererseits unterscheiden, «die immer genau so sein werden, wie sie sein werden, und nie anders».[1] Schon mit Blick auf die Vergangenheit oder die vielen ganz unterschiedlichen Vergangenheiten sind Grenzen des Wissenkönnens evident; was einst – wann und wo auch immer – tatsächlich geschah, ist nicht zuletzt wegen mangelnder Quellen nur zu einem geringen Teil bekannt. Auch mit Blick auf die Gegenwart ist die Perspektivität menschlichen Wahrnehmens und Begreifens zu betonen: Niemand kennt die gegenwärtige Welt insgesamt. Mehr noch gilt dies mit Blick auf «die Zukunft». Sie ist gerade dadurch definiert, daß man von ihr nichts oder zumindest nichts Genaues wissen kann. Wäre es anders, wären den Menschen selbst die langfristigen Folgen ihrer Entscheidungen und

---

1 Niklas Luhmann: *Die Beschreibung der Zukunft*, in: *Beobachtungen der Moderne*. Opladen 1992, S. 129–147, hier S. 140.

Handlungen bestens bekannt, und das Problem nichtintendierter schlechter Folgen subjektiv gut gemeinten Handelns existierte nicht. In einer Welt des gesicherten Zukunftswissens wären die meisten Menschen unendlich reich, weil sie immer nur die auf lange Sicht richtigen, weisen Entscheidungen getroffen und etwa in besonders profitable Unternehmen investiert, also außergewöhnlich erfolgversprechende, große Wertsteigerungen bringende Aktien gekauft hätten. Aber gesichertes Zukunftswissen ist eine Illusion. Menschen sind trotz ihrer Vernunftausstattung endliche, durch Irrtumsfähigkeit und begrenzte Orientierungskraft bestimmte Wesen, die nicht einmal Wahlergebnisse zutreffend prognostizieren oder beim Wetterbericht für die kommenden Tage das Risiko falscher Voraussage ausschalten können. Der temporale Modus der Zukunft ist durch Kontingenz bestimmt, und so mag es sein, daß es ganz anders kommt, als wir meinen, hoffen oder beabsichtigen. Gewiß kann und darf man gegenwärtige Trends in die Zukunft hinein fortschreiben und mit den Mitteln rationaler Prognose, etwa durch mathematische Rationalität, wahrscheinliche Entwicklungen vorauszusagen suchen. Dann wissen wir etwa, daß mehr Elektromobilität kommen wird und autonomes Fahren schon bald im Bereich des Wahrscheinlichen liegt. Aber es lassen sich keine vernünftigen Argumente dafür entwickeln, daß das futurologisch Vermutete tatsächlich eintreten wird. Denn niemand kann ausschließen, daß politische Ereignisse oder Entwicklungen eintreten, die den Menschen die Lust am Fahren nehmen oder Mobilität überhaupt unmöglich machen werden. Gesellschaften können sich vor katastrophalen Unfällen in großtechnologischen Einrichtungen wie etwa Atomkraftwerken zu schützen versuchen oder umfassende Präventionsmaßnahmen gegen Naturkatastrophen entfalten. Aber sie können nicht effektiv garantieren, daß es zu solchen Katastrophen niemals kommen wird. «Die Zukunft» bleibt riskant.

Erkenntnistheoretisch schwierig ist die Rede von «*der* Zukunft» auch deshalb, weil der Kollektivsingular suggeriert, es gäbe so etwas wie die *eine* Zukunft. Es dürfte sehr viel sinnvoller sein, im Plural von «Zukünften» zu sprechen. Denn Vorstellungen von Zeit und Geschichte sind kulturell pfadabhängig, also äußerst vielfältig und heterogen. So kann es keineswegs als gesichert gelten, daß Menschen unterschiedlicher Herkunft dasselbe meinen, wenn sie von «der Zukunft» sprechen. Der Begriff Zukunft eröffnet einen extrem weiten Imaginationsraum, in den hinein Menschen ihre je eigenen Vorstellungen des Kommenden, von ihnen Erwarteten, sei es Befürchteten, sei es Erhofften projizieren können. Gerade mit Blick auf die Frage nach der Zukunft der Demokratie legt sich die entschiedene Pluralisierung der einen Zukunft in viele Zukunftsentwürfe nahe: Demokratie ist ein notorisch unscharfer, deutungsoffener und deshalb interpretationsbedürftiger Begriff. Seit ihren Anfängen war die liberale Demokratie eine institutionell äußerst vielgestaltige politische Ordnung, die der grundlegenden Idee der freien Selbstbestimmung aller Bürger in unterschiedlichen Verfahren und Einrichtungen Geltung zu verschaffen suchte. Das klassische Beispiel dafür ist das für die normative Idee der liberalen Demokratie konstitutive Prinzip der gleichen, freien und allgemeinen Wahl. Dieses Prinzip kann in außerordentlich divergenten nationalen oder bundesstaatlichen Wahlrechtsordnungen konkretisiert werden, die jeweils durch historisch kontingente Elemente geprägt sind. Man kann das am Beispiel des Wahlrechts in der Bundesrepublik Deutschland sehen: Die demokratietheoretisch höchst problematische Fünfprozentklausel, mit der die Wahlentscheidungen jener Bürger faktisch und folgenreich – die großen Parteien profitieren von ihr in erheblichem Ausmaß – annulliert werden, die sich für eine kleine, nur relativ wenige Wähler attrahierende Partei entschieden haben, läßt sich als Antwort auf das Scheitern der parlamentarischen Demokratie von Weimar und aus der in den frühen Jahren der westdeutschen Demokratie elementaren Sorge erklären, «Bonn» dürfe nicht «Weimar» werden.

So scheint es mit Blick auf die Zukunft der liberalen Demokratie nicht nur nicht ausgeschlossen, sondern eher wahrscheinlich, daß diese Ordnung der Freiheit sich je nach Ort und Zeit verschieden entwickeln kann und wohl auch wird. Die Zukunft der Demokratie mag in den USA anders aussehen als in vielen Ländern Asiens[2] und Lateinamerikas oder in europäischen Gesellschaften. Aber auch in Europa ist es der Fall, daß sich demokratische Prozesse gegensätzlich, widersprüchlich entwickeln und daß sich so trotz aller relativen Homogenisierungsversuche durch europäische Rechtssetzung und Rechtsprechung divergente Typen von Demokratie herausbilden. Selbst sehr aufmerksame Zeitgenossen können nicht wissen, in welche Richtung etwa die politischen Verhältnisse in Polen und Ungarn ausschlagen werden. Denn es ist unklar, ob die begrenzten rechtlichen Reaktionsmittel der Europäischen Union – den politischen Willen vorausgesetzt, sie effektiv auszuüben – dazu taugen, den drohenden oder nach Einschätzung vieler Beobachter bereits massiv eingetretenen Umbau der demokratisch-rechtsstaatlichen Institutionenordnung in ein autoritäres Herrschaftssystem zu verhindern. Mit Blick auf die Zukunft aktuell gefährdeter Demokratien läßt sich wohl nur sagen: Ohne selbstbewußte Demokraten, die mutig und diskursiv kämpferisch die vielen Vorzüge demokratischer Herrschaftsordnungen gegenüber autokratischen bzw. tendenziell diktatorischen Regimen öffentlich und mit überzeugenden Argumenten bekunden, wird die liberale Demokratie keine gute Zukunft haben.

Grenzen des Wissenkönnens lassen sich auch mit Blick auf andere demokratierelevante politische Konstellationen nicht transzendieren. So kann man, um ein für Europa und insbesondere Deutschland wichtiges Beispiel zu nennen, nichts Seriöses darüber sagen, ob der religiös grundierte Versuch des türkischen Staatspräsidenten, die Republik Türkei in eine

---

2 Siehe Stig Toft Madsen, Kenneth Bo Nielsen, Uwe Skoda (Hg.): *Trysts with Democracy. Political Practice in South Asia.* London–New York–Delhi 2011.

diktatorial-cäsaristische «Führerdemokratie» mit plebiszitären Elementen umzuwandeln, auf Dauer erfolgreich sein wird. Denn politische Entwicklungen werden nicht allein durch Macht, Herrschaftsordnung und Institutionensystem beeinflußt, sondern auch durch ökonomische Prägekräfte, außenpolitische Zufälle und Konflikte zwischen konkurrierenden gesellschaftlichen Akteuren. Gerade religiöse Mentalitäten und mit ihnen verbundene moralische Vorstellungen guten Lebens und Handelns bestimmen politisch relevante Weltdeutungen und das Selbstverständnis politischer Akteure oft sehr stark. Viele religiöse Ideen und mythische Vorstellungen in den monotheistischen Religionsfamilien stehen aber in elementarer Spannung zu modernen rationalen Konzepten demokratischer Herrschaft, für die immer die Idee der gleichen Freiheit aller konstitutiv ist. Wenn in der Demokratie, so Hans Kelsen in einer viel zitierten Formel, «der Wille des Staates [...] von denjenigen selbst erzeugt wird, die dieser Ordnung unterworfen sind»,[3] bedarf sie keiner sakralen Letztbegründung – obgleich theologische Experten für die Deutung überkommener religiöser Symbolsprachen auch in der Moderne gern in diese Richtung tendieren. Wo es um religiösen Glauben geht, ist die theokratische Versuchung nicht fern, die in all ihren historischen Varianten immer eine hohe Affinität zu autokratisch-autoritären, entschieden nichtdemokratischen Herrschaftsordnungen aufwies. So dürfte es für die Zukunft der Demokratie entscheidend sein, ob sich die religiös geprägten Bürgerinnen und Bürger und speziell auch die Vertreter der Religionsgemeinschaften bereit finden, die politische Ordnung der parlamentarischen Demokratie als legitim anzuerkennen. An den Ideengeschichten der christlichen Ethik seit 1800 läßt sich zeigen, wie schwer sich christliche Theologen und hohe kirchliche Repräsentanten damit taten – und bisweilen immer noch tun –, vorstaatliche Freiheitsrechte der Bürger einschließlich des Grundrechts

---

3 Hans Kelsen: *Allgemeine Staatslehre*. Berlin 1925, S. 326.

auf Glaubens- und Gewissensfreiheit anzuerkennen und die Gewaltenteilung zwischen Legislative, Exekutive und Judikative zu akzeptieren.

Intensives Nachdenken über «die Zukunft» ist oft ein Ausdruck elementarer Verunsicherung. Wer «die Zukunft» zum Thema macht, will jedenfalls nicht in den Tag hineinleben, sondern möchte wissen, was möglicherweise oder wahrscheinlich auf ihn zukommen wird. Wer die Frage nach der Zukunft der Demokratie stellt, weiß: die liberale Demokratie versteht sich nicht von selbst. Er weiß um die Fragilität freiheitlicher Ordnungen und die bleibend wirksame Faszinationskraft antiliberaler, autoritärer Gegenentwürfe. Seit den Anfängen der modernen freiheitlichen Demokratie gehört die Rede von der «Krise der Demokratie» zum festen Bestand diskursiver Selbstthematisierung der demokratischen Ordnung. Der enge Zusammenhang zwischen Krisendiskurs und Zukunftsfrage prägt auch die demokratietheoretischen Intellektuellendebatten der Weimarer Republik.[4]

«*Demokratie* [...] ist *Volksregierung*, und *Demokrat*, wer dieser Regierungsart zugethan ist. Da indessen das ganze Volk sich nicht selbst regieren kann, so wird auch in einem *demokratischen Staate* immer ein Ausschuß der Bürger im Namen des Volks das eigentliche Staatsregiment führen müssen. Die Wahl dieses Ausschusses aber muß, wenn der Staat rein demokratisch sein soll, der Gesammtheit der Bürger überlassen bleiben, und jeder Bürger muß fähig sein, in diesen Ausschuß gewählt zu werden», erklärt 1827 der Frühliberale Wilhelm Traugott Krug,[5] Nachfolger Immanuel Kants auf dem Königsberger Lehrstuhl für Philosophie und nach seinem Wechsel an die Leipziger Universität Autor der ersten deutschsprachigen

---

4 Siehe Rüdiger Graf: *Die Zukunft der Weimarer Republik. Krisen und Zukunftsaneignungen in Deutschland 1918–1933*. München 2008.
5 Artikel *Demokratie*, in: Wilhelm Traugott Krug (Hg.): *Allgemeines Handwörterbuch der philosophischen Wissenschaften, nebst ihrer Literatur und Geschichte*. Leipzig 1827, Bd. 1, S. 486.

Liberalismus-Geschichte. Daß jeder Bürger dazu wirklich «fähig» sei, ist seit den um die Wende zum 19. Jahrhundert intensiv ausgetragenen Kontroversen über die Legitimität der Französischen Revolution nicht nur von Gegnern der Demokratie immer wieder in Frage gestellt worden. Insofern stehen die aktuellen Debatten über «Postdemokratie» – ein schon in den frühen 1990er Jahren von Sozial- und insbesondere Politikwissenschaftlern vielfältig gebrauchter Begriff – im Kontext einer gut zweihundert Jahre andauernden Debatte darüber, ob die moderne repräsentative Demokratie mit dem Parlament als ihrer zentralen Institution wirklich «Demokratie» genannt zu werden verdient. Der britische Politikwissenschaftler Colin Crouch bezeichnete in seinem 2004 erschienenen, vieldiskutierten Buch *Post-Democracy* die westlichen Demokratien der Gegenwart als «Postdemokratien», die nur noch Scheindemokratien seien: Bei der Postdemokratie handele es sich um «ein Gemeinwesen, in dem zwar nach wie vor Wahlen abgehalten werden […], in dem allerdings konkurrierende Teams professioneller PR-Experten die öffentliche Debatte während der Wahlkämpfe so stark kontrollieren, daß sie zu einem reinen Spektakel verkommt, bei dem man nur über eine Reihe von Problemen diskutiert, die die Experten zuvor ausgewählt haben». Das Konzept der Postdemokratie impliziert den Gegenbegriff der wahren Demokratie, in der alle Bürger aktiv und engagiert über die wirklich wichtigen Fragen des Gemeinwesens diskutieren und entscheiden. Crouchs ideale Demokratie setzt voraus, «daß sich eine sehr große Zahl von Menschen lebhaft an ernsthaften politischen Debatten und an der Gestaltung der politischen Agenda beteiligt und nicht allein passiv auf Meinungsumfragen antwortet; daß diese Menschen ein gewisses Maß an politischem Sachverstand mitbringen und sie sich mit den daraus folgenden politischen Ereignissen und Problemen beschäftigen».[6]

---

6 Colin Crouch: *Postdemokratie*. Berlin 2008, S. 9 f.

Diese Vorstellung einer «echten» oder «wahren Demokratie» provoziert kritische Fragen: Wer entscheidet darüber, was die wirklich wichtigen Fragen des Gemeinwesens sind? Wem soll die Kompetenz zukommen, den Grad der Ernsthaftigkeit einer politischen Debatte zu bestimmen? Wer soll das «Maß an politischem Sachverstand» eines Bürgers beurteilen dürfen? In welchen Verfahren soll eruiert werden können, ob sich die Staatsbürger tatsächlich mit dem politischen Zeitgeschehen intensiv auseinandersetzen?

II. Demokratische Partizipation

Deliberative Demokratie ist anstrengend und zeitraubend. Die vor allem von Jürgen Habermas in Fortschreibung älterer liberaler Theorieentwürfe prägnant entfaltete Vorstellung, daß freie Bürger in einem idealiter herrschaftsfreien Prozeß aufeinander hören und sich in rationalen Verständigungsprozessen auf Dauer das beste Argument durchsetzt,[7] ist höchst voraussetzungsreich. Vorausgesetzt wird zunächst, daß die Bürgerinnen und Bürger rational argumentieren können und gemeinsam auf die Wirkkraft der Vernunft vertrauen. Vorausgesetzt wird weiter, daß alle am demokratischen Austausch Beteiligten wirklich die beste Lösung wollen und dafür auch ihre Partikularinteressen zu begrenzen oder hintanzustellen vermögen. Vorausgesetzt wird zudem, daß sie zum Kompromiß imstande sind, also nicht absolute, nicht mehr diskutierbare Wahrheits- oder Geltungsansprüche erheben – nach der Methode: ich allein kenne das wahre Problem und die richtige Lösung –, sondern sich und den anderen Diskursteilnehmern ein- bzw. zugestehen, der jeweils andere wisse es möglicherweise besser. Vorausgesetzt wird obendrein, daß im Prozeß der demokrati-

---

7 Jürgen Habermas: *Faktizität und Geltung. Beiträge zur Diskurstheorie des Rechts und des demokratischen Rechtsstaats*. Frankfurt am Main 1992.

schen Deliberation und um der gemeinsamen Verständigung willen alle Beteiligten elementare Regeln bürgerschaftlicher Zivilität respektieren wollen und tatsächlich ernst zu nehmen fähig sind. Dies sind viele und alles andere als kulturell selbstverständliche Voraussetzungen, und deshalb ist gegen dieses liberale Konzept der Deliberation immer wieder der Einwand erhoben worden, es sei mit Blick auf die Bürgerschaft allzu optimistisch, gar naiv, weil realitätsfern. Sowenig man allen am ökonomischen Prozeß Beteiligten im Sinne der klassischen Rational-choice-Theorien klare kapitalistische Zweckrationalität, etwa das konsequent verfolgte Streben nach Profitmaximierung, unterstellen könne, sowenig könne man den Wahlbürgern systematische Vernünftigkeit und umfassendes Informiertsein zuschreiben. Jason Brennan, Professor für Politische Wissenschaft an der Georgetown University in Washington, D. C., hat 2016 in einem Pamphlet unter dem Titel *Against Democracy* mit Blick auf die USA zu zeigen versucht, daß die Wahlberechtigten alles andere als demokratiefähige und an guten Problemlösungen orientierte Wähler seien. De facto seien die meisten amerikanischen Wähler, wie viele empirische Studien über die Wählerschaft im Lande belegten, inkompetente, uninformierte, ideologieanfällige und zutiefst irrationale Akteure, weder fähig zu konsistenter Argumentation noch zu widerspruchsfreiem Handeln. Nicht nur seien ihre Kenntnisse über die Geschichte des eigenen Landes und mehr noch über die moderne politische Geschichte in anderen Erdteilen, speziell in Europa, erschreckend schwach. Vielmehr fehle ihnen auch jegliches Verständnis für die komplexe Institutionenordnung der amerikanischen föderalen Demokratie, und selbst so einfache Fragen wie die nach den Mehrheitsverhältnissen in Senat und Kongreß überforderten die meisten Wahlberechtigten. Brennan, Autor einer Monographie über «Libertarianism»,[8]

---

[8] Jason Brennan: *Libertarianism. What Everyone Needs to Know.* Oxford–New York 2012.

polemisiert nicht nur gegen die Dummheit und Ignoranz der wählenden Massen, sondern greift zugleich ein zentrales Prinzip der parlamentarischen Demokratie an – das Mehrheitsprinzip. Sein kritischer Einwand lautet: Die Privilegierung der Mehrheit leiste nur der Herrschaft der Blinden, ideologisch Verblödeten, Uninformierten und Differenzierungsunfähigen Vorschub. Keineswegs werde ein wahlberechtigter Bürger durch Teilnahme am demokratischen Prozeß moralisch sensibler, edler, gebildeter und klüger. Das Gegenteil sei nach allen relevanten sozialwissenschaftlichen Untersuchungen der Fall, und die gegebene repräsentative Demokratie biete gerade wegen des Mehrheitsprinzips keinen hinreichenden Schutz vor dem vielfältigen Schaden, den inkompetente Wähler immer wieder anrichteten. Brennan plädiert deshalb für einen grundlegenden Systemwandel. Man müsse die egalitäre Demokratie ob der fatalen Folgewirkungen ihres Prinzips des allgemeinen Wahlrechts in eine «Epistocracy» überführen, eine Herrschaft der wirklich Wissenden, durch Information, Differenzierungskraft und Selbstreflexion Kompetenten.[9] Ernsthaft fordert der amerikanische Politikwissenschaftler Eignungstests zum Erwerb eines Wahlberechtigungsscheins. So wie man für die Teilnahme am Straßenverkehr mit einem Auto einen Führerschein erwerben muß, brauche man auch für die aktive Teilnahme am demokratischen Diskurs und an Wahlen einen Partizipationsberechtigungsschein, der in einer Prüfung zu erwerben sei. Dies provoziert die Fragen: Wer soll eine solche Prüfung abnehmen dürfen? In welchen Verfahren erwirbt man die Fähigkeit, als Prüfer zu fungieren? Wer entscheidet darüber, was man um der Wahlberechtigung willen mit Blick auf Geschichte, Politik und Institutionenordnung wissen muß? Brennans Prinzip der Selektion allein der Besten, Fähigsten, in dem alte platonische

---

9 Jason Brennan: *Against Democracy*. Princeton–Oxford 2016; deutsch: *Gegen Demokratie. Warum wir die Demokratie nicht den Unvernünftigen überlassen dürfen*. Berlin 2017.

Traditionen der Philosophenherrschaft nachwirken, bleibt, wie Claus Leggewie in einer Rezension der deutschen Übersetzung des Buchs betonte, diffus.[10] Wie viele andere Demokratieskeptiker, Demokratiekritiker oder politiktheoretisch hochgebildete Antidemokraten ignoriert Brennan die spezifische Leistungskraft moderner parlamentarischer Demokratien. Seine Kritik läßt eine ebenso konventionelle wie elitäre Angst vor den wahlberechtigten «Massen» erkennen. Für ihn gilt, was der Berliner Staatsrechtslehrer Christoph Möllers über die immer neuen Konjunkturen der Demokratiekritik von Intellektuellen geschrieben hat: «Viel vom Ressentiment gegen die Demokratie entstammt der Kränkung darüber, dass wir weder allein auf der Welt noch wichtiger als die anderen sind. Wir wollen unseren Willen bekommen, doch in der Demokratie bekommen wir ihn eher selten als öfter. Wir sind uns selbst näher als den anderen, aber die Demokratie reduziert uns – nicht überall, aber doch für den wichtigen Bereich der Politik – zu Gleichen, gleich mit Dummen und gleich mit Armen. Es ist leicht zu sehen, warum Demokratie gerade bei Gruppen, die sich selbst für Eliten halten, nicht immer beliebt ist. Aber die demokratische Zumutung der Demut mag ihnen nicht nur im politischen Leben weiterhelfen.»[11]

Demokratien haben bei aller Fragilität unleugbare Vorzüge gegenüber autoritären oder gar diktatorischen Herrschaftssystemen. Macht ist in ihnen schon durch das Prinzip der Gewaltenteilung beständig begrenzt und fortwährend kontrolliert. Ihre Ausübung bleibt dem Vorrang von Recht und Gesetz unterworfen, auch wenn selbst in einem von einem starken Verfassungsgericht entscheidend geprägten Rechtsstaat wie der Bundesrepublik Deutschland die Exekutive bisweilen dazu tendiert, diesen Vorrang aus leicht durchschaubaren populisti-

---

10 Claus Leggewie: *Ein Schuss gegen demokratische Illusionen, der danebengeht*, in: Süddeutsche Zeitung vom 27. April 2017.
11 Christoph Möllers: *Demokratie. Zumutungen und Versprechen.* Berlin 2008, S. 117.

schen Motiven zu mißachten. Parlamentarische Demokratien produzieren keine Hungersnöte, schlachten die eigene Bevölkerung nicht ab, führen keine Kriege gegen andere liberale Demokratien und ermöglichen friedlichen Machtwechsel. Sie bieten der oppositionellen Minderheit den rechtlich gesicherten politischen Freiraum, im Ideenkampf der miteinander konkurrierenden Parteien dank guter Argumente, attraktiver Programmatik und überzeugender politischer Persönlichkeiten einmal zur Mehrheit zu werden. Auch anerkennen und garantieren sie elementare vorstaatliche Freiheits-, Grund- oder Menschenrechte und erlauben im Rahmen der Rechtsordnung ein Höchstmaß an öffentlich bekundbarer Pluralität der Weltdeutungen und Vielfalt der Lebensstile. Sie hindern niemanden daran, in den von der Rechtsordnung definierten Grenzen – die die Freiheit der jeweils anderen schützen sollen – das je eigene Ideal guten, glücklichen Lebens zu realisieren. «Und es darf ruhig [...] daran erinnert werden, daß die politischen Meinungen der Bürgerinnen und Bürger nur in einem demokratischen Gemeinwesen wirklich Gewicht haben.»[12] Es ist nicht der geringste Vorteil der Demokratie, daß in ihr Glaubensfreiheit, Gewissensfreiheit, Meinungsfreiheit als konstitutive Grundrechte geschützt sind und so ein freier diskursiver, unter den Bedingungen des modernen Pluralismus zumeist auch äußerst kontroverser Austausch über all jene Fragen und Probleme ermöglicht wird, die einzelnen Bürgern oder Gruppen von Bürgern wichtig sind. Niemand wird daran gehindert, seine individuelle Sicht der Dinge für politisch relevant zu halten und deshalb auf die Agenda des öffentlich zu Diskutierenden zu setzen.

---

12 Andreas Voßkuhle: *Demokratie und Populismus*, in: Frankfurter Allgemeine Zeitung vom 23. November 2017.

III. Umstrittene Integration

Debatten über die Leistungskraft, aber auch die Grenzen der parlamentarischen Demokratie werden seit mehr als zweihundert Jahren immer neu geführt. Dabei läßt sich eine hohe Konstanz der Argumentationsmuster beobachten.[13] Gerade in Deutschland wurde der Streit um die Demokratie oft auf die Frage nach der inneren Einheit des Gemeinwesens zugespitzt. In idealtypischer Reduktion der komplexen Diskussionslage lassen sich zwei Antworten unterscheiden: die von konsequent liberal denkenden Theoretikern mit zumeist Kantischen Begriffen verfochtene Integration des politischen Verbandes allein durch Recht einerseits, und die von führenden christlichen Konservativen sowie von vielen Sozialdemokraten behauptete Integration durch überindividuell verbindliche Kulturwerte andererseits. Idealtypische Zuspitzung soll keine eindeutigen Verhältnisse suggerieren: Der Weg der deutschen Liberalen hin zu demokratischen Konzepten, die auf die gleiche Freiheit aller – also etwa auch der Frauen – hinausliefen, war nicht nur steinig und kurvenreich, sondern führte immer wieder in Sackgassen. Und ihre konservativen politischen Gegner waren zwar in großer Mehrheit entschlossene Kritiker einer Demokratie, die auf der gleichen Freiheit aller gründet, aber durchaus freiheitsbewußte und um Freiheitsrechte ringende Denker und politische Akteure – auch wenn sie Freiheit ganz anders als die Liberalen deuteten. Sozialdemokratische Theoretiker wiederum wandten sich in ihrem Kampf für die Emanzipation des Proletariats, die Aufhebung ständischer Prärogative und das allgemeine Wahlrecht zwar gegen den «liberalen Individualismus», traten aber entschieden für die parlamentarische Demokratie ein. Der ideal-

---

13 Dies zeigt Pierre Rosanvallon: *Gegen-Demokratie. Politik im Zeitalter des Misstrauens.* Aus dem Französischen von Michael Halfbrodt. Hamburg 2017.

typisch zugespitzte Gegensatz zwischen den liberalen Theoretikern der Integration des Gemeinwesens allein durch Recht und den Wertintegrationstheoretikern läßt sich deshalb nicht als Antagonismus von Demokraten und Antidemokraten fassen. Die Forderung nach Integration des Gemeinwesens durch überindividuell verbindliche Kulturwerte – man denke nur an die aktuellen integrationspolitischen Kontroversen über eine «Leitkultur» – wurde auch von Politikern, Gelehrten und Intellektuellen erhoben, die im Kaiserreich beharrlich für konsequente Parlamentarisierung, Aufhebung des preußischen Dreiklassenwahlrechts und ein Wahlrecht für Frauen eintraten oder in der Weimarer Republik mit großer Bestimmtheit als Verfassungspatrioten agierten. Aber jenseits der elementaren staatstheoretischen und politischen Differenzen zwischen den am andauernden Streit Beteiligten ist auch ein magnus consensus zu beobachten: Nahezu alle deutschen Theoretiker des Politischen, seien sie Juristen und speziell Staatsrechtslehrer, Philosophen, Theologen – vor allem protestantische Theologen – oder politisch interessierte Intellektuelle außerhalb der Universitäten, waren fixiert auf die Doppelfrage, was die Gesellschaft zusammenhält und wie der Staat diesen Zusammenhalt fördern kann. Der deutsche staatstheoretische und demokratietheoretische Diskurs ist seit der «Sattelzeit» (Reinhart Koselleck) auf Homogenität fixiert. Selbst entschieden liberale Denker taten sich schwer damit, konstruktiv von der Vielfalt her zu denken. Dies hatte eine problematische Folge: Vielfalt bedeutet in aller Regel mehr Konflikt oder zumindest mehr potentiellen Konflikt. Wer Vielfalt nicht wirklich ernst nimmt, denkt zu wenig über den Konflikt, speziell seine Legitimität und mögliche Leistungskraft nach. Die Homogenitätsfixierung dürfte eine, vielleicht die entscheidende Konstante im deutschen demokratietheoretischen Diskurs seit 1800 sein – mit fatalen Folgen bis in die unmittelbare Gegenwart.

Das liberale Modell politischer Ordnung hat in der deutschen akademischen Debatte schon im frühen 19. Jahrhundert eine deutlich geringere Prägekraft entfaltet als die organologischen Staatstheorien vieler Romantiker und die oft religiös grundierte Staatsmetaphysik der Meisterdenker des Deutschen Idealismus. Das liberale Modell läßt sich in gebotener Kürze so skizzieren: Um der vorstaatlichen Freiheit der vielen Einzelnen willen wird der Staat mit großer – in meinen Augen: faszinierender – gedanklicher Konsequenz auf die äußere Rechtssphäre eingeschränkt. Der freiheitliche Rechtsstaat ist religiös oder weltanschaulich radikal neutral und darf sich deshalb nicht als eine moralische Anstalt, als ein Sittenstaat oder aktiver Sinnstifter verstehen. Er darf für keine bestimmte Glaubensgemeinschaft oder Moral community Partei ergreifen und damit die Bürgerinnen und Bürger anderer Glaubensgemeinschaften – etwa die Angehörigen der jüdischen Minderheit – diskriminieren. Sowenig er seinen Bürgern irgendeinen religiösen Glauben vorschreiben darf, sowenig darf er Gesinnungskonformität oder die Hochschätzung bestimmter «Werte» einklagen. Für eine Gesellschaft der vielen Freien sei die strikte Unterscheidung von innen und außen, privat und öffentlich, Moralität und Legalität sowie die institutionell gesicherte Differenzierung von Politischem und Religiösem konstitutiv. Die offene Gesellschaft freier Bürgerinnen und Bürger dürfe deshalb nicht durch eine als gemeinverbindlich behauptete Idee des Guten zu integrieren versucht werden. Allein das formale Recht verbinde autonome, sich selbst bestimmende Subjekte zum freiheitlichen, demokratischen Verband. Recht wird in der Kantischen Tradition mit großer gedanklicher Stringenz rein als ein formales Regelsystem gedeutet und der Staat, im Gegenüber zu den Kirchen, Synagogengemeinden und sonstigen moralischen Sinnstiftungsagenturen, auf die Fiktion konsequenter weltanschaulicher Neutralität verpflichtet – auch wenn seine Repräsentanten, wie sich immer wieder zeigen ließ und läßt, in ihrem politischen Handeln von je besonderen kulturellen oder religiösen Prägungen und weltanschaulichen Hintergrundsgewißheiten nicht frei sind. Der Staat soll keine Werte predigen wollen, sondern sich in freiheitsdienlicher Selbstbeschränkung damit begnügen, die äußeren Freiheitssphären der Bürger voneinander abzugrenzen und den Rechtsfrieden zu garantieren. In dieser prägnanten Selbstbegrenzung liegt die Stärke des liberalen Staates. Der moralminimalistische Rechtsstaat will die Gesellschaft, den Ort von Tausch, Konkurrenz und Kommunikation der freien Subjekte, nur mit einem relativ lockeren Integrationsband, dem Recht, überziehen und bloß den unverzichtbaren Ordnungsrahmen dafür bilden, daß Gesellschaft funktionieren kann. Machtphantasien der konsequenten Steuerung gesellschaftlicher Tauschprozesse und Interessenkonflikte liegen diesem Staat fern. Er will durch die von ihm garantierte Herrschaft des Rechts allein dafür sorgen, daß es in der Gesellschaft, bei aller legitimen Vielfalt, Konkurrenz und Interessengegensätzlichkeit, zivil, also rechtlich geordnet zugeht. Aber er maßt sich nicht an, in den innergesellschaftlichen Auseinandersetzungen für bestimmte Akteure, etwa für ein besonderes Interesse oder eine individuelle Weltsicht, Partei zu ergreifen. Die Behauptung, dieser liberale Staat sei ethisch defizitär und gleichsam als ein Staat ohne alle Moral gedacht, ist falsch. Indem der liberale Rechtsstaat darauf verzichtet, selbst als Sinnstifter oder moralischer Akteur aufzutreten, muß er von den Bürgern unausweichlich eine spezifische Bürgertugend erwarten: die Bereitschaft, sich im individuellen Verhalten «the rule of law» zu eigen zu machen. In ethischer Hinsicht ist von den Staatsbürgern einschließlich der Inhaber politischer Ämter nur eine Tugend zu fordern: die Bereitschaft, strikten Rechtsgehorsam zu internalisieren. Andere Bürgertugenden wie etwa Höflichkeit, Bereitschaft zum politischen Engagement, Diskussionsfreude und Kompromißfähigkeit mag man im Interesse einer politischen Kultur wünschen und erhoffen. Aber der freiheitliche Staat darf sie nicht einklagen wollen. Für das Reich der Gesinnungen und deren Expression in Tugenden hat er keine Zuständigkeit.

Gegen Kants Rechtsphilosophie wurden schon in den 1790er Jahren und verstärkt seit 1800 Einwände formuliert, die die demokratietheoretische Auseinandersetzung bis in die zyklisch wiederkehrenden «Werte»- oder «Grundwerte»-Debatten der Bundesrepublik hinein bestimmen. Entscheidend wurden hier zunächst Argumente vieler christlicher Frühkonservativer. Gegen den als abstrakt erlittenen «Formalismus» der Kantischen praktischen Philosophie aktualisierten sie oft aristotelische Denkfiguren, um zugunsten starker Integration substantielle Gemeinschaftswerte geltend zu machen. Bloße Gesellschaft, gegründet etwa auf einen rationalen Kontrakt, müsse wieder innerlich bindende Gemeinschaft werden. Denn eine allein äußerliche Integration durch Recht leiste einer brutalen Konkurrenz- und Ellenbogengesellschaft Vorschub, in der sich die Stärkeren erbarmungslos über die Schwächeren, auf Solidarität und Gemeinsinn angewiesenen Hilfsbedürftigen hinwegsetzten. Der freiheitliche Rechtsstaat werde schnell zu einem Staat ohne jede Gerechtigkeit – das Ausspielen moralisch überhöhter Begriffe wie «Gerechtigkeit» gegen die blasse Formalität bloßen «Rechts» gehört zu den Invarianten im deutschsprachigen demokratietheoretischen Diskurs. Das freie Individuum der Liberalen deuteten konservative lutherische Staatsdenker wie etwa Friedrich Julius Stahl in bemerkenswerter ökumenischer Übereinstimmung mit römisch-katholischen Restaurationstheoretikern vom intellektuellen Rang eines Louis Gabriel Ambroise Vicomte de Bonald, Joseph Marie Comte de Maistre und Carl Ludwig von Haller in den Sprachmustern der überkommenen christlichen Sündenlehre als egozentrischen, allein um sich selbst kreisenden Sünder, der in pathologischer Fixierung auf seine unmittelbaren Interessen weder Gemeinsinn noch sonstige Solidartugenden entwickeln könne. Ihr wichtigstes Argument: Auch der vermeintlich zur Selbstbestimmung fähige freie Einzelne lebe niemals rein aus sich oder bloß für sich. Von Geburt an sei jeder Mensch immer schon eingebunden in bergende sittliche Gemeinschaften, insbesondere die Familie, ohne die niemand überlebensfähig sei. Nachhaltig geprägt durch Überlieferungen der sozialpaternalistischen, genuin demokratiekritischen lutherischen Ständeethik[14] und die römisch-katholische Naturrechtstradition insistierten die christlichen Konservativen des vormärzlichen Deutschland, nicht selten auch im Rekurs auf Hegels Hochschätzung des Staates als Inkarnation des «objektiven Geistes», darauf, daß die Bürger in mehr als nur äußerlichen, rechtlichen Beziehungen zueinander stehen müßten, solle die moderne bürgerliche Gesellschaft nicht zu einem brutalen Kampfplatz von Egoisten pervertieren. Über die äußere Verbindung der Bürger hinaus klagten sie deshalb eine innere Vergemeinschaftung ein: die Bindung an eine gemeinsame Idee des Guten, an verbindliche Normen und Kulturwerte, an kommunitäre Gerechtigkeitsideen, an überkommene sittliche Traditionen. Einzig eine solche vorrechtliche, sittliche Einheit der Bürgerinnen und Bürger könne verhindern, daß die Gesellschaft durch Interessenkonflikte und Gruppenkämpfe zersetzt und die gewachsene Ordnung durch eine verabsolutierte Freiheit der Einzelnen zerstört werde. Hier wurde der Staat als ein sozialer Sittenstaat gedacht, der über äußeren Rechtsgehorsam hinaus auch die innere Loyalität der Bürger, etwa eine christlich grundierte zivilreligiöse Gesinnungstreue, und Solidarität mit den Schwächeren beanspruchen soll. Deshalb suchte man politische Herrschaft, vor allem die Herrschaft des Monarchen, religiös zu begründen, fromme Glaubenspflichten der Bürgerinnen und Bürger rechtlich einzuklagen, die konstitutionell-monarchische Herrschaftsordnung durch «Politische Theologien» zu legitimieren und überhaupt den Religionsbedarf des Politischen zu betonen: Nur der Glaube an Gott könne die Menschen bis ins Tiefste ihrer Seelen hinein verbinden, weshalb der Staat sich diesen Glauben zu eigen machen müsse.

---

14 Noch immer sind hier die kritischen Analysen Ernst Troeltschs grundlegend. Siehe insbesondere *Die Soziallehren der christlichen Kirchen und Gruppen* (1912), nun in: Ernst Troeltsch: *Kritische Gesamtausgabe*. Band 10, 1–3. Berlin–Boston 2019.

Die Dauerdebatten um Bürgerfreiheit, Grundkonsens und politische Moral bewegen sich bis heute im Spannungsfeld formaler Rechtsintegration und materialer Wertintegration. Seit den amerikanischen Kontroversen zwischen Neoliberalen und Kommunitaristen, wie sie insbesondere in den 1980er und 1990er Jahren geführt wurden, stehen mögliche Vorzüge und Schwächen beider Modelle im Vordergrund der politisch-ethischen Diskussion. Kann die parlamentarische Demokratie allein durch Legalität und einen auf Verfahren bzw. «Prozeduralität» bezogenen Legitimitätsglauben funktionieren? Ist sie nicht darauf angewiesen, daß Bürgerinnen und Bürger ihren Interessen, Forderungen und Wünschen durch Engagement in politischen Parteien Geltung zu verschaffen suchen? Bedarf sie nicht auch einer moralischen Grundhaltung der Bürger, Tugenden wie Gemeinsinn und elementarer Solidarität mit dem schwachen anderen?

Ein freiheitlicher Staat darf solche moralische «Software» nicht bilden wollen. Daß ein Tugendstaat schnell zur Hölle des zivilreligiösen Gesinnungsterrors wird, kann man von Hölderlins *Hyperion* lernen: «Beim Himmel! Der weiß nicht, was er sündigt, der den Staat zur Sittenschule machen will. Immerhin hat das den Staat zur Hölle gemacht, daß ihn der Mensch zu seinem Himmel machen wollte.» Aber dies bedeutet nicht, daß sich der liberale Staat ohne Bürgertugenden zu erhalten vermag. Auch wenn er solche Tugenden nicht erzeugen will und darf – dies gilt unabhängig von der Frage, ob er es überhaupt könnte –, bleibt er doch auf sie angewiesen, etwa auf die Bereitschaft möglichst vieler Bürgerinnen und Bürger zum politischen Engagement in Parteien, zivilgesellschaftlichen Organisationen und Interessenverbänden. So lautet die entscheidende Frage an konsequent liberale Theoretiker der Integration des demokratischen Gemeinwesens allein durch Recht: Wie und wo sollen jene Bürgertugenden gebildet werden, die allererst die Bereitschaft zum Rechtsgehorsam ermöglichen und zur Stärkung von Gemeinsinn beitragen?

Demgegenüber lautet die entscheidende Frage an die Wertintegrationstheoretiker: Wie soll in einer modernen, posttraditionalen Gesellschaft, die von einem breiten und – dies ist zu betonen: um individueller Freiheit willen legitimen – moralischen Pluralismus sowie einer spannungsreichen Koexistenz höchst gegensätzlicher religiöser und ethisch-weltanschaulicher Grundhaltungen geprägt ist, politische Integration durch «Werte» erfolgen können? Ist es nicht illusionär, in einer de facto polyethnischen und multireligiösen Gesellschaft noch auf allgemeinverbindliche «Werte» zu setzen? Werden in einem auf «Werte» bezogenen Diskurs nicht allzu hohe, illusionäre und damit kontraproduktive Erwartungen an die innere Einheit des demokratischen Gemeinwesens erzeugt?

Der Streit über die Demokratie ist unter Umständen selbst ein Modus politischer Integration. Gerade mit Blick auf die lange Homogenitätsfixierung im deutschen politiktheoretischen Diskurs gilt: Auch mehr oder minder rational, trotz aller legitimen Härte und polemischen Schärfe argumentativ – also eher mit Argumenten als nur mit Invektiven – ausgetragene Kontroversen über elementare Fragen des friedlichen Zusammenlebens der vielen Verschiedenen können eine integrative Wirkung entfalten.

Die schwierige Geschichte der parlamentarischen Demokratie in Deutschland ist bis heute entscheidend geprägt durch die verstörende Erfahrung des Scheiterns der «Weimarer Republik» und des Siegs der «Deutschen Revolution» der Nationalsozialisten im Januar 1933, die binnen weniger Tage und Wochen die freiheitlichen Institutionen der Weimarer Reichsverfassung außer Kraft zu setzen bzw. zu zerstören vermochten. Eine demokratische Institutionenordnung kann dauerhaft nur bestehen, wenn sie von freiheitsbewußten Demokraten – sei es aus Gesinnung, sei es aus politischer Vernunft – aktiv getragen und offensiv unterstützt wird. Auch wenn es trivial klingt: «Die Zukunft» der Demokratie hängt von den Bürgerinnen und Bürgern ab, die im legitimen Selbstinteresse an Freiheit bzw. an ihrer «Selbstbestimmung über den eigenen

Lebensentwurf und seinen Vollzug»[15] für die Stärkung demokratischer Institutionen und Verfahren eintreten.

---

[15] Dies ist eine Formulierung des Bundesverfassungsgerichts: BVerfGE 63, 343 (357).

HORST DREIER

Vom Schwinden der Demokratie

I. Demokratie als «Idee der freien Selbstbestimmung aller Bürger»

Juristen suchen in aller Regel ihre Begriffe einigermaßen präzise zu bestimmen. Beim notorisch unscharfen Begriff der Demokratie scheint das besonders wichtig zu sein, weil diese auch Gegenstand anderer wissenschaftlicher Disziplinen ist – der politischen Philosophie, der Politik- oder auch der Geschichtswissenschaft.[1] Demokratie führt zudem immer überschießende Gehalte mit sich, ein Stück Utopie gewissermaßen, weswegen sie als «Projektionsfläche für politische Wünsche»[2] ebenso fungiert wie als Staatsidee und Staatsideal.

Im folgenden soll ganz die verfassungsprogrammatische und verfassungsrechtliche Seite der Demokratie im Vordergrund stehen, wie sie im Grundgesetz näher ausgeformt ist. Wenn dort in Art. 20 von der Bundesrepublik Deutschland als einem «demokratischen Staat» gesprochen und sodann mit dem Satz «Alle Staatsgewalt geht vom Volke aus» das tradierte Prinzip der Volkssouveränität zum Ausdruck gebracht wird, sind bereits wesentliche Grundaussagen getroffen. Volkssouveränität stellt ein Legitimitätsprinzip dar, das sein Profil nicht zuletzt durch das erhält, was mit ihm abgewiesen wird. Staatliche Herrschaft gründet sich nach diesem Prinzip *nicht* auf eine metaphysische oder sakrale Instanz, *nicht* auf die Blaublütig-

---

[1] Näher zum folgenden Horst Dreier: *Idee und Gestalt des freiheitlichen Verfassungsstaates*. Tübingen 2014, S. 159 ff.; Sebastian Unger: *Das Verfassungsprinzip der Demokratie. Normstruktur und Norminhalt des grundgesetzlichen Demokratieprinzips*. Tübingen 2008, S. 85 ff.
[2] Christoph Möllers: *Demokratie. Zumutungen und Versprechen*. Berlin 2008, S. 9.

keit alter Adelsgeschlechter, *nicht* auf geheiligte Traditionen, *nicht* auf das Charisma überragender Führergestalten oder das Gottesgnadentum eines Monarchen, sondern allein auf den Willen der zum Staatsvolk zusammengefaßten Individuen. «We the People» – das sind die berühmten ersten drei Worte der US-Verfassung von 1787.

Getragen wird Demokratie im verfassungsstaatlichen Sinne von der Idee politischer Freiheit in Gestalt der Selbstgesetzgebung,[3] als *political liberty* in Parallele zur individuellen *civil liberty*. Demokratie beruht in den Worten des Bundesverfassungsgerichts auf der «Idee der freien Selbstbestimmung aller Bürger».[4] Sie weist im Kern einen egalitären Grundzug auf, ist die Herrschaftsform Freier und Gleicher.[5] Damit ist aber auch gesagt: Demokratie ist nicht dem Telos der Herrschaftslosigkeit verpflichtet oder daraufhin orientiert. Auch Herrschaft des Volkes bleibt Herrschaft, allerdings eine besonders qualifizierte und besonders ambitionierte Form. Hans Kelsen sah schon zur Zeit der Weimarer Republik das entscheidende Merkmal der Demokratie darin, daß «der Wille des Staates […] von denjenigen selbst erzeugt wird, die dieser Ordnung unterworfen sind.»[6] Diskurstheoretisch reformuliert: diejenigen, die als Adressaten dem Recht unterworfen sind, sollen sich zugleich

---

[3] Peter Graf Kielmansegg: *Volkssouveränität. Eine Untersuchung der Bedingungen demokratischer Legitimität*. Stuttgart 1977, S. 99 ff., 148 ff.; Ernst-Wolfgang Böckenförde: *Demokratie als Verfassungsprinzip*, in: Josef Isensee, Paul Kirchhof (Hg.): *Handbuch des Staatsrechts der Bundesrepublik Deutschland* (HStR). 3. Aufl. Heidelberg 2004, Bd. II, § 24 Rn. 3 ff., 35 ff.; Dreier: *Idee und Gestalt* (Fn. 1), S. 466 ff.
[4] Entscheidungen des Bundesverfassungsgerichts (BVerfGE) 44, 125 (142); wortreicher BVerfGE 123, 267 (341 ff.).
[5] Eingehend Horst Dreier: *Art. 20 (Demokratie) Rn. 61 ff.*, in: ders. (Hg.): *Grundgesetz-Kommentar* (GGK). 3. Aufl. Tübingen 2015, Bd. II, m. w. N.
[6] Hans Kelsen: *Allgemeine Staatslehre*. Berlin 1925, S. 326; ders.: *Demokratie* (1926), in: *Demokratie und Sozialismus*. Hg. von Norbert Leser. Darmstadt 1967, S. 11–39, hier S. 11. Mit Bezug darauf zustimmend Böckenförde: *Demokratie* (Fn. 3), § 24 Rn. 36.

als dessen Autoren verstehen können.[7] Die Staatsgewalt, die alle trifft, soll von den Betroffenen ausgehen und auf sie rückführbar sein. Dazu bedarf es organisatorischer Vorkehrungen und bestimmter Voraussetzungen. Denn keinesfalls insinuiert der Satz von der Volkssouveränität, nur das Volk selbst könne verbindliche Entscheidungen treffen. Die Volkssouveränitätsdoktrin stellt keine Zuständigkeitsregelung dar, sondern ein Legitimations- und Verantwortungsprinzip. Kurz gesagt: Demokratie meint die auf kollektive Selbstbestimmung einer Gesellschaft Freier und Gleicher zielende Herrschaftsform, die ein Organisationsproblem zu bewältigen hat. Man kann sich die Strukturelemente der verfassungsstaatlichen Demokratie in enger Anlehnung an den Wortlaut des Art. 20 Abs. 2 GG vergegenwärtigen: «Alle Staatsgewalt geht vom Volke aus. Sie wird vom Volke in Wahlen und Abstimmungen [...] ausgeübt.» Hier werden mithin das Objekt, das Subjekt und die Modi demokratischer Herrschaft genannt. Das soll als Leitfaden für die weitere Analyse dienen.

II. Konstitution: Elemente verfassungsstaatlicher Demokratie

1. Objekt: Staatsgewalt

Mit Bedacht formulierte man im Parlamentarischen Rat, daß gemäß Art. 20 Abs. 2 GG *alle* Staatsgewalt vom Volke ausgeht. Das war so zu verstehen, daß es neben der Hoheitsgewalt des Staates nicht noch andere Träger geben sollte, deren Herrschaft das Volk unterworfen wird. So sprach etwa Carlo

---

[7] Jürgen Habermas: *Faktizität und Geltung. Beiträge zur Diskurstheorie des Rechts und des demokratischen Rechtsstaats*. 4. Aufl. Frankfurt am Main 1994, S. 153; ders.: *Zwischen Naturalismus und Religion. Philosophische Aufsätze*. Frankfurt am Main 2005, S. 136.

Schmid ungeachtet der besatzungsrechtlichen Restriktionen davon, daß es um die (gesamte) «Hoheitsgewalt der Bundesrepublik Deutschland» gehe.[8] Demokratie zielt auf ein Monopol im Sinne gegenständlicher Allzuständigkeit.[9] Diese Sichtweise hat die Verfassungs- und Ideengeschichte auf ihrer Seite. Denn der Prozeß der Konstitutionalisierung von Herrschaft in Gestalt des demokratischen Verfassungsstaates lebt ja gerade von dem Gedanken, die im politischen Gemeinwesen ausgeübte Staatsgewalt kenne keine exemten oder extrakonstitutionellen Größen. Der Satz impliziert, daß es keine andere Hoheitsgewalt neben oder über dieser Staatsgewalt gibt, öffentliche Gewalt und Staatsgewalt identisch sind.[10] Diese Vorstellung zählt zu den Grundideen der Etablierung demokratischer Verfassungsstaatlichkeit. Es ist evident, daß sich hier in den letzten Jahrzehnten geradezu tektonische Verschiebungen ergeben haben. Die Deckung von Hoheitsgewalt und Staatsgewalt hat insbesondere, aber nicht allein durch den europäischen Integrationsprozeß erhebliche und im Laufe der letzten Jahrzehnte wachsende Einbußen erlitten. Darauf werden wir unter III. zurückkommen.

2. Subjekt: Staatsvolk

Subjekt der Demokratie ist das Volk. Das klingt nur scheinbar trivial. Denn das Volk muß näher bestimmt werden, weil man es nicht einfach umstandslos mit der Bevölkerung gleichsetzen kann. Nach herrschender Auffassung bedeutet «Volk» in

---

8 *Der Parlamentarische Rat 1948–1949. Akten und Protokolle (Parl. Rat).* Bd. 5/2: *Ausschuß für Grundsatzfragen.* Bearbeitet von Eberhart Pikart und Wolfram Werner. Boppard am Rhein 1993, S. 523. Siehe ferner Schmid, ebd., Bd. 5/1, S. 291: Man könnte «auch sagen: ‹Das Volk ist Träger der Hoheitsgewalt.›»

9 Eingehend Alexander Thiele: *Verlustdemokratie. Die drei Verlustebenen der Demokratie.* Tübingen 2016, S. 47 ff., 61 ff.

10 Dieter Grimm: *Die Zukunft der Verfassung II. Auswirkungen von Europäisierung und Globalisierung.* Berlin 2012, S. 67, 77, 194 u. ö.

Art. 20 Abs. 2 GG das Staatsvolk, also die Gesamtheit der Staatsangehörigen oder, wie wir aufgrund unserer Geschichte präzisieren müssen, die Deutschen im Sinne des Art. 116 GG.[11] Das Volk in diesem Sinne meint also nicht die wechselhafte Summe der von der Staatsgewalt irgendwie Betroffenen oder aller sich auf dem Territorium der Bundesrepublik aufhaltenden Personen. Ausgeschlossen ist damit nach geltender Verfassungsrechtslage ein Ausländerwahlrecht, und auch für EU-Bürger gibt es gemäß Art. 28 Abs. 1 Satz 3 GG ein Stimm- und Wahlrecht nur auf kommunaler Ebene, nicht auf der des Bundes oder der Länder. Dabei ist der Volksbegriff des Art. 20 GG ein strikt formal-juristischer, kein organischer oder gar mythischer.[12] Demos und Ethnos sind strikt entkoppelt. Wegen dieser Formalität ist der Volksbegriff immun gegen völkische Aufladungen und ethnische Engführungen.

Nicht weniger wichtig erscheint die Feststellung, daß das Staatsvolk keine irgendwie homogene, substantiell gleichartige Größe darstellt oder voraussetzt. Die Vorstellung eines gewissermaßen univoken Volkswillens ist schlicht irreal. Als reale Grundvoraussetzung einer konkreten politischen Ordnung haben wir vielmehr von der Unterschiedlichkeit, ja oft Gegensätzlichkeit der Meinungen, Interessen und Überzeugungen auszugehen. Das Volk muß unter heutigen Bedingungen in der Vielfalt seiner Lebensweisen, Werthaltungen und Anschauun-

---

11 Siehe nur Rolf Grawert: *Staatsvolk und Staatsangehörigkeit*, in: Josef Isensee, Paul Kirchhof (Hg.): *Handbuch des Staatsrechts der Bundesrepublik Deutschland*. 3. Aufl. Heidelberg 2004, Bd. I, § 16 Rn. 20ff.; Matthias Jestaedt: *Demokratieprinzip und Kondominialverwaltung*. Berlin 1993, S. 207ff. Aus der Judikatur des Bundesverfassungsgerichts etwa BVerfGE 37, 217 (239); 83, 37 (51f.); 83, 60 (71). – Pointierte Gegenposition bei Hans Meyer: *Grundgesetzliche Demokratie und Wahlrecht für ansässige Nichtdeutsche*, in: Juristenzeitung (JZ) 71 (2016), S. 121–127.
12 Jestaedt: *Demokratieprinzip* (Fn. 11), S. 205 spricht von einer «Kunstgröße». Anschaulich auch Richard Schröder: *Wer war das Volk – Wer ist das Volk?*, in: Frankfurter Allgemeine Zeitung (FAZ) Nr. 101 vom 2. Mai 2017, S. 7.

gen genommen werden.[13] Der gesamtgesellschaftliche Werte- und Interessenpluralismus darf weder ignoriert noch lediglich als Störfaktor zur Kenntnis genommen, sondern muß als Grundlage oder gar als Vorzug bei der Organisation des politischen Gemeinwesens begriffen werden. Es gibt nicht das *eine* und schon gar nicht das *einzig wahre* Volk, in dessen Namen irgend jemand autoritativ und exklusiv sprechen könnte, sondern lediglich die Summe heterogener Individuen mit gleicher Staatsangehörigkeit und gleichen politischen Rechten.

Dieser Pluralismus spiegelt sich nicht zuletzt in der Konkurrenz unterschiedlicher Parteien wider, denen die wichtigste Rolle bei der Übersetzung des Anspruchs zukommt, alle Staatsgewalt vom Volk ausgehen zu lassen,[14] nämlich bei den Wahlen. Der Einzelne, so wußte schon Kelsen, kann für sich genommen politisch nichts bewirken.[15] Die mit Abstand wichtigsten organisatorischen Verbände sind nun zweifelsohne die politischen Parteien, ohne deren Existenz Demokratie in einem Großflächenstaat schlechterdings nicht zu realisieren wäre. Sie bilden das Scharnier zwischen der freien öffentlichen Auseinandersetzung und den Institutionen repräsentativer Demokratie. Die Wahlentscheidung fixiert das Ergebnis des Parteienwettbewerbs; in der parteipolitischen Zusammensetzung des

---

13 Prägnant Peter Graf Kielmansegg: *Populismus ohne Grenzen*, in: FAZ Nr. 37 vom 13. Februar 2017, S. 6: Das «pluralistische Verständnis von Demokratie institutionalisiert Differenz, etwa in einem Parteiensystem, insofern es an die Stelle des einen, mit sich selbst einigen Volkes die Anerkennung der Vielheit und Vielfalt der Gruppen, der Weltanschauungen und der Interessen setzt, in die das eine Volk sich gliedert.»
14 Zu ihrer unverändert zentralen Rolle etwa Martin Morlok: *Art. 21* Rn. *19 ff.*, in: Dreier (Hg.): GGK II (Fn. 5); Werner Heun: *Die Verfassungsordnung der Bundesrepublik Deutschland.* Tübingen 2012, S. 109 ff.
15 Hans Kelsen: *Vom Wesen und Wert der Demokratie.* 2. Aufl. Tübingen 1929, S. 20: «Daß das isolierte Individuum politisch überhaupt keine reale Existenz hat, da es keinen wirklichen Einfluß auf die Staatswillensbildung gewinnen kann, […] das ist offenkundig.»

Parlaments gewinnen die Präferenzen der Wähler plastische Gestalt.[16] Damit sind wir beim Modus.

3. Modus: Repräsentation und Responsivität

Das Grundgesetz sieht allerdings nicht nur einen Modus der Ausübung der Staatsgewalt durch das Volk vor, sondern deren zwei: Sie kann gemäß Art. 20 Abs. 2 GG nicht nur durch Wahlen, sondern auch durch Abstimmungen, also im Modus direkter Demokratie, erfolgen.[17] Wahlen sind Entscheidungen über Personen; Abstimmungen solche über Sachfragen. Im Modus der repräsentativen Demokratie werden Personen gewählt, um Sachentscheidungen zu treffen; bei der direkten Demokratie entscheidet das Volk Sachfragen selbst. Wie Art. 20 GG zeigt, kennt unsere Verfassung also durchaus beide Formen. Sie gestaltet aber nur die repräsentative Demokratie in weiteren Normen näher aus und weist keinen einzigen Anwendungsfall für direkte Demokratie im Sinne von Volksgesetzgebung auf, auch nicht bei den hier gern genannten Fällen der Länderneugliederung, weil es sich bei diesen um Bevölkerungsentscheide, nicht aber um Volksentscheide handelt. Repräsentation ist der entscheidende Modus.[18]

Im Zentrum steht somit der Wahlakt. Das individuelle Wahlrecht zu den gesetzgebenden Staatsorganen, namentlich dem Bundestag, stellt sich «als der wichtigste vom Grundgesetz ge-

---

16 Martin Morlok: *Art. 38 Rn. 53*, in: Dreier (Hg.): GGK II (Fn. 5): «Die Wahlentscheidung legt für die kommende Wahlperiode das Ergebnis des Parteienwettbewerbs fest. Sie ist in Gestalt der parteipolitischen Zusammensetzung des Parlaments der maßgebliche Ausdruck der politischen Präferenzbildung im Volk.»
17 Zum folgenden vertiefend und m. w. N. Dreier (Fn. 5): *Art. 20 (D) Rn. 94 ff.*
18 Hasso Hofmann, Horst Dreier: *Repräsentation, Mehrheitsprinzip und Minderheitenschutz*, in: Hans-Peter Schneider, Wolfgang Zeh (Hg.): *Parlamentsrecht und Parlamentspraxis in der Bundesrepublik Deutschland*. Berlin–New York 1989, § 5 Rn. 16 ff., 21.

währleistete subjektive Anspruch der Bürger auf demokratische Teilhabe» dar.[19] Denn die Wahlen sind es, mit denen gemäß Art. 20 Abs. 2 GG die Staatsgewalt vom Volke im wesentlichen ausgeübt wird. Der Wahlvorgang knüpft das Band, welches das Staatsvolk mit seiner Vertretungskörperschaft im Rechtssinne verbindet. Bei der Wahl handelt der Bürger «als Glied des Staatsorgans Volk im status activus».[20] Das Parlament rückt demgemäß in den Mittelpunkt des politischen Entscheidungsprozesses.[21] Es muß in Ermangelung von Abstimmungen die Hauptlast der formalen demokratischen Legitimation tragen.

Deutlich wird hier auch, daß das Grundgesetz (im Unterschied zu gewissen theoretischen Ansätzen) zwischen Volkssouveränität und Repräsentation keinen unversöhnlichen Widerspruch sieht. Die Volkssouveränität soll sich vielmehr gerade auf dem Wege der parlamentarischen Vertretung des Volkes realisieren: Volks*herrschaft* durch Volks*vertretung*. Freilich wird im Parlament der Wille des Volkes, von dem alle Staatsgewalt ausgeht, nicht einfach nur irgendwie festgestellt und dann mechanisch umgesetzt. Er muß erst *her*gestellt werden, ist somit eine organisationsbedürftige Größe, keine bloße Widerspiegelung eines bereits vorhandenen, gar einheitlichen, irgendwie präexistenten Willens oder lediglich das bloße Abbild eines Urbildes. Es wäre ein Mißverständnis anzunehmen, Parlamente hätten einen vorgegebenen Allgemeinwillen des Volkes lediglich «zu finden, aber

---

19 BVerfGE 123, 267 (340).
20 BVerfGE 83, 60 (71).
21 Horst Dreier: *Grundlagen und Grundzüge staatlichen Verfassungsrechts: Deutschland*, in: Armin von Bogdandy, Pedro Cruz Villalón, Peter M. Huber (Hg.): *Handbuch Ius Publicum Europaeum*. Heidelberg 2007, Bd. I, § 1 Rn. 112. Es ist demgemäß das «Zentralorgan der Demokratie»: so der Titel des Beitrags von Martin Morlok, Christina Hientzsch: *Das Parlament als Zentralorgan der Demokratie. Eine Zusammenschau der einschlägigen parlamentsschützenden Normen*, in: Juristische Schulung 51 (2011), S. 1–9.

nicht zu formen».²² Sie sind kein Verfremdungsfaktor demokratischer Selbstherrschaft, sondern machen diese überhaupt erst praktikabel. In einem Wort: Repräsentation durch eine gewählte Volksvertretung bedeutet «die praktische Verwirklichung der Volkssouveränität in einem verfassungsrechtlich geordneten Staat».²³

Dennoch kommt es, was man gar nicht stark genug unterstreichen kann, nicht nur auf die Wahlen an, so zentral diese zweifelsohne sind. Die repräsentative Demokratie erschöpft sich keineswegs im punktuellen Akt der Wahl. Die Vorstellung, nach der Stimmabgabe verfalle der Staatsbürger für vier Jahre in politische Apathie, mag eine Wunschvorstellung mancher Politiker oder Orientierungspunkt elitärer Demokratiemodelle sein²⁴ – doch verfehlt sie Realität wie Normativität des demokratischen Verfassungsstaates. Das «Recht des Bürgers auf Teilhabe an der politischen Willensbildung äußert sich nicht nur in der Stimmabgabe bei Wahlen, sondern auch in der Einflußnahme auf den ständigen Prozeß der politischen Meinungsbildung».²⁵ Deswegen betrachtet das Bundesverfassungsgericht die Meinungsfreiheit als für die freiheitliche demokratische Staatsordnung «schlechthin konstituierend»;²⁶

---

22 Treffend Ernst Fraenkel: *Historische Vorbelastungen des deutschen Parlamentarismus* (1960), in: *Deutschland und die westlichen Demokratien*. 7. Aufl. Stuttgart u. a. 1979, S. 13–31, hier S. 20.
23 Peter Badura: *Staatsrecht*. 6. Aufl. München 2015, D 10 (S. 346). Ähnlich Utz Schliesky: *Parlamentsfunktionen*, in: Martin Morlok, Utz Schliesky, Dieter Wiefelspütz (Hg.): *Parlamentsrecht. Praxishandbuch (ParlR)*. Baden-Baden 2016, § 5 Rn. 7. Siehe auch Jestaedt: *Demokratieprinzip* (Fn. 11), S. 176 f., 285 ff.
24 Zu ihnen etwa Manfred G. Schmidt: *Demokratietheorien. Eine Einführung*. 5. Aufl. Wiesbaden 2010, S. 164 ff., 181 ff.
25 BVerfGE 20, 56 (98). Schon im Parlamentarischen Rat (*Der Parlamentarische Rat 1948–1949. Akten und Protokolle*. Bd. 9: *Plenum*. Bearbeitet von Wolfram Werner. München 1996, S. 179) hatte Carlo Schmid gesagt: «*Parlamentarische Demokratie* bedeutet ja nicht nur Abstimmung zur Feststellung von Majoritäten, sondern bedeutet Diskussion und Öffentlichkeit».
26 BVerfGE 7, 198 (208).

deswegen wird insbesondere dem Versammlungsrecht die Bedeutung zugesprochen, Widerspruch und Protest zu formulieren, als Frühwarnsystem zu fungieren, das auf Mißstände und Fehlentwicklungen hinweist und Interessen wahrnimmt, die im repräsentativen System notorisch zu kurz kommen.[27] Der vielgestaltige und beständige Dialog zwischen Parlament und Öffentlichkeit, die dauerhafte Kommunikation zwischen Regierenden und Regierten ist so wichtig wie der Wahlakt selbst. Zur Repräsentation tritt «Responsivität». Dieser seit langem in der Politikwissenschaft gebräuchliche Terminus ist mittlerweile auch im Verfassungsrecht angekommen.[28]

Mit ihm ist der Prozeßcharakter demokratischer Repräsentation gut umschrieben – als fortwährender Rückkoppelungs- und Gestaltungsvorgang, der das Parlament übergreift, ohne dessen zentrale Stellung zu negieren.[29] Ein freier und offener Kommunikations- und Meinungsbildungsprozeß muß der Wahlentscheidung dabei nicht nur vorangehen, sondern sie in Form von Kontrolle, Kritik und nötigenfalls Revision auch dauerhaft begleiten. Einbegriffen sind hier mannigfache Aktionsmöglichkeiten von Einzelnen, Gruppen oder Organisationen. Das reicht von der individuellen freien Meinungsäußerung in Wort, Schrift und Bild sowie der Presse- und Medienfreiheit über Demonstrationen und Petitionen bis hin zum Wirken von Interessenverbänden und anderen intermediären Kräften.

---

27 BVerfGE 69, 315 (347). Zu dieser Entscheidung historisch kontextualisierend Anselm Doering-Manteuffel, Bernd Greiner, Oliver Lepsius: *Der Brokdorf-Beschluss des Bundesverfassungsgerichts 1985*. Tübingen 2015.
28 Unger: *Verfassungsprinzip* (Fn. 1), S. 80 ff.; Rudolf Steinberg: *Die Repräsentation des Volkes*. Baden-Baden 2013, S. 275 ff., 311 ff.; Hermann Pünder: *Wahlrecht und Parlamentsrecht als Gelingensbedingungen repräsentativer Demokratie*, in: Veröffentlichungen der Vereinigung der Deutschen Staatsrechtslehrer (VVDStRL) 72 (2013), S. 191–267, hier 198 ff.; Julian Krüper: *Autonomie und Heteronomie parlamentarischen Handelns*, in: Morlok, Schliesky, Wiefelspütz: *ParlR* (Fn. 23), § 36 Rn. 6.
29 Hofmann, Dreier: *Repräsentation* (Fn. 18), § 5 Rn. 16 ff., 23.

Grundrechte bilden das Fundament der Demokratie.[30] «Willensbildung des Volkes und Willensbildung in den Staatsorganen vollziehen sich in vielfältiger und tagtäglicher [...] Wechselwirkung. Politisches Programm und Verhalten der Staatsorgane wirken auf die Willensbildung des Volkes ein und sind selbst Gegenstand seiner Meinungsbildung.»[31] In einem Wort: Demokratie im Sinne des Grundgesetzes meint nicht nur die repräsentativ-institutionelle Form, sondern auch die Gesamtheit responsiver, partizipativer und assoziativer Elemente.

Unübersehbar haben sich hier in den letzten Jahren gravierende Veränderungen ergeben: einerseits im Format der traditionellen Medien, andererseits durch die ironischerweise so genannten *social media*, in denen es oft alles andere als sozial zugeht. Hier könnte man nun eine längere Klagelitanei[32] anstimmen über den Verfall der Sitten in der «vierten» Gewalt, die zunehmende Personalisierung und Skandalisierung in der Berichterstattung, den Distanzverlust zum politischen Betrieb, das Desinteresse an Problemvertiefung, die Jagd nach der schrillsten Schlagzeile, die fehlende Würdigung sachlicher Konflikte, die Selektivität der Nachrichtenauswahl, ihre Echtzeit-Fixierung etc. Es ist ja richtig: der «öffentlichkeitswirksame Tauschwert» einer Nachricht zählt mehr als ihr «sachbezogener Gebrauchswert».[33] Wie in einem Brennglas spiegelten sich diese Gefahren und Tendenzen der Kurzatmigkeit, Personalisierung und Sensationslust in der Causa Guttenberg. Gleichwohl vermag ich nicht zu erkennen, daß wir flächendeckend einen «Verfall der politischen Kommunikation»[34] zu ver-

---

30 Joachim Perels (Hg.): *Grundrechte als Fundament der Demokratie.* Frankfurt am Main 1979.
31 BVerfGE 85, 264 (285). Daran in teils wörtlicher Übernahme anknüpfend BVerfGE 134, 141 (172 f.).
32 So etwa Thiele: *Verlustdemokratie* (Fn. 9), S. 168 ff., insbesondere 191 ff.
33 Manfred G. Schmidt: *Das politische System Deutschlands. Institutionen, Willensbildung und Politikfelder.* 2. Aufl. Bonn 2011, S. 130.
34 Colin Crouch: *Postdemokratie.* Frankfurt am Main 2008, S. 38.

zeichnen hätten. An individuellen wie institutionellen Trägern einer solchen Diskussion gibt es jedenfalls in Deutschland keinen Mangel: Die Presse-, Fernseh- und Rundfunklandschaft ist nach wie vor bunt und vielfältig, an Protestformen in klassischer wie digitaler Gestalt herrscht kein Mangel, die Nischensender erfüllen ihre Aufgabe, und mit den Internetforen und sonstigen netzbasierten Formaten wird das Spektrum nochmals deutlich erweitert.

Die sich in diesen neuen Formaten bietenden Chancen innovativer Aktions-, Versammlungs-, Agitations- und Petitionsforen sollten unter dem Strich eher als Bereicherung denn als Bedrohung der Demokratie betrachtet werden. Es hat sich ungeachtet aller Mißstände im Netz (*hate speech*, *shitstorms*) für die demokratische Öffentlichkeit ein neues und vielversprechendes Betätigungsfeld ergeben, das die tradierten Formen ergänzt. An die Qualität sollte man dabei keine unerfüllbaren Forderungen stellen und zudem die vordigitale Vergangenheit nicht in ein allzu rosiges Licht tauchen. Das Netz als hierarchiefreie und dezentrale spontane Ordnung zu glorifizieren, in der die Zivilgesellschaft ganz bei sich ist, wäre freilich ebenso verfehlt. Auch muß man die neuen Kommunikationsmöglichkeiten nicht sogleich zur «Schwarmdemokratie»[35] hochstilisieren. Das Wichtigste ist vielleicht, in der Nutzung der neuen Medien nicht ein Gegenmodell zur repräsentativen Demokratie zu sehen, wie es in der politischen Philosophie und Teilen der Politikwissenschaft durchaus der Fall zu sein scheint und sich in reißerischen Titeln wie «Counter-Democracy», «Der Haß der Demokratie», «Vom Ende der repräsentativen Politik» oder «Demokratie gegen den Staat» niederschlägt. Hier obwalten Phantasien, die Individualrechte als Grundlage

---

35 Das ist der Sache nach auch nicht der Fall bei Jens Kersten: *Schwarmdemokratie. Der digitale Wandel des liberalen Verfassungsstaats*. Tübingen 2017, der insgesamt eine hochinformierte und wohlabgewogene Analyse der Chancen und Möglichkeiten, aber auch der Risiken und Gefahren der neuen Medien bietet.

«einer ‹negativen Souveränität› für den radikalen politischen Existenzkampf einer ‹wilden Demokratie› gegen ein verhasstes repräsentatives System bzw. gegen einen ‹oligarchischen Rechtsstaat› stilisieren» wollen[36] und dabei verkennen, daß das dichte Geflecht gesellschaftlicher Kommunikationen in der analogen wie in der digitalen Welt einen integralen Bestandteil der verfassungsstaatlichen demokratischen Ordnung ausmacht. Alles in allem ist somit weder ein drastischer Mangel an Responsivität noch ein allgemeiner Verfall der öffentlichen Diskussion zu erkennen. Die Hauptprobleme liegen andernorts.

III. Diagnose: Erosionstendenzen

Ich versuche im folgenden in Orientierung an den soeben vorgestellten zentralen Demokratieelementen eine Art Problemtableau zu bieten. Meine zentrale These lautet, daß wir bei allen drei Elementen (dem Objekt, dem Subjekt wie dem Modus) teilweise massive Erosionstendenzen zu verzeichnen haben.

1. Objekt: Abwanderungsprozesse

Auf der Objektebene geht es um den partiellen Verlust des Regelungsgegenstandes oder -substrates, auf den bzw. das demokratisch legitimierte staatliche Herrschaft zielt. Öffentliche Gewalt und Staatsgewalt sind nicht länger deckungsgleich. Hier greift der skizzierte demokratische Legitimationszusammenhang nicht mehr, weil sein Gegenstand auf die inter- oder supranationale Ebene oder vom Staat zum Markt, also auf die private Ebene, abgewandert ist.[37] Bei diesem in den letzten Jahrzehnten forcierten Vorgang der Entstaatlichung handelt es

---

36 Jens Kersten: *Anonymität in der liberalen Demokratie*, in: Juristische Schulung 57 (2017), S. 193–203, hier S. 201. Dort auch Nachweise der Literatur.
37 Vgl. Grimm: *Zukunft II* (Fn. 10), S. 79.

sich ohne Zweifel um die gewichtigste Modifikation der nationalstaatlichen Demokratie und zugleich um die größte Herausforderung, was die Bewahrung demokratischer Strukturen einschließlich notwendiger Umgestaltungen betrifft. Ganze Agenden wandern ab und sind nicht mehr Gegenstand staatlicher demokratischer Steuerung. Wie diese Form der Herrschaft legitimiert werden kann, bildet das zentrale Problem und die noch weithin ungelöste Aufgabe. Wie kann und wie soll supra- oder internationale öffentliche Gewalt vor dem Forum des demokratischen Grundgedankens, der Idee der Selbstbestimmung aller Bürger, Bestand haben? Da im vorliegenden Band der Internationalisierung (Sabino Cassese) und der Europäisierung (Dietrich Murswiek) eigene Beiträge gewidmet sind, beschränke ich mich im folgenden Abschnitt unter a) und b) auf wenige zugespitzte Bemerkungen.

Wichtig scheint mir vorab der Hinweis, daß der Vorgang der Übertragung von Hoheitsrechten auf überstaatliche Träger dem Grundgesetz keineswegs fremd ist, wie schon der im Rückblick visionäre, jedenfalls 1949 weit in die Zukunft weisende Art. 24 Abs. 1 GG («Der Bund kann durch Gesetz Hoheitsrechte auf zwischenstaatliche Einrichtungen übertragen.») zeigt.[38] Des weiteren darf die vom Bundesverfassungsgericht in zahlreichen Entscheidungen näher konturierte Völker- und Europarechtsfreundlichkeit des Grundgesetzes hier Erwähnung finden.[39] Freilich ist das Demokratieproblem damit nicht schon bewältigt, sondern zunächst einmal aufgeworfen, und auch das Zauberwort von der Mehrebenendemokratie kann es benennen, aber nicht bannen.[40] Offene Staatlichkeit produ-

---

38 Dazu Horst Dreier: *Kontexte des Grundgesetzes*, in: Deutsches Verwaltungsblatt 114 (1999), S. 667–679, hier S. 676f.; Ferdinand Wollenschläger: *Art. 24 Rn. 1ff.*, in: Dreier (Hg.): GGK II (Fn. 5) m.w.N., der deutlich macht, daß diese Modernität seinerzeit durchaus registriert wurde.

39 Ausführlich Daniel Knop: *Völker- und Europarechtsfreundlichkeit als Verfassungsgrundsätze*. Tübingen 2013.

40 So auch Grimm: *Zukunft II* (Fn. 10), S. 196: «Wie sich Demokratie

ziert Demokratiekosten, und Entparlamentarisierung mündet tendenziell in Entdemokratisierung.

a) Internationalisierung

Man sieht das bereits am ganz harmlos anmutenden Grundfall eines schlichten völkerrechtlichen Vertrages. Schon hier zeigen sich ungeachtet des Erfordernisses eines Zustimmungsgesetzes gemäß Art. 59 Abs. 2 GG deutliche Einbußen an demokratisch-parlamentarischer Gestaltung. Zum einen dominiert bei allen völkerrechtlichen Verträgen und im Bereich der auswärtigen Gewalt ohnehin seit jeher die Exekutive: sie ist Verhandlungsführer, und das Parlament kann über das ausgehandelte Ergebnis nur noch en bloc abstimmen;[41] Änderungsanträge sind nicht zulässig (§§ 81 Abs. 4 Satz 2, 82 Abs. 2 GeschO-BT), die Zahl der Lesungen ist verkürzt (§ 78 Abs. 1 GeschO-BT). Es ist sogar schon vorgekommen, daß dem Bundestag bei der Beschlußfassung kein Text in deutscher Fassung vorlag.[42] Das Parlament befindet sich hier in einer «Ratifikations(zwangs)-lage», weil es nur in ganz außergewöhnlichen Konstellationen am Ende eines oft langen und komplizierten Verhandlungsprozesses die gefundenen Ergebnisse verwerfen wird.

Der Vorgang gewinnt an Dramatik, wenn Gegenstand solcher internationaler Vertragsverhandlungen nicht die gleichsam klassischen Felder der Bündnis-, Friedens- und Handelspolitik, sondern Materien sind, die lange Zeit Gegenstand der Innenpolitik waren. Hier muß das vielbeschworene und genausooft verteufelte Stichwort der Globalisierung fallen. Der

---

auf der überstaatlichen Ebene verwirklichen läßt, [...] ist die große ungelöste Frage, die beschwichtigende Annahme, mit der demokratisch legitimierten Übertragung von Hoheitsrechten sei auch ihr Gebrauch durch supranationale Organe Ausdruck des Volkswillens, ein Mystizismus.» Ebd., S. 261: «Fiktion».

41 Frank Schorkopf: *Staatsrecht der internationalen Beziehungen.* München 2017, § 3 Rn. 73 ff.
42 Dazu BVerfGE 131, 152 (163).

Umstand, daß sich in den letzten Jahrzehnten überstaatliche Wirtschafts-, Finanz- und Dienstleistungsmärkte gebildet haben, zeigt dem Nationalstaat im Wortsinne die Grenzen seiner Regulierungsmacht auf. Man kann die durch die Globalisierung aufgeworfenen Probleme nicht mehr in staatlicher Eigenregie bewältigen. Wenn man hier überhaupt regulierend eingreifen und der Entwicklung Herr werden will, geht das nur durch die überstaatliche und internationale Öffnung in Gestalt bilateraler oder multilateraler Abkommen und der Bildung internationaler Organisationen. Auf diese geht in signifikantem Umfang öffentliche Gewalt über, wie man am bekanntesten und wichtigsten Fall, der Welthandelsorganisation (World Trade Organization, WTO), zeigen kann.[43] Hier kann der eigene Staat nicht mehr selbst die Regelungen vollumfänglich bestimmen, sondern muß sich mit Partnern abstimmen und vielfältige Kompromisse schließen. Im Falle der WTO treten weitere Faktoren hinzu, die den vollen Umfang und das ganze Gewicht der Abwanderung von Hoheitsgewalt demonstrieren, von denen die folgenden stichwortartig genannt seien.

Mitglied der WTO kann nur werden, wer das gesamte vorliegende Vertragswerk mit allen multilateralen Übereinkommen akzeptiert (sog. *single undertaking approach*), wozu auch die Streitbeilegung (*dispute settlement understanding*) gehört. Für nationale Aushandlungsprozesse besteht überhaupt kein Raum; es gilt das Prinzip des *take it or leave it*. Das auch als «Herzstück der WTO» bezeichnete Streitbeilegungsverfahren wiederum geht weit über punktuelle klassische Streitbeilegung zwischen zwei Staaten hinaus.[44] Es führt vielmehr zur verbind-

---

43 Ihr gehören derzeit 164 Staaten an. Zu Struktur und Organisation der WTO im ersten Zugriff: Markus Krajewski: *Wirtschaftsvölkerrecht*. 3. Aufl. Heidelberg u. a. 2012, Rn. 209 ff.; Knut Ipsen: *Völkerrecht*. 6. Aufl. München 2014, § 33 Rn. 78 ff.

44 Zu diesem Verfahren und zum folgenden näher Rüdiger Wolfrum: *Das Grundgesetz und die internationale Streitschlichtung*, in: Josef Isensee, Paul Kirchhof (Hg.): HStR. 3. Aufl. Heidelberg 2013, Bd. XI, § 242 Rn. 66 ff.; Ralf Reusch: *Die Legitimation des WTO-Streitbei-*

lichen Interpretation der bestehenden Verträge und Verpflichtungen mit Auswirkungen auf alle Mitgliedstaaten. Obwohl die hier tätig werdenden Panels in einer Streitsache formell nur Gutachten anfertigen, wirken diese – sofern die Berufungsinstanz, der *Appellate Body*, sie nicht aufhebt – faktisch wie Urteile, weil sie die Grundlage für zukünftige Streitentscheidungen bilden. Die Mitgliedstaaten sind gemäß Art. XVI:4 WTO-Übereinkommen zur Anpassung des nationalen Rechts an das WTO-Recht verpflichtet,[45] das wiederum durch den Streitbeilegungsmechanismus umgesetzt und weiterentwickelt wird. Weil Rechtsanwendung immer auch Rechtserzeugung und Fortentwicklung des geschriebenen Rechts ist, handelt es sich im Grunde um einen selbsttragenden Mechanismus, auf den die Mitgliedstaaten so gut wie keinen Einfluß mehr haben.[46] Ähnlich wie bei der EU fehlt es an einem Gesetzgeber, der – wie im Nationalstaat – in jene Fortentwicklung des Rechts korrigierend, forcierend oder moderierend eingreifen könnte, da kein Mitgliedstaat mehr Zugriff auf die Fortentwicklung des Rechts hat und die Vertragsrevision wegen des Einstimmigkeitserfordernisses einer praktischen Unmöglichkeit gleichkommt. De facto wird also durch die WTO ungeachtet einer fehlenden Durchgriffswirkung hoheitliche Gewalt in den Mitgliedstaaten ausgeübt, für deren demokratische Legitimation es nur das dünne Band des Beitritts zu ihr und die

---

legungsverfahrens. Berlin 2007, S. 50 ff.; Meinhard Hilf: *WTO und Menschenrechte*, in: Meinhard Hilf, Stefan Oeter (Hg.): *WTO-Recht. Rechtsordnung des Welthandels*. Baden-Baden 2005, § 27 Rn. 12 ff.

45 Siehe Götz J. Göttsche: *Das Streitbeilegungssystem der WTO*, in: Hilf, Oeter (Hg.): *WTO–Recht* (Fn. 44), § 7 Rn. 18 ff., 23; Ipsen: *Völkerrecht* (Fn. 43), § 33 Rn. 141; Reusch: *Legitimation* (Fn. 44), S. 87 ff. Die Nichtbeachtung kann mit empfindlichen Sanktionen geahndet werden. Vgl. Art. 22 DSU (*dispute settlement understanding*) und dazu Armin von Bogdandy, Ingo Venzke: *In wessen Namen? Internationale Gerichte in Zeiten globalen Regierens*. Berlin 2014, S. 150 ff.

46 Dazu eindringlich und plastisch Gertrude Lübbe-Wolff: *Globalisierung und Demokratie. Überlegungen am Beispiel der Wasserwirtschaft*, in: Recht und Politik 40 (2004), S. 130–143, hier S. 138 f.

Mitgliedschaft in ihr gibt – neben über 160 weiteren Staaten. Deren Institutionen üben daher zumindest mittelbar hoheitliche Gewalt aus.[47] Das alles ist um so bedeutender, als das WTO-Recht nicht nur weitreichende Auswirkungen auf die Handelspolitik, sondern auch auf andere Bereiche wie etwa die Gesundheits-, Umwelt- und Verbraucherschutzpolitik hat und nach dem Eindruck mancher Beobachter den Nationalstaat regelrecht in ein Korsett gezwängt hat.[48]

Als Fazit bleibt festzuhalten, daß Internationalisierung und Globalisierung nicht nur ökonomische und soziale Fragen aufwerfen, sondern Demokratieverluste nach sich ziehen.

b) Europäisierung

Keine Frage ist, daß die Übertragung von Hoheitsrechten auf die Europäische Union quantitativ wie qualitativ den Löwenanteil der Abwanderung ausmacht – ganz gleichgültig, ob nun 40, 60 oder 80 Prozent der in Deutschland geltenden Gesetze mittlerweile europarechtlich vorgegeben, induziert oder influenziert sind. Der Tatbestand einer umfassenden Europäisierung des Rechts einschließlich des Verfassungsrechts ist unbestritten und unbestreitbar. Dieser Vorgang sukzessiver Transzendierung des nationalen Rechts stellt zweifelsohne eine der bedeutsamsten Entwicklungen der letzten Jahrzehnte dar.[49]

Das Ganze wäre unproblematisch, wenn wir auf europäischer Ebene ein gleichwertiges demokratisches Legitimationssystem wie auf nationaler Ebene vorfinden würden. Das ist

---

47 Ausführliche Begründung bei Bogdandy, Venzke: *In wessen Namen?* (Fn. 45), S. 136 ff., 150 ff.
48 Matthias Herdegen: *Informalisierung und Entparlamentarisierung politischer Entscheidungen*, in: VVDStRL 62 (2002), S. 7–36, hier S. 24 f.: «Korsettierung durch WTO-Recht».
49 Horst Dreier: *Die drei Staatsgewalten im Zeichen von Europäisierung und Privatisierung*, in: Die öffentliche Verwaltung 55 (2002), S. 537–547, hier S. 537 ff.; Grimm: *Zukunft II* (Fn. 10), S. 54 ff., 212 ff., 231 ff., 262 ff. u. ö.

aber nach wie vor nicht der Fall. Vielmehr besteht ein Demokratiedefizit, wie es in zahlreichen Entscheidungen des Bundesverfassungsgerichts und einer längst unüberschaubar gewordenen Literatur immer wieder konstatiert und analysiert wurde. Ihm liegt der Umstand zugrunde, daß die Europäische Union als solche für eine volle demokratische Legitimation der von ihr ausgeübten bzw. induzierten hoheitlichen Gewalt in den Mitgliedstaaten nicht Sorge tragen kann. Warum nicht? Salopp formuliert: Ein Staat, der so verfaßt wäre wie die Union, könnte niemals ihr Mitglied werden. In der EU finden wir andersartige Organe und eine so in keiner Demokratie existente Funktionenzuordnung vor.[50] Rat und Europäischer Rat sind rein exekutivisch, über die Regierungen der Mitgliedstaaten, dominiert. Die Kommission stellt nicht etwa das Pendant zu einer vom Parlament gewählten Regierung dar, sondern bildet eine expertokratische Elite, eine transnationale Fusionsbürokratie[51] mit oft eigener und von den Völkern Europas wenig affizierter Agenda.[52] Die EU ist ein von Administrationen und Exekutiven beherrschtes Gebilde.

Daran ändert auch das Europäische Parlament nichts. Denn es heißt zwar Parlament, ist es aber nach wie vor nicht, jedenfalls nicht im Vollsinne. Trotz erheblicher Terraingewinne in den letzten Jahren fehlen ihm noch immer wesentliche Kompetenzen, die Parlamenten üblicherweise ungeteilt zustehen, nämlich *erstens* ein unbeschränktes Gesetzesinitiativrecht, das in der EU weiterhin monopolartig die Kommission innehat

---

50 Beschreibung: Matthias Herdegen: *Europarecht*. 17. Aufl. München 2017, S. 102 ff. Siehe auch Christoph Möllers: *Die drei Gewalten*. Weilerswist 2008, S. 175 ff.
51 So der Terminus von Maurizio Bach: *Die Bürokratisierung Europas. Verwaltungseliten, Experten und politische Legitimation in Europa.* Frankfurt am Main 1999, S. 27.
52 Siehe nur das vernichtende Urteil von Joachim Jens Hesse: *Abschied von der ever closer Union. Wege zu einer besseren und realitätsnäheren Union*, in: Zeitschrift für Staats- und Europawissenschaften 15 (2017), S. 173–199, hier S. 189.

(Art. 17 Abs. 2 EUV); *zweitens* volle Budgethoheit, die sich das Parlament, vermittelt durch ein kompliziertes Regelungsgeflecht, mit Rat und Kommission teilen muß; *drittens* ein umfassendes Besteuerungsrecht. Unionale Rechtsakte können trotz der Aufwertung des Parlaments zum Mitgesetzgeber ohne dessen positives Votum Geltung erlangen; gleiches gilt für den Haushaltsplan.[53] Des weiteren ist von Bedeutung, daß das EU-Parlament nach wie vor nicht nach einem einheitlichen Wahlrecht gewählt wird.[54] Wir wählen nach nationalen Wahlgesetzen nationale Parteien.[55] Außerdem gilt das zentrale Prinzip des *one man one vote* nicht. Vielmehr gibt es bestimmte Abgeordnetenkontingente für die Mitgliedstaaten, die aber nicht strikt proportional der Bevölkerungsgröße entsprechen (sog. Prinzip der degressiven Proportionalität). So entfallen auf die Bundesrepublik 96 Sitze, auf Malta sechs. Da Malta aber weniger als eine halbe Million Einwohner hat, Deutschland hingegen mehr als 80 Millionen, bedeutet das: in Malta kommt ein Sitz auf 67 000 Einwohner, in Deutschland auf über 800 000 Einwohner, also ungefähr ein Dutzend so viel. Die Stimme eines Wählers aus Deutschland zählt mithin nur einen Bruchteil der Stimme eines Wählers aus Malta; im Vergleich mit Schweden, Dänemark, Irland oder der Slowakei ist sie nur halb so viel wert. Insoweit trägt das Parlament nach wie vor das Gepräge einer Staatenversammlung, nicht des höchsten «Repräsentationsorgan(s) eines souveränen europäischen Volkes».[56] Schließlich ist dem EU-Parlament die für parlamentarische Regierungs-

---

53 BVerfGE 129, 300 (337 f.).
54 Einige Vorgaben sind in Art. 20, 22 AEUV verankert, darunter das Verhältniswahlrecht. Zur Vertiefung Doris Dialer, Andreas Maurer, Margarethe Richter (Hg.): *Handbuch zum Europäischen Parlament*. Baden-Baden 2015, S. 72 ff.
55 Siehe nur Dieter Grimm: *Die Parteien als Akteure einer europäischen Öffentlichkeit*, in: Julian Krüper, Heike Merten, Thomas Poguntke (Hg.): *Parteienwissenschaften*. Baden-Baden 2015, S. 303–313, hier S. 304 ff.
56 BVerfGE 123, 267 (372); w. N. bei Dreier (Fn. 5): *Art. 20 (D) Rn. 35*.

systeme typische Struktur von Regierungs- und Oppositionsfraktionen fremd,[57] woraus eine fluide Mehrheitsbildung bei den Abstimmungsgegenständen folgt. Zudem kehrt sich das Verhältnis von Parteien und Fraktionen um. Die Fraktionen im EU-Parlament bilden sich erst *nach* den Wahlen, wenn Vertreter von derzeit ungefähr 200 Parteien einrücken, die sich dann zu weniger als zehn Fraktionen zusammenschließen. In den Mitgliedstaaten mit demokratisch-parlamentarischem System fungieren Fraktionen hingegen als die Parteien im Parlament. Für diese merkwürdige Umkehrung hat Dieter Grimm den schönen Merksatz geprägt: «Die Parteien, die man wählen kann, bestimmen nicht den Parlamentsbetrieb. Die Parteien, die den Parlamentsbetrieb bestimmen, kann man nicht wählen.»[58]

Festzuhalten bleibt, daß eine hinlängliche demokratische Legitimation allein durch Organe der EU nach wie vor nicht gegeben ist. Es bedarf dauerhaft der «Abstützung» durch die zweite Säule der Legitimation durch die Mitgliedstaaten im Sinne eines dualen Modells, das freilich dezidiert exekutivlastig ausgeprägt ist und im Falle von Mehrheitsentscheidungen keine Gewähr für eine Überstimmung der Position des Mitgliedstaates bietet.[59] Europäisierung betrifft also nicht nur ein prinzipiell begrüßenswertes Friedens- und Wirtschaftsprojekt, sondern führt auch zu empfindlichen Einbußen bei der demokratischen Organisation und Legitimation der Ausübung öffentlicher Gewalt.[60]

---

57 BVerfGE 129, 300 (327). Zu den Fraktionen näher Dialer et al.: *Handbuch* (Fn. 54), S. 124 ff., 161 ff. Zu den «schwierigen Rahmenbedingungen für Oppositionsarbeit auf europäischer Ebene» Andreas Voßkuhle: *Opposition im Europäischen Parlament,* in: Ulrich Becker (Hg.): *Verfassung und Verwaltung in Europa. Festschrift für Jürgen Schwarze zum 70. Geburtstag.* Baden-Baden 2014, S. 283–303, hier S. 292 ff.
58 Dieter Grimm: *Europa ja – aber welches? Zur Verfassung der europäischen Demokratie.* München 2016, S. 33.
59 Dazu Dreier (Fn. 5): *Art. 20 (D) Rn. 42 ff.*
60 Konzise Zusammenfassung bei Schliesky: *Parlamentsfunktionen* (Fn. 23), § 5 Rn. 14.

c) Privatisierung

Es mag zunächst merk- oder gar fragwürdig erscheinen, wenn unter den Erosionsprozessen auch die Privatisierung aufgeführt wird: Wenn der Staat sich bei bestimmten Aufgaben durch deren (vollständige) Privatisierung zurückzieht, nimmt ja prima facie der Umfang staatlicher Herrschaft zugunsten der Freiheitsräume, die sich nun auf dem Markt erschließen, ab.[61] Und es wäre ersichtlich paradox oder müßte als Plädoyer für eine sozialistische Planwirtschaft seligen Angedenkens erscheinen, wenn man die Verhältnisse für um so demokratischer hielte, je mehr staatliche Regulierung und je weniger insbesondere wirtschaftliche Freiräume es für die Bürger gibt. Allerdings muß nicht nur über Regulierung, sondern auch über Deregulierung demokratisch entschieden werden.[62] Außerdem gibt es Aufgabenbereiche und -gebiete, die vielleicht aus guten Gründen traditionell ganz oder überwiegend in staatlicher Hand liegen: Polizei und Militär, Justiz und Schulwesen, Strafvollzug und Daseinsvorsorge. Wo auch immer man aber insofern die Grenze zwischen staatlich und privat ziehen will, eines ist klar: Wenn Märkte bestimmte Funktionen und Bereiche übernehmen, die zuvor durch staatliche Regelungen und Institutionen gesteuert wurden und einer demokratischen Legitimation unterlagen, dann schrumpft der Umfang dessen, was demokratisch geregelt und verantwortet

---

61 Zur prinzipiellen Unterscheidung von materieller und formeller Privatisierung, also von Aufgaben- und Organisationsprivatisierung, sowie zu weiteren Differenzierungen siehe Martin Burgi: *Privatisierung*, in: Josef Isensee, Paul Kirchhof (Hg.): *Handbuch des Staatsrechts der Bundesrepublik Deutschland*. 3. Aufl. Heidelberg 2006, Bd. IV, § 75 Rn. 6 ff.; Hartmut Maurer: *Die verschiedenen Formen der Privatisierung*, in: Gerrit Manssen, Monika Jachmann, Christoph Gröpl (Hg.): *Nach geltendem Verfassungsrecht. Festschrift für Udo Steiner zum 70. Geburtstag*. Stuttgart 2009, S. 528–541.
62 Sehr klar Gertrude Lübbe-Wolff: *Europäisches und nationales Verfassungsrecht*, in: VVDStRL 60 (2001), S. 246–289, hier S. 251 ff.

werden kann.⁶³ Mit dem Wandel von einer staatlichen zu einer privaten Agenda schwindet die demokratische Steuerung, verringert sich parlamentarische Kontrolle und läuft auch das Petitionsrecht letztlich ins Leere.⁶⁴ Es bleibt eben nicht ohne Folgen, wenn die Marktlogik an die Stelle der Staatslogik tritt. Man nimmt das vielleicht im kommunalen Raum noch deutlicher als auf Bundesebene wahr, wie man ohnehin die *lokale* Demokratie nicht aus dem Auge verlieren sollte. Mit Blick auf kommunale Wasserwerke oder Stromversorgungsunternehmen erkennt man leicht, daß bei vollständiger materieller Privatisierung kommunaler Aufgaben Bürgermeister und Gemeinderäte keinen Einfluß mehr auf deren Erfüllung nehmen können. An die Stelle politisch und demokratisch verantworteter Entscheidungen tritt die Rationalität des Marktes einschließlich der Handlungslogik von Aktiengesellschaften und ihrer Verpflichtung zur Gewinnerzielung.

Das bedeutet: Privatisierung ist nicht nur eine fiskalische oder wirtschaftliche Frage, sondern schafft ein Demokratieproblem. Dieser Umstand sowie der oft dezidiert bekundete Wille zur Rückgewinnung demokratischer Steuerungsherrschaft erklärt, warum wir seit einiger Zeit starke Tendenzen zur Re-Kommunalisierung von Gemeindeaufgaben erleben,⁶⁵ die im Zuge der Privatisierungswelle der 1990er Jahre in den Markt entlassen worden waren.

---

63 Habermas: *Naturalismus* (Fn. 7), S. 112.
64 Siehe etwa Christoph Gusy: *Privatisierung und parlamentarische Kontrolle*, in: Zeitschrift für Rechtspolitik 31 (1998), S. 265–270.
65 Zu diesem «Mega-Trend» (Hartmut Bauer: *Zukunftsthema «Rekommunalisierung»*, in: Die öffentliche Verwaltung 65 [2012], S. 329–338, hier S. 329) aus der reichen Literatur nur Anette Guckelberger: *Die Rekommunalisierung privatisierter Leistungen in Deutschland*, in: Verwaltungsarchiv 104 (2013), S. 161–187; Thorsten Ingo Schmidt: *Rechtliche Rahmenbedingungen und Perspektiven der Rekommunalisierung*, in: Die öffentliche Verwaltung 67 (2014), S. 357–365.

2. Subjekt: Schmälerung der personalen Basis
a) Inkongruenz von Autoren- und Adressatenvolk

So wie bei der öffentlichen Gewalt eine Schere klafft zwischen demokratisch legitimierter Ausübung deutscher Staatsgewalt und sonstiger Hoheitsgewalt anderer Träger – so klafft auch eine Schere zwischen dem Staatsvolk, das die Staatsgewalt legitimiert, und den Betroffenen, die dieser Staatsgewalt unterworfen sind. Idealerweise sollten Autor und Adressat ja, wie eingangs gezeigt, identisch sein. Für das Bundesverfassungsgericht entspricht es der demokratischen Idee, «eine Kongruenz zwischen den Inhabern demokratischer politischer Rechte und den dauerhaft einer bestimmten Herrschaft Unterworfenen herzustellen».[66] Doch begegnet uns hier aufgrund jahrzehntelanger Einwanderung das Problem, daß zum Staatsvolk längst nicht mehr alle gehören, die dauerhaft auf dem Territorium der Bundesrepublik leben.[67] Sie sind zwar Objekt staatlicher Ordnung, aber Subjektstatus im Sinne eines Innehabens des Wahlrechts kommt ihnen nicht zu. Es besteht daher eine «Kluft zwischen staatsrechtlichem Legitimationssubjekt und dauerhafter Wohnbevölkerung»,[68] zwischen «Herrschaftsbetroffenheit und Herrschaftslegitimation».[69] Das Staatsvolk als Summe der zur demokratischen Legitimation befugten Aktivbürger und das Adressatenvolk als Summe der staatlicher Herrschaft Unterworfenen fallen

---

66 BVerfGE 83, 37 (51). Siehe auch die Angaben in Fn. 71 f.
67 Wichtig ist der Hinweis, daß sich «Migranten mit dauerhaftem Aufenthaltsrecht hinsichtlich des Bürgerstatus in der Praxis letztlich nur noch beim Wahlrecht von den Staatsangehörigen unterscheiden». Christian Walter: *Der Bürgerstatus im Lichte von Migration und europäischer Integration*, in: VVDStRL 72 (2013), S. 7–48, hier S. 32.
68 Daniel Thym: *Status als Instrument des Migrationsrechts/Migrationsfolgenrecht*, in: VVDStRL 76 (2017), S. 169–216, hier S. 189.
69 Klaus Ferdinand Gärditz: *Der Bürgerstatus im Lichte von Migration und europäischer Integration*, in: VVDStRL 72 (2012), S. 49–156, hier S. 95.

auseinander.[70] Denn Stimmbürger ist nur der Staatsbürger, aber nicht der ausländische Mitbürger. Von der «Herausbildung eines modernen Metökentums mit Rechtsgleichheit, aber ohne politische Teilhabe» ist hier zuweilen die Rede.[71] In der Sozialwissenschaft spricht man von *denizens* oder *denizenship*, um den Status als Einwohner mit eingeschränkten Bürgerrechten zu umschreiben. Doch wie auch immer man es formuliert: Der Umstand, daß mittlerweile bundesweit rund ein Zehntel aller erwachsenen Bürger Ausländer sind, wirft nicht nur sozial- und integrationspolitische Fragen auf, sondern zieht auch ein Demokratieproblem nach sich.[72] Denn bei diesem – im Wachsen begriffenen – Anteil kann die Gleichung von Autorschaft und Betroffensein, von Staatsvolk und Untertanenverband nicht aufgehen, weil es an der Staatsangehörigkeit als der zentralen Voraussetzung für das Innehaben des Wahlrechts fehlt. Eine solche Situation *widerspricht* dem Ideal der freien Selbstbestimmung aller.

b) Sinkende Wahlbeteiligung

Umgekehrt *entspricht* es dem Ideal freier Selbstbestimmung, daß das Wahlvolk von seinem Stimmrecht möglichst umfassend Gebrauch macht. Das ist deswegen um so wichtiger, weil – wie gesehen – der Wahlakt die Hauptlast der demokratischen Legitimation trägt. Vor diesem Hintergrund ist eine

---

70 Horst Dreier: *Erosionsprozesse des Verfassungsstaates*, in: Lerke Osterloh, Karsten Schmidt, Hermann Weber (Hg.): *Staat, Wirtschaft, Finanzverfassung. Festschrift für Peter Selmer zum 70. Geburtstag*. Berlin 2004, S. 51–70, hier S. 57 ff.; Unger: *Verfassungsprinzip* (Fn. 1), S. 42 f.: «Auseinanderfallen von Partizipation und Betroffenheit».
71 Thym: *Status* (Fn. 68), S. 189.
72 Analytisch klar Walter: *Bürgerstatus* (Fn. 67), S. 32. – Notabene: Der Grund liegt nicht allein in einer möglicherweise zu restriktiven Haltung des Staates, sondern auch bei den Betroffenen selbst, die sich mit ihrer Rolle als Marktbürger zufriedengeben: Thym: *Status* (Fn. 68), S. 188 f.

hohe Wahlbeteiligung mehr als wünschenswert, eine geringe hingegen ein Alarmsignal. Und dieses Signal ist seit vielen Jahren nicht zu überhören. Allem Anschein nach machen in Deutschland tendenziell immer weniger Menschen von ihrem urdemokratischen Wahlrecht Gebrauch. Auch wenn sich der Trend bei den Landtagswahlen des Jahres 2017 leicht umgekehrt hat, bleibt die Gesamtentwicklung bedenklich, wie etwa die Zahlen der Bundestagswahlen zeigen. Während hier in den 1950er bis 1980er Jahren die Wahlbeteiligung stets über 80 Prozent und mehrfach über 90 Prozent oder bei knapp 90 Prozent gelegen hat, verzeichnen wir insbesondere in den 2000er Jahren starke Rückgänge: Tiefpunkt war die Wahl 2009 (70,9 Prozent), 2013 lag sie mit 71,5 Prozent nur geringfügig darüber, 2017 verzeichnete man (vor allem wegen der Mobilisierung von Protestwählern) eine Steigerung auf immerhin 76 Prozent. Noch um einiges dramatischer gestaltet sich die Entwicklung auf Landesebene. Dort werden mittlerweile nur noch selten Wahlbeteiligungen von zwei Dritteln erreicht.[73] Oft bewegt man sich eher auf die 50-Prozent-Marke zu wie in Bremen 2015 (50,2 Prozent). Absolutes Schlußlicht ist bislang Brandenburg, wo die Beteiligung 2014 bei 47,9 Prozent lag.[74] Hier bilden die Nichtwähler nicht nur die größte Gruppe; hier haben sie sogar die absolute Mehrheit inne. Für den Gedanken demokratischer Herrschaft als Selbstbestimmung aller ist das desaströs. Stück für Stück verschwindet das

---

73 Thüringen 2004, 2009, 2014: 53,8, 56,2, 52,7 Prozent. Hamburg 2008, 2011, 2015: 63,5, 57,3, 56,5 Prozent. NRW 2005, 2010, 2012: 63,0, 59,3, 59,6 Prozent. In BW ist ungewöhnlicherweise ein Anstieg zu verzeichnen (2006: 53,4; 2016: 70,4 Prozent), der mit der Flüchtlingskrise zu tun haben dürfte. Aber auch in Hessen steigt sie wieder an: 2009: 61, 2013: 73,2 Prozent. Desgleichen, wenn auch weniger stark, jüngst im Saarland (2012: 61,6; 2017: 69,7 Prozent) und in Schleswig-Holstein (2012: 60,2; 2017: 64,2 Prozent). Ein kleiner Aufwärtstrend ist ebenso in Nordrhein-Westfalen zu verzeichnen (2012: 59,6; 2017: 65,2 Prozent). Selten aber wird die Zweidrittelgrenze überschritten.
74 Ähnlich Sachsen 2014: 49,2 Prozent.

demokratische Subjekt, bleibt von der Idee der freien Selbstbestimmung aller immer weniger übrig.[75]

Das Ganze hat noch einen zusätzlichen Effekt, den man den «Mehrheitsschein» nennen könnte. Da die Sitze eines Parlaments unabhängig von der Wahlbeteiligung und allein mit Bezug auf die abgegebenen gültigen Stimmen verteilt werden, können sich signifikante parlamentarische Mehrheiten bilden, hinter denen nur eine Minderheit der Wahlberechtigten steht. Nehmen wir das Beispiel Bayern: hier haben 2013 weniger als zwei Drittel der Wahlberechtigten ihre Stimme abgegeben. Die CSU errang davon knapp 48 Prozent; in absoluten Zahlen waren das 2,7 Millionen Wählerstimmen von insgesamt 9,5 Millionen. Die Partei also, die rund 29 Prozent der Stimmen aller Wahlberechtigten errungen hat, ist nun im Landtag mit 101 von 180 Sitzen und einer satten absoluten Mehrheit vertreten.[76] Um nicht falsch verstanden zu werden: das ist nicht anschuldigend gemeint. Alles hat insofern seine Richtigkeit, als die Nichtwähler von ihrer Chance, auf die Zusammensetzung des Parlaments Einfluß zu nehmen, keinen Gebrauch gemacht haben. Die Aktivwähler haben gewissermaßen für die Nichtwähler mitgehandelt.[77] Thematisiert wird der Punkt lediglich deswegen, weil ein Standardargument gegen die direkte Demokratie lautet, es dürfe nicht zu einer Herrschaft der Minderheit

---

75 Erschwerend tritt noch ein gesellschaftlicher Verzerrungseffekt hinzu, weil die Tendenz sinkender Wahlbeteiligung bei sozial Schwachen stärker ausgeprägt ist als in den gebildeten und bessergestellten Schichten. Eingehend Armin Schäfer: *Der Verlust politischer Gleichheit. Warum die sinkende Wahlbeteiligung der Demokratie schadet*. Frankfurt am Main 2015, insbesondere S. 91 ff., 147 ff.
76 Die Zahlen für die SPD: 20,5 Prozent der abgegebenen gültigen Stimmen (1,2 Mio. Wähler); das sind 12,5 Prozent aller Wahlberechtigten. Sitze im Landtag: 42 (von 180), das sind 23,5 Prozent.
77 Nähme man die Sitzverteilung im Landtag so vor, daß die Sitze im Verhältnis zur Wahlbeteiligung verteilt würden, also alle 180 nur bei 100 Prozent Wahlbeteiligung, bei 50 Prozent nur deren 90, dann hätten 2013 erhalten: CSU 55, SPD 23.

kommen.[78] Dementsprechend werden hier gerne hohe Quoren festgesetzt oder gefordert. Ein Vergleich mit den repräsentativen Vertretungsorganen zeigt jedoch, daß, bezogen auf die Gesamtheit der Stimm- oder Wahlberechtigten, die Herrschaft der Minderheit der Normal- und nicht der Ausnahmefall ist.

c) Fünfprozent-Klausel

Die naheliegende weitere Frage, wie in Bayern aus 48 Prozent der abgegebenen Stimmen deutlich mehr als die Hälfte der Sitze werden konnten,[79] ist im wesentlichen mit der Wirkung der Fünfprozent-Klausel zu erklären.[80] Ihr ist es geschuldet, daß bei der Bayern-Wahl knapp 15 Prozent der Stimmen für die Sitzverteilung keine Berücksichtigung fanden. Bei der vorletzten Bundestagswahl im Jahre 2013 waren es sogar fast 16 Prozent, was dazu führte, daß die im Bundestag vertretenen Parteien von weniger als 60 Prozent der Wahlberechtigten gewählt wurden (denn die Wahlbeteiligung lag bei 71,5 Prozent). Die Union mit 41,5 Prozent der Stimmen verfehlte nur sehr knapp die absolute Mehrheit der Sitze. Vom Scheitern der (zu) kleinen Parteien profitieren also die großen. Konkret gesprochen: «Mehr als jeder sechste Abgeordnete bekleidet [im 18. Deutschen Bundestag] ein Mandat, das die Wähler einer anderen Partei zukommen lassen wollten.»[81] Daß dieser Ver-

---

78 Hierzu und zum folgenden näher Horst Dreier, Fabian Wittreck: *Repräsentative und direkte Demokratie im Grundgesetz*, in: Lars P. Feld et al. (Hg.): *Jahrbuch direkte Demokratie 2009*. Baden-Baden 2010, S. 11–39.
79 Wenn es eine direkte Entsprechung der prozentualen Wahlstimmen und der Sitzverteilung gäbe, hätte die CSU 85 (statt 101), die SPD 37 (statt 42) erhalten müssen.
80 Sie ist auf Bundesebene verankert in § 6 Abs. 3 BWahlG, in Bayern in Art. 14 Abs. 4 BayVerf. Zu ihrer verfassungsrechtlichen Problematik Morlok (Fn. 16): *Art. 38 Rn. 12f., 112ff.*; Ute Sacksofsky: *Wahlrecht und Wahlsystem*, in: Morlok, Schliesky, Wiefelspütz: *ParlR* (Fn. 23), § 6 Rn. 65 ff.
81 Manfred C. Hettlage: *Der Wahlleiter und das Gesetz. Die fehlerfreie*

zerrungseffekt dem Wählerwillen entspricht, wird man schwerlich behaupten wollen.

3. Modus: Entparlamentarisierung

Wenn es stimmt, daß das Parlament das Gravitationszentrum des demokratischen Verfassungsstaates bildet, dann sind Verlustvorgänge, wie sie sich unter dem Stichwort der Entparlamentarisierung[82] bündeln, von höchster Brisanz. Ohne Anspruch auf Vollständigkeit seien vier Aspekte genannt.

a) Gesetzgebungsoutsourcing

Zu den wichtigsten Funktionen und Aufgaben des Parlaments zählt die Gesetzgebung, also die Setzung allgemeinverbindlicher und mit staatlicher Zwangsgewalt durchsetzbarer Normen. Nun ist klar: Der Gesetzgeber muß nicht auch der Gesetzesverfasser sein. Es wäre eine die Realitäten des parlamentarischen Regierungssystems wie auch die normativen Vorgaben des Grundgesetzes ignorierende Vorstellung, daß ausschließlich und allein die Abgeordneten des Deutschen Bundestages die Gesetze kreieren, also sie konzipieren und formulieren.[83] Ganz überwiegend stammen diese aus der Fe-

---

Durchführung der Wahl: eine unlösbare Aufgabe?, in: Die öffentliche Verwaltung 69 (2016), S. 983–989, hier S. 983.

82 Für einen ersten Überblick siehe den Handbuchbeitrag von Thomas Puhl: *Entparlamentarisierung und Auslagerung staatlicher Entscheidungsverantwortung*, in: Josef Isensee, Paul Kirchhof (Hg.): *Handbuch des Staatsrechts der Bundesrepublik Deutschland.* 3. Aufl. Heidelberg 2005, Bd. III, § 48 sowie die beiden Staatsrechtslehrervorträge von Herdegen: *Informalisierung* (Fn. 48) und Martin Morlok: *Informalisierung und Entparlamentarisierung politischer Entscheidungen*, in: VVDStRL 62 (2003), S. 37–84, jeweils m.w.N.

83 Siehe Kai von Lewinski: *Gesetzesverfasser und Gesetzgeber. Outsourcing und Fertigprodukte im Normsetzungsverfahren.* Baden-Baden 2015 (dazu die eingehende Rezension von Winfried Brechmann in: Zeitschrift für Gesetzgebung 31 [2016], S. 285–288).

der der (personell ungleich besser und im übrigen mit überlegenem Sachverstand ausgestatteten) Ministerialbürokratie. Dagegen ist schon deswegen nichts einzuwenden, weil das dem Funktionsmodus des parlamentarischen Regierungssystems mit seiner politischen Einheit von Regierung und den sie tragenden Fraktionen entspricht und das Grundgesetz der Regierung ausdrücklich das Recht zur Gesetzesinitiative verleiht (Art. 76 Abs. 1 GG).[84] Was aber, wenn mit der Erarbeitung eines Gesetzentwurfes nicht demokratisch legitimierte Institutionen wie die Ministerialbürokratie, sondern private Akteure betraut werden, insbesondere große Rechtsanwaltskanzleien?[85] Damit sind wir beim Thema des sogenannten Gesetzgebungsoutsourcings,[86] also der Delegation der Erstellung eines Gesetzentwurfs an private Dritte. Begriff und Praxis waren noch vor zehn Jahren einer breiteren Öffentlichkeit und den meisten Parlamentariern unbekannt. Das änderte sich erst im Laufe der Finanzkrise des Jahres 2009, als die Kanzlei Linklaters mit der Erarbeitung eines Gesetzentwurfs zur Re-

---

[84] Zur faktischen Normalität und normativen Zulässigkeit der Dominanz der Ministerialbürokratie bei der Gesetzgebungsarbeit Helmuth Schulze-Fielitz: *Theorie und Praxis parlamentarischer Gesetzgebung – besonders des 9. Deutschen Bundestages (1980–1983)*. Berlin 1988, S. 255 ff.; Klaus von Beyme: *Der Gesetzgeber. Der Bundestag als Entscheidungszentrum*. Opladen 1997, S. 139 ff.; Schmidt: *System* (Fn. 33), S. 152 ff.

[85] Den Umstand des Auftretens neuer Akteure betont zu Recht Krüper: *Autonomie* (Fn. 28), § 38 Rn. 56, denn nur so läßt sich angesichts der positivrechtlichen Indifferenz gegenüber dem sogenannten inneren Gesetzgebungsverfahren das Problem überhaupt markieren.

[86] Dazu statt vieler Klaus Meßerschmidt: *Private Gesetzgebungshelfer. Gesetzgebungsoutsourcing als privatisiertes Regulierungsmanagement in der Kanzleiendemokratie?*, in: Der Staat 51 (2012), S. 387–415; Sarah Kalagi: *Die Rolle von Anwaltskanzleien bei der Gesetzesvorbereitung in der Ministerialverwaltung. Ursachen und Probleme am Beispiel der Finanzmarktstabilisierungsgesetze*, in: Zeitschrift für Parlamentsfragen 45 (2014), S. 647–668; dort S. 649 die Definition: «gezielte vollständige oder partielle Delegation der *Formulierung* eines Gesetzentwurfs an externe Akteure durch die Ministerialbürokratie».

strukturierung insolventer Kreditinstitute beauftragt wurde (übrigens vom damaligen Bundeswirtschaftsminister Karl-Theodor zu Guttenberg) – und der 28-seitige Entwurf mit dem Logo der Kanzlei in den verschiedenen Ressorts kursierte.[87] Eine solche Mandatierung war beileibe kein Einzelfall,[88] wie sich bald herausstellte und in Bundestags-Drucksachen sowie einem eingehenden Bericht des Bundesrechnungshofs dokumentiert wurde. Nun kann man argumentieren, es handele sich um unverbindliche und vorbereitende Tätigkeiten[89] und die verfassungsrechtliche Welt sei mit der Einleitung des formalen Verfahrens durch Bundestag, Bundesrat oder Bundesregierung wieder in Ordnung. In der Tat haben wir es beim Gesetzgebungsoutsourcing nicht mit einer formellen Gesetzgebungsdelegation im Sinne der Übertragung von Rechtsetzungsgewalt zu tun. Doch schon die «faktische Vorausbindung durch die Gesetzesvorbereitung»[90] mit entsprechendem Ankereffekt wird durch solcherart sedierende Hinweise nicht erfaßt. Der reale Einfluß ist legitimatorisch nicht abgesichert. Tatsächlich geht die Praxis des Gesetzgebungsoutsourcings über andere Formen sachverständiger Beratung weit hinaus.[91] Die Mandatierung Privater zur Erstellung eines Gesetzent-

---

87 Zum Hergang Kalagi: *Rolle* (Fn. 86), S. 647, 657 ff.; siehe auch Simon M. Woiki: *Gesetzgebungsoutsourcing unter dem Grundgesetz.* Baden-Baden 2016, S. 83 f. m. w. N.
88 Detailliert zum tatsächlichen Umfang der Beauftragung von Privaten, insbesondere Rechtsanwaltskanzleien, mit derartigen Gesetzeserarbeitungsaufträgen: Kalagi: *Rolle* (Fn. 86), S. 650.
89 Bundeskanzlerin Merkel hat den Vorgang seinerzeit als «übliches Verfahren» und «Beratungstätigkeit» bezeichnet: Kalagi: *Rolle* (Fn. 86), S. 647.
90 Meßerschmidt: *Gesetzgebungshelfer* (Fn. 86), S. 405. Julian Krüper: *Lawfirm – legibus solutus? Legitimität und Rationalität des inneren Gesetzgebungsverfahrens und das «Outsourcing» von Gesetzesentwürfen*, in: JZ 65 (2010), S. 655–662, hier S. 655: «Ankereffekt».
91 Zu den etablierten Formen wissenschaftlicher Politikberatung im Gesetzgebungsprozeß eingehend von Beyme: *Gesetzgeber* (Fn. 84), S. 152 ff.; knapp Eckart Klein: *Gesetzgebung ohne Parlament? Vortrag gehalten vor der Juristischen Gesellschaft zu Berlin am 24. September*

wurfs bildet eine weitere Facette der Entparlamentarisierung – und damit der Entdemokratisierung. Der Bundesrechnungshof hat in seinem Bericht eindeutig festgehalten, allein der «Anschein, der gesetzgeberische Wille würde außerhalb der Bundesregierung vorformuliert», untergrabe die Legitimität demokratischer Rechtsetzung.[92]

Auch wenn man das Outsourcing nicht rundheraus für verfassungswidrig erklären möchte, kommt ein solches Vorgehen wohl nur in absoluten Ausnahmefällen in Betracht. Zudem wäre eine ausdrückliche Regelung über Zulässigkeit, Umfang und Verfahren, am besten in der Gemeinsamen Geschäftsordnung der Ministerien, angebracht. In jedem Fall ist Transparenz das absolute Minimalgebot.[93] Das umfaßt vor allem eine Offenlegung der Auslagerung auch gegenüber den Parlamentariern.[94]

b) Entformalisierung und «paktierte» Gesetzgebung

Bei den vielfältigen Formen der Entformalisierung staatlichen Handelns wird man ebenfalls kein pauschales verfassungsrechtliches Verdammungsurteil fällen können. Konsensfin-

---

2003. Berlin 2004, S. 12 f.; detailliert Woiki: *Gesetzgebungsoutsourcing* (Fn. 87), S. 84 ff., 249.

92 Bericht des Bundesrechnungshofes an den Haushaltsausschuß des Deutschen Bundestages nach § 88 Abs. 2 BHO zum Einsatz externer Berater im Normsetzungsverfahren vom 21. März 2011. Gz: 15-2010-0802 (Bericht BRH), S. 17. Zu Schranken aus dem Demokratie- und Rechtsstaatsprinzip referierend: «Ausarbeitung» des Wissenschaftlichen Dienstes des Bundestages vom 7. Juli 2011 (Az.: WD 3-3000-229/11), S. 6f.

93 Krüper: *Lawfirm* (Fn. 90), S. 661 f.; Ulrich Battis: *Outsourcing von Gesetzesentwürfen?*, in: Zeitschrift für Rechtspolitik 44 (2011), S. 201–202, hier S. 202; Meßerschmidt: *Gesetzgebungshelfer* (Fn. 86), S. 409 ff., insbesondere 411 ff. Vertiefend Woiki: *Gesetzgebungsoutsourcing* (Fn. 87), S. 243 f.

94 Daran hat es offenbar bei den Entwürfen in der Finanzkrise gefehlt: Kalagi: *Rolle* (Fn. 86), S. 661.

dungsstrategien und kooperatives Handeln[95] kennt man seit jeher als verbreitete Praxis nicht nur im Verwaltungs-, sondern auch im Staatsrecht, wo es sich ganz überwiegend der parteienstaatlichen Struktur unseres repräsentativ-parlamentarischen (und zudem föderalen) Systems verdankt. Entformalisierung sowie kooperative und konsensuale Strukturen sind keine systemwidrigen Anomalien, sondern können zuweilen nützlich und sinnvoll sein.[96]

Dennoch besteht auch hier die Gefahr der Umgehung und Entwertung der vom Grundgesetz vorgesehenen Verfahrenswege mit entsprechendem Verlust an parlamentarischer Bestimmungsmacht. Absprachen zum Erlaß (oder auch zum Nichterlaß) bestimmter gesetzlicher (oder auch untergesetzlicher) Regelungen können schon ihrer Natur nach nicht sichern, was in der repräsentativen Demokratie ein hohes Gut ist: nämlich die Allgemeinheit und Gleichheit der Teilhabe der Volksvertreter. Statt dessen sind entsprechende Ver- und Aushandlungsprozesse «durch Exklusivität und Nichtöffentlichkeit»[97] gekennzeichnet und durch eine Präponderanz der Exekutive charakterisiert. Insbesondere die normersetzenden oder normvermeidenden Absprachen sind deshalb so problematisch, weil das Parlament wegen des Regelungsverzichts gar nicht mehr ins Spiel kommt. Auch wenn man die politischen Bedürfnisse und Zwänge für solche Strategien anerkennt, ist deren Gefährdungspotential nicht zu verkennen: sind sie doch selbst im Falle einer Vorabsprache zum Erlaß eines Gesetzes geeignet, «das verfassungsrechtlich vorgezeichnete Gesetzgebungsverfah-

---

95 Breite Bestandsaufnahmen etwa bei Lothar Michael: *Rechtsetzende Gewalt im kooperierenden Verfassungsstaat*. Berlin 2002; Friedrich Schoch: *Entformalisierung staatlichen Handelns*, in: Isensee, Kirchhof: HStR III (Fn. 82), § 37 Rn. 22 ff., 28 ff., 93 ff.; Thorsten Anderl: *Gesetzgebung und kooperatives Regierungshandeln*. Berlin 2006.
96 Klassisch Helmuth Schulze-Fielitz: *Der informale Verfassungsstaat*. Berlin 1984.
97 Morlok: *Informalisierung* (Fn. 82), S. 40; Puhl: *Entparlamentarisierung* (Fn. 82), § 48 Rn. 47.

ren zu delegitimieren und politisch so zu entwerten, daß dem Parlament nur noch die Rolle eines Notars zukommt».[98]

Einen dubiosen Grenzfall paktierter Gesetzgebung bildet der sogenannte Atomkonsens des Jahres 2000.[99] Hier hatte es «Energiekonsens-Gespräche» zwischen der Bundesregierung und den vier größten Kernkraftwerksbetreibern gegeben, die dann zu einer förmlichen Vereinbarung führten (14. Juni 2000), welche bemerkenswerterweise in zwei juristischen Fachzeitschriften abgedruckt wurde. Gegenstand war die Befristung der Nutzung bestehender Kernkraftwerke seitens der Betreiber, wofür die Regierung im Gegenzug deren ungestörten Betrieb während der Restzeit zusagte. Rechtlich gesehen handelte es sich um ein unverbindliches *gentlemen's agreement*. Freilich gab die Regierung in diesem Abkommen eine Zusage, die notwendige Änderung des Atomgesetzes zu realisieren, an die sie sich mit der Vorlage eines entsprechenden Gesetzentwurfs auch hielt. Dieser wurde dann vom Bundestag ohne jegliche Änderung verabschiedet[100] – eigentlich ein klarer Verstoß gegen das «Strucksche Gesetz», wonach kein Gesetz den Bundestag so verläßt, wie es eingebracht wurde. Wie auch immer man die Praxis paktierter Gesetzgebung verfassungsrechtlich einschätzt – ein Verlust demokratisch-parlamentarischer Steuerungsherrschaft ist kaum zu leugnen.

c) Mißachtung des Gesetzesvorrangs

Noch um einiges problematischer wird es, wenn verabschiedete Gesetze nicht beachtet und von der Regierung überspielt werden, ohne daß sich entschiedener Protest des Parlaments

---

98 Puhl: *Entparlamentarisierung* (Fn. 82), § 48 Rn. 47.
99 Zu den Vorgängen minutiös Michael: *Rechtsetzende Gewalt* (Fn. 95), S. 105 ff. und Heiko Sauer: *Kooperierende Rechtsetzung. Reaktion einer herausgeforderten Verfassung*, in: Der Staat 43 (2004), S. 563–593, hier S. 564 ff.
100 Schoch: *Entformalisierung* (Fn. 95), § 37 Rn. 41.

regt. Auch hierbei handelt es sich nicht um ein Massenphänomen, freilich ebensowenig um ein bloßes Versehen oder einen bedauerlichen Einzelfall. Wir bleiben bei der Atomenergie und wenden uns zunächst dem sogenannten Atom-Moratorium zu.

aa) Atom-Moratorium

Am 11. März 2011 kam es aufgrund eines Seebebens und eines darauffolgenden Tsunamis an der japanischen Ostküste zur Zerstörung des Kernkraftwerkes Fukushima, was in Deutschland umgehend zu einer heftigen Diskussion über die weitere Nutzung der Kernenergie führte. Als erstes Ergebnis politischer Gespräche zwischen Bundesregierung und Landesregierungen kündigte die Bundeskanzlerin auf einer Pressekonferenz am Montag, den 14. März, die Sicherheitsüberprüfung aller deutschen Kernkraftwerke und eine Aussetzung der noch jungen Laufzeitverlängerung an.[101] «Wir werden die erst kürzlich beschlossene Verlängerung der Laufzeiten der deutschen Kernkraftwerke aussetzen», sagte Angela Merkel. «Dies ist ein Moratorium. Dieses Moratorium gilt für drei Monate. [...] Ich glaube, dass wir keine Gesetzesänderung brauchen».[102] Einen Tag später kündigten Bundeskanzlerin, Bundeswirtschaftsminister, Bundesumweltminister und die Ministerpräsidenten der Länder mit Atomkraftwerken im Rahmen einer weiteren Pressekonferenz die Abschaltung der sieben ältesten deutschen Anlagen an.[103]

---

101 Zur politischen Dynamik am Wochenende zuvor instruktiv Peter Carstens: *Beim Umfallen überholen*, in: FAZ Nr. 63 vom 16. März 2011, S. 5; Günter Bannas: *Als die Worte Zäsur und Moratorium geboren wurden*, in: FAZ Nr. 64 vom 17. März 2011, S. 3.
102 Bundeskanzlerin Angela Merkel, Pressekonferenz des Bundeskanzleramtes am 14. März 2011 pdstream.bundesregierung.de/bpa/pk_kanzleramt/20110314_japan.mp4.
103 Michael Bauchmüller: *Erst mal abschalten*, in: Süddeutsche Zeitung (SZ) Nr. 62 vom 16. März 2011, S. 7. FAZ Nr. 63 vom 16. März 2011, S. 1: «Sieben Atomkraftwerke werden stillgelegt.»

Der Verfassungsrechtler konnte sich hier nur verwundert die Augen reiben. Denn nach dem Grundgesetz ist völlig klar, daß man eine gesetzliche Regelung (die Verlängerung der Laufzeiten) nur wieder durch eine gesetzliche Regelung und nicht per Regierungsorder ändern kann. Das ist das ganz kleine Einmaleins des Staatsrechts, das Studienanfänger nach dem ersten Semester beherrschen müssen. Art. 20 Abs. 3 GG spricht eindeutig aus, daß die Verwaltung und somit auch die Regierung an Gesetz und Recht gebunden ist. Für ein von der Regierung verkündetes Moratorium im Sinne einer Veränderung der Gesetzeslage gibt es in der Verfassung keinen Anhalt.

Mit gebotenem Spott hat seinerzeit der Leiter der ARD-Rechtsredaktion in Karlsruhe formuliert: «Breaking News! Seit dem 14.3.2011, 16 Uhr, gibt es einen neuen Art. 20 III a GG, direkt nach der Bindung der Exekutive an Gesetz und Recht. Er lautet: ‹Die Bundesregierung darf in bestimmten Fällen ein vom Bundestag beschlossenes Gesetz per Moratorium vorübergehend außer Kraft setzen.› So zumindest klang die Erklärung der Bundeskanzlerin, die erst kürzlich per Gesetz beschlossene Laufzeitverlängerung der Atomkraftwerke auszusetzen. Seitdem gehört das ‹Moratorium› zum Wortschatz der Nation. Einmal kurz innegehalten – seit wann darf die Regierung einfach ein Gesetz außer Kraft setzen? Gesetze beschließt das Parlament. Es hat in diesem Fall mit der Mehrheit der Regierungskoalition den Betreibern von Atomkraftwerken grundsätzlich gestattet, auch weiterhin bestimmte Mengen an Strom zu produzieren. Das führt zur Laufzeitverlängerung. Möchte man dies ändern, wenn auch nur vorübergehend, ist eine weitere Entscheidung des Gesetzgebers nötig. Nicht mehr und nicht weniger, auch wenn es aus politischer Sicht sicher kein leichter Gang wäre, das selbst eingebrachte Gesetz vorübergehend zu stoppen oder zu verändern. Das ‹Moratorium› zum Laufzeitverlängerungsgesetz hat ohne Gesetzgeber keine Wirkung. Wenn die Betreiber der Kraftwerke wollten, könnten sie sich auf ihre Rechte aus dem Gesetz berufen.»[104] Andere Autoren sprachen nicht minder unverblümt vom Atommoratorium als einem «verfassungsrechtlichen Skandal» und einem «Tsunami für die Rechtsordnung der Bundesrepublik Deutschland».[105] Das Parlament selbst hat die Entscheidung der Regierung mehrheitlich begrüßt, wenngleich es auch durchaus kritische Stimmen gab.[106] Die Regierung stützte sich sodann, um das Heft des Handelns in der Hand zu behalten und das politisch gewünschte Ergebnis einer administrativen Abschaltung zu erreichen, auf eine aufsichtsrechtliche Vorschrift des Atomgesetzes (§ 19 Abs. 3 AtG).[107] Das Problem: Diese Norm war nach Auffassung aller namhaften Experten als Rechtsgrundlage für die Abschaltung von sieben ausgewählten Reaktoren absolut untauglich,[108] da sie nur bei akuten Verstößen gegen bestehende Sicherheits-

---

104 Frank Bräutigam: *Es lebe Art. 20 III GG!*, in: NJW-Editorial Heft 14 (2011), S. 2.
105 Kyrill-Alexander Schwarz: *Rechtsstaat und Energiewende*, in: Bayerische Verwaltungsblätter 59 (2013), S. 65–68, hier S. 65, 67. Deutlich auch Manfred Rebentisch: *«Kernkraftwerks-Moratorium» versus Rechtsstaat*, in: Neue Zeitschrift für Verwaltungsrecht 30 (2011), S. 533–536, hier S. 536.
106 Vgl. BT-Sitzung am 17. März 2011 einschließlich bestimmter Gesetzentwürfe der Opposition (BT-Plenarprotokoll 17/96, S. 10914 f. i. V. m. BT-Drs. 17/5048 und BT-Drs. 17/5049). Hinweis auf die Einwände von Oppositionspolitikern und Bundestagspräsident Lammert auf die fraglichen Rechtsgrundlagen bei Günter Bannas: *Kernkraft war im Pleistozän*, in: FAZ Nr. 65 vom 18. März 2011, S. 3.
107 Kanzlerin Merkel in ihrer Rede vor dem Deutschen Bundestag am 17. März 2011 (BT-Plenarprotokoll 17/96, S. 10885): «Für die dreimonatige Betriebseinstellung der sieben ältesten Anlagen als vorläufige aufsichtliche Maßnahme sieht das Atomgesetz in § 19 Abs. 3 Satz 2 Nr. 3 eine einschlägige Rechtsgrundlage vor. Auf dieser Rechtsgrundlage kann bei Vorliegen eines Gefahrenverdachts die einstweilige Betriebseinstellung angeordnet werden.» Siehe auch Fn. 109.
108 FAZ Nr. 65 vom 18. März 2011, S. 13: «Juristen halten Reaktorabschaltung für rechtswidrig». Aus der Fachliteratur Michael Kloepfer, David Bruch: *Die Laufzeitverlängerung im Atomrecht zwischen Gesetz und Vertrag*, in: JZ 66 (2011), S. 377–387; Wolfgang Ewer, Alexander Behnsen: *Das «Atom-Moratorium» der Bundesregierung und das geltende Atomrecht*, in: Neue Juristische Wochenschrift 64

bestimmungen greift und es für diese ebensowenig erkennbare Anzeichen gab wie für einen Tsunami in der Nähe deutscher Kernkraftwerke. Das Bundesministerium für Umwelt gab gleichwohl den Ländern vor, sich bei ihren Stillegungsverfügungen exakt auf diese Norm[109] (und auf die im Schreiben des Ministeriums vorgegebenen Erläuterungen) zu stützen, was sie auch taten.[110]

Im Falle des Kernkraftwerks Biblis kam es zur gerichtlichen Anfechtung. Das Urteil des Hessischen Verwaltungsgerichtshofs ist eine schallende Ohrfeige.[111] Die Einstellungsverfügung war in jeder erdenklichen Hinsicht rechtswidrig: formell, weil es keine ordnungsgemäße Anhörung gegeben hatte (die das Ministerium darin sehen wollte, daß der Betroffene sich zu der beabsichtigten Maßnahme in den Medien hätte äußern können!); materiell, weil (1) die Voraussetzungen der Ermächtigungsgrundlage nicht vorlagen; (2) das Ermessen nicht sachgerecht

---

(2011), S. 1182–1186, hier S. 1184 ff.; Schwarz: *Rechtsstaat* (Fn. 105), S. 67.

109 Wobei das sogleich zu schildernde Urteil des Hessischen Verwaltungsgerichtshofs klarstellt, daß der vom beklagten Ministerium in Übereinstimmung mit den politischen Vorgaben ausdrücklich angeführte § 19 Abs. 3 Satz 2 Nr. 3 AtG als Ermächtigungsgrundlage von vornherein nicht in Betracht kommt: Die Norm benennt nur eine konkret mögliche Folge, die vorläufige Betriebseinstellung, nicht jedoch die Voraussetzungen dieser Maßnahme. Als Ermächtigungsgrundlage kommt vielmehr allein § 19 Abs. 3 Satz 1, 2. Alt. AtG in Betracht (vgl. Urteil des Hessischen Verwaltungsgerichtshofs vom 27. Februar 2013 [6 C 824/11.T], Rn. 34, 59 ff., vollständig abrufbar unter: www.lareda.hessenrecht.hessen.de/lexsoft/default/hessenrecht_lareda.html#docid:5580612, nur teilweise abgedruckt in: Zeitschrift für das gesamte Recht der Energiewirtschaft [EnWZ] 2 [2013], S. 233–239 und Zeitschrift für Umweltrecht [ZUR] 24 [2013], S. 367–374). Die Exekutive verwechselte also eine Rechtsfolgenbestimmung mit einer Ermächtigungsnorm, was man nur als äußerst peinlich bezeichnen kann.
110 Exakte Schilderung im Urteil des HessVGH (Fn. 109), Rn. 4 (= EnWZ [Fn. 109], S. 233).
111 Vgl. zu den folgenden Mängeln im einzelnen: Urteil des HessVGH (Fn. 109), insbesondere Rn. 35 ff., 39 ff., 46 f., 60, 81 ff., 95.

ausgeübt wurde und (3) die gesetzte Rechtsfolge unverhältnismäßig war. Schlimmer geht's nimmer.[112]

Die politisch auf Biegen und Brechen gewollte Durchsetzung des Moratoriums durch die Exekutive führte also zum Rückgriff auf eine augenfällig untaugliche Norm und dann zu deren evident rechtswidriger Handhabung.[113] Doch schon und vor allem die ersten Ankündigungen, die die Möglichkeit eines Moratoriums kraft Regierungsentscheidung suggerierten, konnten zu einer «Erosion des Rechtsbewusstseins über das Bestehen und die Bedeutung der Gewaltenteilung» führen und vergessen lassen, daß «die Regierung an Parlamentsgesetze gebunden ist und nicht gegen diese verstoßen darf».[114] Fazit: «Mit dem Moratorium erlebt[e] das Parlament einen neuen Höhepunkt seiner Entmachtung».[115] Reinhard Müller schrieb in der FAZ: «Doch wie schon bei der Aussetzung der Wehrpflicht erweckt die Regierung freudig den Ein-

---

112 Zusammenfassende Darstellung der insofern nahezu einhelligen Auffassung des Schrifttums bei Jan Schlömer: *Der beschleunigte Ausstieg aus der friedlichen Nutzung der Kernenergie*. Baden-Baden 2013, S. 33 ff.
113 Deutlich Tilman Cosack, Rainald Enders: *Atomenergie nach Fukushima*, in: Deutsches Verwaltungsblatt 126 (2011), S. 1446–1453, hier S. 1449: «Im Ergebnis sind somit die im Zuge des Moratoriums getroffenen Maßnahmen allesamt als rechtswidrig anzusehen. Statt diese Maßnahmen auf § 19 Abs. 3 AtG zu stützen, hätte die Bundesregierung eine Rechtsgrundlage hierfür erst durch ein Änderungsgesetz schaffen müssen und sollen.»
114 Beide Zitate: Ewer, Behnsen: «*Atom-Moratorium*» (Fn. 108), S. 1183. Dort heißt es klar und deutlich: «Eine Regierung, die für sich in Anspruch nimmt, in Kraft befindliche Gesetze nicht anwenden zu müssen oder zu wollen, gibt zu verstehen, dass sie sich an geltendes Recht nicht gebunden fühlt, und bringt zum Ausdruck, ihre Entscheidungen nicht auf gesetzlicher Basis treffen zu müssen. Solche Entwicklungen stellen über den konkreten Fall hinaus eine Gefahr für den demokratischen Verfassungsstaat dar, unabhängig von den Motiven, die mit einem solchen Verhalten verfolgt werden.»
115 Thorsten Denkler: *Mufti Merkel*, in: SZ Nr. 62 vom 16. März 2011 (abrufbar unter: www.sueddeutsche.de/politik/atom-moratorium-fuer-laufzeitverlaengerung-mufti-merkel-1.1072938).

druck, bestehende Gesetze seien für sie nur beliebige Verfügungsmasse».[116]

bb) Wehrpflichtnovelle

Mit dem Gesetz zur Änderung wehrrechtlicher Vorschriften vom 28. April 2011 wurde die allgemeine Wehrpflicht suspendiert.[117] Vorausgegangen war dieser Regelung allerdings die verfassungsstaatlich problematische Vorab-Aussetzung durch die Bundesregierung, insbesondere durch den damaligen Verteidigungsminister zu Guttenberg. Das wurde in den Beratungen des Gesetzes zum Teil auch ausdrücklich gerügt. So heißt es in der Stellungnahme der SPD-Fraktion, die Regierung habe «die in dem nun vorliegenden Gesetzentwurf vorgesehene Aussetzung der Einberufung zum Grundwehrdienst bereits im Vorgriff auf das parlamentarische Verfahren angewendet und gehe dabei von einer Rechtslage aus, die es noch gar nicht gebe».[118] Das ist allerdings eindeutig zu milde ausgedrückt und suggeriert hier lediglich eine gewisse Voreiligkeit oder eben einen bloßen Vorgriff. Tatsächlich hat der Minister mit seiner Praxis die geltende Rechtslage und infolgedessen den Vorrang des Gesetzes mißachtet und damit Hand an einen Grundpfeiler des Rechtsstaates und der Demokratie gelegt.[119]

---

116 Reinhard Müller: *Verfügungsmasse*, in: FAZ Nr. 64 vom 17. März 2011, S. 10.
117 Bundesgesetzblatt (BGBl.) I 2011, S. 678.
118 BT-Drs. 17/5239, S. 11: Bericht des federführenden Verteidigungsausschusses vom 23. März 2011.
119 Deutlich dann auch Hans-Peter Bartels (SPD) im Plenum des Bundestages (99. Sitzung der 17. Wahlperiode am 24. März 2011), Plenarprotokoll S. 11345: «Was uns als Opposition am meisten irritiert hat, ist der völlig wurschtige Umgang der Regierung mit geltenden Gesetzen. Ich hoffe, wir sind uns hier im Parlament einig, dass die Wehrpflicht noch gilt. Etwas Neues gilt erst dann, wenn wir hier im Deutschen Bundestag ein neues Gesetz beschlossen haben; darüber reden wir gerade. Aber Ihr fabelhafter Minister a.D. hat die Reform einfach vorgezogen – ganz ohne gesetzliche Grundlage. [...] Die

cc) Internet-Sperrgesetz

Im Jahr 2010 hatte das Parlament ein gegen kinderpornographische Seiten im Internet gerichtetes Sperrgesetz verabschiedet, das aber (obwohl vom Bundespräsidenten ausgefertigt und im Bundesgesetzblatt verkündet)[120] von der Bundesregierung praktisch ignoriert wurde. Die Exekutive wendete das Gesetz nicht an, sondern ließ entsprechende Seiten ohne gesetzliche Grundlage löschen. Bundestagspräsident Lammert bezeichnete das seinerzeit ebenso zutreffend wie erfolglos als «grob rechts- und verfassungswidrig».[121] Erst nach einem Jahr wurde das Gesetz durch ein anderes ersetzt.[122]

dd) Resümee

In allen drei Fällen wurde mit dem Vorrang des Gesetzes ein zentraler verfassungsstaatlicher Grundsatz ignoriert. Ein Kommentar in der SZ lautete: «Bei einem Gesetz kann man sich nicht aussuchen, ob es einem schmeckt; auch die Regierung kann das nicht. Sie ist die vollziehende Gewalt und an Recht und Gesetz gebunden; so steht es im Grundgesetz. Der verfassungswidrige Umgang mit dem Internet-Gesetz ist bezeichnend: Die Regierung behandelt das Parlament nach Gusto. Beim Atom-Moratorium umgeht man es; mit Rettungsschirmen rennt man hastig durch. Rechtsstaatlichkeit ist etwas

> Regierung bewegt sich bei ihrem Umgang mit dem Parlament hart am Rande der Rechtsstaatlichkeit. [...] Sie sollten ernsthaft zur verfassungsmäßigen Praxis zurückkehren. Gesetze verpflichten die Exekutive.»

120 BGBl. I 2010, S. 78.
121 FAZ Nr. 60 vom 12. März 2011, S. 7. Gleicher Duktus und Zusammenschau von Wehrpflichtaussetzung, Internetsperrung und Moratorium: Reinhard Müller: *Die Volksvertretung ist kein Abnickverein*, in: FAZ Nr. 65 vom 18. März 2011, S. 1: «Die Regierung kann geltendes Gesetzesrecht nicht per ordre du Mufti außer Kraft setzen.»
122 BGBl. I 2011, S. 2958.

anderes».[123] Will man eine Gesamttendenz ausmachen, so kann man sagen: «Es scheint sich [...] eine zunehmende Neigung der politischen Exekutive auszubreiten, bei medial aufgeheizten Themen ohne Rücksicht auf die gesetzlichen Bindungen vor der Öffentlichkeit reflexartige Handlungsbereitschaft zu demonstrieren».[124]

d) Vernachlässigung der Forumsfunktion

Das Parlament hat nicht nur Wahl-, Gesetzgebungs- und Kontrollfunktionen.[125] Es hat auch eine Repräsentationsfunktion in dem Sinne, daß es stellvertretend für die Gesamtgesellschaft die großen, die Menschen bewegenden politischen und sozialen Themen aufgreift, aufbereitet, vorstellt und kontrovers diskutiert. Es soll, anders gesagt, der Ort zentraler gesellschaftlicher Debatten sein. Walter Bagehot hat das in seinem klassischen Werk über die englische Verfassung die «expressive function» genannt: «It is its office to express the mind of the English people on all matters which come before it.» Sie bezeichnet den Anspruch, im Parlament als dem Repräsentationsorgan des ganzen Volkes die bedeutsamen gesellschaftlichen und politischen Kontroversen zu spiegeln oder doch zumindest in ihren wichtigsten Facetten zu präsentieren. Insofern müssen in einer Plenardebatte die wesentlichen Themen in Rede

---

123 Heribert Prantl: *Die Schokolade der Kanzlerin*, in: SZ Nr. 81 vom 7. April 2011, S. 4.
124 Bernd Rüthers, Clemens Höpfner: *Abschied vom Rechtsstaat? Rechtsbrüche von Regierung und Justiz*, in: Politisches Denken 22 (2012), S. 31–37, hier S. 36. Dort heißt es weiter: «Der demokratische Rechtsstaat bezieht seine Autorität und Würde aus der Wahrung des Rechts in allen Lebensbereichen. Das Vertrauen des Staatsvolkes in das ‹System› setzt die Rechtstreue der Staatsorgane voraus.»
125 Zu den vielfältigen Funktionen von Parlamenten etwa Klaus von Beyme: *Die parlamentarische Demokratie. Entstehung und Funktionsweisen 1789–1999.* 4. Aufl. Wiesbaden 2014, S. 199 ff.; Schliesky: *Parlamentsfunktionen* (Fn. 23), § 5 Rn. 7 ff.

und Gegenrede traktiert werden. Mit «Forum der Nation» ist diese Artikulationsfunktion wohl am besten umschrieben.[126] Das Parlament und keine andere Institution kommt für die Aufgabe in Betracht, «nationale Stätte eines [...] Argumentationsaustausches über Gegenstände von über den Tag hinausweisender Bedeutung» zu sein.[127] Wenn es nun in den letzten Jahren ein Thema gegeben hat, das die Bundesrepublik bewegt, aufgewühlt und wohl auch gespalten hat wie kaum je eines, dann war es die Flüchtlingskrise.[128] Hier aber hat das Parlament vollständig versagt. Es gab keine einzige große Debatte zum Für und Wider der Merkelschen Flüchtlingspolitik.[129] Das Parlament hat sich weggeduckt und seine ureigene Rolle nicht wahrgenommen.[130] Vor allem lag das an mangelnder Selbständigkeit der Regierungsfraktionen und ihrer Vorsitzenden.

IV. Therapie: Handlungsoptionen

Nach dieser kritischen Schilderung verschiedener Erosionsphänomene wird man mit Recht (und mit Erich Kästner) fragen: Wo bleibt denn nun das Positive? Und in der Tat: Wie begegnet man diesen Erscheinungen? Kann man die Probleme

---

126 Eingehend Johannes Masing: *Parlamentarische Untersuchungen privater Sachverhalte. Art. 44 GG als staatsgerichtetes Kontrollrecht.* Tübingen 1998, S. 105 ff.
127 Hans Hugo Klein: *Stellung und Aufgaben des Bundestages*, in: Isensee, Kirchhof: HStR III (Fn. 82), § 50 Rn. 43.
128 Die Erschütterungen reichen bis weit in die Staatsrechtslehre hinein. Siehe nur Otto Depenheuer, Christoph Grabenwarter (Hg.): *Der Staat in der Flüchtlingskrise. Zwischen gutem Willen und geltendem Recht.* Paderborn 2016.
129 Das wurde selten offen kritisiert. Eine Ausnahme ist Erika Steinbach: *Das missachtete Parlament*, in: FAZ Nr. 105 vom 6. Mai 2016, S. 10.
130 Ganz allgemein hatte lange vor diesen Ereignissen Klein: *Gesetzgebung* (Fn. 91), S. 23 Fn. 89 als absolute Selbstverständlichkeit festgehalten, daß «die Diskussion über grundsätzlich neue (gesellschafts-)politische Weichenstellungen in das Parlament» gehört.

überhaupt bewältigen? Ist irgendwo Abhilfe in Sicht? Gibt es erfolgversprechende Strategien für eine Revitalisierung der Demokratie?

Verfügte ich über die Idee eines großen Wurfes, über einen Vorschlag, der alle Symptome auf einmal kurieren und dabei keine schädlichen Nebenwirkungen hervorrufen würde – ich hätte auf die langwierige Analyse verzichtet und den entsprechenden Masterplan sogleich in aller Ausführlichkeit erläutert. Aber über einen solchen verfüge ich eben nicht, und man darf Zweifel hegen, ob irgend jemand das tut. Ein Ergebnis der Analyse ist ja gerade, daß sich die Phänomene des Schwindens der Demokratie als vielschichtig und vielfältig erweisen. Also müssen wir die Mühen der Ebenen auf uns nehmen und die Problemfelder einzeln beackern. Für sie alle gilt, daß uns hier nicht ein unabwendbares Schicksal trifft, sondern wir es mit Gegenständen politischer Gestaltung zu tun haben, die prinzipiell – wenn auch in unterschiedlichem Grade – formbar sind. Am Ende seien in diesem Sinne einige wenige und gewiß diskussionsbedürftige Vorschläge und exemplarische Handlungsoptionen benannt: nicht als Patentlösung oder fertiges Handlungsrezept, sondern eher tentativ als Anregung und Argumentationsreservoir.

1. Objekt

Was die Objektebene und damit die Internationalisierung und Supranationalisierung angeht, so wird man natürlich nicht zum geschlossenen Nationalstaat des 19. Jahrhunderts zurückgehen können. Aber welche noch vor kurzem für ausgeschlossen gehaltene Entwicklungen etwa im Bereich der EU möglich sind, hat der Brexit drastisch gezeigt. Jedenfalls ist der Weg in eine immer engere und immer größere Union nicht der einzige.[131] Selbst der Kommissionspräsident hat unlängst in ei-

---

131 Nachdrücklich in diesem Sinne Hesse: *Abschied* (Fn. 52), S. 190f., 198f.

nem Weißbuch mehrere unterschiedliche Zukunftsmodelle zur Diskussion gestellt. Daß sich darunter auch ein «Rückbauszenario ‹Schwerpunkt Binnenmarkt›» findet – «das wäre zehn Jahre zuvor noch nicht denkbar gewesen.»[132] So wäre also über eine Reduktion der Kompetenzen der EU nachzudenken, nicht zuletzt über eine klarere Aufgabenteilung einschließlich einer Rückübertragung auf die Mitgliedstaaten,[133] eine Stärkung des Subsidiaritätsprinzips, eine echte Konstitutionalisierung der Verträge im Sinne ihrer Reduktion auf Wesentliches,[134] insgesamt: über eine «Neujustierung der europäischen Integration».[135] Als weniger probat dürften Versuche einer Umwandlung der EU in ein parlamentarisches System nach staatlichem Muster und eine damit einhergehende Aufwertung des Europäischen Parlaments einzustufen sein: denn hierfür (sowie für ein Verständnis des Rates als einer Vertretung der Mitgliedstaaten und der Kommission als einer Art Regierung) fehlt es an der zentralen Voraussetzung der Responsivität, einem Austauschprozeß zwischen Repräsentanten und Repräsentierten, einem gemeinsamen Diskurs, einer von allen geteilten Öffentlichkeit und gemeinsamen politischen Parteien. Dieter Grimms diesbezüglich vor mehr als zwanzig Jahren in der Carl Friedrich von Siemens Stiftung vorgetragene Analyse[136] hat unverändert Bestand – nach der zwischenzeitlich vorangeschrittenen Erweiterung der EU vielleicht mehr

---

132 Frank Schorkopf: *60 Jahre Römische Verträge. Dezennien feiern, Krisen nutzen, Zukunft haben*, in: Zeitschrift für Staats- und Europawissenschaften 15 (2017), S. 16–31, hier S. 27.
133 Reinhard Priebe: *Rückverlagerung von Aufgaben. Ein Beitrag zu besserer Akzeptanz der Europäischen Union?*, in: Europäische Zeitschrift für Wirtschaftsrecht 26 (2015), S. 697–702, hier S. 697 ff.
134 So die ebenso beharrlich wie berechtigt vorgetragene Forderung von Dieter Grimm. Siehe nur *Europa* (Fn. 58), S. 104 ff., 119 f.
135 Thiele: *Verlustdemokratie* (Fn. 9), S. 239. Dazu auch Hesse: *Abschied* (Fn. 52), S. 191 ff.
136 Dieter Grimm: *Braucht Europa eine Verfassung?* München 1995, S. 36 ff.

denn je.[137] Außerdem ist zu bedenken, daß eine Stärkung des Parlaments zwingend eine Schwächung des Rates und der Kommission nach sich ziehen würde – und damit ausgerechnet jener Institutionen, über die der EU demokratische Legitimation aus den Mitgliedstaaten zugeführt wird.[138]
Wenngleich wir die Globalisierung genausowenig werden rückgängig machen können, so sollte man bei den entsprechenden völkerrechtlichen Verträgen stets sorgsam nationale Handlungsspielräume ausloten. Robert Solow, Nobelpreisträger für Ökonomie, soll einmal ausgerufen haben: «Oh globalization – it's a marvelous excuse for many things.» Soll heißen: Globalisierung läßt sich auch als willkommene Ausrede benutzen, die vom eigenen Politikversagen ablenken oder der Realisierung von Zielen dienen kann, die man rein nationalstaatlich – vielleicht aus guten Gründen – nicht erreichen würde.[139] Es wäre also eine Strategie der Re-Politisierung und der Erhöhung der Transparenz[140] geboten, wie sie partiell bei den TTIP-Verhandlungen Gestalt gewonnen hat. Denn auch hier haben wir es nicht mit Naturgewalten zu tun, denen der Nationalstaat völlig hilf- und wehrlos ausgesetzt ist.[141] Schon mit der bloßen Erkenntnis, daß durch die Übertragung vormals staat-

---

137 Seit Grimms Vortrag im Jahre 1994 sind nicht weniger als 16 neue Mitgliedstaaten beigetreten. Das Gebilde ist also nochmals in erheblichem Umfang heterogener geworden.
138 Auch dazu knapp und präzise Dieter Grimm: *Die Europäische Union im 60. Jahr*, in: Zeitschrift für Staats- und Europawissenschaften 15 (2017), S. 3–15, hier S. 7 f.
139 Deutlich Lübbe-Wolff: *Globalisierung* (Fn. 46), S. 136: «Der Machtzuwachs, den […] die Exekutive zulasten des Parlaments verbuchen kann, bedeutet konkret, dass internationale Vereinbarungen für Regierungen und Interessenverbände ein Weg sind, um Regulierungs- und Deregulierungsoptionen durchzusetzen, für die landesintern die notwendige politische Zustimmung gerade nicht zu gewinnen ist.»
140 Statt vieler Gertrude Lübbe-Wolff: *Geheimniskrämerei bei TTIP*, in: Merkur 70 (2016), S. 53–61 sowie Kristina Bautze: *Fragmentierung und «Regulatory Chill»*, in: Kritische Justiz 50 (2017), S. 404–416.
141 Siehe Thiele: *Verlustdemokratie* (Fn. 9), S. 82 ff.

licher Befugnisse auf internationale Organe «Demokratiekosten» entstehen und «globalisierungsbedingte Einbußen an demokratischer Substanz» vorliegen,[142] wäre einiges gewonnen. Selbst der einst übermächtige Trend zur Privatisierung scheint nicht mehr ungebrochen. Das Stichwort der Re-Kommunalisierung wurde schon erwähnt.[143] Im Falle des Rückkaufs der zwischenzeitlich teilprivatisierten Berliner Wasserbetriebe müssen wir korrekterweise sogar von einer Rückverstaatlichung sprechen.[144] Längst sind weitere Tendenzen zu einer Rückkehr des Öffentlichen erkennbar. So hat Bremen mittlerweile eine Privatisierungsbremse in seine Verfassung aufgenommen (Art. 42 Abs. 4, 70 Abs. 2 BremVerf.). Der andauernde Streit um Art und Umfang der jüngst erfolgten Änderung des Art. 90 GG – Stichwort: Privatisierung bzw. Privatisierungsverbot der Autobahnen[145] – gehört in diesen Kontext.

2. Subjekt

Weiter als bei der Inter- und Supranationalisierung reicht der nationalstaatliche Handlungsspielraum, wenn es darum geht, die Schere zwischen Autoren- und Adressatenvolk zu schließen. Hier liegen zwei sehr unterschiedliche Strategien auf der Hand.[146] Man kann zum einen versuchen, die formellen politischen Beteiligungsrechte ganz oder teilweise vom Staatsbür-

---

142 Lübbe-Wolff: *Globalisierung* (Fn. 46), S. 136.
143 Vgl. oben S. 51
144 Hartmut Bauer: *Praxis und Programmatik der Publizisierung. Die Rückkehr des Öffentlichen*, in: Newsletter Menschenrechte 25 (2016), S. 3–12, hier 5 ff.
145 Vgl. die Grundgesetznovelle in: BGBl. 2017 I S. 2347. – Zu den Problemen und Diskussionen im Vorfeld der Verfassungsänderung sowie den letztlich beschlossenen Regelungen siehe die Kommentierung von Georg Hermes: *Art. 90 Rn. 8 f., 32*, in: Horst Dreier (Hg.): GGK. 3. Aufl. Tübingen 2018. Bd. III.
146 Siehe Walter: *Bürgerstatus* (Fn. 67), S. 33 ff.; Gärditz: *Bürgerstatus* (Fn. 69), S. 92 ff.

gerstatus zu entkoppeln, etwa durch ein Ausländerwahlrecht nicht nur auf kommunaler, sondern vielleicht sogar auf Landes- oder Bundesebene.[147] Oder aber man bleibt bei der Linie, diesen Status zwingend mit der Staatsangehörigkeit zu verknüpfen.[148] Dann könnte man wiederum über Erleichterungen bei der Einbürgerung nachdenken, auch unter vermehrter Inkaufnahme von Mehrstaatigkeit. Eine weitere Option wäre, die Schere durch gezielte Begrenzung der Einwanderung nicht noch weiter auseinanderklaffen zu lassen.

Der geringen Wahlbeteiligung ließe sich mit Einführung einer Wahlpflicht abhelfen, wie sie demokratischen Staaten innerhalb und außerhalb Europas nicht fremd ist (Belgien, Australien, Indien).[149] Dem Übel der Fünfprozent-Klausel, diesem gravierendsten Eingriff in die verfassungsrechtlich garantierte Wahlrechtsgleichheit,[150] könnte man mit verschiedenen Mitteln zu Leibe rücken: mit der Reduzierung auf zwei oder drei Prozent; mit der Einführung einer Eventualstimme, die zum Einsatz kommt, wenn die präferierte Partei am Quorum scheitert;[151] oder auch durch den Verzicht darauf, diese Stim-

---

147 Dafür eine Präferenz bei Walter: *Bürgerstatus* (Fn. 67), S. 37 ff.
148 Gärditz: *Bürgerstatus* (Fn. 69), S. 101 ff., 107 ff. – freilich nicht mit dem Vorschlag einer *erleichterten* Einbürgerung.
149 Schulmäßige Prüfung der verfassungsrechtlichen Zulässigkeit einer solchen Regelung bei Hermann K. Heußner: *Die Wahlpflicht. Rechtliche Zulässigkeit und politische Durchsetzbarkeit*, in: Tobias Möschel (Hg.): *Wahlen und Demokratie. Reformoptionen des deutschen Wahlrechts*. Baden-Baden 2016, S. 181–203. Für eine Wahlpflicht zur Vermeidung des Verzerrungseffektes zu Lasten sozial Schwacher plädiert Schäfer: *Verlust politischer Gleichheit* (Fn. 75), S. 227 f.
150 Hans Meyer: *Wahlgrundsätze, Wahlverfahren, Wahlprüfung*, in: Isensee, Kirchhof: HStR III (Fn. 82), § 46 Rn. 36. Engagiertes Plädoyer für Abschaffung der Klausel bei Michael Lysander Fremuth: *Die Verfassung kennt sie nicht und die Demokratie bedarf ihrer nicht. Zur Notwendigkeit der Revision der Fünf-Prozent-Sperrklausel im Recht zur Wahl des Deutschen Bundestages*, in: JZ 73 (2018), S. 13–22.
151 Thiele: *Verlustdemokratie* (Fn. 9), S. 274 ff.; auch «Nebenstimme» (Pünder: *Wahlrecht* [Fn. 28], S. 218 m. w. N.) oder «Alternativstimme» (Sacksofsky: *Wahlrecht* [Fn. 80], § 6 Rn. 66) genannt. Die Idee geht

men den anderen Parteien zuzuschlagen, sie also bei der Verteilung der Parlamentssitze auszublenden. Daß es hier Bewegung geben könnte, ist keineswegs unwahrscheinlich, weil in den letzten beiden Jahrzehnten die Fünfprozent-Klausel erst auf kommunaler, dann auf europäischer Ebene abgeschafft wurde.[152]

3. Modus

Bei der Entparlamentarisierung sind in erster Linie die legislativen Körperschaften selbst gefragt, dem eigenen Bedeutungsverlust entgegenzuwirken. Ihnen obliegt es vor allem, «der vermehrten Auszehrung ihrer Stellung entschlossen entgegenzutreten. Ihre Kompetenzen [...] sind nicht immer hinreichend bewußt, die konstatierte Entparlamentarisierung ist vielfach Selbstentmachtung. [...] Maßgeblich [...] bleibt [...] der eigene politische Selbstbehauptungs- und Gestaltungswille der Parlamente gegenüber ihren Regierungen.»[153] Zuweilen hat man den Eindruck, hier müsse der sprichwörtliche Hund zum Jagen getragen werden. Es kennzeichnet die einschlägige Judikatur des Verfassungsgerichts (Stichworte: Integrationsverantwortung, Europäischer Stabilitätsmechanismus, Wahrung der Budgethoheit etc.), wiederholt und beharrlich dem Bundestag seine Gestaltungs-, Kontroll- und Lenkungsaufgaben in Erinnerung

---

wohl zurück auf Joachim Linck: *Zur verfassungsnäheren Gestaltung der 5% Klausel*, in: Die Öffentliche Verwaltung 37 (1984), S. 884–887, hier S. 884 ff.

152 Knapper Rückblick bei Pascale Cancik: *Wahlrecht und Parlamentsrecht als Gelingensbedingungen repräsentativer Demokratie*, in: VVDStRL 72 (2013), S. 268–328, hier S. 300; s. auch Morlok (Fn. 16), *Art. 38 Rn. 112 ff.* – Die Fünfprozent-Klausel bei der Wahl zum Europäischen Parlament wurde 2011 vom Bundesverfassungsgericht für nichtig erklärt (BVerfGE 129, 300), die daraufhin vom Gesetzgeber eingeführte Dreiprozent-Klausel im Jahre 2014 ebenfalls (BVerfGE 135, 259), so daß die Europawahl 2014 in Deutschland ohne Sperrklausel durchgeführt wurde.

153 Puhl: *Entparlamentarisierung* (Fn. 82), § 48 Rn. 54.

gerufen und die Notwendigkeit entsprechender Eigenaktivitäten eingeschärft zu haben.[154] Karlsruhe sucht das Parlament gewissermaßen vor seiner Selbstentmachtung zu bewahren. Vielleicht wäre, weil Konkurrenz das Geschäft belebt, die Einführung direktdemokratischer Elemente auch auf Bundesebene ein weiteres Mittel zur Vitalisierung der Demokratie.[155] Die Erfahrungen in Bayern sprechen jedenfalls dagegen, daß es sich dabei um einen «Irrweg» handelt, wie manche irrtümlich glauben. Daß die direkte Demokratie nicht für den Untergang Weimars verantwortlich zu machen ist, dürfte sich inzwischen ebenso herumgesprochen haben,[156] wie daß sie in einem Großflächenstaat immer nur punktuelle Ergänzung und niemals vollständige Alternative zum repräsentativen System sein kann.[157]

V. Schlußbemerkung

Wie auch immer man sich zu den hier erhobenen Befunden und Erwägungen verhält und welche Lösungsvorschläge man für plausibel erachten mag – das Wichtigste dürfte sein, die Debatte über mögliche Umgestaltungen ergebnisoffen, ohne Scheuklappen und ohne Denkblockaden zu führen. Die Einschüchterung, etwas möglicherweise Unerhörtes oder in gewis-

---

154 BVerfGE 123, 267 (356, 433 ff.) – Lissabon; BVerfGE 131, 125 – Unterrichtung des Bundestages über ESM; BVerfGE 129, 124 (178 f.) sowie E 130, 318 (343) und E 142, 123 (230 ff.) – jeweils Budgethoheit. Schließlich noch BVerfGE 132, 195 (239 ff.) – keine unbegrenzten Haftungszusagen.
155 Zu den Argumenten mit zahlreichen weiteren Nachweisen Dreier, Wittreck: *Demokratie* (Fn. 78), S. 21 ff., 34 ff.
156 Horst Dreier: *Staatsrecht in Demokratie und Diktatur. Studien zur Weimarer Republik und zum Nationalsozialismus.* Tübingen 2016, S. 53 ff.
157 Eindringlich Ernst-Wolfgang Böckenförde: *Demokratische Willensbildung und Repräsentation*, in: Isensee, Kirchhof: HStR III (Fn. 82), § 34 Rn. 23.

sen Kreisen Ungehöriges zu sagen, ist tödlich für eine lebendige Demokratie. Nicht jeder, der sich für eine Begrenzung der Zuwanderung einsetzt, ist sogleich ein Rassist oder Fremdenfeind; nicht jeder, der sich skeptisch zur EU äußert, ein hoffnungsloser Nationalist; und wer sich für die direkte Demokratie stark macht, will damit nicht zwangsläufig die Axt an den Parlamentarismus legen. Überhaupt sollten wir uns immer darüber im klaren sein, daß die freie Rede die zentrale «Voraussetzung der Kraft und der Vielfalt der öffentlichen Diskussion» ist und die «Grundbedingung eines freiheitlichen Gemeinwesens» darstellt.[158] Thementabuisierung ist reines Gift. Im übrigen hat niemand ein Recht darauf, von provokanten, beunruhigenden oder gar als anstößig empfundenen Meinungen oder Erscheinungen verschont zu bleiben.[159]

Als besonders fatal erweist sich insofern die Rede von der Alternativlosigkeit politischer Entscheidungen. Denn sie ist demokratiefremd, ja demokratieavers. Ihr fehlt der Sinn für den unerläßlichen Streit der Meinungen und den unablässigen Kampf um das bessere Argument, für die strukturelle Notwendigkeit einer Opposition. All dies aber ist essentiell für eine Demokratie.

Und ein Letztes noch: Wer im Gestus absoluter moralischer Überlegenheit agiert und argumentiert,[160] läuft Gefahr, die gegnerische Position mit herablassender Verächtlichkeit zu be-

---

158 BVerfGE 54, 129 (139). Hierzu und zum folgenden auch Christian Hillgruber: *Die Meinungsfreiheit als Grundrecht der Demokratie*, in: JZ 71 (2016), S. 495–501, hier S. 497 ff.
159 Sehr lesenswert BVerfGE 124, 300 (332, 334).
160 Treffend spricht etwa Heinrich August Winkler: *Das Undenkbare denken*, in: FAZ Nr. 225 vom 28. September 2015, S. 6 mit Blick auf die Debatten während der Flüchtlingskrise von «Zügen der Selbstgefälligkeit, ja der Selbstgerechtigkeit» und fragt: «Soll Deutschland sich fortan als moralische Leitnation Europas fühlen und als Großmacht der Werte präsentieren, die den anderen Völkern sagt, was sie tun müßten, um ebenfalls den ‹Guten› zugerechnet werden zu können?»

handeln. Das kann sich wechselseitig hochschaukeln.[161] Bei einem solchen Kampf zwischen Gut und Böse ist der andere dann nicht einfach jemand mit einer abweichenden politischen Meinung, sondern ein moralisch minderwertiges, geradezu unanständiges Subjekt.[162]

Hingegen sollte gelten: Moralische Wertungen und ethische Überzeugungen finden ihren Weg in die Politik wie andere Auffassungen auch allein über den prinzipiell offenen Willensbildungsprozeß. Kehrt man das Verhältnis in der Weise um, daß eine bestimmte moralische Sichtweise das politische Ge-

---

161 Das ist mit unbestechlicher Klarheit von Graf Kielmansegg: *Populismus* (Fn. 13), S. 6 im Blick auf die Flüchtlingskrise beschrieben worden: «Entgrenzung als Bedrohung, das ist die eine Erfahrung. Dass die Eliten – die Rede ist von Deutschland – den Betroffenen Entgrenzung, jedenfalls soweit es um Migrationsbewegungen geht, als zwingendes Gebot der Vernunft wie der Moral präsentieren, so zwingend, dass man über die, die es nicht begreifen, nur verächtlich sprechen kann, ist die andere. [...] Eine ganz große Koalition [...] grenzt den Raum der als legitim akzeptierten Auseinandersetzung über die Flüchtlingspolitik dieses Landes eng ein. Das heißt nicht, dass diese Auseinandersetzung nicht geführt wird. In den Leserbriefspalten etwa begegnet man ihr seit dem Herbst des Schicksalsjahres 2015 in außerordentlicher Heftigkeit. Wohl aber heißt es, dass sie nicht in einer der Demokratie bekömmlichen Weise geführt wird und geführt werden kann. Niemand kann bestreiten, dass es um Fragen von fundamentaler Bedeutung für die Zukunft des Gemeinwesens geht. Niemand sollte bestreiten, dass Fragen dieser Art in der Demokratie offen und kontrovers diskutiert werden müssen. [...] Die Strategie, die notwendige Auseinandersetzung unter einem erzwungenen, moralisch begründeten Konsens zu ersticken und sie, wo sie doch aufbricht, als Auseinandersetzung zwischen einem ‹hellen› und dem ‹dunklen› Deutschland zu definieren, hat das nicht zugelassen. Sie hat es unvermeidlich gemacht, dass der Populismus sich des Themas bemächtigte und mit diesem Thema stark wurde.»
162 Ähnlich schon vor Jahren Hermann Lübbe: *Jenseits von Gut und Böse*, in: FAZ Nr. 293 vom 16. Dezember 2011, S. 9: «Die Schadensfolgen solcher Moralisierung der Politik sind beträchtlich. Politische Ansichtssachen über Nutzen und Nachteil werden zu Gesinnungsalternativen zwischen Gut und Böse erhoben. Der jeweilige Gegner – zumal der Abweichler in den eigenen Reihen – ist, statt sich zu irren, unanständig.»

schehen dominiert und alternative Politikgestaltung praktisch von vornherein ausschließt,[163] wird letztlich die Grundlage brüchig, auf der Demokratie ruht – die Idee der freien Selbstbestimmung aller Bürger.

---

163 Nachdrückliche Warnung davor bei Johannes Fischer: *Am moralischen Reißbrett*, in: FAZ Nr. 255 vom 1. November 2016, S. 6 (Leserbrief): Er beklagt «eine gewisse Verwirrtheit des Denkens, die in der Flüchtlingskrise weitverbreitet ist. Sie unterscheidet nicht zwischen Moral und Politik und projiziert moralische Kategorien auf den Bereich des Politischen.» Dann fährt er in grundsätzlicher Weise fort: «Moralisierung des Politischen ist für eine Demokratie verheerend. Ein demokratisches Gemeinwesen hat seine politische Grundlage im Wollen seiner Bürger und nicht im Sollen der Moral. Dies ist der Grund, warum es einen Unterschied gibt zwischen dem politisch Richtigen und dem moralisch Gebotenen und warum beides nicht einfach in eins geworfen werden darf. Die Moral gewinnt politisch Einfluss, indem sie im Prozess der politischen Willensbildung in das Wollen der Bürger aufgenommen wird […]. Doch wird alles verkehrt, wenn dieses Verhältnis von politischem Wollen und moralischem Sollen umgedreht wird in dem Sinne, dass die Moral darüber entscheidet, welchen Einfluss das Wollen der Bürger auf politische Entscheidungen haben darf, etwa nach dem Motto, dass es, was die Aufnahme von Flüchtlingen betrifft, in Anbetracht der weltweiten Flüchtlingsnot gar nicht mehr um das Wollen oder Nichtwollen der Bürger geht, sondern nur noch um ein moralisches Müssen.» Dem ist nichts hinzuzufügen.

HERFRIED MÜNKLER

Verkleinern und Entschleunigen oder die Partizipationsformen neu arrangieren?

Beratungszeit und Handlungsmacht: antike und moderne Demokratie

Politische Ordnungen sind immer auch Bearbeitungsformen für die spezifischen Herausforderungen einer Epoche. Das ist eine auf den ersten Blick banal anmutende Feststellung. Deswegen wird ihr niemand widersprechen. Nimmt man die These von der Bezogenheit politischer Ordnungen auf die Herausforderungen einer Epoche im Sinne eines Stimulusresponse-Modells allerdings ernst, so läßt sich mit ihr nur schwer die Vorstellung verbinden, politische Ordnungen liefen in ihrer geschichtlichen Abfolge auf eine evolutive Entfaltung von Normen und Werten hinaus – etwa derart, daß von den Vertragstheoretikern Hobbes den Imperativ der physischen Sicherheit ins Zentrum gestellt, Locke ihn um die Aufgabe des Eigentumsschutzes ergänzt und Rousseau dem als Drittes noch die Freiheit des Bürgers als Gewährleistungsverpflichtung hinzugefügt habe. Nun schließen sich die Annahme des Fortschritts und die einer Responsivität politischer Ordnungen auf vorgefundene Rahmenbedingungen nicht unbedingt aus, wie man aus der Evolutionstheorie weiß, doch ist Fortschritt dann nicht als schrittweise Entfaltung von Normen und Werten definiert, sondern als kontingenzgesteuerte Anpassung an sich immer wieder verändernde Umweltbedingungen. In Absetzung zu dem wiederholten Versuch, die Politikgeschichte als eine des säkularen Fortschritts zu beschreiben, soll die Vorstellung eines Fortschritts nachfolgend nur im Hinblick auf die

Komplexität politischer Ordnungen zur Geltung gebracht werden: Diese haben über den Prozeß der Ausdifferenzierung von Aufgaben und Zuständigkeiten von der Antike bis heute immer mehr an Komplexität gewonnen. Das schließt indes nicht aus, daß der Geltungsanspruch von Werten und Normen den Rahmenbedingungen einer Epoche zugerechnet werden kann, denen eine politische Ordnung genügen soll. Grundsätzlich soll der Fortschrittsgedanke im Folgenden aber auf die allgemeine Leistungsfähigkeit politischer Ordnungen und nicht auf einen kontinuierlichen Prozeß immer weiter reichender Demokratisierungen bezogen werden. Die Leistungsfähigkeit eines politischen Systems wiederum ist – auch – vom Stand der Wissenschaften und den technischen Möglichkeiten einer Epoche abhängig. Der Fortschritt von Wissenschaft und Technik, die sich mit ihm verändernden Handlungsmöglichkeiten, ebenso aber die sich verändernden Herausforderungen, sind dann die Rahmenvorgaben, von denen her die Zukunft der Demokratie diskutiert wird. Ob die von diesem «Fortschritt» in Gang gebrachten Transformationen der politischen Ordnung sich als Fortschritt bei der Entfaltung von Normen und Werten erweisen, ist eine empirische Frage, die von Fall zu Fall entschieden werden muß, als leitende Annahme der Beobachtung aber nicht zugrunde gelegt werden kann. Wir haben eine ausgeprägte Neigung, dessenungeachtet vom Fortschritt auszugehen, weil die Fortschrittsidee in unserer Vorstellungswelt nun einmal hegemonial ist.[1] Es ist, so meine These, gerade diese Linearitätsannahme, die als eine der Ursachen für viele Enttäuschungen und die darauf beruhenden demokratieaversen Reaktionen in jüngster Zeit anzusehen ist. Die Geschichte der Demokratie und ihre mögliche Zukunft sollen im Folgenden deshalb nicht nach Maßgabe einer sukzessiven Demokratisie-

---

[1] Dazu Bedrich Loewenstein: *Der Fortschrittsglaube. Europäisches Geschichtsdenken zwischen Utopie und Ideologie.* Darmstadt 2015, S. 233 ff.

rung betrachtet werden, sondern als eine des Neuarrangements von Partizipationsformen infolge veränderter Möglichkeiten und Herausforderungen. Das also ist die erste Grundannahme meiner Überlegungen zur Zukunft der Demokratie: daß wir einer demokratiegefährdenden Selbsttäuschung unterliegen, wenn wir von einer Synchronie zwischen wissenschaftlich-technischem und demokratiepraktischem Fortschritt ausgehen. Solange wir uns an diese Vorgabe gebunden fühlen, sind wir nicht in der Lage, Demokratie im Hinblick auf die veränderten Herausforderungen unserer Gegenwart zu denken und immer wieder neu zu entwerfen. Wir haben uns dann im Dickicht normativer Hyperreflexivität verfangen, was uns gegenüber den sich schnell verändernden äußeren Herausforderungen reaktions- und handlungsunfähig macht. Infolgedessen breitet sich eine melancholische Resignation aus, und die Gegner der Demokratie bekommen die Oberhand. In einer solchen Lage, so meine zweite Grundannahme, befinden wir uns zur Zeit.

Vergegenwärtigen wir uns die relativ abstrakten Überlegungen an einem Beispiel, das unmittelbar in das Problemfeld hineinführt: Die neuzeitliche Demokratie ist im 17. und 18. Jahrhundert entstanden, in England und den USA vor allem, in mancher Hinsicht in Frankreich; sie ist damit – auch – ein Produkt der, wie Marshall McLuhan das genannt hat, Gutenberg-Galaxis,[2] also des Buchdrucks und der mit ihm verbundenen Kommunikationsmöglichkeiten. Die Anreize, des Lesens und Schreibens mächtig zu sein, wurden im Verlauf des 16. Jahrhunderts bis in breite Kreise der Bevölkerung wirksam. Darin unterscheiden sich die Verhältnisse des 17. und 18. von denen des 14. und noch des 15. Jahrhunderts, als die Fähigkeit, lesen und schreiben zu können, eine von Spezialisten war und weitgehend auf die Eliten beschränkt blieb. Lesen und Schreiben

---

2 Marhall McLuhan: *Die Gutenberg-Galaxis. Das Ende des Buchzeitalters*. Aus dem Amerikan. von Max Naenny. Düsseldorf–Wien 1968.

aber bildeten die Voraussetzungen nicht nur für die Entstehung einer politischen Öffentlichkeit, sondern auch für die spezifische Form der politischen Deliberation, wie sie mit den Anfängen des Parlamentarismus verbunden war.[3] Der Buchdruck, der über Druckerzeugnisse vermittelte intellektuelle Austausch, die Debattenkultur der Streitschriften, in denen politische Gruppierungen aufeinander reagieren – all das sind Voraussetzungen für die Entstehung eines spezifischen Typs von Demokratie, der nicht mehr auf die physische Präsenz der Politikpartizipanten angewiesen ist und darum Entscheidungen auch nicht innerhalb weniger Stunden treffen muß, sondern über die Chance des Reflexionsgewinns durch Entschleunigung der Kommunikationsabläufe verfügt.[4]

Man kann die Bedeutung größerer Zeitspannen beim Treffen politischer Entscheidungen kaum überschätzen, und dieser Zeitspannengewinn resultierte im 16. Jahrhundert aus dem Übergang vom Mündlichen zum Schriftlichen, vom Hören zum Lesen sowie aus der Speicherfunktion von Schriftlichkeit und der damit verbundenen Mnemokultur, der spezifischen Verfügbarkeit von Wissen. Vor allem aber gehört dazu, daß die physische Präsenz des Volkes in der beratenden und beschließenden Versammlung, definitives Kriterium der antiken Demokratie, auf die virtuelle Teilnahme des Volkes in Gestalt

---

3 Dazu nach wie vor Jürgen Habermas: *Strukturwandel der Öffentlichkeit. Untersuchungen zu einer Kategorie der bürgerlichen Gesellschaft.* Neuwied–Berlin 1962, S. 42–171, sowie Michael Giesecke: *Der Buchdruck in der frühen Neuzeit. Eine historische Fallstudie über die Durchsetzung neuer Informations- und Kommunikationstechnologien.* Frankfurt am Main 1991, insbes. S. 44–61 und 682–696.

4 Die hier thematisierten Entschleunigungseffekte der Drucktechnik und der auf ihr beruhenden neuen Kommunikationsformen stehen in einem paradoxen Spannungsverhältnis zu der von Hartmut Rosa als Charakteristikum der Moderne beobachteten generellen Beschleunigung. Freilich hat Rosa selbst auf eine Fülle von Paradoxien hingewiesen, die mit der um sich greifenden Akzeleration verbunden sind; vgl. Hartmut Rosa: *Beschleunigung. Die Veränderung der Zeitstrukturen in der Moderne.* Frankfurt am Main 2005, S. 391 ff.

seiner Repräsentanten umgestellt werden konnte. Das hatte erhebliche Folgen für die Dauer der Beratungen vor den zu treffenden Entscheidungen: Die physische Präsenz des Volkes ist immer nur für eine begrenzte Zeitspanne möglich, nach deren Ablauf, gegen Abend zumeist, dann eine Entscheidung fallen muß.[5] Repräsentativgremien dagegen können sich vertagen, Beratungsperioden verlängern, Beschlußfassungen verschieben – und das nicht nur einmal, sondern fortgesetzt und immer wieder. Und die Verfügbarkeit von Drucksachen ermöglicht die Fortsetzung und Wiederaufnahme von Beratungen zu einem späteren Zeitpunkt auf dem Stand, den man zuvor erreicht hatte. Der Eintritt in die Gutenberg-Galaxis dispensierte also vom Zwang zur schnellen Entscheidung. An die Stelle der «Stimmungsdemokratie», wie man die antike Form der demospartizipatorischen Ordnung mit distanzierendem Unterton genannt hat, trat damit die Beratungsdemokratie. Vergleicht man in der Retrospektive beide miteinander, so hat letztere zumindest die Chance, die Fehler zu vermeiden, die bei Entscheidungen unter Zeitdruck, sei es im Überschwang der Gefühle, sei es unter den Bedingungen unvollständiger Informationen, gemacht werden.

Für unsere Ausgangsüberlegung, wonach politische Ordnungen Bearbeitungsmodelle für die Herausforderungen einer Epoche unter Nutzung der gegebenen wissenschaftlich-technischen Möglichkeiten sind, heißt das, daß das Leistungsprofil dieses neuen Typs von Demokratie sich von dem der klassischen attischen Demokratie unterscheidet: Man konnte nunmehr sehr viel komplexere Fragen zum Gegenstand von Beratungen machen, als das unter den direktdemokratischen Partizipationsformen der Antike möglich war, und vor allem konnte man Herausforderungen und Probleme in deutlich län-

---

5 Zur Rolle der Volksversammlung in der athenischen Demokratie, zu ihrer Zusammensetzung, Arbeitsweise und ihrem Machtbereich vgl. Tuttu Tarkiainen: *Die athenische Demokratie*. München 1972, S. 224–242.

gerfristigen Perspektiven ins Auge fassen. In der Folge wuchsen die Gestaltungstiefe der politischen Ordnung und die Handlungsmacht ihrer Akteure erheblich: Die Macht des Schicksals und der Zwang der Verhältnisse schrumpften,[6] und analog dazu nahm die Verantwortung der politischen Entscheider für die Geschicke der Menschen zu. Das wiederum verstärkte die Erwartung der von solchen Entscheidungen Betroffenen, daß die Entscheider sorgfältig und verantwortungsvoll ihre Macht ausübten.

Die territoriale Größe einer bevölkerungspartizipativen Ordnung

Die wachsende Handlungsreichweite betraf neben der Tiefe der Zeit auch die Weite des Raums. In der Antike war Demokratie aufgrund der kommunikationstechnischen Gegebenheiten nur in stadtstaatlicher Form möglich, wobei unter der Voraussetzung einer entsprechenden Organisation noch die Bewohner des nahen Umlands einbezogen werden konnten.[7] Die Ausdehnung der Demokratie zur Zeit des attischen Seebundes war nur als Assoziation abhängiger Städte möglich. Die Bewohner der ägäischen Inseln konnten darum nie mit den Bürgern Athens gleichgestellt werden, und dieses Partizipations-

---

[6] Trotz des «Könnens-Bewußtseins», das in Griechenland im 6. und 5. vorchristlichen Jahrhundert aufkam und von Christian Meier als antikes Äquivalent des neuzeitlichen Fortschrittsbewußtseins bezeichnet worden ist (Christian Meier: *Die Entstehung des Politischen bei den Griechen*. Frankfurt am Main 1980, S. 435–499), hat sich eine ausgeprägte Vorstellung vom menschlich und politisch Unverfügbaren und seiner Macht gehalten. Das zeigt ein Blick auf die in der Blütezeit der athenischen Demokratie entstandenen Tragödien des Aischylos und Sophokles, in denen es immer wieder um den Einbruch des Unverfügbaren in die Sphäre individuellen wie politischen Handelns geht.

[7] Zur Organisation «bürgerlicher Gegenwärtigkeit in Athen» vgl. Meier: *Die Entstehung des Politischen*, S. 91–143, insbes. S. 129 ff.

gefälle hat nicht nur die politische Attraktivität des Seebundes erheblich beeinträchtigt, sondern schließlich auch zu dessen Zerfall beigetragen. Das wiederholte sich in modifizierter Form, als im späten Mittelalter und in der frühen Neuzeit erneut bevölkerungspartizipative Ordnungssysteme entstanden: Sie waren nur stadtstaatlich praktikabel, und sobald sie über die Grenzen eines Stadtstaates hinausgingen, nahmen sie gegenüber der Landbevölkerung wie den Bewohnern abhängiger Städte zwangsläufig autoritär-repressiven Charakter an.

Jean-Jacques Rousseau, der unter den Vertragstheoretikern die größten Sympathien für partizipative politische Ordnungen hatte, war darum der Überzeugung, eine republikanische Ordnung sei nur in territorial eng begrenzten Formen, eigentlich nur in Stadtstaaten, möglich.[8] Sei das politische Gebilde räumlich zu groß, komme eine republikanische Ordnung nicht in Frage. Als Anhänger direktdemokratischer Partizipationsformen hatte Rousseau für Repräsentationsmodelle als eine Möglichkeit zur Ausweitung der republikanischen Ordnung auf räumlich größere Ordnungen wenig übrig. Solche Formen politischer Partizipation durch Repräsentation entwickelten sich derweilen in einigen Territorialstaaten. Nur weil sie die Praktikabilität einer partizipativen Ordnung auch unter den Bedingungen der Territorialstaatlichkeit unter Beweis stellten, konnte die Demokratie in der politischen Vorstellungswelt des Westens hegemonial werden. Wäre sie auf die Stadtstaaten beschränkt geblieben, so hätte sie in der Ära der Territorialstaaten keine Rolle gespielt. Die Demokratie hätte dann eine politische Vorbildfunktion gehabt, wie sie heute Fürstentümern

---

8 Dazu Iring Fetscher: *Rousseaus politische Philosophie. Zur Geschichte des demokratischen Freiheitsbegriffs*. Frankfurt am Main 1975, 3., überarbeitete Aufl., S. 175 ff. Die räumlich begrenzte Ausdehnung ist für Rousseau freilich nur eine von mehreren Voraussetzungen für Gründung und Bestand einer Republik; Bürgerreligion, bestimmte Sitten und Gebräuche sowie die soziale Dominanz des Kleinbürgertums kommen hinzu; vgl. ebd., S. 184–244.

wie Liechtenstein und Monaco zukommt: Unterhaltsame Einsprengsel in einer politisch ganz anders verfaßten Welt.

Der Territorialstaat steht – im Unterschied zu dem mit ihm über lange Zeit konkurrierenden Typus der imperialen Ordnung – für die Ausdehnung der politischen Selbstbindungen über das städtische Zentrum oder den Fürstenhof hinaus in die Fläche des Landes, und gleichzeitig war er im Konkurrenzkampf mit anderen Ordnungsformen überlegen, weil er eine strukturelle Antwort auf den erhöhten Regelungsbedarf der Gesellschaft darstellte. Die Herausforderungen, für die politische Ordnungen damals eine Lösung bereitzustellen hatten, waren ein effektiver Schutz im Innern wie nach außen und eine nachhaltige Sozialdisziplinierung der Menschen. Je besser eine politische Ordnung beides für große Räume gewährleistete, desto mehr war sie ihren Konkurrenten im Ringen um Macht und Einfluß überlegen.[9] Zum Selektionsmechanismus des Kampfes um Macht und Einfluß sogleich mehr. Hier genügt die Feststellung, daß Konkurrenz der Faktor ist, der die genannten Aufgaben und die mit ihnen verbundenen Herausforderungen für eine politische Ordnung brisant macht. Ohne Konkurrenz sind sie bloß da, durch Konkurrenz werden sie

---

9 Zur Entwicklung des Territorialstaates Martin van Creveld: *Aufstieg und Untergang des Staates*. München 1999, S. 148–219; zur «Disziplinierung des Volkes» ebd., S. 235 ff. Die unterschiedlichen Pfade der Territorialstaatsbildung in Europa werden von Wolfgang Reinhard: *Geschichte der Staatsgewalt. Eine vergleichende Verfassungsgeschichte Europas von den Anfängen bis zur Gegenwart*. München 1999, S. 306–405 dargestellt; die Differenz zwischen Imperialität («der traditionale Staat») und moderner Territorialstaatlichkeit («der rationale Staat») ist herausgearbeitet bei Stefan Breuer: *Der Staat. Entstehung, Typen, Organisationsstadien*. Reinbek bei Hamburg 1998, S. 106 ff. und 161 ff.; dazu auch Herfried Münkler: *Imperien. Die Logik der Weltherrschaft. Vom Alten Rom bis zu den Vereinigten Staaten*. Berlin 2005, S. 16 ff.; zur Konkurrenz zwischen Stadt- und Territorialstaaten im mittelalterlichen und neuzeitlichen Europa vgl. Charles Tilly: *Coercion, Capital, and European States. AD 990–1990*. Cambridge, Mass.–Oxford 1990, insbes. S. 1–37.

politisch bedrängend. Weil der Territorialstaat bei solchen Konflikten größere Ressourcen mobilisieren konnte, erwies er sich dem Stadtstaat als strukturell überlegen: Der Stadtstaat wurde besiegt und einverleibt – oder er weitete sich selbst zum Territorialstaat aus.[10]

Die räumlichen Entfernungen im Territorialstaat spielten kommunikationstechnisch eine verzögernde, eine entschleunigende Rolle. Eine direkte Demokratie war unter diesen Kommunikationsbedingungen nicht möglich. Die Übermittlung von Informationen und Stellungnahmen blieb für lange Zeit an die Geschwindigkeit eines galoppierenden Pferdes oder eines Segelschiffes gebunden. Erst im Verlauf des 19. Jahrhunderts entwickelten sich neue technische Möglichkeiten, von der Eisenbahn bis zur Telegraphie, mit denen die räumliche Ausdehnung einer politischen Ordnung für deren innere Kommunikation an Bedeutung verlor. Bis dahin mußte der Raum als entschleunigender Faktor in Rechnung gestellt und durch entsprechende institutionelle Regeln relativiert werden. Das Wahlmännersystem, wie es in den USA bis heute besteht, und die prärogativen Befugnisse der Exekutive waren und sind Arrangements zur Relativierung räumlicher Entfernungen. Ihr Fortbestand hat indes politische Folgen: Das infolge der verkehrs- und kommunikationstechnischen Entwicklung des 20. Jahrhunderts längst anachronistische Wahlmännersystem der USA ist jüngst wieder in die Diskussion geraten, weil bei einer direkten Abbildung der Wählermehrheit weder George W. Bush noch Donald Trump US-Präsidenten geworden wären. Das ist nicht nur eine demokratietheoretische Frage, sondern hatte in beiden Fällen auch Folgen für den Rest der Welt, unter anderem deswegen, weil amerikanische Präsidenten, die von einer Mehrheit der Wahlmänner, nicht

---

10 Beispiele dafür sind die Expansion der Lagunenstadt Venedig auf die Terra ferma und die Verwandlung des Stadtstaats Florenz in das Herzogtum Toskana.

jedoch der Wähler ins Amt gebracht worden sind, unter erhöhtem Druck stehen, sich als stark und entschlußfreudig zu beweisen.

Der andere Modus, eine bevölkerungspartizipative Ordnung angesichts der raum-zeitlichen Entschleunigung nicht gegenüber autokratischen Ordnungen ins Hintertreffen geraten zu lassen, ist die Prärogative, eine im wesentlichen auf außenpolitische Fragen begrenzte uneingeschränkte Handlungskompetenz des Königs bzw. Präsidenten, die von der Zustimmung des Parlaments und dessen vorangegangenen Beratungen unabhängig ist. Prärogative ist das Recht, Entscheidungen auch ohne demokratische bzw. parlamentarische Rückkoppelung zu treffen. Dabei wird davon ausgegangen, daß gerade in Fragen der Außenpolitik immer wieder schnell und ohne Zeitverzug entschieden werden muß, um handlungsfähig zu sein – was weder bei der Einberufung eines Parlaments oder der Durchführung einer Volksabstimmung möglich wäre. John Locke, der von den drei großen Vertragstheoretikern am ehesten mit Fragen der operativen Politik vertraut war,[11] hat in der zweiten seiner *Two Treatises of Government* diese Prärogative neben Legislative, Judikative und Exekutive als vierte Gewalt im Staat gestellt.[12] Sie ist dadurch gekennzeichnet, daß sie der Modi der Entschleunigung im System der Checks and Balances sowie der parlamentarischen Beratung enthoben ist und dem Imperativ der schnellen Entscheidung genügt. Locke hatte erkannt, daß es Entscheidungen gab, die nicht den Mechanis-

---

11 Für einen kurzen Überblick zu Lockes Involviertheit in die praktische Politik infolge seiner Nähe zu Lord Ashley vgl. Martin Seeliger: *John Locke*, in: *Pipers Handbuch der politischen Ideen*. Hg. von Iring Fetscher und Herfried Münkler. München 1985, Bd. 3, S. 381f.

12 John Locke: *Zwei Abhandlungen über die Regierung*. Hg. und eingeleitet von Walter Euchner. Frankfurt am Main 1967, S. 309–315. Der Umstand, daß Locke die Prärogative als eigene politische Gewalt einführt, wird von Walter Euchner (*John Locke zur Einführung*. Hamburg 1996, S. 103) unterbewertet, wenn er sie als «eine Art von Notstandsrecht» bezeichnet.

men der Entschleunigung zwecks Reflexivitätssteigerung unterworfen werden durften. Locke wollte sie freilich auf das Feld begrenzt wissen, wo Schnelligkeit die Voraussetzung von Handlungsfähigkeit ist, und das war die Außenpolitik, die sich mit der Entstehung der europäischen Mächtekonkurrenz zu einem wirkmächtigen Beschleunigungsfaktor entwickelt hatte. Die Entstehung der europäischen Mächtekonkurrenz im 16. und 17. Jahrhundert veränderte die Herausforderungen, denen die politischen Ordnungen zu genügen hatten – sowohl in räumlicher als auch in zeitlicher Hinsicht: Sie mußten groß genug sein, um ihren Konkurrenten gewachsen zu sein, und Entscheidungen mußten so zügig getroffen werden können, daß der betreffende Staat gegenüber seinen Konkurrenten nicht ins Hintertreffen geriet.

In den Handlungsbefugnissen des US-amerikanischen wie des französischen Präsidenten sind bis heute Residuen dieser Prärogative zu erkennen. Das wichtigste Beispiel ist die Befehlsgewalt über Nuklearwaffen. Wenn – um dabei zu bleiben – Entscheidungen innerhalb von wenigen Minuten getroffen werden müssen, gibt es keinen Raum für Deliberation, und dementsprechend führt die Entschleunigung der Entscheidungsfindung dann nicht zu einer von der Sachlage her besseren Entscheidung. Da solche schnellen, allenfalls mit den engsten Strategieberatern abgestimmten Entscheidungen als hochgradig riskant angesehen wurden, hat man sich in der Zeit des Kalten Kriegs um Mechanismen zur Vermeidung von Entscheidungsbeschleunigungen durch vorgelagerte Konsultationsmöglichkeiten beider Seiten bemüht: Was nämlich war der allgemeine Reflexivitätsgewinn durch Entschleunigung noch wert, wenn die prinzipiell irreversible Entscheidung, der defensive Einsatz von Nuklearwaffen, «aus dem Bauch heraus» getroffen werden mußte?

Die Kommunikations- und Informationsrevolution nicht erst des digitalen Zeitalters, aber sie in besonderer Weise, hat die beschriebenen Effekte der Entschleunigung relativiert. Entschleunigung hat inzwischen nicht mehr dieselbe Evidenz wie früher, und in mancher Hinsicht, wie etwa beim Wahlmännersystem der USA, erscheint sie als bloße Nostalgie, als fortbestehender Verzögerungsmechanismus, dessen wir heute aufgrund des technischen Fortschritts nicht mehr bedürfen. Zu dieser Veränderung im Zeitregime der politischen Ordnung gehört auch, daß die Vorstellung von *Information* die von *Reflexion* überlagert und verdrängt hat. Reflexion braucht Zeit und läßt sich durch den Einsatz digitaler Techniken nicht entscheidend beschleunigen. Information hingegen ist zur Beschleunigung fähig, weil sie wesentlich ein Übermittlungsproblem darstellt – und so gehört es zum Zeitgeist, daß Reflexion in Information übersetzt bzw. durch diese konsumiert wird. Daß dabei eine Leerstelle entstanden ist, zeigt die Debatte über Fake News, über alternative Fakten und derlei mehr. Es ist eine Debatte, die sich, wenn man sie ernst nimmt und nicht nur auf ihr intellektuelles Schrumpfstadium in einigen politischen Kontroversen schaut, um die Ambiguität bloßer Information dreht. Informationen müssen interpretiert werden, sind also reflexiv einzuholen, und dabei können sehr wohl alternative Sichtweisen entstehen. Abermals tut Entschleunigung als Reflexionsermöglichung not. Was einst ein Tribut an die Größe des politischen Raumes war, muß für uns heute das Ergebnis eines bewußten Wollens sein.

Mit der digitalen Kommunikationsrevolution ist die Vorstellung aufgekommen, die Notwendigkeit eines Systems indirekter Politikpartizipation sei nunmehr hinfällig geworden, und mit den Möglichkeiten der *e-democracy* bestehe die Chance einer kontinuierlichen und unmittelbaren Einflußnahme der Bürger auf Politikprozesse. Eine neue Ära direkter Demokratie ohne intermediäre Repräsentativgremien wurde vorhergesagt. Der kometenhafte Aufstieg der Piratenpartei in einigen Bundesländern stand für eine Vorstellung von Demokratie, in der alles, was entschieden werden sollte, dem Volk als Frage vorgelegt werden muß und Politikprozesse über *likes* gesteuert werden sollen. Der gleichermaßen kometenhafte Absturz der Piraten zeigt das Problem. Die inzwischen entstandenen Kommunikationsblasen, in denen die Kommunizierenden sich in ihren Meinungen gegenseitig verstärken, hinterlassen den bitteren Nachgeschmack enttäuschter Erwartung. Die digitale Demokratie, so hat es den Anschein, wäre in vielerlei Hinsicht eine Rückkehr zur Stimmungsdemokratie der Antike, und diese Rückkehr würde mit einem gefährlichen Reflexivitätsverlust erkauft. Es gibt gute Gründe, gegenüber all dem auf Distanz zu bleiben und an den überkommenen Formen der entschleunigten Beratung festzuhalten – nicht, weil uns der Stand von Technik und Wissenschaft dazu zwingt, sondern weil wir wissen, daß Demokratie nur so Bestand haben wird.

Politische Systeme im Leistungsvergleich und die Frage nach dessen Evaluatoren

Alle politischen Ordnungen unterliegen einer permanenten Evaluierung,[13] bei der mit unterschiedlichen kompetitiven Verfahren die Leistungsfähigkeit eines Systems, seine Belastbarkeit und seine Fähigkeit zur Ressourcenmobilisierung in Krisensituationen beurteilt werden. Diesem Evaluierungsprozeß sind auch Demokratien unterworfen, und es steht keineswegs von vornherein fest, daß sie daraus immer als Klassenbeste hervorgehen. Die erste damit verbundene Frage ist, wer die Ergebnisse des kompetitiven Verfahrens beurteilt: *Evaluationsspezialisten* bzw. solche, die sich dafür halten, also professionelle Experten für Leistungsvergleiche, Juristen, Ökonomen und andere, oder aber die *politische Klasse*, also diejenigen, die zuvor am Zustandekommen der evaluierten Ergebnisse maßgeblich beteiligt waren, oder schließlich die

---

13 Ich benutze den Begriff der Evaluierung als Sammelbezeichnung für die unterschiedlichen Methoden und Arten, Vorstellungen über die Leistungsfähigkeit einer politischen Ordnung zum Ausdruck zu bringen: Sie reichen von Eingaben zur Verbesserung von Arbeitsabläufen über Wahlen bis hin zu Revolten und Umstürzen.

Gesamtheit der Bevölkerung, die als Konsument der Politikergebnisse, als deren Nutznießer wie Leidtragende anzusehen ist. Die demokratische Normalerwartung zielt auf letzteres, doch ist das in demokratietheoretischer Hinsicht nicht unproblematisch, schließt es doch die Möglichkeit ein, daß die Demokratie in einem durchweg demokratischen Verfahren abgeschafft wird: dann nämlich, wenn die Mehrheit der Bürger zu dem Ergebnis kommt, andere politische Ordnungen führten zu besseren Ergebnissen und einer insgesamt günstigeren Leistungsbilanz. Aber ist die Mehrheit der Bürger zu Recht zu diesem Ergebnis gekommen? Hat sie womöglich unerfüllbare Erwartungen gehegt?

Über dieses Problem haben im Blick auf das Ende der Weimarer Republik Politikwissenschaftler und Verfassungsjuristen immer wieder nachgedacht. Sie sind mehrheitlich zu dem Ergebnis gekommen, daß gegen die Selbstabschaffung demokratischer Ordnungen Hürden errichtet werden müssen, die verhindern, daß sich das Volk in einem Augenblick schlechter Laune selbst entmachtet. Die Veränderungsblockaden der ersten Grundgesetzartikel sind eine dieser Hürden gegen die Selbstabschaffung der Demokratie; eine andere ist das stabile System der Checks and Balances, also die Gewaltenteilung, die analog zur Entschleunigung auf eine Erschwerung grundlegender Veränderungen hinausläuft; eine weitere ist die Möglichkeit zum Verbot verfassungsfeindlicher Parteien und Organisationen. Wer die Demokratie auf dem Weg von Volksabstimmungen aushebeln will, muß als erstes die Checks and Balances angreifen, wie wir das zur Zeit in der Türkei oder in Venezuela beobachten. Sie verhindern, daß die Machthaber ihrem Machtwillen und das Volk seinen Launen freien Lauf lassen. Sie beschränken das Volk auf die Rolle des Machtverteilers und Machtkontrolleurs und begrenzen dadurch seine Kompetenz zur Metaevaluation der politischen Ordnung. Unter Metaevaluation ist das Ziehen von Konsequenzen aus den Ergebnissen des Leistungsvergleichs zu verstehen, wobei diese Konsequenzen in Anbetracht der Interpretationsbedürftigkeit der Evaluationsergebnisse sehr unterschiedlich ausfallen können. Diese Metaevaluationskompetenz ist, jedenfalls hierzulande, stark diversifiziert und liegt in Deutschland vor allem bei Evaluationsspezialisten, die sich gegenseitig kontrollieren und blockieren: vom Bundesverfassungsgericht bis zur pluralen Presselandschaft, von den Wissenschaftlern, die als Experten oder *public intellectuals* in den öffentlichen Diskurs eingreifen, bis hin zu den Angehörigen der politischen Klasse, die in Distanz zur operativen Politik diese aus der intimen Kenntnis ihres Betriebs heraus beobachten und gelegentlich als Mahner auftreten. Ein Referendum als Letztevaluation ist auf Bundesebene nicht vorgesehen. Die Evaluation der Evaluation ist in der Demokratie der Bundesrepublik Deutschland also selbst plural geordnet und ihrerseits als ein System der Checks and Balances angelegt. Der demokratische Rechtsstaat ist ein komplexes System, das verhindern soll, daß zeitweilig auftretende Stimmungen weitreichende politische Relevanz bekommen. Eine institutionalisierte Beweislastregel sorgt dafür, daß die bestehende Ordnung gegenüber dem schnellen Entschluß zu ihrer Veränderung im Vorteil bleibt.

Daneben gibt es beim kompetitiven Leistungsvergleich politischer Systeme aber noch eine zweite Frage, und die bezieht sich auf die Politikfelder, in denen die jeweiligen Leistungen miteinander verglichen werden. Dies kann ein Querschnitt durch die allgemeine Problembearbeitungsfähigkeit einer politischen Ordnung sein, oder es kann deren Alterungsresistenz bzw. Selbsterneuerungsfähigkeit betreffen, wobei dem jeweiligen Leistungsvergleich entweder eine Extremsituation oder die Normalkonstellation zugrunde gelegt wird. Das sind freilich relativ komplexe Vergleiche, die nicht leicht zu handhaben sind, weil die Antworten «gewichtet» werden müssen und nicht einfach «gezählt» werden können. Die Evaluationskompetenz des Volkes ist damit überfordert. Blicken wir auf die Geschichte des politischen Denkens, so haben wir es von Platon und Aristoteles über Machiavelli und Montesquieu bis zur Politikwissenschaft unserer Tage mit einer einzigen Abfolge von Expertenevaluationen politischer Ordnungen zu tun, die zu sehr unterschiedlichen Ergebnissen gelangt sind. Gerade die Varianz der Evaluationsergebnisse war es, die bei einer Reihe von Autoren in den Vorschlag mündete, man solle, da alle Verfassungsformen Schwächen hätten, diese sinnvollerweise so miteinander kombinieren, daß sie sich gegenseitig daran hinderten, in ihre jeweilige Verfallsform zu degenerieren: die Monarchie in die Tyrannis, die Aristokratie in die Oligarchie, die Demokratie in die Ochlokratie. Dieser auf die mittlere Stoa und dann auf Cicero zurückgehende Gedanke der Mischverfassung ist gerade beim Leistungsvergleich politischer Ordnungen immer wieder aufgegriffen worden, und in mancher Hinsicht liegt die Vorstellung der gemischten Verfassung noch dem demokratischen Verfassungsstaat der Neuzeit zugrunde.[14]

Bei dem komparativen Leistungstest der politischen Ordnungen gibt es aber durchaus auch einfache Parameter, die vom Volk beurteilt werden können: Es sind dies vor allem anderen die Durchsetzungsfähigkeit in Gewaltkonflikten und die unmittelbare Wohlstandsproduktion. Beide Parameter haben eine dem Anschein nach hohe Evidenz, und zu ihrer Beurteilung sind keine besonderen Kenntnisse und Fähigkeiten vonnöten.[15] Freilich kommen hier sehr schnell Ideologien ins Spiel, durch die den Evaluationsergebnissen eine bestimmte Interpretationsrichtung übergestülpt wird. Als Faustregel kann gelten: Je mehr das Volk als Evaluator auftritt, desto stärker wird versucht, die Evaluationsergebnisse durch eine bestimmte

---

14 Vgl. G. J. D. Aalders: *Die Theorie der gemischten Verfassung im Altertum.* Amsterdam 1968, Wilfried Nippel: *Mischverfassungstheorie und Verfassungsrealität in Antike und früher Neuzeit.* Stuttgart 1980 sowie Alois Riklin: *Machtteilung. Die Geschichte der Mischverfassung.* Darmstadt 2006.

15 Es kommt darum nicht von ungefähr, daß beide Parameter, Wohlstandsproduktion und Durchsetzungsfähigkeit gegenüber anderen Staaten, gerade in Wahlkämpfen eine zentrale Rolle spielen; letzteres im Bundestagswahlkampf vom Herbst 2017 etwa in der Frage des Verhältnisses zur Türkei unter Erdoğan.

Sichtweise zu konturieren. Neben dem Nationalismus, dem Liberalismus, dem Konservatismus und dem Sozialismus[16] gehören dazu die verschiedenen Varianten der politischen Religionen.[17] Ich möchte sie als Wahrnehmungsfilter im kompetitiven Leistungsvergleich durch das Volk bezeichnen. Sie sind die Brille, durch die viele Bürger die Evaluationsergebnisse in Augenschein nehmen.

Wenn bei einem Leistungsvergleich das Volk der Letztevaluator ist, kann dies schnell zum revolutionären Wechsel der politischen Ordnung führen. Es sei der wirtschaftliche Aufstieg der Niederlande gewesen, schreibt Thomas Hobbes in seinem *Behemoth*, der die Londoner City dazu gebracht habe, sich gegen die absolutistische Politik König Karls I. zu positionieren und den Aufbau einer Parlamentsarmee zu finanzieren.[18] Nun war «die City», also das Ensemble der führenden Kaufleute und Bankiers des Landes, nicht *das Volk*, aber sie war ein Teil

---

16 Dazu zusammenfassend Klaus von Beyme: *Politische Theorien im Zeitalter der Ideologien. 1789–1945*. Wiesbaden 2002; in einer überarbeiteten Fassung inzwischen in drei Bänden, die jeweils dem Liberalismus, Konservatismus und Sozialismus gewidmet sind (alle Wiesbaden 2013).
17 Der Begriff der politischen Religion, der jüngst im Zusammenhang mit dem politischen Islam eine Renaissance erfahren hat, geht zurück auf Eric Voegelin: *Die politischen Religionen* [1938]. Hg. und mit einem Nachwort versehen von Peter J. Opitz. München 1996. Hans Maier (*Politische Religionen*. München 2007) hat ihn später im Zusammenhang der Totalitarismusforschung verwendet. Der Begriff der politischen Religion ist nicht zu verwechseln mit dem der politischen Theologie, dem Carl Schmitt ein Profil verlieh; dazu Heinrich Meier: *Die Lehre Carl Schmitts. Vier Kapitel zur Unterscheidung Politischer Theologie und Politischer Philosophie*. Stuttgart 2009 (3. Aufl.), sowie ders.: *Das theologisch-politische Problem. Zum Thema von Leo Strauss*. Stuttgart 2003. Auf die hier in Frage stehende Präfiguration wie Interpretation von Evaluationen der politischen Ordnung bezogen lassen sich beide Begriffe dahingehend unterscheiden, daß die politische Theologie an Spezialisten und Experten gerichtet ist, während die politischen Religionen unmittelbar «die Massen ergreifen» sollen.
18 Thomas Hobbes: *Behemoth oder Das lange Parlament*. Hg. und mit einem Essay von Herfried Münkler. Frankfurt am Main 1991, S. 14.

dessen, und der vergleichende Blick auf die Niederlande, so Hobbes, brachte sie dazu, dem Stuartregime und seiner fortgesetzten Neigung zur Einführung nicht vom Parlament bewilligter Steuern ein Ende machen zu wollen.[19] Ähnlich verhielt es sich in Deutschland am Ausgang des Ersten Weltkriegs, als die Monarchen an der Spitze der Militäraristokratien, neben dem Kaiser und König von Preußen die Könige von Sachsen, Bayern und Württemberg, einen Krieg verloren hatten, zu dessen Führung sie die gesamte Bevölkerung in die Pflicht genommen hatten. Im direkten Vergleich mit ihren Gegnern hatten sich die Monarchen als die Schwächeren und weniger Leistungsfähigen erwiesen, und dementsprechend war ihre Zeit Anfang November 1918 zu Ende – keineswegs, weil die Siegermächte das unbedingt wollten, sondern weil die überwiegende Mehrheit der Deutschen unter dem Eindruck der Niederlage zu dem Ergebnis gelangt war, daß dieser Ordnungstyp nicht leistete, was er zu leisten versprochen hatte.

Damit es dazu nicht kommt, setzt die politische Klasse[20] immer wieder Reformen in Gang, mit denen die Leistungsfähigkeit der bestehenden politischen Ordnung erhöht werden soll, ohne daß dieser Typus von Ordnung grundlegend verändert werden muß. Die preußischen Reformen nach 1806 sind dafür ein Beispiel. Hier wurden aus dem kompetitiven Leistungsvergleich auf dem Schlachtfeld von Jena und Auerstedt, wo das vielgerühmte preußische Heer gegen Napoleon eine

---

19 Neben diesem materiell ausgerichteten Leistungsvergleich weist Hobbes in seiner Ätiologie des englischen Bürgerkriegs aber auch auf den Einfluß politischer Religionen in Form von Konfessions- und Sektenbildung hin. Man kann das analog zum «materiellen» als «spirituellen» Leistungsvergleich bezeichnen. Wenn beide in dieselbe Richtung weisen, wächst die Wahrscheinlichkeit eines revolutionären Sturzes der bestehenden Ordnung.

20 Politische Klasse und politische Elite sind nicht dasselbe: die politische Klasse ist vielmehr die Gesamtheit der Berufspolitiker, aus denen das Volk die politische Elite wählt; vgl. Klaus von Beyme: *Die politische Klasse im Parteienstaat.* Frankfurt am Main 1993, S. 11–38.

vernichtende Niederlage erlitten hatte, Konsequenzen gezogen, die – auch – einer Letztevaluation durch das Volk zuvorkommen sollten. Der Zusammenbruch des Realsozialismus vor nun bald dreißig Jahren war ebenfalls das Ergebnis eines Leistungsvergleichs, bei dem das Volk den Parameter der Wohlstandsproduktion anlegte und zu dem Ergebnis kam, der Realsozialismus habe den Leistungsvergleich mit dem Westen nicht bestanden – was um so gewichtiger war, weil die Führung der sozialistischen Länder jahrzehntelang propagandistisch darauf gesetzt hatte, daß man diesen Leistungsvergleich gewinnen werde bzw. bereits gewonnen habe. Die politische Klasse und die breiten Massen konkurrieren also unter dem Eindruck von Leistungsvergleichen um die Letztevaluation der politischen Ordnung, und diese Konkurrenz hat in Europa während der letzten zwei Jahrhunderte als hochwirksames Antriebsmoment der Demokratisierung gewirkt. Dies ist jedoch nicht zwangsläufig so.

Der amerikanische Politikwissenschaftler Samuel Huntington hat den Begriff der «Demokratisierungswelle» geprägt.[21] Darin kommt zum Ausdruck, daß Entscheidungen über die bestgeeignete Ordnung häufig mit Blick auf andere und deren Präferenzen getroffen werden: Politische Wellen entstehen, wenn viele sich zur gleichen Zeit in gleicher Richtung in Bewegung setzen. Im Hinblick auf den Leistungsvergleich politischer Systeme ist das dann der Fall, wenn immer mehr Menschen zu der Überzeugung kommen, es sei an der Zeit, einen Wechsel vorzunehmen, um nicht der Letzte zu sein, der an der alten Ordnung festhält. Das Ende der autoritären Regime und Militärdiktaturen in Südeuropa und Lateinamerika läßt sich so erklären. In umgekehrter Richtung, nämlich der einer Entdemokratisierung, kann man ähnliches beim Zerfall der Demokratien und der Errichtung autoritärer Regime bzw.

---

21 Samuel Huntington: *The Third Wave. Democratization in the Late Twentieth Century*. Oklahoma 1991.

Militärdiktaturen während der 1920er und 1930er Jahre in Mittel- und Südeuropa beobachten, als das Vertrauen in die Leistungsfähigkeit der wenige Jahre zuvor neu entstandenen Demokratien schlagartig zusammenbrach. Wellen sind Formen der Beschleunigung von Entwicklungen, die sonst viel langsamer, weniger umfassend und nicht so großräumlich vonstatten gegangen wären. Was Huntington als Beobachter von Demokratisierungswellen indes übersehen hat, ist die hohe Verletzlichkeit der demokratischen Ordnung gerade dann, wenn sie mit dem Versprechen installiert worden ist, sie sei die Lösung aller Probleme. Die schwache Enttäuschungsresistenz ist eine der großen Verwundbarkeiten demokratischer Ordnungen.[22]

Mehrheitsbeschlüsse und Aushandlungsprozesse

Abgesehen davon, daß Demokratie nicht die Lösung sämtlicher politischen Probleme ist und auch nicht sein kann, ist sie für die Bearbeitung einer Reihe von Problemen denkbar ungeeignet. So sind Demokratien selten in der Lage, gespaltene Gesellschaften wieder zu vereinen, sondern bilden im Ergebnis der Wahl zumeist nur die Spaltung ab und vertiefen sie dadurch. Das gilt mehr noch als bei sozialen für ethnische oder religiöse Spaltungslinien, und erst recht gilt es, wenn Gesellschaften nach einem entlang dieser Spaltungslinien ausgetragenen Bürgerkrieg befriedet werden sollen.[23] Wenn in einer solchen Situation Entscheidungen auf der Grundlage des Mehrheitsprinzips gefällt werden, erfährt die unterlegene Seite dies als Fortsetzung des Bürgerkriegs mit anderen Mitteln,

---

22 Dazu André Brodocz, Marcus Llanque, Gary S. Schaal (Hg.): *Bedrohungen der Demokratie*. Wiesbaden 2008, S. 16–21, insbes. S. 21.
23 Dazu Roland Paris: *Wenn die Waffen schweigen. Friedenskonsolidierung nach innerstaatlichen Gewaltkonflikten*. Hamburg 2007, S. 261–366.

weswegen sie womöglich vom Modus der Dissensbearbeitung mit dem Stimmzettel wieder zu dem der Konfliktaustragung durch bewaffnete Gewalt zurückkehrt. Es ist darum politisch klug, zur Pazifizierung einer Nachbürgerkriegsgesellschaft entweder von außen ins Land geholte Pazifikatoren einzusetzen, die für eine längere Übergangszeit die Macht ausüben, oder Personen aus diesen Gesellschaften an die Spitze zu stellen, die während des Bürgerkriegs neutral geblieben sind. Ist dies nicht möglich, ist die Einschränkung der Geltung des Mehrheitsprinzips durch starke Minderheitenrechte oder die territoriale Trennung zwischen den konfligierenden Gruppen naheliegend, wie das auf dem Balkan in Bosnien-Herzegowina und dem Kosovo erfolgt ist.

Die Funktionsfähigkeit der demokratischen Ordnung ist somit an Voraussetzungen gebunden, die alles andere als selbstverständlich sind. Dazu gehört, daß Minderheiten grundsätzlich die Chance haben müssen, zur Mehrheit zu werden, und daß, wo, wie bei ethnischen und religiösen Minderheiten, diese Chance nicht gegeben ist, die Geltung des Mehrheitsprinzips in existentiellen Fragen entweder stark eingeschränkt oder gänzlich dispensiert werden muß.[24] Demokratische Ordnungen, die eine «Tyrannei der Mehrheit», wie Tocqueville das genannt hat,[25] vermeiden wollen, müssen sicherstellen, daß durch die Anwendung des Mehrheitsprinzips die plurale Ver-

---

24 Zum Mehrheitsprinzip vgl. die grundlegende Studie von Egon Flaig: *Die Mehrheitsentscheidung. Entstehung und kulturelle Dynamik.* Paderborn 2013, in der die Differenz zwischen konsentischen und dissentischen Entscheidungen zwar behandelt wird (S. 53–93), die Voraussetzungen für die Akzeptanz des Dissenses bei den im Entscheidungsverfahren Unterlegenen aber ausgeblendet bleiben.

25 Alexis de Tocqueville: *Über die Demokratie in Amerika.* Aus dem Französischen neu übertragen von Hans Zbinden. Zürich 1987, S. 369–391; allgemein dazu Thomas O. Hügelin: *Tyrannei der Mehrheit. Eine ideengeschichtliche Studie.* Bern–Stuttgart 1977, bei dem die Mehrheitsentscheidung unter den Ansätzen tyrannischer Mehrheitsherrschaft behandelt wird (S. 267 ff.).

faßtheit der Gesellschaft nicht in Frage gestellt wird. Das aber heißt, daß bei der Klärung kontroverser Fragen neben Mehrheitsentscheidungen auch Aushandlungsprozesse eine zentrale Rolle spielen. Nur so läßt sich vermeiden, daß aus einer Demokratie die Parteidiktatur des Demos bzw., schlimmer noch, eines Ethnos wird. Der Althistoriker Arnold A. T. Ehrhardt hat die athenische Demokratie mit Blick auf bestimmte Phasen als eine solche «Parteidiktatur des Demos» bezeichnet,[26] und einige politische Denker des 19. Jahrhunderts, namentlich Marx und Engels, haben auf ähnliche Vorstellungen zurückgegriffen, als sie die Auffassung verteidigten, daß es zwischen der Diktatur des Proletariats und einer Demokratie keinen Unterschied gebe, da das Proletariat ja die Mehrheit des Volkes sei.[27]

Die Einführung der Demokratie in ihrer radikalen Ausprägung, in der alle Fragen durch Mehrheitsentscheidung geklärt werden, hat extreme gesellschaftliche Homogenitätsvoraussetzungen. Es handelt sich um einen Mechanismus, der die Homogenität der Gesellschaft durch Exklusion, also Ausbürgerung, Vertreibung und schließlich Ermordung der diesen Homogenitätsanforderungen nicht Genügenden, herstellt – vor allem in ethnischer und religiöser Hinsicht.[28] Politisch-praktisch läuft das auf einen Zwang zur zahlenmäßigen Verkleinerung des politischen Verbandes hinaus, was heißt, daß man sich der demokratischen Ordnung in ihrer radikalen Ausprägung nur in sehr kleinen Gemeinschaften bedienen kann bzw. daß Demokratien, die sich des Mehrheitsprinzips ohne jede Einschränkung durch Minderheitenrechte oder auch durch Mehrheitsbeschluß nicht zu verändernde Grundwerte

---

26 Arnold A. T. Ehrhardt: *Politische Metaphysik von Solon bis Augustin*. Bd. 1: *Die Gottesstadt der Griechen und Römer*. Tübingen 1959, S. 11.
27 Ausführlich dazu Arkadij Gurland: *Marxismus und Diktatur* [1930]. Frankfurt am Main 1981, S. 101 ff. und 144 ff.
28 Für eine ausführliche Diskussion dieser Egalitätsvoraussetzungen, wobei Egalität als die normativ verminderte Variante von Homogenität anzusehen ist, vgl. Pierre Rosanvallon: *Die Gesellschaft der Gleichen*. Aus dem Französischen von Michael Halfbrodt. Hamburg 2011.

bedienen, sehr bald eine Politik der Selbstverkleinerung durch Exilierung in großem Stil betreiben, wie man das in der Antike beobachten kann.[29] Ein solches Modell von Demokratie ist jenseits des Stadtstaates nicht anwendbar, und sobald dieser Stadtstaat auf sein Umland ausgreift, wird er dies im Modus der *Herrschaft* und nicht in dem der *Bürgerschaft* tun, also imperiale Strukturen ausbilden.[30]

Die moderne westliche Demokratie, die nicht auf den Stadt-, sondern auf den Territorialstaat bezogen ist, knüpfte darum eher an das Modell der gemischten Verfassung an, die *res publica mixta*, wie Cicero diese Ordnung nennt,[31] als an das der athenischen Demokratie – und dabei bleibt es sich gleich, ob die Vordenker dieser Ordnung sich an Vertragstheoretikern, wie John Locke, oder aber Anhängern der römischen Republik, wie Niccolò Machiavelli, orientiert haben. Es war nicht nur der schlechte Ruf der klassischen Demokratie, der im 18. und 19. Jahrhundert dazu geführt hat, daß sie fast alle von der *republikanischen* und nicht von der *demokratischen* Ordnung sprachen, sondern dazu trug auch der Blick auf die ausgeprägten Homogenitätsvoraussetzungen der Demokratie bei, der sie diesen Begriff als Bezeichnung für die von ihnen favorisierte politische Ordnung meiden ließ. Die plural verfaßte Gesellschaft ist auf komplexere Entscheidungsverfahren als das Mehrheitsprinzip angewiesen.

---

29 Im Prinzip ist die systematische Politik der Exilierung politischer Gegner typisch für Perioden ausgeprägter Faktionskämpfe und dementsprechend vor allem in oligarchischen Ordnungen zu beobachten. Sie begleitet aber auch die Demokratie, soweit diese nicht durch Inklusionsmechanismen und Regeln zur Begrenzung des Mehrheitsprinzips gebändigt ist.
30 Dazu Jürgen Gebhardt, Herfried Münkler (Hg.): *Bürgerschaft und Herrschaft. Zum Verhältnis von Macht und Demokratie im antiken und neuzeitlichen politischen Denken.* Baden-Baden 1993.
31 Cicero: *De re republica* I, 54–69; zu Ciceros Präferenz der Mischverfassung vgl. Riklin: *Machtteilung*, S. 83 ff., sowie Nippel: *Mischverfassungstheorie*, S. 153–156.

Im übrigen war es Machiavelli, der den Leistungsvergleich der politischen Ordnungen als erster methodisch reflektiert und systematisiert hat, weswegen er neben Aristoteles als der Begründer einer empirisch informierten Politiktheorie gelten kann. Die ausschlaggebenden Parameter des Leistungsvergleichs waren für ihn die Langlebigkeit einer politischen Ordnung, also ihre Persistenz, sowie ihre Fähigkeit, sich gegenüber Konkurrenten durchzusetzen, also Durchsetzungsfähigkeit und Expansionskraft – just einer der Parameter, von denen oben angenommen wurde, daß sie auch von den Bürgern kompetent gehandhabt werden können. Zu diesem Zweck entwickelte Machiavelli, wie dies komparativ arbeitende Politikwissenschaftler bis heute tun, ein Vierfelderschema, in dem er zwei antike und zwei frühneuzeitliche Ordnungsmodelle einsetzte, jeweils eines dem oligarchischen und dem republikanischen Typus zugehörig (Machiavellis Bezeichnungen dafür lauten *governo stretto* und *governo largo*). Für die Antike sind es Sparta und Rom, für Machiavellis Gegenwart Venedig und Florenz. Für den *governo largo* spricht laut Machiavelli, daß er Persistenz und Expansion am besten miteinander zu verbinden vermag, während bei der oligarchischen Ordnung des *governo stretto* die Langlebigkeit zu Lasten von Expansionsfähig bzw. die Expansionsfähigkeit zu Lasten von Langlebigkeit gehen. Expansionsfähigkeit aber ist für Machiavelli ein zentraler Parameter im Leistungsvergleich, denn nur wer zu expandieren vermöge, verfüge perspektivisch über die Handlungs- und Gestaltungsmacht, ohne die eine politische Ordnung nicht Herr ihrer selbst sei.[32]

---

32 Dazu ausführlich Herfried Münkler: *Der Imperativ expansiver Selbsterhaltung. Machiavellis komparative Begründung für die Vorbildlichkeit der römischen Republik*, in: Herfried Münkler, Rüdiger Voigt, Ralf Walkenhaus (Hg.): *Demaskierung der Macht. Niccolò Machiavellis Staats- und Politikverständnis*. Baden-Baden 2013 (2. Aufl.), S. 111–129.

Demokratie als institutionelle Elitenkontrolle oder systemische Elitenverhinderung

Sobald von der gemischten Verfassung die Rede ist, kommen auch die politischen Eliten ins Spiel. Ihrem eigenen Anspruch nach ist die radikale Demokratie eine Ordnung der politischen Elitenvermeidung, wenn nicht Elitenverhinderung. Die Mischverfassung versteht das in sie inkludierte demokratische Element hingegen als eines der Elitenkontrolle, der Elitensteuerung und gegebenenfalls des Elitenaustauschs.[33] Elitenbildung soll in der Mischverfassung keineswegs vermieden oder gar verhindert werden, sondern sie wird unter die periodische Kontrolle des Volkes gestellt. Rechts- wie linkspopulistische Bewegungen der Gegenwart haben die Elitenfrage im demokratischen Rechtsstaat wieder auf die politische Tagesordnung gesetzt. Zumeist handelt es sich dabei um eine propagandistische Taktik, um die an der Macht befindlichen Eliten zu delegitimieren und andere Eliten an die Macht zu bringen. Aber es gibt auch die sehr viel radikalere Elitenkritik, bei der es nicht um einen periodischen Austausch der Eliten, sondern deren Abschaffung überhaupt geht. In der athenischen Demokratie war die permanente Ämterzirkulation in Verbindung mit dem Losverfahren[34] ein struktureller Mechanismus, der die Entstehung von Eliten verhindern sollte. Der Historiker Thukydides hat freilich bezweifelt, daß das gelungen sei: Dem Namen

---

33 Dazu Giovanni Sartori: *Demokratietheorie*. Darmstadt 1992, S. 143–173, Arno Waschkuhn: *Demokratietheorien. Politiktheoretische und ideengeschichtliche Grundzüge*. München–Wien 1998, S. 36–52, sowie Manfred G. Schmidt: *Demokratietheorien*. Opladen 1995, S. 118–128.

34 Zum Losverfahren, das von Aristoteles als das genuin demokratische Verfahren der Ämtervergabe bezeichnet wurde, während die Wahl bei ihm als aristokratisch gilt, vgl. Hubertus Buchstein: *Demokratie und Lotterie. Das Los als politisches Entscheidungsinstrument von der Antike bis zur EU*. Frankfurt–New York 2009, S. 17–110.

nach, so bemerkt er über die politische Ordnung Athens in der Ära des Perikles, sei es eine Demokratie, in Wirklichkeit aber die Herrschaft des ersten Mannes gewesen.[35] Die Mechanismen der Elitenvermeidung, so Thukydides' Beobachtung, produzieren informelle Eliten, deren Macht infolge des Fehlens institutioneller Kontrollmechanismen besonders groß ist. Man kann diese These an der Geschichte des sozialistisch-kommunistischen Experiments in der Sowjetunion überprüfen: Lenins propagandistische Formel vom Staat, der so beschaffen sein müsse, daß jede Köchin ihn leiten könne, und in der Realität die unbegrenzte Macht einer kleinen Gruppe von Männern an der Spitze der Kommunistischen Partei und schließlich, unter Stalin, die eines einzigen Mannes. Je mehr Stalin spürte, daß er trotz aller Beobachtungs- und Überwachungsagenturen die komplexe Staatsmaschine nicht unter seine Kontrolle bekam, desto mehr griff er zum Mittel des Terrors, um die sich ausdifferenzierenden Funktionseliten seinem Kommando zu unterwerfen.

Es spricht vieles dafür, das demokratische Modell der politischen Ordnung am Imperativ der Elitenkontrolle und des institutionalisierten Elitenaustauschs statt an dem der Elitenverhinderung auszurichten, was den Vorgaben der *mixed constitution* folgt. Außerdem spricht vieles dafür, in der populistischen Kritik am Establishment eher einen Mechanismus zur Installierung neuer Eliten als ein Projekt zur Herstellung einer elitenfreien Ordnung zu sehen. Das heißt aber nicht, daß der demokratische Rechtsstaat auf eine Kritik der Eliten verzichten kann – wobei Kritik eher im Kantischen Sinn der Klärung und Begrenzung von Geltungsansprüchen als im junghegelianischen Sinn von radikaler Negation und Überwindung zu verstehen ist. Allen Transparenzbemühungen zum Trotz ist es nämlich immer schwieriger geworden, Politik zu durch-

---

35 Thukydides: *Geschichte des Peloponnesischen Krieges*. Hg. und übertragen von Georg Peter Landmann. München 1973, S. 162 (II, 65).

schauen, so daß die im Gefolge der Ausdifferenzierung entstandene Komplexität zum funktionalen Äquivalent der frühneuzeitlichen *Arcana imperii*, der Geheimnisse der Macht, geworden ist. Das hat weitreichende Folgen für das demokratisch-rechtsstaatliche Ordnungsmodell.

Mit der wachsenden Komplexität des Systems schwindet die Macht des Voluntativen, die die Grundlage demokratischer Mehrheitsentscheidungen ist. Der Populismus als Insistenz auf dem Voluntativen ist ein verzweifeltes Aufbegehren gegen die Konsumtion des reinen Willens durch die Komplexität der Ordnung. Das heißt: Wer Demokratie als Ordnung des bis in die operative Politik hineinreichenden Volkswillens versteht und dies verwirklichen will, muß die politische Ordnung so stark verkleinern, und zwar von der räumlichen Ausdehnung des Gemeinwesens her wie im Hinblick auf die Zahl der in sie inkludierten Personen, daß die Reichweite politischer Entscheidungen mit der kognitiven Reichweite der Entscheidenden übereinstimmt. Das ist zumal dort der Fall, wo die Entscheidenden auch diejenigen sind, die wesentlich bis ausschließlich von den Folgen ihrer Entscheidung betroffen werden. Diese Identität von Entscheidenden und von der Entscheidung Betroffenen hat einen gewissen Reflexionszwang gegenüber dem Prinzip des Voluntativen zur Folge und schränkt die Lust am unreflektiert Voluntativen ein. Umweltpolitik, Sicherheitspolitik, Wirtschafts- und Fiskalpolitik sind dann nur in Form von Aushandlungen und nicht qua Mehrheitsentscheidung möglich, weil bei diesen Politikfeldern weder eine territoriale noch eine personale Begrenzbarkeit der Entscheidungsfolgen gegeben sind. Wenn die Entscheidungen der einen Gruppe die Entscheidungsfreiheit der anderen einschränkt, dann ist es angezeigt, von der Mehrheitsentscheidung zu Aushandlungsprozessen überzugehen.

Was wir im Zusammenhang mit der wachsenden Komplexität der politischen Ordnung beobachten, ist indes eine zunehmende Auflösung der binären Struktur von Elite und Masse, Herrschenden und Beherrschten bzw., mit Aristoteles, der Ordnung von *archein* und *archesthai*. Es ist ein Drittes dazwischen entstanden, für das es keine präzise Benennung gibt, und dieses Dritte reicht von der wachsenden Anzahl der in Think Tanks, operativen Stiftungen und ähnlichem organisierten Politikberater bis zu den Nichtregierungsorganisationen, die sich einzelne Politikfelder ausgesucht haben und auf ihnen mit dem Anspruch moralischer Überlegenheit wie größerer Sachkompetenz auftreten. Im Unterschied zur politischen Elite im engeren Sinn, die im Akt der Wahl herauf- oder herabgestuft und mitunter gänzlich erledigt werden kann, ist diese Zwischenschicht der Experten und Gemeinwohlunternehmer[36] keinerlei demokratischer Kontrolle unterworfen. Sie sind durch Institute wie Wissenschaftsfreiheit, Meinungsfreiheit und Religionsfreiheit geschützt. Dadurch sind sie freilich ein permanentes Ärgernis für die Anhänger der voluntativen Mehrheitsentscheidung, weshalb sie auch zum bevorzugten Angriffsziel der populistischen Bewegungen und ihrer intellektuellen Fellow Travellers geworden sind: die Think Tanks zum Ziel der Linkspopulisten, die gegen sie mit dem denunziatorisch zugespitzten Begriff des Neoliberalismus zu Felde ziehen, und die Nichtregierungsorganisationen zum Lieblingsziel der Rechtspopulisten, die deren Sachkompetenz mit Begriffen wie Fake News, alternative Fakten oder Lügenpresse attackieren. So soll Platz geschaffen werden für die Wiederkehr des Voluntativen.

Interessanter als der politiktheoretisch eher wenig aufregende Populismus ist die genannte neue Zwischenschicht von Experten, Politikberatern und Gemeinwohlunternehmern, die eine Provokation für den Egalitätsanspruch der Herrschaftsunterworfenen ist, welche im demokratischen Ordnungsmo-

---

36 Zum Typus des Gemeinwohlunternehmers und seinen Rhetoriken wie Inszenierungen vgl. Herfried Münkler, Karsten Fischer (Hg.): *Gemeinwohl und Gemeinsinn. Bd. 2: Rhetoriken und Perspektiven sozialmoralischer Ordnungen*. Berlin 2002.

dell wiederum die Herrschenden kontrollieren.[37] Die Egalität der herrschaftsunterworfenen Herrschenden fand und findet ihren deutlichsten Ausdruck im Grundsatz des *one man – one vote*, der Gleichgewichtigkeit einer jeden abgegebenen Stimme. Solche Egalität trifft jedoch nur auf den nach dem Mehrheitsprinzip organisierten Akt der Dezision zu, während im Prozeß der Deliberation, der reflektierenden Beratung, schnell die Inegalität das Übergewicht bekommt. Je länger die Dezision zwecks Deliberation hinausgeschoben, der Politikprozeß also entschleunigt wird, desto stärker dominiert die Inegalität gegenüber der Egalität,[38] denn nun machen sich die unterschiedlichen kognitiven, habituellen und prozeduralen Kompetenzen der Bürger bemerkbar. Zu den Folgen dieser Gewichtsverschiebung von der egalitären Dezision zur inegalitären Deliberation gehört die seit zwei Jahrzehnten sinkende Wahlbeteiligung. Politiktheoretisch steht hinter dieser Entwicklung eine tektonische Verschiebung der politischen Strukturen: Government wird zu Governance. Während Government auf die Binarität von Regierung und Regierten abgestellt hat, ist Governance ein nicht zu sortierendes Amalgam von in unterschiedlicher Weise Beeinflußten und Beeinflussenden.[39] Seine

---

37 Dazu Jan-Werner Müller: *Was ist Populismus? Ein Essay*. Berlin 2016 sowie Emmanuel Richter: *Populismus und der «gesunde Menschenverstand». Common Sense als Bezugspunkt des Volkswillens*, in: Winfried Brömmel, Helmut König, Manfred Sicking (Hg.): *Populismus und Extremismus in Europa*. Bielefeld 2017, S. 79–105.
38 Zu den dezisionistischen Theorien der Demokratie vgl. Oliver W. Lembcke: *Entschiedene Unentscheidbarkeit. Varianten dezisionistischer Demokratietheorie*, in: Oliver W. Lembcke, Claudia Ritzi, Gary S. Schaal (Hg.): *Zeitgenössische Demokratietheorie. Bd. 1: Normative Demokratietheorien*. Wiesbaden 2012, S. 317–353; zu den deliberativen Demokratietheorien Claudia Landwehr: *Demokratische Legitimation durch rationale Kommunikation. Theorien deliberativer Demokratie*, in: ebd., S. 355–385.
39 Es ist bemerkenswert, daß die Folgen von Governance für die Funktionsmechanismen der Demokratie von seiten der Governance-Forschung ausgesprochen marginal behandelt werden; vgl. Gunnar Folke

Legitimität besteht, um eine Formulierung Fritz Scharpfs aufzugreifen, nicht wesentlich im Input, sondern im Output der politischen Ordnung.[40] Der Leistungsvergleich der politischen Systeme basiert auf dem, was sie im Ergebnis zur Verfügung stellen, und nicht auf der prinzipiell egalitären Partizipationschance der Bürger. Der von der athenischen Demokratie als omnikompetent hypostasierte Bürger wird in den komplexen Systemen der modernen Demokratie schrittweise in einen Leistungskonsumenten des politischen Managements transformiert, der nur noch partiell aus seiner prinzipiell konsumtiven Rolle heraustreten und sich in Einzelfragen kompetent machen und engagieren kann. Das ist der Kern der aktuellen Probleme im Selbstverständnis der Demokratie oder, wenn man es dramatisieren will: die jüngste Krise der Demokratie.

Der kompetente und der inkompetente Bürger

Als Freund und Verteidiger der demokratisch-rechtsstaatlichen Ordnung kann man sich mit dem Bescheid einer wachsenden Inkompetenz des Bürgers und seiner Marginalisierung vom Politikpartizipanten zum Politikkonsumenten freilich nicht zufriedengeben. Wer es bloß bei dem Befund beläßt, willigt im Ergebnis in eine schleichende Oligarchisierung der Politik ein. Populismus beruht auf der Idee, eine Rückkehr zur Omnikompetenzunterstellung der klassischen Demokratie sei ohne weiteres möglich. Die populistische Rebellion gegen die de facto wachsende Inkompetenz der sich auf den Wahlakt beschränkenden Bürger läuft jedoch in der Regel nur darauf hinaus,

---

Schuppert (Hg.): *Governance-Forschung. Vergewisserung über Stand und Entwicklungslinien.* Baden-Baden 2005.

40 Fritz W. Scharpf: *Versuch über die Demokratie im verhandelnden Staat,* in: Roland Czada, Manfred G. Schmidt (Hg.): *Verhandlungsdemokratie – Interessenvermittlung – Regierbarkeit. Festschrift für Gerhard Lehmbruch.* Opladen 1993, S. 25–50.

diese Inkompetenz als Ignoranz zu mobilisieren und daraus politisches Kapital für einen Elitenwechsel zu schlagen. Wer über die Zukunft der Demokratie nachdenkt, muß sich dagegen noch einmal mit den Möglichkeiten beschäftigen, aus zunächst inkompetenten wieder kompetente Bürger zu machen, sie also zu schulen und das nicht nur in sachlich-fachlicher Hinsicht, sondern auch im Hinblick auf ihre politische Urteilskraft. Das kostet Zeit und läuft auf den Verzicht auf Freizeitaktivitäten oder Erwerbschancen hinaus. Das ist als Zumutung nicht wenig, aber nicht so viel, daß dem nur eine asketische Elite genügen könnte. Es hat jedoch, da nicht alle Bürger dem genügen mögen, eine Diversifizierung der Partizipationschancen und des politischen Einflusses zur Folge, die den Egalitätsanspruch der Bürgerschaft erst recht zum bloßen Postulat werden läßt. Entschleunigung als Voraussetzung kompetenter Politikpartizipation diversifiziert die Bürgerschaft; Beschleunigung dagegen egalisiert. Die politischen Kosten dieser Egalisierung sind inzwischen freilich immens hoch. Das Brexit-Referendum der Briten dürfte sich dafür als Beispiel erweisen.

Alle politischen Ordnungen haben sich unter Verweis auf die bestehende Kompetenzverteilung legitimiert. Doch diese Kompetenz kann nicht bloß behauptet, sondern muß auch geschaffen werden. In der athenischen Demokratie war es das Theater, vor allem die Tragödie, das als ein Ort der Ausbildung und Schulung politischer Urteilskraft diente: Wie riskant Entscheidungen sein konnten, wurde hier auf die Bühne gebracht und in Rede und Gegenrede durchgespielt und vom Chor kommentiert. Es wurde erwartet, daß diejenigen, die sich an politischen Entscheidungen beteiligten, sich durch den Besuch der alljährlichen Theateraufführungen kompetent machten.[41] In der modernen Demokratie westlichen Typs sind die Parteien oder die ihnen nahestehenden Clubs und De-

---

41 Vgl. Meier: *Die Entstehung des Politischen*, S. 144–272.

battierzirkel Zentren der Ausbildung und Schulung politischer Urteilskraft jenseits professioneller Karrierezüge, und vor allem dient die Partizipationsebene der kommunalen Selbstverwaltung der Hervorbringung politisch kompetenter Bürger. Auf breite Partizipation hin angelegte Ordnungen sind auf solche Vermittlungs- und Schulungsagenturen angewiesen, und es ist erstaunlich, daß dieses Problem in den gängigen Demokratietheorien keine größere Aufmerksamkeit gefunden hat. Statt dessen hat sich die Forschung auf die Entstehung politischer Eliten konzentriert und die Effekte unterschiedlicher Karrierezüge miteinander verglichen – so gelangte etwa Max Weber auf dem Höhepunkt des Ersten Weltkriegs zu dem Ergebnis, daß der parlamentarische Ausscheidungskampf der westlichen Demokratien sehr viel tüchtigere Politiker hervorbringe als die bürokratisch-administrativen Karrierezüge des Deutschen Reichs. Um die politische Urteilskraft einer breiten Gruppe von Politikpartizipanten, die aus der Politik keinen Beruf machen, kümmerten sich die Demokratietheoretiker nur selten. Es muß darum besorgt machen, wenn die Mitgliederzahlen der Parteien kontinuierlich zurückgehen und inzwischen oft nicht einmal mehr genug Kandidaten für die zu besetzenden Plätze in kommunalen Parlamenten zur Verfügung stehen.[42] Der Rückzug aus dem politischen Engagement, den Etienne de La Boétie, ein Freund Montaignes, als *servitude volontaire*, als freiwillige Knechtschaft bezeichnete,[43] und die trotzige Insistenz auf dem Recht des Voluntativen sind offenbar zwei Seiten ein und derselben Medaille.

Nun werden manche einwenden, das Engagement, das früher in die Parteien geflossen ist, sei keineswegs versiegt, sondern habe sich nur neue Bahnen gesucht, etwa in Bürgerinitia-

---

42 Vgl. Ulrich von Alemann, Martin Morlok, Tim Spier (Hg.): *Parteien ohne Mitglieder?* Baden-Baden 2013 sowie Christoph Seils: *Parteiendämmerung oder Was kommt nach den Volksparteien?* Berlin 2010.
43 Etienne de La Boétie: *Von der freiwilligen Knechtschaft.* Hg. von Horst Günther. Frankfurt am Main 1980.

tiven und Nichtregierungsorganisationen, die aufgrund ihrer monothematischen Ausrichtung den Problemen der Menschen deutlich näher stünden als die politischen Parteien, die durch die Bearbeitung vieler Politikfelder seit dem Bedeutungsverlust der oben als Wahrnehmungsfilter bezeichneten Ideologien ihren Mitgliedern und Anhängern zwangsläufig Identifikations- und Zustimmungsprobleme bereiten. Doch gerade das ist die Pointe bei der Ausbildung politischer Urteilskraft: daß man permanent Kompromisse eingehen muß, um sich mit einer Partei weiterhin identifizieren bzw. sie unterstützen zu können. Dieses Erfordernis ist bei Nichtregierungsorganisationen und Bürgerinitiativen sehr viel geringer. Das hat vielerorts zu einer Veränderung der politischen Kultur geführt, in deren Folge die bedingungslose Insistenz auf dem eigenen Willen stärker und die Fähigkeit zu strategischer Kompromißbildung geringer geworden ist.

Die mitunter beklagte und doch unaufhaltsam um sich greifende Moralisierung politischer Sachverhalte ist der offenbar unvermeidliche Begleiter dieses Verlusts an politischer Kompetenz. Moral ist, um Odo Marquardts auf die Philosophie geprägte Formel zu variieren, die Inkompetenzkompensationskompetenz[44] einer Gesellschaft, die gern mitreden will, in der sich aber zunehmend weniger Menschen die Mühe machen, Sachverstand und Urteilskraft zu erwerben. Das unterschätzen all jene, die vehement die Einführung von mehr direktdemokratischen Elementen fordern, um der Partizipationskrise der westlichen Demokratien entgegenzuwirken: Die direkte Demokratie hat nämlich sehr viel höhere Kompetenzvoraussetzungen als die repräsentative Demokratie, die als ein institutionalisierter Rabatt auf Zeitaufwand und Einkommensverzicht der politikpartizipierenden Bürger begriffen werden kann. Wer

---

44 Odo Marquardt: *Inkompetenzkompensationskompetenz? Über Kompetenz und Inkompetenz der Philosophie*, in: *Abschied vom Prinzipiellen. Philosophische Studien.* Stuttgart 1981, S. 23–38.

hier die Schweiz als Vorbild darstellt, sollte sich vor Augen führen, wieviel Zeit ein Schweizer Bürger investiert, der eine politisch aktive Rolle spielt.[45] Natürlich kann man auch ohne Kompetenzvoraussetzungen mehr direktdemokratische Elemente in die politische Ordnung einführen, aber es ist zu bezweifeln, daß dadurch bessere Politikergebnisse zustande kommen: nicht in sachlicher Hinsicht, aber ebenfalls nicht im Hinblick auf die Unterstützung von politischen Projekten, die bei einer Volksabstimmung die Mehrheit erlangt haben. Es bleibt nämlich der kompetitive Leistungsvergleich der politischen Ordnungen, und wenn «das Volk» zu dem Ergebnis kommt, daß die Demokratie nicht leistet, was es erwartet, wird es dies nicht auf das eigene Abstimmungsverhalten bei Plebisziten zurückführen, sondern auf die Demokratie als Ordnungsmodell schieben und sich autokratischen Führerfiguren zuwenden. Das können wir zur Zeit beobachten.

Neue Arrangements demokratischer Partizipationsformen

Wie steht es angesichts des dicken Bündels von Problembeschreibungen um die Zukunftsfähigkeit der Demokratie? Es ist nicht selbstverständlich, daß die demokratisch-rechtsstaatliche Ordnung von den in ihr lebenden und sie evaluierenden Menschen angesichts der zu bewältigenden Probleme und Herausforderungen weiterhin als hinreichend leistungsfähig angesehen wird, um sie gegenüber alternativen Modellen der politischen Ordnung zu präferieren. Die Zeiten, in denen die Demokratie als das sich global durchsetzende politische Ordnungsmodell angesehen wurde, sind vorbei: Eher ist der de-

---

45 Dazu Lars P. Feld, Gebhard Kirchgässner: *Direkte Demokratie in der Schweiz. Ergebnisse neuerer empirischer Untersuchungen*, in: Theo Schiller, Volker Mittendorf (Hg.): *Direkte Demokratie. Forschung und Perspektiven*. Wiesbaden 2002, S. 88–101.

mokratische Rechtsstaat im globalen Maßstab auf dem Rückzug. Dieser Rückzug wird sich nur dann begrenzen oder gar stoppen lassen, wenn es gelingt, kluge Arrangements von Verkleinern und Vergrößern, Beschleunigen und Entschleunigen zu finden, die mit den unverzichtbaren Vorgaben von Demokratie vereinbar sind und gleichzeitig dafür sorgen, daß das Ordnungsmodell des demokratischen Rechtsstaats im Vergleich mit anderen politischen Ordnungen konkurrenzfähig bleibt. Das setzt der beschriebenen Erhöhung von Partizipationschancen durch Verkleinerung der territorialen Ausdehnung eines politischen Systems enge Grenzen. Konkret: Ein Ausscheiden aus der Europäischen Gemeinschaft und eine Rückkehr zum Nationalstaat würde die politischen Einflußmöglichkeiten der Bürger zwar unmittelbar erhöhen, aber die politische Reichweite ihrer Entscheidungen dramatisch verkürzen. Sie wären zwar wieder in höherem Maße Herr ihrer Ordnung, doch um den Preis, daß sie im größeren Zusammenhang keine Rolle spielen und hier die Regeln von anderen vorgegeben bekommen. Bewahrung der Demokratie durch Selbstmarginalisierung ist keine Lösung.

Andererseits hat die unbegrenzte Ausweitung des Geltungsbereichs einer politischen Ordnung, wie wir das am Beispiel der EU oder internationaler Handelsregime sehen, zu einem so starken Einflußverlust der Bürger geführt, daß sich mit Grund die Frage stellt, ob es sich noch um eine demokratische Ordnung handelt. Diesem Dilemma haben sich politische Großraumordnungen freilich schon immer gegenübergesehen, und ihr Zerfall war nicht selten die Folge eines Mißbehagens daran: Man war nicht länger bereit, für eine Ordnung einzustehen, sie zu verteidigen und sich in ihren Funktionssystemen zu engagieren, bei der man den Eindruck hatte, bloß Objekt und nie Subjekt zu sein. Die politische Geschichte Europas läßt sich – auch – als ein Schwanken zwischen großräumlichen und kleinräumlichen Ordnungen beschreiben, wobei im kompetitiven Leistungsvergleich Großräumlichkeit den aufsummierten Wohlstand befördert, während Kleinräumlichkeit die

Chancen der Partizipation erhöht. Dieses Verhältnis zur Zufriedenheit der Bürger neu auszutarieren ist die aktuelle Herausforderung bei den Reformen der demokratischen Ordnung. Die Antwort darauf könnte in einem gestuften Arrangement des partizipativen Einflusses bestehen, das im übrigen auf eine Kombination von Mehrheitsentscheidungen und Aushandlungsprozessen hinauslaufen dürfte. Klein- und Großräumlichkeit sind dabei nicht nur funktional zu verknüpfen, sondern diese Verbindung muß den Bürgern außerdem mit ihren Vorteilen und Beschränkungen erklärt werden. Nur wenn die Bürger im Wissen um die Systematik des Arrangements in dieses einwilligen, kann es Bestand und Dauer haben.

Das gilt in ähnlicher Weise auch für das Entschleunigen oder Beschleunigen von Entscheidungen. Demokratische Partizipation ist auf Entschleunigung zwecks Reflexion und Deliberation angewiesen. Elektronische Abstimmungen der Online-Bürger können allenfalls den Status demoskopischer Untersuchungen haben, aber keine kollektive Verbindlichkeit für sich beanspruchen – allein schon wegen der Verwundbarkeit des Internets für Attacken von außen. Aber viele Entscheidungen lassen sich nicht aufschieben oder durch Moratorien für längere Reflexionsphasen stillstellen, und zu den Politikfeldern, die den Imperativen der Beschleunigung gehorchen, gehören längst nicht mehr nur die Nuklearwaffen, sondern im Zeitalter von Terrorismus und Cyberwar, globalen Wirtschaftsverflechtungen und globalen Klimaveränderungen sind viele zusätzliche Entscheidungen dazugekommen. Vor allem spielen in einer globalisierten Ökonomie fiskal- und währungspolitische Entscheidungen eine Rolle, mit denen die Entstehung von Paniken auf den Märkten verhindert werden soll. Auch das sind Politikfelder, die in operativer Hinsicht längst einer dezisionistischen Partizipation der Bürger entzogen sind. Das beschriebene Problem der Prärogative ist also in vervielfachter Form zurückgekehrt, und es läßt sich mit deliberativen Verfahren nicht bezähmen. Man kann dem in nostalgischer Erinnerung an die einstige Nationalökonomie oder gar

Stadtwirtschaft nachtrauern, die solche Verflechtungen nicht kannten, doch wird das an den Gegebenheiten nichts ändern. Tatsächlich sind in der Politiktheorie augenblicklich viele Melancholiker und Romantiker unterwegs, die dem Vergangenen nachtrauern oder die Vorstellung pflegen, man könne es, wenn man nur wolle, wiederherstellen. Deswegen ist es angezeigt, dem eine kühl-analytische und an den Herausforderungen wie Möglichkeiten der Demokratie orientierte Perspektive entgegenzusetzen.

EGON FLAIG

Wie entscheidungsfähig sind Demokratien?
Historische Rückbesinnung auf Gemeinwohl
und politische Kohäsion

«Die westlichen Gesellschaften sind absolut zersetzt. Es gibt keinen Blick auf die Gesamtheit mehr, der es erlaubt, Politik zu betreiben ... Die westlichen Gemeinschaften sind praktisch keine Staaten mehr ... Sie sind einfach Anhäufungen von Lobbys, ... in denen jeder jede seinen Interessen zuwiderlaufende Aktion verhindern kann.» Mit diesen Worten diagnostizierte Cornelius Castoriadis 1981 (*Libération* 16./21. Oktober) den Zerfall der westlichen Staatlichkeit. Seine Aufmerksamkeit galt der entschwindenden Entscheidungsfähigkeit. In ihr erblickte er das Endstadium eines Pluralismus, in dem das Politische seine Autonomie komplett verliert, weil die sozialen Sektoren nur noch ihre partikularen Interessen verfolgen und nicht mehr willens sind, sich einem Gemeinwohl unterzuordnen. Das Motto des republikanischen Pluralismus – *e pluribus unum* – wird dann sinnlos. Was Castoriadis vor 37 Jahren noch nicht bemerken konnte, ist, daß die Gesellschaft sich noch weiter fragmentieren könnte, nämlich in Parallelgesellschaften, die auf demselben staatlichen Territorium einander kulturell fremd bleiben und sich zunehmend feindlich gegenüberstehen. Zu überlegen, was diese Fragmentierung bedeutet für die Zukunft der Demokratie, das fällt uns zu. Jedenfalls bleibt das Kriterium von Castoriadis gültig: Der Grad staatlicher Entscheidungs(un)fähigkeit zeigt an, welche Bedeutung dem Politischen als genuinem sozialen Raum noch zukommt. Denn das kollektive Entscheiden ist das Herz des Politischen schlechthin. An der Fähigkeit zum gemeinschaftlichen Entscheiden bemißt sich letztlich alle politische Kultur.

Vom Entscheiden zum «Aushandeln»

Nachdenken über die «Zukunft der Demokratie» heißt, die Gefahren ins Auge fassen, unter denen die freiheitliche Republik verlorengehen kann. Drei Gefahren erwähne ich vorab. Die erste folgt aus den verheerenden Auswirkungen der EU auf die Staatlichkeit der Völker und auf die Volkssouveränität überhaupt. Während sich das nationale Recht aus der Volkssouveränität legitimiert, bleibt das von der EU gesetzte Recht nichts weiter als Sekundärrecht, hergeleitet aus einem Primärrecht, das aus völkerrechtlichen Verträgen besteht. Nichtsdestoweniger ist diesen Verträgen die Kraft von verfassungsmäßigen Texten zugewachsen, was der Verfassungsrechtler Dieter Grimm «Konstitutionalisierung» genannt hat.[1] Sie verleitet dazu, den Bezug des Rechts zum Volkswillen zu kappen. Doch wird die Volkssouveränität als leitendes Prinzip angezweifelt, ist die Demokratie nicht zu halten.

Die zweite Gefahr ist die «Entparlamentarisierung». Damit ist die kombinierte Wirkung zweier Dynamiken gemeint: Einerseits dominieren die Ausschüsse unvermeidlicherweise die ihnen zugeordneten Themen; so verlagern sich essentielle Entscheidungsmomente aus dem Parlament heraus; andererseits nötigt der verfassungswidrige Fraktionszwang die Volksvertreter, gegen ihr Gewissen und gegen ihre Präferenzen zu stimmen. Beides entmündigt die Repräsentanten und entlegitimiert langfristig die repräsentative Demokratie. Zudem entstellt es die Deliberation, also das gemeinsame Beraten mittels der Kontroverse. Je weiter die Praxis der deliberativen Debatte im Parlament zurückgeht, desto mehr verändern sich die mentalen und habituellen Dispositionen. Der Fraktionszwang unterdrückt die freie Meinungsbildung und lähmt die Fähigkeit

---

[1] Dieter Grimm: *Souveränität. Herkunft und Zukunft eines Schlüsselbegriffs*. Berlin 2009, S. 86–98 und 112–123.

zum Zuhören und Abwägen. Die Ausschußarbeit gewöhnt ans *bargaining*, an den Kuhhandel zum Ausgleich von Interessen; sie macht den Parlamentarier zum Händler. Beides beschädigt nachhaltig die Orientierung am Gemeinwohl. Doch das Loblied auf die Parteien klingt ganz anders. Es preist deren Funktion als Filter bei der Willensbildung: Nur die Parteien seien imstande, aus dem wildwüchsigen Überangebot an Ideen einige sinnvolle Alternativen zu selektieren; und nur solche notwendige Reduktion von Alternativen erlaube es überhaupt, in den Institutionen mehrheitlich zu entscheiden. Andernfalls drohten Verhältnisse, in welchen kein Antrag eine eindeutige Mehrheit erreicht und Entscheiden unmöglich wird. Just der Fraktionszwang und die Dominanz der Ausschüsse gestatteten mittels Kuhhandel und Kompromiß, zu mehrheitsfähigen Alternativen zu gelangen, den berühmten Mehrheitsalternativen. Und nur so sei das Parlament entscheidungsfähig.

Die dritte Gefahr ist die Beschädigung der Öffentlichkeit als des Forums, auf dem Kontroversen ausgetragen werden. Die Öffentlichkeit mit freiem Wort und ungehindertem Argumentieren ist das einzige Remedium, das die institutionellen Kontrollen davor bewahrt, sich zu entkräften. Wird sie beschädigt, ist der demokratische Gebrauch der verfassungsmäßigen Befugnisse nicht mehr zu garantieren. Beschädigt wird sie von der Hegemonie eines Diskurses, der die Alternativlosigkeit von politischen Optionen behauptet, sowie durch eine zunehmende Unterdrückung der Meinungsfreiheit – geleistet von der massenmedialen Verunglimpfung Andersdenkender sowie von einer Justiz, die sich instrumentalisieren läßt von der Politik der «Antidiskriminierung».

Alle drei Momente unterminieren die Demokratie. Die ersten beiden korrodieren das institutionalisierte Entscheiden selber; ich nehme sie zum Ausgangspunkt für meine Überlegungen. Er lautet: Wenn der politische Raum dominiert wird von partikularisierten Interessen, dann schrumpft der Raum für dissentisches Entscheiden; dann wird aus dem Entscheiden allmählich ein Verhandeln. Das ist der Grund, weshalb uns die

Mehrheitsentscheidung abhanden zu kommen droht. Diskurse werden hegemonial, die das konsentische Entscheiden anpreisen, in unterschiedlichsten Formen des «Aushandelns» – durch Kompromisse, Tauschgeschäfte und vetomäßige Verschleppungen. Indes, wenn das Konsensprinzip sich ausbreitet, dann transformiert sich die politische Sphäre. Politische Ordnungen, die nicht mehr imstande sind zu entscheiden, sondern nur noch verhandeln, verwandeln sich – wie Cornelius Castoriadis es andeutet – in soziale oder religiöse Agglomerate. Dann wird die Demokratie nicht mehr zu bewahren sein. Denn ohne Mehrheitsentscheidung keine Demokratie.

Die Mehrheitsentscheidung ist das einzige Verfahren, in dem alle Entscheider – im Augenblick des Entscheidens – auf radikale Weise gleich sind, und politische Gleichheit ist die fundamentale Voraussetzung für Demokratie. Die Mehrheitsentscheidung ist ein weltgeschichtlich seltenes Verfahren; sie ist nur in fünf Kulturen originär emergiert.[2] Im politischen Raum hat sie sich nur in der hellenischen und hellenistisch-römischen Kultur über viele Jahrhunderte bewährt; und nur im lateinischen Europa ereignete sich eine Re-Emergenz dieses Verfahrens. Damit komme ich zur kardinalen These dieses Aufsatzes: Die Chancen des Überlebens der Demokratie hängen vor allem und hauptsächlich an jenen Bedingungen, die das mehrheitliche Beschließen ermöglichen.

Warum wird das Mehrheitsprinzip akzeptiert? Weder die sogenannte Kritische Theorie noch die Systemtheorie stellen sich diese Frage. Nach der ersten soll das demokratische Verfahren selber «Legitimität aus Legalität» erzeugen; und der «Konsens über das Verfahren legitimer Rechtsetzung und Machtausübung» soll ausreichen.[3] Woher dieser Konsens rührt, wie

---

2 Egon Flaig: *Die Mehrheitsentscheidung. Entstehung und kulturelle Dynamik*. Paderborn 2013, S. 95–122, 175–188, 353 f.
3 Jürgen Habermas: *Anerkennungskämpfe im demokratischen Rechtsstaat*, in: Charles Taylor (Hg.): *Multikulturalismus und die Politik der Anerkennung*. Frankfurt am Main 1993, S. 179.

lange er hält, was ihn stärkt und was ihn entkräftet, darauf geben beide Theorien keine Antwort.[4] Beide halten die Akzeptanz von Mehrheitsentscheidungen für gesichert, weil der Konsens über das Verfahren schlicht gegeben sei. Diese Gegebenheit wird keiner weiteren Reflexion unterzogen. Politische Philosophie kann sich mit solchem Reflexionsstop nicht begnügen. Sie hat zunächst anzufragen bei der politischen Anthropologie bzw. bei der historischen Soziologie politischer Kulturen.

Mehrheitsprinzip, Bürgerbegriff und Gemeinschaft

Jede Reflexion über das Mehrheitsprinzip führt geradewegs zum Thema der politischen Kohäsion und zum Problem des Wertekonsenses. Als Ernst-Wolfgang Böckenförde sich 2005 gegen den Beitritt der Türkei in die EU aussprach, begründete er seine Ansicht mit Überlegungen zu der Frage, welche Rahmenbedingungen eine Demokratie entscheidungsfähig machen. Böckenförde schreibt: «Ein ... gemeinsames Wir-Gefühl prägt sich darin aus, daß mental wie auch emotional dasjenige, was die anderen betrifft, auch mich angeht, nicht von der eigenen Existenz getrennt wird. Auf dieser Grundlage kommt es – Ausdruck von Solidarität – zur Anerkennung gemeinsamer Verantwortung, von Einstandspflichten und wechselseitiger Leistungsbereitschaft. Es ist der ‹sense of belonging› ..., das Bewußtsein, das Empfinden und der Wille, zusammen eine Gemeinschaft zu bilden, ihr anzugehören und an ihr – im Angenehmen und Nützlichen wie im Schweren und Belasten-

---

4 Egon Flaig: *Die Mehrheitsentscheidung. Ihre multiple Genesis und ihre kulturelle Dynamik*, in: ders. (unter Mitarbeit von Elisabeth Müller-Luckner): *Genesis und Dynamiken der Mehrheitsentscheidung*. München 2013, S. X–XVI.

den – teilzuhaben.»⁵ Es geht um den Zusammenhalt von Staatsvölkern. Dabei wird der Unterschied zwischen Gemeinschaft und Gesellschaft akut. Gemeinschaft und Gesellschaft sind keine Sozialformen, die einander historisch ablösten – wie Ferdinand Tönnies einst annahm –, sondern sie sind stets koexistent. Überall sind Menschen notwendigerweise Mitglieder der Gesellschaft und einer Gemeinschaft. Gesellschaften sind Agglomerationen von sozialen Klassen, von Geschlechtern und Generationen, von betrieblichen Einheiten, mehr oder weniger gebündelt zu Funktionssystemen. Keine Gesellschaft ist handlungsfähig. Handlungsfähig sind nur Gemeinschaften. Eine Kultur, die sich der Selbststeuerung der Gesellschaft anvertraute, wäre zur Auflösung verurteilt. Denn keine Gesellschaft hat ein Selbst. Anders die politische Ordnung; sie besitzt ein steuerndes Zentrum, das je nach Verfassung und institutioneller Ausprägung in unterschiedlichem Grade handlungsfähig ist. Zu beachten ist eine zweite Differenz: Gesellschaften beruhen auf dem Tausch, Gemeinschaften auf dem Opfer. Nach Claude Lévi-Strauss ist es der Tausch von Worten, Symbolen, Gaben und Personen, der die Gesellschaft zusammenhält. Gemeinschaften hingegen leben von der Bereitschaft ihrer Mitglieder füreinander einzustehen – von Gaben ohne Gegengabe.

Der Begriff des Gemeinwohls impliziert logisch und politisch die Opferbereitschaft. Das ergibt sich aus der liberalen Tradition selber. Denn die dritte Idee der Französischen Revolution lautete *fraternité*, und Brüderlichkeit bedeutet, dem Mitbürger verpflichtet zu sein über den bloßen Tausch und den Vertrag hinaus. Das Wort «Solidarität» klingt zwar schwächer, doch es enthält ebenfalls diesen Überschuß über den bloßen Tausch: «Die Sprache der Solidarität ist die Sprache der Gemeinschaft».⁶

---

5 Ernst-Wolfgang Böckenförde: *Europa und die Türkei*, in: *Wissenschaft, Politik, Verfassungsrecht*. Frankfurt am Main 2011, S. 289 f.
6 Wolfgang Kersting: *Die politische Philosophie der Gegenwart*, in: *Politik und Recht. Abhandlungen zur politischen Philosophie der Gegenwart und zur neuzeitlichen Rechtsphilosophie*. Weilerswist 2000, S. 46.

Das Gemeinwohl ist weit mehr als der gegenseitige Nutzen zweier Vertragspartner. Nur wenn man ein gemeinsames Schicksal hat, gibt es ein gemeinsames Wohl. Nur dann stehen die Mitglieder auch in schwersten Zeiten füreinander ein, ohne an Entlohnung zu denken. Die Opferbereitschaft hängt also am Grad der Identifizierung. Daher kommt in der Krise die Wahrheit über das «soziale Band» zum Vorschein; es zeigt sich, was eine Gemeinschaft taugt und was eine Verfassung wert ist. Das gilt insbesondere für Demokratien, wie Böckenförde betont: «Dieser ‹sense of belonging› ..., muß in demokratisch organisierten Gemeinschaften stärker ausgeprägt sein als in autoritär oder technokratisch verfaßten. In jenen müssen die zum Bestand und zur Fortentwicklung der Gemeinschaft ergehenden Entscheidungen von den Menschen nur hingenommen werden, als von anderer Seite auferlegt und nicht selbst zu verantworten. In dem Maße, in dem eine Gemeinschaft demokratisch organisiert und auf demokratische Legitimationsverfahren angelegt ist, müssen diese Entscheidungen von den Menschen positiv mitgetragen werden, als von ihnen selbst getroffene und ausgehende. Daher bedarf es in weiterem Umfang gemeinsamer Auffassungen und Zielsetzungen, die das aktive Handeln der Gemeinschaft mittragen und sie dazu befähigen.»[7] Demokratien erfordern einen kräftigeren Zusammenhalt als alle anderen politischen Systeme. Gerade der Gedanke der Volkssouveränität und des gemeinsamen Handelns auf der Basis kollektiver Willensentscheide verlangt danach. Warum das so ist, wird ersichtlich, sobald man den Begriff des Bürgers näher besieht. Was unterscheidet den Bürger vom freien Untertan?

Der freie Untertan ist bereit, die Rechtsordnung hinzunehmen und den Gesetzen zu gehorchen. Das genügt der individuellen Freiheit vollkommen, nicht aber der politischen. Indes, Thomas Hobbes hat die politische Freiheit perhorresziert und

---

[7] Ernst-Wolfgang Böckenförde: *Europa und die Türkei*, S. 289 f.

den Bürger reduziert auf die individuelle, private Freiheit. In diesem hobbesianischen Sinne läßt sich die Anspruchslosigkeit des liberalen Staates rühmen: «Mehr als Gesetzesgehorsam wird nicht verlangt.»[8] Freilich heißt das, den semantischen Pegel des Bürgerbegriffs auf Null fallen zu lassen und den Staatsangehörigen zum freien Untertanen zu machen.

Ganz anders der Bürger einer Republik. Ihm bedeutet Loyalität etwas anderes als bloßer Gesetzesgehorsam; denn er ist sich seiner Zugehörigkeit bewußt. Er befürwortet die Grundsätze des politischen Zusammenlebens, er nimmt Rücksicht auf das Gemeinwohl, und vermag daher verantwortlich einzustehen für die Lasten, die gemeinsam zu tragen sind. Der Bürger ist ein Doppelwesen: Er bewegt sich nicht bloß in der Gesellschaft, sondern auch in der Sphäre des Politischen; privat ist er etwa ein Handwerker oder ein Rechtsanwalt, im politischen Raum agiert er als Angehöriger des Gemeinwesens unter rechtlich Gleichen. Und je autonomer das Politische, desto deutlicher ist der Zwiespalt in diesem Doppelwesen, und desto wirksamer ist dessen Selbstverständnis als Bürger. Dieser Bürgerbegriff entstammt den griechischen Diskussionen des fünften Jahrhunderts v. Chr., besonders markant formuliert von Protagoras.[9] Er ist desto prominenter, je demokratischer das Denken ist.

Die Bereitschaft, zu partizipieren und ein demokratisches Gemeinwesen mitzutragen, erheischt ein civisches Bewußtsein. Die Bürger beziehen sich bewußt auf ein gemeinsames Wohl, und sie definieren jedes individuelle Wohl und jedes partikulare Interesse im Hinblick auf das Wohl des Ganzen, welches unstreitig höher steht als das Wohl des Einzelnen. Verlangt sind ethisch-politische Kompetenzen, die der gesetzesgehorsame Einwohner an sich nicht hat: «Tugenden müssen gelernt

---

8 Horst Dreier: *Säkularisierung und Sakralität. Zum Selbstverständnis des modernen Verfassungsstaates.* Tübingen 2013, S. 34.
9 Platon: *Protagoras* 320d–323e.

werden; Bürger fallen nicht vom Himmel.»[10] Dieser vorrangige Imperativ – Sorge zu tragen für eine nachhaltige politische Erziehung in den Bildungsanstalten – erhält in der postmodernen Kultur kaum noch Aufmerksamkeit.

Am Begriff des Gemeinwohls hängt das Mehrheitsprinzip. Denn ein dissentisches Entscheiden ist auf institutionalisierte Weise nur möglich, wenn die Beteiligten nicht ihre divergierenden Interessen gegeneinander stellen, also verhandeln, sondern wenn sie deliberieren. Die Deliberation als Form des Diskutierens zweckt darauf ab, das gemeinsame Beste zu ermitteln; und sie setzt voraus, daß alle Partizipanten letztlich das Wohl des Ganzen im Auge haben. Zwar werden unterschiedliche Optionen vorgebracht, doch diese müssen in der Diskussion ihre Verträglichkeit mit dem Wohl des Ganzen erweisen, andernfalls eignen sie sich nicht zur abstimmbaren Alternative. Es gibt keine Deliberation ohne Orientierung an einem Gemeinwohl; und noch bei schärfstem Dissens müssen die Beteiligten sich gegenseitig zugestehen, daran orientiert zu sein. Nach dem Gemeinwohl fragen, heißt den Begriff des Bürgers prüfen. Wenn dieser ausgedünnt wird bis auf ein Subjekt von verfassungsmäßigen Rechten, dann erlaubt er nicht, belastbare Aussagen über kulturell-sittliche Gemeinsamkeiten zu machen. Denn aus bloßen Rechtsnormen entspringt kein Gemeinsinn; und rechtskonformes Verhalten an sich ist nicht kongruent mit moralischer Haltung. Erst wenn das Konzept dichter und praller gedacht wird, unterstützt es Gründe für distributive Gerechtigkeit und für Solidarität. Der eindimensionale Privatmensch kann jeder Vorstellung von Gemeinwohl entbehren; der Bürger kann ohne einen starken Begriff von Gemeinwohl gar nicht gedacht werden. Mehr noch: Jeder schwache Gemeinwohlbegriff reduziert einen Staat auf eine bloße Gesellschaft.

Der tiefere Grund, wieso die Frankfurter Schule aller Generationen außerstande war, den Begriff des Gemeinwohls kon-

---

10 Kersting: *Politische Philosophie*, S. 57.

sistent und systematisch zu definieren, findet sich in ihrer Unfähigkeit, die Opferbereitschaft als maßgebliches Moment des Politischen zu denken. Sie hat die Idee des Opfers aus dem politischen Denken exorziert. Jürgen Habermas hat behauptet, die Aufklärung habe das christliche Gebot überwunden, eigene Interessen wie auch das eigene Leben aufzuopfern für höhere Güter: «Keine irdische Macht darf dem autonomen Willen ein sacrificium für vermeintlich höhere Zwecke auferlegen. Deshalb wollte die Aufklärung das Opfer abschaffen. Dieselbe Skepsis richtet sich heute gegen die staatliche Todesstrafe, übrigens auch gegen die Legitimität der allgemeinen Wehrpflicht.»[11] Doch das Gegenteil trifft zu. Denn die allgemeine Volksbewaffnung war just ein Ziel der liberalen und demokratischen Bewegungen. In dem Maße, wie die neuzeitlichen europäischen Gemeinwesen sich vom Obrigkeitsstaat abkehrten, wurde die allgemeine Wehrpflicht zur Errungenschaft, die zur politischen Freiheit gehört, weil die auf Partizipation angelegten Republiken von ihren Bürgern den höchsten Einsatz für das Überleben der *polis* oder *res publica* verlangt haben. Die Aufklärung hat das Opfer mitnichten «abschaffen» wollen. Die der Aufklärung folgende Moderne politisierte die Opferbereitschaft. Es kann daher nicht «dieselbe Skepsis» sein, die sich «heute» gegen die Legitimität der allgemeinen Wehrpflicht richtet. Vielmehr ergreift hier eine dezidiert antirepublikanische Einstellung das Wort, um die zunehmende Kriegsunfähigkeit der postmodernen Demokratien zu rechtfertigen und zu forcieren. Ob dem beschworenen «autonomen Willen» kein sacrificium auferlegt werden kann, hängt davon ab, ob er mehr sein soll als jene fundamentale Fähigkeit, Ja oder Nein zu sagen, die Nikolai Berdjajew für die unhintergehbare Besonderheit der menschlichen Existenz hält.[12] Soll er diese fun-

---

[11] Jürgen Habermas: *Ein Gespräch über Gott und die Welt*, in: *Zeit der Übergänge*. Frankfurt am Main 2001, S. 173–196, hier S. 193.
[12] Nikolai Berdjajew: *Die Weltanschauung Dostojewskijs*. München 1925, S. 54.

damentale Willensfreiheit übersteigen, dann ist gegen Habermas einzuwenden, daß der «autonome Wille» sich nicht selbst erschaffen hat: Er ist gebunden an einen leiblichen Menschen, der ungefragt geboren wurde und der aufgewachsen ist in einem familialen, sozialen und kulturellen Milieu, das er sich nicht ausgesucht hatte. Dieser «autonome Wille» verdankt seine Zwecksetzungen nicht bloß einer mindestens achtzehn Jahre dauernden Erziehung, sondern einer kolossalen kulturellen Infrastruktur, die im Laufe von Jahrhunderten akkumuliert und renoviert wurde. Deswegen wird der Begriff des «Verfassungspatriotismus» augenblicklich unbelastbar, wenn eine «postkonventionelle Identität» ihn tragen soll. Und wie ernst es Habermas damit war, läßt sich an seiner Mühe ablesen, die Idee des Opfers auszumerzen. Denn er ergänzte später: «Die Bereitschaft, für fremde und anonym bleibende Mitbürger gegebenenfalls einzustehen und für allgemeine Interessen Opfer in Kauf zu nehmen, darf Bürgern eines liberalen Gemeinwesens nur *angesonnen* werden.»[13] Dieses Diktum vertieft seinen Bruch mit der Tradition des republikanischen Denkens. Es verwandelt das politische Gemeinwesen in eine bloße Gesellschaft; und damit transformiert sich auch der Bürger zum Gesellschafter, zum *shareholder*. Nicht weit davon entfernt ist die Position einiger Rechtsgelehrter, die gutheißen, daß der Parlamentarische Rat 1948/49 «die Verfassungsgewährleistungen für den Schutz des Einzelnen im Grundgesetz auf ein Höchstmaß steigerte,» und gegen den Begriff des Gemeinwohls vorbringen: «Das Freiheitsprinzip der Verfassung schließt jede rechtliche Inanspruchnahme des Menschen für letzte Güter, Ziele, Zwecke oder Werte aus, die ihn übersteigen.»[14] Wenn die Verfassung den Staat in erster Linie in den Dienst des Ein-

---

13 Jürgen Habermas: *Vorpolitische Grundlagen des demokratischen Rechtsstaates?*, in: *Zwischen Naturalismus und Religion. Philosophische Aufsätze.* Frankfurt am Main 2005, S. 110.
14 Hasso Hofmann: *Verfassungsrechtliche Annäherungen an den Begriff des Gemeinwohls,* in: Herfried Münkler, Karsten Fischer (Hg.):

zelnen und seiner Rechte stellt, dann wird sich ein solcher Staat allmählich auflösen.[15] Diese theoretische Negation des – demokratischen – Staates ergibt sich, wenn man die Autonomie des Politischen nicht bedenkt, den Staat auf die Gesellschaft reduziert und den Bürgerbegriff verabschiedet.

Durchblättert man die Literatur, die in den beiden vergangenen Dekaden zum Thema Gemeinwohl und Gemeinsinn in deutscher Sprache erschienen ist, stellt man beunruhigt fest: Eine wachsende Zahl von Rechtsgelehrten und Politologen nehmen die Existenz des demokratischen Staates für eine fraglose Gegebenheit, deren Unverlierbarkeit unbedacht vorausgesetzt wird. Einer der peinlichen Gründe für diesen Trend ist, daß in der Soziologie wie auch in der Politikwissenschaft die Kenntnis der antiken politischen Philosophie auf ein beklagenswertes Niveau gesunken ist. Indes, wenn die Reflexion sich eines Themas annimmt, dessen Kurswert in den öffentlichen Diskussionen ständig ansteigt, dann kann sie das sinnvollerweise nur tun, indem sie sich «im Denken orientiert», folglich sich ihrer Maßstäbe vergewissert. Solche Selbstverständigung verlangt gewissenhafte Rückgriffe auf die geistigen Bestände, mithin ideengeschichtliche Rückbesinnung.

Nach Ernst Fraenkel, einem markanten Theoretiker des Gemeinwohls, muß es ein «Minimum eines an der Idee eines Gemeinwohls ausgerichteten Gemeinschaftsdenkens geben, das unerläßlich ist, um einen pluralistischen Staat lebensfähig zu erhalten.»[16] Die Demokratie «lebensfähig zu erhalten» ist für ihn ganz selbstverständlich einer der höchsten politischen Zwecke. Diese Selbstverständlichkeit ist aus dem post- und

---

Gemeinwohl und Gemeinsinn im Recht. Bd. 3: *Konkretisierung und Realisierung öffentlicher Interessen.* Berlin 2002, S. 28 f.

15 Egon Flaig: *Die Niederlage der politischen Vernunft. Wie wir die Errungenschaften der Aufklärung verspielen.* Springe 2017, S. 283–324.

16 Ernst Fraenkel: *Die Wissenschaft von der Politik und die Gesellschaft* (1963), in: *Reformismus und Pluralismus. Materialien zu einer ungeschriebenen politischen Autobiographie.* Hamburg 1973, S. 346.

neoliberalen Denken fast vollständig verschwunden. Doch gerade in ihr findet sich der Minimalgehalt von Gemeinwohl, so wie wir ihn von den Griechen geerbt haben. Die Diskussionen in den Städten des klassischen Griechenland nannten in der Regel zwei Komponenten des allgemeinen Nutzens, d. h. des Gemeinwohls, nämlich den Zusammenhalt der Bürger im Inneren und das Überleben der Gemeinschaft nach außen. Da dieser letzte Zweck zwar stets präsent sein muß, sobald es um «gute» kollektive Entscheidungen geht, jedoch fast nie irgendeiner der vorgebrachten Optionen auf evidente Weise anhaftet, hat Fraenkel auf eine kantische Formel zurückgegriffen: «Gemeinwohl ist keine soziale Realität, sondern eine regulative Idee».[17]

Hinsichtlich der Demokratie unterscheidet Fraenkel zwei Modelle, das plebiszitäre und das repräsentative. Im ersten behält das prozedurale Moment die Oberhand gegen das inhaltliche, weshalb es hier zu eklatanten Verletzungen von Rechtsprinzipien kommen könne; das übernimmt er aus Benjamin de Constants Kritik an der Französischen Revolution. Im zweiten überwiegt das inhaltliche Moment, weswegen es auf ausführliche Diskussionen angewiesen ist. Unerläßlich ist dabei eine gewisse Heterogenität der Gesellschaft, damit eine Pluralität von Meinungen entsteht und es zu ausgiebigen Diskussionen in der Öffentlichkeit kommt. Beachten wir zwei Sachverhalte. Einerseits entstehen aus der Vielfalt der Meinungen und aus der regelgeleiteten Debatte gemeinwohlorientierte Anträge und Beschlüsse. So sagt es schon Aristoteles, Platon entgegenhaltend, daß die Polis nicht sozial homogenisiert werden dürfe, sondern eine Pluralität umfassen müsse: «Eine Vielheit ist ihrer Natur nach die Polis».[18] Zwischen dem Pluralismus eines Protagoras oder eines Aristoteles einerseits und dem Plu-

---

17 Ernst Fraenkel: *Deutschland und die westlichen Demokratien* (1960), in: *Deutschland und die westlichen Demokratien*. Hg. von Alexander v. Brünneck. Frankfurt am Main 1991, S. 61.
18 Aristoteles: *Politik* 1261a18.

ralismus der Moderne besteht in dieser Hinsicht kein qualitativer Unterschied; denn es kommt auf die Pluralität der Meinungen an, nicht auf die Pluralität der Interessen. Der kardinale Unterschied ist, daß in der griechischen Polis die sozialen Sektoren nicht als organisierte Gruppen auftraten. Zum anderen hat Fraenkel beim Konzept «plebiszitär» weder die antiken Demokratien noch die Schweizer Landsgemeinden im Auge. Denn anders als im plebiszitären Modell spielen Diskussionen in Versammlungsdemokratien eine maßgebliche Rolle. Was also, wenn just in den Parlamenten die Diskussionen erlöschen? Was, wenn die öffentlichen Diskussionen in Versammlungsdemokratien weit mehr dem Modus der Deliberation folgen als die ausgehandelten Beschlüsse in modernen Parlamenten?

Nun zum Gemeinwohl. Ausgehend von einer gängigen Kritik an der *volonté générale* von Rousseau, die sich in elaborierter Form schon bei Carl Schmitt findet, unterscheidet Fraenkel ein a priori feststehendes Gemeinwohl von einem Gemeinwohl «a posteriori». Ersteres läßt keine Diskussionen zu, sondern bloße Einsicht, deswegen nennt er es «heteronom legitimiert». Damit schließt er an Isaiah Berlin an, welcher warnte, die Annahme eines präexistenten und objektiven *bonum commune* mache aus der Bestimmung des Gemeinwohls eine Frage der besseren Einsicht; und damit ermächtigten sich die Wissenden, quasi diktatorisch über die Unwissenden zu herrschen.[19] Hingegen nennt Fraenkel das zweite Gemeinwohl «autonom legitimiert», weil es «aus der Mitte der Gesellschaft» entstehe, mittels Diskussionen in einer institutionalisierten Öffentlichkeit. Dabei könnte er es belassen. Denn die Beschlüsse gehen ja durch die Feuerprobe der öffentlichen Diskussion. Doch Fraenkel hält dafür, es sei nicht jedes Resultat gemeinwohlkompatibel; daher bedürfe es materialer Kriterien, um zu er-

---

19 Isaiah Berlin: *Two Concepts of Liberty* (1958), in: *Liberty*. Oxford 1995, S. 178–200.

messen, ob eine Option, ein Antrag oder Beschluß gemeinwohlverträglich sei oder nicht. Der Diskussionsprozeß, aus dem das Gemeinwohl «a posteriori» hervorgeht, könne folglich nicht total offen sein; vielmehr bewegten sich die Diskussionen im Rahmen «einer vorgegebenen Wertordnung».[20] Damit Demokratien funktionieren, müsse es einen nichtkontroversen Sektor der politischen Kultur geben, welcher jene Verständigung garantiert, ohne die man nicht demokratisch streiten kann.[21] Vonnöten sei ein «consensus omnium», bestehend aus gemeinsamer Sprache, Kulturbewußtsein, Tradition, Abstammung, Verfassungsvorstellungen, Übereinstimmung im ökonomischen Verhalten, eingeschliffene Verhaltensweisen im politischen Alltag. Obendrein bedürfe es eines «reflektierten consensus», um die divergierenden Willen zu integrieren und Vereinbarungen zu legitimieren; dieser *consensus* umfaßt Verfahrens- und Verhaltensregeln, aber auch ein Set von politischen und sozialen Prinzipien, so vor allem: Volkssouveränität, soziale Gerechtigkeit, Gleichheit vor dem Gesetz, traditionelle Freiheitsrechte, Überparteilichkeit der Justiz. Dieses Set muß der Diskussion entzogen bleiben, es gehört zum «originären oder genuinen Gesamtwillen». Jenen «consensus omnium» haben republikanische Rechtsphilosophen der Zwischenkriegszeit mit dem Wort «Homogenität» bezeichnet.

Fraenkel spricht von «Wertkodex» und von «vorgegebener Wertordnung». Warum Werte? Freiheit ist eine Idee, Gewaltenteilung ist ein Prinzip; beide sind an sich keine Werte. Doch sie können dazu werden. Wenn Individuen oder Kollektive sich orientieren an bestimmten Ideen und Prinzipien, dann werden diese wichtig für das eigene Selbstverständnis; sie werden identitätsrelevant. Auf sie verzichten oder ihnen grob entgegenhandeln hieße, gegen eine tiefe Überzeugung handeln, gegen

---

20 Ernst Fraenkel: *Strukturdefekte der Demokratie und deren Überwindung* (1964), in: *Deutschland*, S. 87.
21 Ernst Fraenkel: *Strukturanalyse der modernen Demokratie* (1969), in: *Deutschland*, S. 353 f.

das eigene Selbst. Je wichtiger diese Ideen oder Prinzipien für die Betroffenen sind, desto «wertvoller» sind sie; und um so größer wird die Bereitschaft, für sie Opfer zu bringen. Werte werden zu solchen dank einer internalisierten Hochschätzung außerhalb der Reichweite von Zweifel. Ob Werte in einer Gesellschaft etwas taugen oder nicht, läßt sich daran ablesen, welche Quote von Menschen in welchem Grade bereit sind, sie zu verteidigen und für sie Opfer zu bringen, eventuell die äußersten. Das läßt sich auch umkehren: Wo keine Opferbereitschaft vorhanden ist, dort wirken keine Werte, dort herrscht Wertlosigkeit.

Der Gedankengang läßt sich so zusammenfassen: Es kann keine Zusammengehörigkeit geben ohne ein Wir-Bewußtsein, das von starken Kohäsionsfaktoren gestützt wird. Nur ein ausreichender Wertekonsens zwischen den Bürgern garantiert, daß die Zusammengehörigkeit auch dann belastbar ist, wenn sie über längere Zeit allen Opfer abverlangt. Somit läßt sich eine Kette von Bedingungen konstruieren: Es gibt keine Demokratie ohne kontinuierlichen und regulierten Gebrauch des Mehrheitsprinzips in den verfassungsmäßigen Organen. Es gibt keine zuverlässige Geltung des Mehrheitsprinzips ohne den Begriff des Gemeinwohls. Es gibt kein Gemeinwohl ohne Gemeinschaft, für welche die Bürger bereit sind, Opfer zu bringen; es gibt keine solche Opferbereitschaft ohne Kohäsion der Bürger. Fragt man, welche Voraussetzungen für die Kohäsion notwendig und welche hinreichend sind, dann steht man vor dem Thema der «Homogenität».

Kulturelle Homogenität und politische Kohäsion

Wer den Begriff des Gemeinwohls ablehnt, weist auch das Konzept «Homogenität» ab. Vorab einzuräumen ist, daß die Etymologie des Wortes sich nicht gut eignet, um den semantischen Gehalt des Konzepts zu transportieren. Das Wort wurde übertragen in den Bereich der Kultur, um die Summe und den Wirkzusammenhang jener Gemeinsamkeiten zu bezeichnen, die einer Gemeinschaft gestatten, sich als Einheit zu verstehen und als solche zu handeln. Egal, ob der lexikalische Terminus beibehalten wird oder nicht: Das Konzept ist theoretisch unverzichtbar, solange die politische Reflexion sich noch an den Problemstellungen des klassischen Republikanismus ausrichtet. Der Begriff «Homogenität» läßt sich vermeiden, wenn man den prozessualen und dynamischen Charakter des Sachverhaltes in den Blick nimmt und eher von «Homogenisierung» spricht, voraussetzend, daß Homogenisierung unweigerlich Dynamiken der Differenzierung und Heterogenisierung in Gang setzt.[22] Will man die Tauglichkeit einer Kategorie überprüfen, so ist deren Problemgeschichte aufgerufen. Der vermutlich früheste Gebrauch des Wortes findet sich 1920 bei Hans Kelsen: «Der Anwendung des Majoritätsprinzips sind gewisse, gleichsam natürliche Schranken gesetzt. Majorität und Minorität müssen sich miteinander verständigen können, wenn sie sich miteinander vertragen sollen. Die tatsächlichen Voraussetzungen für die gegenseitige Verständigung der an der Willensbildung Beteiligten müssen also gegeben sein: eine kulturell relativ homogene Gesellschaft, insbesondere gleiche Sprache.»[23] Das Konzept taucht also innerhalb einer Reflexion über die Bedingungen des Mehrheitsprinzips auf; es zielt auf jene Elemente, die ein Wir-Bewußtsein konstituieren. Die genannten Gemeinsamkeiten liegen im kulturellen Bereich, nicht im Bereich von Natur oder Biologie. Ausführlicher wird Hermann Heller, der 1928 eine Schrift mit dem Titel *Politische Demokratie und soziale Homogenität* versieht: «Es gibt einen gewissen Grad von sozialer Homogenität, ohne welchen eine demokratische Einheitsbildung überhaupt nicht mehr möglich

---

22 Egon Flaig: *Antwort auf die Kritiker*, in: Erwägen – Wissen – Ethik 25:3 (2014), S. 514.
23 Hans Kelsen: *Vom Wesen und Wert der Demokratie* (1920). Ndr. der 2. Aufl. Aalen 1981, S. 65 f.

ist ... Soziale Homogenität ist immer ein sozial-psychologischer Zustand, in welchem die stets vorhandenen Gegensätzlichkeiten und Interessenkämpfe gebunden erscheinen durch ein Wir-Bewußtsein und -gefühl, durch einen sich aktualisierenden Gemeinschaftswillen. Solche relative Angeglichenheit des gesellschaftlichen Bewußtseins kann ungeheure Spannungsgegensätze in sich verarbeiten, ungeheure religiöse, politische, ökonomische und sonstige Antagonismen verdauen. Wodurch dieses Wir-Bewußtsein erzeugt und zerstört wird, läßt sich nicht allgemeingültig sagen».[24] Ohne eine zureichende Homogenität keine bestandsfähige Demokratie. Das «Wir-Bewußtsein» ist letztlich entscheidend für die «Einheitsbildung»; und so wird die Homogenität selber zu einem Sachverhalt des kollektiven Bewußtseins. Soziale Heterogenität wird abgefedert, und schwerste Interessenkonflikte werden bewältigt, wenn dieses Wir-Bewußtsein stark genug ist. Als «wichtigste Faktoren» der Homogenität nennt Heller anderswo «gemeinsame Sprache, gemeinsame Kultur und politische Geschichte.»[25] Doch er ergänzt: «Ohne politische Wertgemeinschaft gibt es weder eine politische Willensgemeinschaft noch Rechtsgemeinschaft. In der Auflösung dieser Wertgemeinschaft liegen die tiefsten Wurzeln der politischen Krise Europas.»[26] Die Bedeutung der Werte für die politische Zusammengehörigkeit ist nicht bloß einer intellektuellen Mode während der geistigen Krise der Zwischenkriegszeit geschuldet; sie ist ein strukturelles Erfordernis in allen auf Partizipation angelegten Republiken.

Will man das Wort «Homogenität» diskreditieren, genügt es inzwischen, es in die Nähe des Denkens von Carl Schmitt

---

24 Hermann Heller: *Politische Demokratie und soziale Homogenität*, in: *Gesammelte Schriften*. Bd. II. Leiden 1971, S. 428.
25 Hermann Heller: *Staatslehre* (1934), in: *Gesammelte Schriften*. Bd. III, S. 260.
26 Hermann Heller: *Europa und der Fascismus* (1929), in: *Gesammelte Schriften*. Bd. II, S. 17.

zu rücken. Bei ihm taucht es in diversen Kontexten auf, zuvorderst im Zusammenhang mit der «totalitären Demokratie», deren Theoretiker Schmitt geworden war, lange bevor Jacob L. Talmon den Terminus prägte. [27] Er definiert Demokratie als «Identität von Herrscher und Beherrschten, Regierenden und Regierten, Befehlenden und Gehorchenden»;[28] beide werden von «Homogenität» zusammengehalten. Das Schmittsche Konzept von Homogenität läßt sich auf einfache Formeln bringen. Die Diskussion in der Öffentlichkeit wird der Demokratie abgesprochen und exklusiv dem Parlamentarismus zugewiesen; zwar benötigt auch das Volk Öffentlichkeit, um als solches in Erscheinung treten zu können; aber diese Öffentlichkeit stellt sich in der Anwesenheit her, nämlich wenn das Volk sich versammelt. Das Volk ist außerstande, seinen originären und unverfälschten Willen innerhalb von organisierten Prozeduren zu bekunden, es kann ihn nur ausdrücken in der Akklamation. Demokratie erfüllt sich hier nicht zuletzt in der Diktatur: Das «Volk, das in seiner unmittelbaren Gegebenheit als Masse akklamiert ... vertraut einem Führer und billigt einen Vorschlag aus dem politischen Bewußtsein der Zusammengehörigkeit und Einheit mit dem Führer». Das «demokratische Urphänomen» der Willensbildung sei die «Akklamation, der zustimmende oder ablehnende Zuruf der versammelten Menge». Hingegen isoliert die geheime Abstimmung die Stimmberechtigten und «vernichtet» damit die «Unmittelbarkeit des versammelten Volkes». Während man in den griechischen Poleis dafürhielt, daß die Stimmabgabe den einzelnen Bürger politisiere, findet sich bei Schmitt dieses Verhältnis verdreht: Die vereinzelte Stimmabgabe reduziere den Bürger zum «unverantwortlichen Privatmann»;[29] sie entpolitisiert

---

27 Siehe Carl Schmitt: *Volksentscheid und Volksbegehren. Ein Beitrag zur Auslegung der Weimarer Verfassung und zur Lehre von der unmittelbaren Demokratie*. Berlin–Leipzig 1927, S. 48–59.
28 Carl Schmitt: *Verfassungslehre* (1928). Berlin 1993, S. 243.
29 Schmitt: *Volksentscheid*, S. 54, 51 f. und 53.

ihn also. Das Scharnier der Homogenität wirkt insofern, als der Volkswille nicht gebildet wird, denn er ist immer schon als «unmittelbar anwesende ... wirkliche Größe vorhanden»;[30] statt dessen muß er in die Erscheinung treten, und das geschieht, sobald das Volk oder Teile von ihm sich versammeln, egal in welchem kulturellen, politischen oder sportiven Rahmen. Die Politisierung des Volkes vollzieht sich durch das bloße Versammeln; sich versammelnd tritt es aus der Latenz heraus in den Zustand der Aktualität. Am Volk vollzieht sich eine politische Transsubstantiation, ohne daß das Bewußtsein selber sich hätte abmühen müssen, eine Wandlung also, die am Bewußtsein vorbeigeht und dennoch ein latentes Wir-Bewußtsein aktiviert. Homogenität ist folglich bei Schmitt keineswegs naturwüchsig gegeben, sondern sie resultiert aus dem Zusammenströmen von Privatmenschen.

Wie verfährt die Kritik an der «Homogenität»? Die meisten Kritiker begnügen sich damit, den Begriff selber zu diffamieren und seinen Gebrauch unter Verdacht zu stellen. So behauptet der Jurist Rolf Grawert, in der neueren Rechtsprechung drücke Homogenität «eine vermeintliche urwüchsige Qualität des Volkes aus.»[31] Er unterstellt somit den Theoretikern der Homogenität, sie verstünden unter dem «außerrechtlich Gegebenen» schlicht etwas Naturgegebenes oder Urwüchsiges. Diese grobe Verzerrung der Argumente zielt darauf ab, die außerrechtlichen Faktoren als solche zu verfemen, sie als leere Konstrukte und bloße Diskurseffekte abzutun. In seiner Kritik am Maastricht-Urteil, welches – unter Verweis auf Hermann Heller – Bezug nimmt auf «Sprache, Geist, Ethos, Gemeinsinn», bezieht sich Grawert auf Carl Schmitts Konzept der völkischen Substanz von 1935 und verbindet es mit der Schmittschen Definition von Homogenität von 1928/1929. Dann schreibt er

---

30 Schmitt: *Verfassungslehre*, S. 243–244, 242.
31 Rolf Grawert: *Homogenität, Identität, Souveränität. Positionen jurisdiktioneller Begriffsdogmatik*, in: Der Staat 51 (2012), S. 190.

Heller eine «naturgemäße Auffassung» der Nation als «Amalgam von Blut, Boden, Schicksal und Kultur und dem vereinigenden Bewußtsein» zu; auf diese Weise kann er Hellers Homogenitätskonzept und Schmitts völkische Substanz zur Kongruenz bringen. So läßt er das Bundesverfassungsgericht in das Fahrwasser von Schmitt gleiten, obschon die Richter nicht diesen, sondern Heller zitieren.[32]

Daneben gibt es auch Versuche, eine theoretisch fundierte Kritik zu leisten. Einer dieser Versuche stammt von Felix Hanschmann. Als Ausgangspunkt setzt dieser, daß erstens moderne Gesellschaften eher heterogen seien als homogen und daß zweitens die zunehmende Individualisierung die Gesellschaft vielfältiger mache. Nun ist die erste Behauptung historisch falsch. Die mittelalterliche Ständegesellschaft war sozial, rechtlich und politisch weitaus inhomogener als die moderne. Gerade die Industriegesellschaft zeigt ein kolossal nivelliertes äußerliches Erscheinungsbild, hergestellt durch Rechtsgleichheit, Markt und Verkehr. Die Europäisierung verstärkt diese Homogenisierung weiter; sie uniformiert die Europäer hinsichtlich der Konsummodelle, Kleidung, Musik, Vergnügen, kulinarischer Vorlieben, Gehälter, Sozialversicherung, Sexualmoral und Arbeitsrhythmen. Die zweite Behauptung ist geradezu grotesk. Die angebliche Geburt des Individuums in der Moderne ist ein schrilles Ideologem: Von jenem Grad der «Individualisierung», welche die griechische und römische Antike kannte oder auch die Renaissance, ist die industrielle Massengesellschaft weit entfernt. Sämtliche Theoretiker der Massengesellschaft – von Tocqueville, Burckhardt, Ortega y Gasset bis David Riesman – haben just eine Entindividualisierung diagnostiziert. Denn ihnen zufolge nützt es nichts, daß die Individuen sich herauslösen aus traditionalen Verbänden, wenn sie anschließend als individuelle Atome den Rhythmen des Marktes und der Gleichförmigkeit des Rechtes ungeschützt ausge-

---

32 Grawert: *Homogenität*, S. 192 f. Siehe BVerfGE 89, 155 (155 ff., 184 ff.).

setzt sind. Das macht ihr Verhalten und ihre Ansichten auf eine nie dagewesene Weise gleichsinnig; und sie selber geraten zur «einsamen Masse».

Schwach ist auch der Rekurs auf die Systemtheorie, wonach moderne Gesellschaften deswegen plural und heterogen seien, weil sie aus funktional differenzierten Subsystemen bestünden, die alle als autopoietische Systeme operierten. Von Aristoteles über Fraenkel bis zu den heutigen politischen Philosophen des Republikanismus ist die politische Sphäre, so sie sich auf akzeptierte Weise institutionalisiert hat, imstande, die Heterogenität und Pluralität der Gesellschaft zu einer Einheit zusammenzufassen – *e pluribus unum*. Ebendas ist in der Systemtheorie nicht mehr denkbar. In ihr gibt es keinen Standpunkt mehr, von dem aus menschliche Akteure das Ganze in den Blick nehmen könnten. Indes, wie könnte die Politik dann noch steuernd eingreifen – in die Bildung, in die Ökonomie, in das Recht? Wie Habermas 1985 gegen Luhmann einwandte, hat die Eliminierung einer «Zentralperspektive» die Folge, daß mit Vernunft und Reflexion die Befindlichkeit des Systems nicht mehr zu ermitteln ist und jedwedes vernunftbasierte strategische Handeln in politischer Form seine Basis verloren hat.[33] Wenn die Systemtheorie das Politische liquidiert und damit auch die Demokratie, dann hat sie auch nichts zu bieten, was deren Bedingungen angeht.

Die Kritiker des Homogenitätskonzepts sind besonders bemüht, die drei kardinalen Faktoren von Homogenität zu eliminieren, also Geschichtsbewußtsein, Sprache und Kultur. Was das Geschichtsbewußtsein angeht, so unterscheiden sie ausnahmslos nicht zwischen *mémoire* und *histoire* und sind des Glaubens, die memorialpolitischen Narrative veränderten sich beliebig.[34] Erhellend ist die Argumentation beim Thema

---

33 Jürgen Habermas: *Der philosophische Diskurs der Moderne. Zwölf Vorlesungen*. Frankfurt am Main 1985, S. 431–434.
34 Dazu Felix Hanschmann: *Der Begriff der Homogenität in der Verfassungslehre und Europarechtswissenschaft. Zur These von der Notwen-*

«Sprache». Die These von Dieter Grimm, wonach eine künftige europäische Demokratie eine Öffentlichkeit benötige, Öffentlichkeit jedoch eine gemeinsame Sprache erfordere, lehnt Felix Hanschmann ab und behauptet, die Rolle der Öffentlichkeit sei stets überschätzt worden; zudem sei diese keine unitarische Sphäre, sondern «ein komplexes Netzwerk von multiplen und dezentralen öffentlichen Sphären». Da sich soziologisch nur ein Agglomerat von Öffentlichkeitssegmenten feststellen lasse, könne der gemeinsamen Sprache nicht jene homogenisierende Kraft zukommen, die ihr zugemutet werde.[35] Freilich verwirft man mit dieser Argumentation den Begriff der Öffentlichkeit überhaupt: Wenn auf den unterschiedlichsten Foren jeweils andere Belange und andere Sorgen erörtert würden, fände eine Meinungsbildung über zentrale Themen gar nicht statt. Was die fehlende gemeinsame Sprache angeht, möge das Brüsseler Europaparlament mit seiner babylonischen Sprachverwirrung als abschreckendes Beispiel genügen. Dort alternieren das Radebrechen in Pidgin-Englisch mit Simultanübersetzungen, welche jedes Niveau unterbieten, weil die Dolmetscher Mühe haben, Redner zu verstehen, die sich keiner Syntax und keiner Artikulation mehr befleißigen, wohl wissend, daß die Anderssprachigen ohnehin der Stimme nicht folgen. Wer einmal miterlebt hat, wie präzise die Verständigung auf einer Schweizer Landsgemeinde sich vollzieht – wie sorgfältig die Redner ihre sehr kurzen Beiträge formulieren –, der gewinnt eine Ahnung von der Bedeutung der Sprache und des punktgenauen Verstandenwerdens in jeder Deliberation.

Zwei Konsequenzen ergeben sich abschließend aus der Negation des Homogenitätskonzepts, nämlich die Eliminierung des Staatsvolkes und die Preisgabe des Mehrheitsprinzips. Zunächst zum ersten Punkt. Bei Rolf Grawert lesen wir: «Im

---

digkeit homogener Kollektive unter besonderer Berücksichtigung der Homogenitätskriterien «Geschichte» und «Sprache». Berlin–Heidelberg–New York 2008, S. 149–183.
35 Hanschmann: *Homogenität*, S. 183–190, 222.

Systemzusammenhang der Rechtsnormen beruht die Demokratie jedoch auf einem Volk, das sich, von Vorgegebenheiten rechtsnormativ prinzipiell unabhängig, durch Regeln der Staatsangehörigkeit definiert und im verfassungsrechtlich geordneten Kommunikationszusammenhang agiert.»[36] Eine solche Unabhängigkeit von Vorgegebenheiten wäre das Ende aller Kultur. Der Staat müßte das Zusammenleben von Menschen regeln, die nichts miteinander zu tun haben. Gäbe es keine gemeinsamen Routinen, keine habitualisierten Selbstverständlichkeiten, dann wäre nicht nur jede Solidarität zwischen den Bürgern grober Unfug, sondern es müßten alle Belange bis ins kleinste rechtlich geregelt werden. Ein solch absurdes totalitäres Unternehmen würde das Rechtssystem rasch kollabieren lassen. Die globalistische Ideologie, die sich hier zu Wort meldet, verabschiedet nicht nur den Republikanismus, sondern auch die Kulturbestimmtheit des Menschen. Folgerichtig behauptet Grawert, es gebe in Deutschland kein Staatsvolk, sondern einen «faktischen Multikulturalismus», «der die Gesellschaften in Minderheiten gliedert, deren eine die angesessene Mehrheitsbevölkerung – noch – ist.»[37] Wer die Faktoren Sprache, Geschichtsbewußtsein und Werte als konstitutive Elemente des politischen Lebens eliminiert, dem bleibt eine unkultivierte Masse von taubstummen Konsumenten und Produzenten. Der grenzenlose Globalismus verzichtet auf den Demos und begnügt sich mit einer amorphen globalisierten Masse, die – je nach den Rhythmen der ökonomischen Entwicklung – über Grenzen schwappt, ohne substantielle Gemeinsamkeiten, folglich unfähig zu kollektiven Entscheidungen und ohne Solidarität untereinander.[38] Das erfordert vor allem eines: einen gewaltigen Zwangsapparat, um die amorphe Masse polizeilich zu hüten.

---

36 Grawert: *Homogenität*, S. 199.
37 Grawert: *Homogenität*, S. 191.
38 Kersting: *Demokratie und Globalisierung*, in: *Politik und Recht*, S. 209.

Die zweite Konsequenz besteht darin, daß die Gegner des Homogenitätskonzepts das Mehrheitsprinzip herabstufen auf seine technische Funktion, ein effizientes Instrument zur Herstellung von Entscheidungen zu sein. Sie reißen Demokratie und Mehrheitsprinzip auseinander. Folglich wird die zentrale Sorge Kelsens oder Fraenkels zu einem harmlosen Belang: Eine sozial-homogene Struktur der Gemeinschaft sei unnötig, wenn ein Konsens über die Verfahrensregeln besteht.[39] Was aber, wenn Minderheiten nicht mehr bereit sind, Mehrheitsentscheidungen zu akzeptieren? Die Antwort ist ebenso deutlich wie erwartbar: «Eine Relativierung der zahlenmäßigen Unterlegenheit über kollektive Schutzrechte, entweder indem einzelne Bereiche, die für die Selbstdefinition der Gruppe aus der Perspektive der Gruppe von besonderer Bedeutung sind, dem staatlichen Zugriff generell entzogen werden, oder indem das demokratische Entscheidungsverfahren dahingehend pragmatisch manipuliert wird, daß die Stimmengewichtung über Proportionalitätsschlüssel Veränderungen erfährt und dadurch Belange der Minderheit im Entscheidungsverfahren Berücksichtigung finden können, ist für das Mehrheitsprinzip insofern bedeutsam, als dadurch der Entstehung des Gefühls vorgebeugt wird, einer permanenten Fremdbestimmung zu unterliegen.»[40] Pragmatische Manipulationen? Stimmengewichtung? Also die Zugehörigkeit retten, indem man das Mehrheitsprinzip pervertiert, wo es unanwendbar wird? Das ist nichts anderes als Zugehörigkeit simulieren. Daß die Unanwendbarkeit selber etwas mit jenen Faktoren der Homogenität zu tun haben könnte, welche jede ernste politische Philosophie im Auge behält, kommt den Gegnern des Homogenitätskonzepts nicht in den Sinn. Eine Realitätsverweigerung solcher Art rechtfertigt geradewegs die Preisgabe des Mehrheitsprinzips und tendenziell die Einrichtung von Ver-

---

39 Hanschmann: *Homogenität*, S. 48–69.
40 Hanschmann: *Homogenität*, S. 65.

handlungssystemen. In Verhandlungssystemen erstirbt freilich die Demokratie. Und so gelangen wir zurück zur Aussage von Castoriadis.

Eine Entscheidung revidieren. Epimetheus in der Demokratie

Wenn das Überleben der Demokratien daran hängt, ob jene Organe, in denen sich der Volkswille ausdrückt, kontinuierlich und zuverlässig mehrheitlich zu entscheiden vermögen, dann hat die Reflexion über die Zukunft der Demokratie nicht allein ideengeschichtliche Selbstvergewisserung zu leisten, sondern sie hat sich überdies historische Aufschlüsse zu verschaffen. Und wie? Indem sie sich rückbesinnt auf Aporien und Leistungen der Mehrheitsentscheidung in jener Kultur, wo sie am «reinsten» und radikalsten praktiziert wurde. Das war ohne Zweifel die hellenische und die hellenistische. Historische Rückbesinnung hat signifikante historische Phänomene auszuwählen, semantische «Haltepunkte». Ein solcher findet sich in einem Ereignis 427 v. Chr. in Athen: Dort kam es zur Revidierung eines Volksbeschlusses.

Wir sind im Peloponnesischen Krieg. Seit 4 Jahren bekriegen sich Athen mit seinem Seebund und der Peloponnesische Bund unter Führung Spartas. Im Jahre 428 trat Mytilene auf der Insel Lesbos aus dem Bündnis mit Athen aus. Die Athener nahmen den Abfall nicht hin, schickten eine Flotte und belagerten die Stadt. Im Frühsommer 427 ergab sich Mytilene auf Gnade und Ungnade. Die Athener hatten nun zu befinden, wie die Abtrünnigen zu behandeln seien. Die Volksversammlung beschloß, sämtliche erwachsenen Männer zu töten, die Frauen und Kinder als Sklaven zu verkaufen. Ein Schiff fuhr los, um den Beschluß an den Kommandeur vor Ort zu überbringen. Dabei hätte es bleiben können. Doch viele Bürger waren mit dem Beschluß nicht einverstanden; viele andere bekamen im nachhinein Bedenken: «Tags darauf aber empfanden sie doch gleich eine Reue und dachten noch einmal nach, wie grausam der gefaßte Beschluß sei und schwerwiegend, eine ganze Stadt zu vernichten, statt nur die Schuldigen.«[41] Thukydides spricht von Meinungsänderung (*metanoia*) und erneutem Durchdenken (*analogismos*). Demnach wurden viele derer, die für diesen Beschluß gestimmt hatten, nachträglich anderen Sinnes. Das konnte nur in heftigen Diskussionen geschehen sein, die nach der Volksversammlung weitergingen, auf der Straße, unter Freunden, zwischen Nachbarn, im Haus. Folglich war der Prozeß der Meinungsbildung nicht abgeschlossen, als die Versammlung abstimmte. Aber wie konnte es dazu kommen? Die beschlossene Strafmaßnahme war nicht undenkbar; in der Antike erlitten eroberte Städte bisweilen dieses Schicksal. Doch hatten die Griechen seit der späten Archaik es weitgehend vermieden, einander solches anzutun. Freilich änderte sich das im Laufe des Peloponnesischen Krieges.[42] Zudem war der Umschwung der Meinungen nicht zurückzuführen auf neue Informationen. Informationsaufnahme und Informationsverarbeitung waren während der Debatte erfolgt. Dennoch drifteten Meinungsbildung und Informationsverarbeitung auseinander. Wieso?

Normalerweise paßte eine überstimmte Minderheit ihre Präferenzen nachträglich dem Mehrheitsbeschluß an und betrachtete ihn als richtig und verbindlich. Das geschah diesmal nicht. Der Dissens loderte weiter; und die Diskussionen hörten nicht auf. Das läßt auf einen doppelschlächtigen kognitiven Vorgang schließen: Viele schlossen sich nachträglich der minoritären Meinung an, der Beschluß sei zu hart. Viele wurden unsicher, d.h. sie bemühten sich zwar, den Beschluß gutzuhei-

---

41 Thukydides III, 36. 5 und 6. Zu dieser Debatte nun Flaig: *Mehrheitsentscheidung*, S. 316–324.
42 Dazu Arnold W. Gomme: *A Historical Commentary on Thucydides*. Bd. II. Oxford 1962, S. 325. Torone und Skione erlitten 422 v. Chr. das den Mytilenern zugedachte Schicksal (Thukydides V, 3. 4; IV, 122. 6; V, 32. 1), Melos folgte 416.

ßen, bemerkten nun aber, daß die Redner während der Debatte keine zureichenden Argumente geliefert hatten. Einfache Bürger waren in einer mißlichen Lage, wenn sie in den privaten Diskussionen nicht starke Gründe wiedergeben konnten. Eine Aporie kommt zum Vorschein:

Die Athener optierten in der ersten Sitzung für eine Aktion, deren normative Problematik sie nicht ausgelotet hatten. Ein solches Beschließen hätte ohne das Instrument der Mehrheitsregel gar nicht vonstatten gehen können. Unter dem Konsensprinzip hätte sich die Minderheit mit ihren Bedenken Gehör verschafft. Denn es war im Zweifelsfalle leichter, so zu entscheiden, wie man in analogen Fällen entschieden hatte, also wie im Falle von Thasos, von Naxos und von Samos. Die Mehrheitsregel erlaubte jedoch, diese Bedenken zu übergehen. Freilich paßten in diesem Falle die Überstimmten ihre Meinung nicht an den Beschluß an. Anders gesagt, es stellte sich implizit die Frage nach der Legitimität eines Beschlusses, obwohl an seinem verfahrensmäßigen Zustandekommen nicht zu zweifeln war.

Mehrheitsentscheidungen fallen viel schneller als konsentische Entscheidungen. Wir haben hier den ersten belegten Fall, in dem die Geschwindigkeit des Entscheidens zum politischen Problem wurde. Deutlicher: Wer für den Beschluß gestimmt hatte, mußte dessen normative Dimension verarbeiten; er mußte die moralische Qualität des Beschlusses abgleichen mit den eigenen politischen Überzeugungen und Werten. Bei schwierigen Entscheidungen dauert dieses Abgleichen aber einige Zeit. Somit divergierten zwei Geschwindigkeiten, nämlich die Geschwindigkeit des Entscheidens und die Geschwindigkeit der normativen Verarbeitung möglicher Alternativen. Und diese Diskrepanz wirkte bei den Bürgern jetzt als kognitive Dissonanz. Ein Großteil der Athener verarbeitete die Entscheidung anders, als der formell korrekte Beschluß es ausdrückte.

Was geschah weiter? Der Rat berief eine außerordentliche Volksversammlung ein; diese sollte nochmals über Mytilene beraten, zwei Tage nach dem harten Beschluß. Eine *anapsephisis*, ein nochmaliger Beschluß über dieselbe Sache, war rechtlich gestattet. Die Athener rechneten also mit gelegentlichen Fehlentscheidungen, welche eben nur zu berichtigen waren, indem man die Beratung erneut eröffnete.

Die nun folgende Debatte schildert Thukydides, welcher wahrscheinlich zugegen war. In den Demokratien berief normalerweise der Rat die Volksversammlung ein, gemäß einer Tagesordnung; und der Rat präsidierte der Versammlung, das heißt, er erteilte das Wort, leitete die Debatte und ließ über die Anträge abstimmen. Die athenische Volksversammlung tagte auf der Pnyx, einem eigens hangartig angelegten Versammlungsplatz, dessen heute noch zu bestaunenden Substruktionen allerdings aus dem vierten Jahrhundert stammen; im fünften Jahrhundert fanden dort maximal etwa 10 bis 12000 Bürger Platz. Die Akustik war gut, aber nicht so exzellent wie im Dionysos-Theater. Es ist zu beachten, daß es in den antiken Stadtstaaten keine organisierten Parteien gab. Nicht Parteien beförderten die Willensbildung, sondern eine breite Riege von erstklassig ausgebildeten Rednern. Ganz ähnlich sprechen in den Schweizer Landsgemeinden die Antragsteller fast nie für eine Partei, sondern sie sprechen als individuelle Bürger. Die Redner in den antiken Demokratien konkurrierten miteinander, sie rangen um Ansehen und Einfluß. Falls sie untereinander Allianzen bildeten, taten sie das immer nur momentan, je nach der Sachfrage. Die Starredner wurden Demagogen genannt, man könnte es übersetzen mit «Meinungsführer» in der Volksversammlung.

Als der Rat die Debatte eröffnete, ergriff Kleon, der führende Redner jener Zeit, das Wort. Der Beschluß, sämtliche mytilenische Männer zu töten, war auf seinen Antrag hin ergangen. Ihn zu revidieren oder gar aufzuheben, beeinträchtigte unmittelbar sein Prestige als Redner. Kleon erlaubte sich, die Bürgerschaft zu tadeln. Er hob die Debatte auf die Metaebene und stieß eine Reflexion über das demokratische Beschließen an. So geriet seine Rede samt derjenigen seines Widersachers zu einer Selbstthematisierung der demokratischen Deliberation, der ersten, die wir weltgeschichtlich kennen.[43] Es ist kein Zufall, daß der Historiker Thukydides uns genau dort die erste Metadiskussion über das demokratische Beschließen tradiert, wo es erstmals um die Revision eines Beschlusses geht. Kleon benennt ein ewiges republikanisches Dilemma: «Schon manches Mal ist mir klargeworden, auch früher schon, daß die Demokratie unfähig ist zur Herrschaft über andere Völker, vor allem aber jetzt bei eurer Reue wegen Mytilene ... Und das Allerärgste, wenn uns nichts Bestand haben soll, was wir einmal beschlossen haben, und wenn wir nicht einsehen wollen, daß ein Staat stärker ist mit schlechten Gesetzen, wenn sie unverbrüchlich sind, als mit einwandfreien Gesetzen, die nicht gelten». Eine schlichte Aussage: Eine Entscheidung hat Gesetzeskraft; einfach deswegen, weil sie verfahrensmäßig korrekt zustande kam, ob ihr Urheber, also der Souverän selber, seine Meinung ändert oder nicht. Er argumentiert anscheinend dezisionistisch. Es geht ihm um das Verhältnis von gesetztem Beschluß zum setzenden Willen. Dieser Sachverhalt lastet obsessiv auf allen Demokratietheorien;[44] denn bis heute streiten wir darüber, wie oft der setzende Wille des Volkes die eigenen Gesetze revidieren darf, wenn nicht der Gesetzesgehorsam selber darunter leiden soll. Ohne Gesetzesgehorsam ist aber keine Demokratie zu halten.

Wieviel besser hatten es die Römer! Wie häufig obstruierten Volkstribune, wie oft verschleppte der Senat wichtige Entscheidungen! Die Römer definierten ihre aristokratische Republik als *res publica mixta*, als gemischte Verfassung. Und in einer gemischten Verfassung sollte nicht eine einzige Institution die höchste Entscheidungsgewalt haben, wie das in den griechischen Demokratien der Fall war. Denn dort existierte

---

43 Siehe Flaig: *Mehrheitsentscheidung*, S. 282 f., 462–467. Thukydides pflegt Debatten so wiederzugeben, als konzentrierten sie sich auf zwei Hauptredner, obgleich viele redeten (Thukydides III, 49. 1).
44 Thukydides III, 37. Siehe Flaig: *Mehrheitsentscheidung*, S. 422–429.

keine Institution und kein Verfahren, das die Entscheide der Volksversammlung nochmals prüfen konnte. Die griechischen Demokratien beruhten konstitutionell auf einer schrankenlosen Volkssouveränität. Die *res publica mixta* hingegen gehorchte dem Gedanken der Balance zwischen Organen, die sich gegenseitig kontrollieren sollten und eventuell die Aktionen anderer Organe mit Veto oder anderer Obstruktion stoppen konnten. Kein Organ sollte übermächtig werden und eine Tyrannei ausüben, weder die Volksversammlung noch der Senat, noch die Magistrate. Politische Freiheit – so lautet diese in der Klassik vorgeprägte und von Polybios ausformulierte Idee – wird gesichert durch *checks and balances* zwischen den Organen.[45] Das kommt dem Freiheitsbegriff des Liberalismus entgegen. Der moderne Republikanismus seit dem 14. Jahrhundert folgt dem Gedanken der gemischten Verfassung, nicht dem griechischen Prinzip der Volkssouveränität; dies tat erst Rousseau. Wir sind freilich liberal erzogen, nicht rousseauistisch; und daher findet unser Ohr die römische Maxime der Obstruktion nicht anstößig, zumal aus dem Munde Ciceros: «Lieber ein gutes Gesetz verhindern als ein schlechtes beschließen». Cicero tut so, als seien Revisionen staatsgefährdend, weil sie den Legitimitätsglauben unterminierten. Doch das Revidieren von Gesetzen ist immer im Preis von radikal anthroponomer Ordnung einbegriffen. Nur theonome Ordnungen oder offene Theokratien leiden daran nicht. Außerdem: Wenn man das Verhindern dermaßen über das Beschließen stellt, wie soll eine *civitas* dann überhaupt noch verläßlich entscheiden können? Zumal mit den Erfahrungen unserer Generation und angesichts der Diagnose von Castoriadis? Sollte man nicht von der liberalen Idee der *checks and balances* zumindest ein

---

45 Siehe Wilfried Nippel: *Mischverfassungstheorie und Verfassungsrealität in Antike und früher Neuzeit*. Stuttgart 1980, S. 142–158. Die Lexik des Mischens von verfassungsmäßigen Komponenten findet sich erstmals bei Thukydides (VIII, 97.3) und explizit formuliert bei Platon: *Nomoi* 691e3 und 692a7.

wenig abrücken und häufiger zu Volksentscheiden greifen? Die Demokratien würden zweifelsohne entscheidungsfähiger. Und die Empfehlung müßte lauten: Weniger Rom, mehr Hellas.

Zurück zur athenischen Volksversammlung. Gegen Kleon erhob sich ein Redner namens Diodotos und verteidigte das Recht des Rates, nochmals über eine schon entschiedene Sache debattieren zu lassen: «Die Ratsmitglieder, die abermals über Mytilene debattieren lassen, kann ich nicht tadeln; und ich kann das Eifern gegen die mehrmalige Beratung wichtiger Fragen nicht gutheißen; mir scheint, die beiden größten Feinde guten Rates sind Raschheit und Zorn, von denen das eine gern bei der Torheit weilt, das andre bei der Unbildung und kurzen Gedanken».[46] Diodotos liefert die erste uns bekannte ausführliche Reflexion darüber, warum das Beraten in einer Versammlungsdemokratie gelingt oder mißlingt. Zwei Punkte hebt er hervor: Erstens sind Übereiltheit und Zorn die Haupthindernisse jeglicher Deliberation; das eine geht einher mit Torheit, das andere mit Unbildung. Zweitens erfordert gute Beratung das freie Wort. Dieses gehe verloren, wenn gegenseitige Verdächtigungen dazu führten, daß andersdenkende Redner eingeschüchtert schwiegen. Diodotos empfiehlt, die Entscheidungsfindung zu dehnen. Seine Rede, auch wenn in diesem Wortlaut wohl nie gehalten, entspricht dem, was sich im vierten Jahrhundert bei Demosthenes häufig findet. Die athenische Bürgerschaft erhielt gelegentlich eine Lektion zur kollektiven Willensbildung. Derlei Mahnungen fügten sich in jene politische Pädagogik, welche die Tragödiendichter unablässig pflegten. Die tragischen Verse im Theater riefen die Bürger immer wieder zur Besonnenheit auf: daß man die Folgen seines Handelns bedenken solle, und daß gut beraten sein müsse, wer handelt – so wie Prometheus, der zuvor nachdenkt, nicht wie sein Bruder Epimetheus, der zuerst handelt und hinterher bemerkt, daß es besser gewesen wäre vorher zu denken. Daß Zorn und

---

[46] Thukydides III, 42. 1.

Übereiltheit dem guten Rat schadeten, bekamen die Athener regelmäßig im Theater zu hören; und was Diodotos ihnen einschärfte, war eine Kurzform jener Lehre, die Sophokles in seiner Tragödie *König Ödipus* (v. 617) ausbreitete: «Denn es denken die Schnellen nicht sicher.»[47]

Der Gegensatz von Wohlberatenheit (*euboulia*) und Übereiltheit war längst zu einem Stereotyp geworden. Mit diesem binären Schematismus ließ sich konkretes deliberatives Verhalten mal loben, mal rügen. Politiker, die befürchteten, die Volksversammlung rücke von einer ihnen genehmen politischen Linie ab und revidiere einen guten Beschluß, griffen zum Vorwurf, das Volk sei wankelmütig, lasse Willenskonstanz vermissen, mißachte gar die Unverbrüchlichkeit von Gesetzen. Jene Politiker dagegen, die auf eine Revision von Beschlüssen drängten, tadelten das Volk, es habe zu eilig beschlossen, es sei nicht gut beraten gewesen; man müsse die Sache nochmals erörtern und einen wohlberatenen Beschluß fassen. Beachten wir: Keiner der beiden Redner im geschilderten Fall gebärdete sich wie ein «Demagoge» im üblen Sinne; keiner redete dem Volk nach dem Mund. Im Gegenteil, sie machten ihm sogar harte Vorwürfe. Die athenische Volksversammlung mußte es sich jahrhundertelang gefallen lassen, daß von der einen Seite der Tadel kam, das Volk sei wankelmütig, und von der anderen Seite die Rüge, es beschließe unüberlegt. Und die athenischen Bürger schienen das zu billigen, vielleicht auch zu erwarten.

Zurück zur Debatte. Nach langer Diskussion kam es zur erneuten Abstimmung, über welche Thukydides berichtet: «Nach der Darlegung dieser beiden Meinungen, die einander so ge-

---

47 Zur blinden Übereiltheit: Egon Flaig: *Ödipus. Tragischer Vatermord im klassischen Athen*. München 1998, S. 117–126. Zur Wohlberatenheit: ders.: *To Act with Good Advice. Greek Tragedy and the Democratic Political Sphere*, in: Johan Arnason, Kurt A. Raaflaub, Peter Wagner (Hg.): *The Greek Polis and the Invention of Democracy*. Malden–Oxford 2013, S. 71–98.

nau das Gleichgewicht hielten, stritten die Athener noch weiter mit Gründen und Gegengründen, und in der Abstimmung waren sie nahezu gleich; aber siegreich blieb der Antrag des Diodotos.» Wenn die Mehrheitsverhältnisse dermaßen knapp waren, konnte man das Stimmenmehr nicht mehr abschätzen. In solchen Fällen blieb nichts anderes übrig, als die Stimmen genau zu zählen. Das ging relativ schnell, weil die Pnyx in zehn keilförmige Abschnitte unterteilt war; so konnten die erhobenen Hände in den einzelnen Abschnitten simultan gezählt werden. Der Rat schickte sofort ein zweites Schiff; es landete in Mytilene, als die athenischen Kommandeure gerade mit der Massentötung anfangen wollten. Statt dessen wurde der neue Beschluß ausgeführt. Aber wie lautete dieser? Gemäß dem Antrag des Diodotos hätte man über jene mehr als 1000 mytilenische Männer, welche als die Hauptschuldigen am Abfall galten, Gericht halten müssen. Doch es geschah anders. Thukydides berichtet: «Die andern Männer aber, die Paches als die Hauptschuldigen am Abfall hergesandt hatte, die wurden von den Athenern auf Kleons Antrag getötet – es waren etwas über 1000. Die Mauern Mytilenes schleiften sie, und die Schiffe nahmen sie ihnen weg.»[48] Vier Sachverhalte sind zu bemerken.

Erster Sachverhalt: die Flexibilität. Der endgültige Beschluß stimmt nicht überein mit dem Antrag des Diodotos. Denn 1000 mytilenische Bürger wurden hingerichtet, die Mauern der Stadt geschleift, die Flotte ausgeliefert. Kleon hatte also einen Ergänzungsantrag gestellt, nachdem der erste Beschluß revidiert worden war. Daraus ist zu ersehen, wie die Redner auf argumentative Zwänge reagierten, wie elastisch sie ihre Anträge an die jeweils entstandene Lage in der Debatte anpaßten und wie sie mit Ergänzungsanträgen genau die Option zustande brachten, die bei der Abstimmung die Mehrheit gewann. Das bedeutet aber: Es trifft nicht zu, daß mehrheitliches Abstimmen in direkten Demokratien die Bürger dazu zwänge,

---

[48] Thukydides III, 49.1 und 50.1.

auf binäre Weise – Ja/Nein – lediglich ihre ersten Präferenzen auszudrücken und die anderen zu übergehen.[49] Solange Versammlungsdemokratien die offene und gründliche Debatte pflegen, erzeugt die Deliberation mehrheitsfähige Vorschläge, welche unterschiedlichste Rücksichten vereinigen und trotzdem keine Kompromisse sind.

In repräsentativen Demokratien mit straffen Parteien kostet es Mühe, verschiedene Optionen so zu aggregieren, daß eine Mehrheitsalternative entsteht. Obendrein erfordert dieser aggregative Gebrauch des Mehrheitsprinzips allzuoft jenes Aushandeln zwischen den koalierenden Parteien, welches vom Volk stets mißtrauisch beäugt wird. Indes, die vieldiskutierte Mehrheitsalternative, jener furchtumzitterte Fetisch der modernen Parlamente, stellte sich in antiken Demokratien sehr leicht her. Das ist auch zu beobachten bei den Debatten der Schweizer Landsgemeinden. Die Mehrheitsalternative resultierte aus der kontroversen Deliberation: Redner änderten ihre Vorschläge ab oder akzeptierten Ergänzungen, je nach dem Stand der Diskussion. Ein hoher Wertekonsens sorgte dafür, daß bei den meisten debattierten Materien zwar viele Gesichtspunkte, aber nur wenige Alternativen auftauchten. Denn die Redner wollten sich nicht blamieren und beschränkten sich auf wirklich überzeugende Vorschläge; und davon konnte es niemals viele geben.

Zweiter Sachverhalt: Die Bereitwilligkeit der athenischen Bürger, ihre Präferenzen aufzugeben und zu verändern. Zwar sind vorgefaßte Präferenzen erwartbar bei Bürgern mit einem starken politischen Bewußtsein. Wenn diese Präferenzen zu stark sind, läuft die Diskussion ins Leere, weil die Versammelten sich wie «Parteien» oder Interessenblöcke verhalten. Die Athener gruppierten sich jedoch nicht entlang von Interessen, sondern ließen sich gewinnen für Optionen, falls diese sie überzeugten. Ebendies beschleunigte die Bildung von

---

[49] Dazu Flaig: *Mehrheitsentscheidung*, S. 266–288.

Mehrheitsalternativen. Die Willensbildung in der athenischen Volksversammlung ähnelte mithin derjenigen in den Schweizer Landsgemeinden: Eine leichte Voreingenommenheit in der Sache und ein starker Konsens in den Werten griffen ineinander. Beide Beschlüsse zielten auf das Gemeinwohl ab; trotz des Dissenses gestanden die Athener sich gegenseitig zu, das Wohl der Polis im Auge zu haben, nämlich den bestmöglichen Effekt für deren außenpolitische Stellung. Das berührt eine empfindliche Stelle des republikanischen Denkens. Denn Rousseau hatte angenommen, daß immer nur eine einzige Option mit der *volonté générale* übereinstimme. Dieses platonische Axiom klemmt wie ein erratischer Block im Gedankengang von *Du contrat social*. Und die liberale Kritik hat die möglichen diktatorischen Konsequenzen weidlich ausgeschlachtet und sie Rousseau angelastet, wie es schon Benjamin Constant tat. In dieses Fahrwasser driftet der klassische Polisdiskurs nicht. Allerdings blieb dessen semantischer Horizont tragisch eingefärbt: Sogar wenn man das Beste für das Ganze wollte, fanden sich immer mehrere Optionen; doch erst die Zukunft konnte zeigen, ob die gewählte die beste war. Und niemand – auch nicht die Götter – nahm einer Stadt das Risiko ab, falsch zu entscheiden und die fatalen Konsequenzen erleiden zu müssen.

Dritter Sachverhalt: Die Unwichtigkeit von materiellen Interessen. Hätte man die Polis Mytilene vernichtet, dann wäre auf ihrem Gebiet eine athenische Kleruchie errichtet worden: Die Athener hätten das Territorium in gleichwertige Landstücke zerlegt und an eigene Bürger verlost. Faßte man einen solchen Beschluß, dann wußten die Beschließenden zwar nicht, wer Glück haben und einen *kleros* gewinnen würde. Aber alle konnten sich ausrechnen, daß die Chance dafür besser als 1:12 stand.[50] Warum verzichteten die Athener auf diese materiel-

---

50 Zur Auslosung solcher *kleroi* siehe Winfried Schmitz: *Wirtschaftliche Prosperität, soziale Integration und die Seebundpolitik Athens. Die Wirkung der Erfahrungen aus dem Ersten Attischen Seebund auf die*

len Vorteile? Keiner der Redner thematisierte diesen Verzicht. Moderne Historiker tun sich schwer, diese Zurückstellung materieller Motive zu begreifen,[51] was ein grelles Licht auf unsere Vorurteile wirft. Offensichtlich blieb es unstatthaft, dieses Motiv in der Deliberation anzusprechen. Daraus folgt: Die sozialen Aspekte einer außenpolitischen Frage wurden nicht – oder häufig nicht – zu direkten politischen Faktoren.

Vierter Sachverhalt: Der stärkste Redner verlor die Abstimmung. Das passierte auch Perikles; er unterlag 430 v. Chr. vielleicht mehrmals. Die athenische Volksversammlung folgte guten Ratgebern; aber davon gab es stets mehrere. Keine parteilich-programmatische Bindung fesselte die Bürger. Je länger die Debatte sich hinzog, und je gründlicher sie nachdachten, desto mehr stach die Qualität der Argumente die Beliebtheit der Redner aus. Oder: Die Logik der Deliberation entkräftete den Faktor Popularität.

Welche Schlußfolgerungen lassen sich aus dieser Analyse ziehen? Es sind sieben: a) die Bürger zerfielen nicht in «Anhängerschaften»; sie waren nicht an bestimmte Politiker gebunden, sogar dann, wenn sie deren besondere Kompetenz oder Tüchtigkeit anerkannten; b) es war leicht, Mehrheitsalternativen zu finden; c) das Aushandeln von aggregierten Mehrheitsalternativen fehlte völlig; d) es gab kein offenes Koalieren von Interessengruppen; e) desgleichen gab es kein mühseliges Selektieren einer Option aus einem Überschuß von Alternativen; f) es kam nicht zu einer starren Bipolarisierung; statt dessen verlagerten sich die Polarisierungen während der Debatten; g) überstimmte Minderheiten paßten nach zureichender Debatte ihre Präferenzen an, das heißt, sie hießen nachträglich die siegreiche Option gut, obschon sie dagegen gestimmt hatten.

Eine letzte Überlegung. Der neue Beschluß erhielt eine viel

---

athenische Außenpolitik in der ersten Hälfte des 4. Jahrhunderts v. Chr. München 1988, S. 79–115.
51 Walter R. Connor: *Thucydides*. Princeton 1984, S. 87 Anm. 19 wundert sich, daß Thukydides die materiellen Interessen nicht anspricht.

knappere Mehrheit als der alte. Trotzdem spaltete er die Polis nicht mehr. Niemand nahm diese knappe Mehrheit zum Anlaß, den neuen Beschluß abermals anzufechten und demgemäß eine neue Beratung zu erzwingen. Nicole Loraux, eine Spezialistin für die Semantik griechischer Mehrheitsentscheidungen, hat behauptet, daß knappe Abstimmungen in Hellas zu einer geringeren Legitimation der Beschlüsse führten.[52] Doch wir sehen, daß diese These nicht zutrifft. Die sehr starke Minderheit lebte mit dem neuen Beschluß. Der oberste politische Zweck, das Wohl der Polis, war ihr wichtiger als die jeweilige konkrete Maßnahme, diesen Zweck zu erreichen. Sie mußte nur davon überzeugt sein, daß auch der neue Beschluß diesem Zweck nicht zuwiderlief. Das erhärtet die These von Bernard Manin, die Legitimität von Beschlüssen in direkten Demokratien hänge nicht am Inhalt der Beschlüsse, sondern an der Zulänglichkeit der Deliberation.[53]

Ich übergehe das Problem, wie die griechischen Demokratien die hohe Entscheidungsgeschwindigkeit abbremsten. Da qualifizierte Mehrheiten in der Antike völlig intolerabel waren, erfand man andere Verfahren, um das Beschließen zu entschleunigen. Auch deswegen war die Demokratie ein überaus erfolgreiches Ordnungsmodell in der Antike. Entgegen unserem Schulwissen ist die Althistorie der vergangenen 40 Jahre zum Ergebnis gekommen, daß in der hellenistischen Ära sich weit überwiegend demokratische Verfassungen durchsetzen; viele Demokratien – von Kleinasien über Syrien und Ägypten – überdauerten 600 Jahre, bis tief in die römische Kaiserzeit. Aber darum geht es hier nicht. Uns beschäftigt die Tatsache, daß der zweite Beschluß trotz eines sehr knappen Stimmen-

---

52 Nicole Loraux: *La majorité, le tout, et la moitié. Sur l'arithmétique athénienne du vote*, in: Le Genre humain 22 (1990), S. 91. Das folgt aus ihrer «kratistischen» Sicht der Mehrheitsentscheidung. Dazu Flaig: *Mehrheitsentscheidung*, S. 81–84.
53 Bernard Manin: *Délibération et discussion*, in: Swiss Political Science Review 10:4 (2004), S. 180–192.

mehrs unangefochten galt. An ihr kommt zum Vorschein, wie sehr die Entscheidungsfähigkeit eines Gemeinwesens bedingt ist von der politischen Kohäsion; diese bewirkt, daß man Beschlüsse akzeptiert und sie praktisch ausführt – als seien sie Manifestationen des eigenen Willens –, selbst wenn man gegen sie gestimmt hat.

Zwei Gefahren: Religiöse Spaltung und historische Amnesie

Wenn die Demokratie eine Zukunft haben soll, dann müssen die Bürgerschaften Europas bereit sein, Gefahren abzuwehren und die politische Kohäsion zu stärken. Politische Kohäsion verträgt sich mit sozialer Ungleichheit unter den Staatsbürgern, sogar mit großer; aber sie verträgt sich nicht mit deutlicher Divergenz in Wertefragen. Wenn diese Divergenz sich nicht weiter verschärfen soll, dann tun zwei Dinge not: Erstens müssen wir die Idee des weltanschaulich neutralen Staates verabschieden; zweitens benötigen die Bürger Europas ein gemeinsames Geschichtsbild. Der weltanschaulich neutrale Staat sei entstanden im Gefolge der Überwindung der Religionskriege, zuerst in Frankreich, dann in Mitteleuropa, so lesen wir es.[54] In der Moderne sei dem ethischen Pluralismus gar nicht zu entkommen, weil die Gesellschaft einem ständigen Prozeß von Differenzierung unterliege. Max Weber sprach vom «Polytheismus der Werte» und diagnostizierte einen ewigen Kampf dieser Werte. Freilich geht das nur gut, weil der moderne Staat auf einer religiös befriedeten Gesellschaft aufruht. Doch ein Jahrhundert nach Webers Diagnose erleben wir, wie just diese Bedingung zerbröselt. In einigen Ländern Europas haben sich religiöse Parallelgesellschaften gebildet. Hierbei ist das Problem nicht die Glaubenswelt des Islam, son-

---

54 Böckenförde: *Entstehung des Staates*.

dern die Scharia. Sie verpflichtet die Gläubigen mindestens auf drei politische Ziele: Erstens zur Zerschlagung aller nichtmuslimischen politischen Ordnungen, wenn nötig mittels des Djihad, zweitens zur Unterwerfung aller Andersgläubigen in einer religiösen Apartheid, drittens zur Errichtung einer nichtsäkularen, theokratischen Ordnung.[55] Keine andere Religion hat jemals derartige Ziele verfolgt; darum ist es historisch falsch, die heutigen Probleme mit dem Islam zu parallelisieren mit jenen, die der Katholizismus dem säkularen Staat bereitete.[56] Vor allem wegen des Kampfes für die Scharia sind die Religionskriege zurückgekehrt, sie toben gegenwärtig auf zwei Kontinenten und drohen auf dem dritten auszubrechen. Mit einer solchen Wiederkehr von Religionskriegen hatten die Liberalen nicht gerechnet. Die alten Diagnosen und Antworten verlieren somit ihre Gültigkeit. Als erstes ist die Neutralität des demokratischen Staates aufzugeben. Sie war sinnvoll, solange religiöse Gruppen sich nicht als politische Gemeinschaft mit eigenen Werten und eigenen Zielen verstanden; und damit ist es nun vorbei. Gemäß Artikel 10 der vom Zentralrat der Muslime 2002 verabschiedeten «Islamischen Charta» sind Muslime Vertragspartner des säkularen Staates: «Das Islamische Recht verpflichtet Muslime in der Diaspora, sich grundsätz-

---

55 Zum Djihad: Majid Khadduri: *War and Peace in the Law of Islam*. Baltimore 1955, S. 51–73; Tilman Nagel: *Kämpfen bis zum endgültigen Triumph. Religion und Gewalt im islamischen Gottesstaat*, in: Klaus Schreiner (Hg.): *Heilige Kriege. Religiöse Begründungen militärischer Gewaltanwendung. Judentum, Christentum und Islam im Vergleich*. München 2008, S. 43–54. Zur Theokratie: Erwin I. J. Rosenthal: *Political Thought in Medieval Islam. An Introductory Outline*. Cambridge 1958; Ann K. S. Lambton: *State and Government in Medieval Islam*. Oxford 1981; Henning Ottmann: *Geschichte des politischen Denkens*. Bd. II/2. Stuttgart 2004, S. 129–168. Zur Dhimma: Bat Ye'or: *Der Niedergang des orientalischen Christentums unter dem Islam*. Gräfelfing 2005.
56 Das aber tut Böckenförde: *Der säkularisierte Staat. Sein Charakter, seine Rechtfertigung und seine Probleme im 21. Jahrhundert* (2007). 2. Aufl. München 2015, S. 37–41.

lich an die lokale Rechtsordnung zu halten. In diesem Sinne gelten Visumserteilung, Aufenthaltsgenehmigung und Einbürgerung als Verträge, die von der muslimischen Minderheit einzuhalten sind.» Bürger sein heißt sich politisch seinem Staat zugehörig wissen. Die Muslime befinden sich jedoch in einem Vertragsverhältnis zu einem fremden, demokratischen Staat, welchen sie aus Prinzip nicht als den ihrigen anerkennen, weil er nicht der Scharia entspricht. Diese Verträge hält man vorübergehend ein, weil die Imame dazu auffordern. Hingegen gehört die Loyalität dem islamischen Recht;[57] und der Gläubige unterliegt der religiösen Pflicht, darauf hinzuarbeiten, daß die demokratische Verfassung verschwindet und die Scharia an ihre Stelle tritt.

Der moderne Staat ist nicht entstanden durch einen Prozeß der Säkularisierung. Vielmehr ist die Trennung von staatlicher Ordnung und Religion im abendländischen Traditionsbestand seit der Antike vorhanden. Die maßgebliche Leitdifferenz ist diejenige zwischen Anthroponomie und Theonomie: ob die politische – und vielleicht auch soziale – Ordnung von Gott oder Göttern gegeben ist oder ob sie der menschlichen Verfügung unterliegt. In der gesamten griechisch-römischen Antike gibt es keinen einzigen Fall von Theonomie; die Ordnungen sind allesamt anthroponom. Das gilt auch für die spartanische, deren mythischer Gründer indes seine Reformen sanktionieren ließ vom Orakel zu Delphi. Umstritten bleibt der Sonderfall Sparta deswegen, weil der Lyriker Tyrtaios diese Sanktion als göttliche Gesetzgebung interpretierte.[58] Doch das Orakel

---

57 Böckenförde hat den politischen Gehalt des Artikels nicht bemerkt. Siehe: *Der säkularisierte Staat*, S. 37 f.
58 Plutarch: *Lykurg* 6.2. Eine theonome Interpretation des Orakels liefert der Lyriker Tyrtaios, in: *Poetarum Elegiacorum Testimonia et Fragmenta*. Hg. von Bruno Gentili und Carlo Prato. Bd. 1, Leipzig 1988, no 1 b und 14. Hierzu Massimo Nafissi: *La nascita del kosmos. Studi sulla storia e la società di Sparta*. Neapel 1991, Mischa Meier: *Aristokraten und Damoden*. Stuttgart 1998, S. 186–192; Flaig: *Mehrheitsentscheidung*, S. 214–217.

ist ein Akt responsiver Mantik, bei welcher die Götter selber nicht initiativ werden können. In der griechischen Kultur konnte keine Vorstellung einer souveränen göttlichen Gesetzgebung emergieren, weil dies eine theologisch systematisierte Religion voraussetzt. Zu einer solchen Systematisierung fehlten die religionssoziologischen Voraussetzungen.[59] Philosophische Versuche, die Gottesvorstellungen zu theologisieren, hatten bis in den späten Hellenismus hinein keinerlei Auswirkungen auf die volkstümliche Frömmigkeit und den offiziellen Kult. Selbst die poetischen und philosophischen Diskurse scheuten vor gottgegebener Gesetzgebung zurück: Zwar behauptet die Sophokleische Antigone, es gebe – was die Behandlung der Toten betrifft – ungeschriebene, unfehlbare Gesetze der Götter, doch im nächsten Atemzug sagt sie, niemand wisse, woher diese Gesetze kommen, da sie immer schon vorhanden waren. Antigone kann das Spezifische göttlicher Gesetzgebung also gar nicht denken.[60] Sogar Platon, der sich bemühte, beide Modelle der idealen Polis mit maximaler Stabilität zu versehen und sie darum quasitheonom zu gestalten, läßt in seinen eigenen philosophischen Erörterungen alle Gesetze aus menschlichen Entscheidungen hervorgehen. Gewiß, zweimal behaupten Protagonisten seiner Dialoge, die kretische und die spartanische Ordnung seien durch göttliche Inspiration zustande gekommen: Minos und Lykurg hätten zwar die Gesetze gegeben, doch die Gesetzgeber selber hätten ihre Anregungen von Zeus bzw. Apollon erhalten: Doch das ist nur

---

59 Dazu Egon Flaig: *Ehre gegen Gerechtigkeit. Adelsethos und Gemeinschaftsdenken in Hellas*, in: Jan Assmann, Bernhard Janowski, Michael Welker (Hg.): *Gerechtigkeit. Richten und Retten in der abendländischen Tradition und ihren altorientalischen Ursprüngen*. München 1998, S. 97–140, hier S. 128–131.

60 Sophokles: *Antigone* 450–458. Dazu Egon Flaig: *Das rettende Gesetz und die Aporie des Verfügens. Zum Mängelwesen Mensch bei Protagoras und Sophokles*, in: Hans Beck, Benedikt Eckhardt, Christoph Michels, Sonja Richter (Hg.): *Von Magna Graecia nach Asia Minor*. Wiesbaden 2017, S. 115–132.

die eine Seite seines Systems, denn auf der anderen unterstellt er die Religion einer totalen politischen Kontrolle.[61] Mit historischer Wirklichkeit haben die Platonischen Überlegungen nicht das geringste zu tun, im Gegenteil: Gerade auf Kreta wurde das älteste bisher nachweisbare staatsrechtliche Gesetz überhaupt entdeckt, das Dreros-Dekret von 650 bis 600 v. Chr.; und dieses Gesetz entsprang einem Volksbeschluß.[62] Immer noch fällt es Teilen der althistorischen Forschung schwer, sich zu verabschieden von jener These, die Fustel de Coulanges 1864 aufbrachte, wonach die Cité antique – wie alle antiken Kulturen überhaupt – auf eine göttliche Ordnung gegründet war. Doch die historischen Sachverhalte widersprechen dem. Die griechischen Stadtstaaten waren anthroponome Ordnungen schlechthin.[63]

Die Gründung des Volkes Israel am Horeb ist hingegen ein theonomer Akt; und die Einrichtung der islamischen Umma, wenn man von wenigen quasi häretischen Strömungen absieht, ist ein soziologisch extremer Fall von Theonomie. Zwar bemühten sich die anthroponomen antiken Ordnungen – mit einem enormen architektonischen, rituellen und materiellen Aufwand – um göttliche Hilfe, sowohl zur ständigen Rettung

---

61 Platon: *Nomoi* 624a und 632d; *Minos* 319e–320b. Zum Problem der Theonomie bei Platon siehe Kai Trampedach: *Platon, die Akademie und die zeitgenössische Politik*. Stuttgart 1994, S. 221–232.
62 *Nomima* I (Henri van Effenterre / Françoise Ruzé), no 81. Dazu Karl-Joachim Hölkeskamp: *Schiedsrichter, Gesetzgeber und Gesetzgebung im archaischen Griechenland*. Stuttgart 1999, S. 80–86; er zeigt auf, wie griechische Poleis sich bemühten, für ihre autonomen Ordnungen nachträglich mythische Gründer zu finden.
63 Kurt A. Raaflaub: *Homer to Solon. The Rise of the Polis. The Written Sources*, in: Mogens Herman Hansen (Hg.): *The Ancient Greek City-State*. Copenhagen 1993, S. 41–105; ders.: *Josias und Solons Reformen. Der Vergleich in der Gegenprobe*, in: Leonhardt Burckhardt, Klaus Seybold, Jürgen von Ungern-Sternberg (Hg.): *Gesetzgebung in antiken Gesellschaften. Israel, Griechenland, Rom*. Berlin-New York 2007, S. 163–191; Uwe Walter: *An der Polis teilhaben. Bürgerstaat und Zugehörigkeit im archaischen Griechenland*. Stuttgart 1993.

des Gemeinwesens vor Bedrohungen durch äußere Feinde als auch für die gesicherte Fertilität von Mensch und Natur zum Zwecke der generationellen Kontinuation der Gemeinschaft. Jedoch wurde nirgendwo in der klassischen Antike erwartet, daß die Götter die jeweilige konkrete Form der staatlichen Ordnung garantierten, ob Monarchie, Aristokratie oder Demokratie; erst in der Spätantike entstehen Diskurse und Vorstellungen, die eine solche Unterstützung und Garantie suggerierten. Mehr noch: Seitdem die Historie entdeckt hat, wie früh der städtische Kommunalismus des europäischen Mittelalters einsetzte und welche republikanische Dynamik er entfaltete, ist die These nicht mehr zu halten, wonach der moderne Staat entstanden sei durch die Stillstellung der Religionskonflikte mittels einer verselbständigten monarchischen Gewalt. Folglich ist der moderne Staat kein genetisches Korrelat der Säkularisierung. Religiöse Neutralität ist keine Konstitutionsbedingung der demokratischen Republik, sondern ein Akzidens; dieses taugte während einer besonderen historischen Konjunktur, und es fängt an zu schaden, sobald diese Konjunktur augenfällig an ihr Ende kommt. Daher wird der demokratische Staat nicht zerbrechen, wenn er seine Neutralität aufgibt; und er muß sie nun aufgeben, um die Anthroponomie zu retten.

Gewiß, diese Neutralität preiszugeben berührt das Verhältnis zwischen der individuellen, rechtlich garantierten, Freiheit und der politischen Freiheit. 1819 kontrastierte Benjamin Constant die antike und die moderne Freiheit, betonend, daß die modernen Menschen ungestört ihre private Freiheit innerhalb der Rechtsordnung genießen könnten, wohingegen Griechen und Römer unentwegt eingespannt waren, als aktive Bürger an den Entscheidungen des Gemeinwesens zu partizipieren, und somit die politische Freiheit als staatlichen Zwang erfahren mußten. Trotz dieser Hochschätzung der individuellen Freiheit schließt Constant seinen berühmten Vortrag mit der Sentenz: «Die politische Freiheit ist das mächtigste und energischste Mittel zur Perfektionierung, welches der Himmel uns gegeben hat.»⁶⁴ Der klassische Liberalismus hat dies immer eingestanden; dazu verpflichtete ihn seine republikanische Tradition. Hieraus entspringt ein kategorischer Imperativ: Ist die politische Freiheit das stärkste Mittel zur Perfektionierung, dann ist sie das höchste Gut auf Erden. Um dieses Gut zu retten und zu bewahren, ist ein freies Gemeinwesen verpflichtet, alle anderen Güter hintanzustellen, auch die Religionsfreiheit. Nach Ernst-Wolfgang Böckenförde verlangt «die eigene Selbstverteidigung des säkularisierten Staates», einen integrationsunwilligen Islam in der Minderheitenposition zu halten, mittels politischer Maßnahmen bei der Einwanderung, Freizügigkeit und Einbürgerung.⁶⁵ Angesichts der demographischen Entwicklung und der Zunahme djihadistischer Gewalt genügt das nicht mehr. In einer historischen Perspektive hängt das Überleben der Demokratien an der Entschlossenheit zu erheblich weitreichenderen Eingriffen.

Nun zum gemeinsamen Geschichtsbild. Gemeinschaften konstituieren sich nicht über gemeinsame Interessen; sie konstituieren sich durch den Glauben an ihre Zusammengehörigkeit, garantiert von einem gemeinsamen kollektiven Gedächtnis. Es gibt keine stabile kulturelle Orientierung ohne historische Erinnerung. Diese schützt die Werte und stabilisiert die Normen. Nur wer sich auf eine gemeinsame Vergangenheit einigt, hat auch eine gemeinsame Zukunft. Warum ist das so? Weil in der Geschichte alle Errungenschaften teuer erkauft wurden, und weil jede Errungenschaft verlierbar ist. Wir können die Emanzipation der Frau ebenso verlieren wie die Menschenrechte, desgleichen die repräsentative Demokratie, die universitäre Tradition von Wissen, sogar die Wissenschaft. Wer diese Verlierbarkeit ignoriert, dessen kulturelles Bewußtsein liegt niedriger als dasjenige von Angehörigen sogenannter «primitiver»

---

64 Benjamin de Constant: *Écrits politiques*. Hg. von Marcel Gauchet. Paris 1997, S. 617.
65 Böckenförde: *Der säkularisierte Staat*, S. 39 und 41.

Kulturen. Denn selbst die einfachste derselben pflegt mittels ihrer Mythen und Riten ihren Mitgliedern einzuschärfen, daß nichts selbstverständlich ist, und gemahnt sie, daß die Ordnung, in der sie leben, gestiftet wurde – sei es von Göttern oder Heroen – und daß man deren Mühe und Opfer alle kulturellen Errungenschaften verdankt. Bürger in einer Demokratie zu sein erheischt eine kulturelle und mentale Disposition, die sich von einer Generation zur nächsten erhalten muß. Nun kommen solche Bürger nicht wie Adam und Eva als Erwachsene zur Welt, um ihr Leben autonom zu beginnen, sondern sie verbringen etwa ein Fünftel ihres Lebens in Unmündigkeit und müssen erzogen werden. An dieser Stelle muß der Historiker den Illusionen vieler Verfassungsrechtler und Sozialphilosophen eine Absage erteilen und sich an die klassische politische Philosophie halten. Keine Demokratie ist zu halten, wenn ihr die Bürger ausgehen; denn gesetzesgehorsame Einwohner tragen keine Verfassung; das wird offenkundig, sobald schwere Belastungen anstehen, wie Wolfgang Kersting betont: «Die Qualität ethischer Partizipation ist allein abhängig von der ethischen Kompetenz der Bürger, und diese ist nicht durch verfassungsrechtliche Prozeduren, sondern allein durch Erziehung zu gewinnen.»[66] Es bedarf einer politischen Pädagogik in unterschiedlichsten Medien und Ritualen sowie einer historischen Verankerung, ohne die keinerlei «Lernprozesse» vonstatten gehen können.

An dieser Stelle droht der westlichen Kultur eine existentielle Gefahr, nämlich der geistige Abbruch. Eine antiwestliche Memorialkultur entlegitimiert die europäische Kultur. Mittlerweile überschwemmen die unterschiedlichsten *groupes mémoriels* die medialen Räume mit *fake history*, vor welcher bereits Teile der universitären Kulturwissenschaften einknicken. Hält dieser Trend an, wird der Bezug auf die kollektive Vergangenheit negativ; es entschwindet die Dankbarkeit gegenüber den

---

66 Kersting: *Politische Philosophie*, S. 55.

vorangegangenen Generationen oder sie verkehrt sich in Ablehnung. Die Konsequenz dieser verweigerten Dankbarkeit destruiert die Grundlagen jeder Republik: Das Bewußtsein der Zugehörigkeit wird negativ, das Bewußtsein der Zusammengehörigkeit geht verloren und somit auch die Homogenität im Hellerschen Sinne. Geschieht das, dann kommt der Gegenwart die Orientierung abhanden, und sie findet nur noch Halt in einem Hypermoralismus, der selber keine Maßstäbe mehr hat.[67]

Wer nicht mehr weiß, was politische Freiheit bedeutet, wird sie verlieren. Es gilt daher nachzudenken über die Eigentümlichkeiten der Demokratie, und zwar stets aufs neue, Generation für Generation. Um solche Reflexion ernsthaft zu betreiben, bedarf es historischer Rückbesinnung auf diejenigen Haltepunkte in der Vergangenheit, die Aufschluß geben über die Probleme und Dilemmata menschlicher Selbstorganisation, auf Haltepunkte, die relevant sind für unsere kulturelle Orientierung. Wissenschaftlich geregelte Rückbesinnung heißt nicht das Vergangene idealisieren; sie ist vielmehr ein reflektiertes Innehalten an Landmarken. Und es ist evident, daß in dieser Hinsicht der griechischen Antike eine herausragende Position zukommt. Der Liberale John Stuart Mill hat 1846 geschrieben, die Schlacht bei Marathon sei für die englische Geschichte wichtiger als die Schlacht von Hastings, in der die Normannen England eroberten. Mill zögerte nicht, den Sieg der Athener über die Perser 490 v. Chr. für ein «Ereignis der englischen Geschichte» zu nehmen. Warum? Weil das politische Überleben jenes freiheitlichen Gemeinwesens eine *translatio* von Ideen ermöglichte, welche die nachgeborenen Europäer aus dem kulturellen Gedächtnis abrufen konnten, als sie dieselben historisch brauchten.[68]

---

67 Alain Finkielkraut: *L' ingratitude. Conversation sur notre temps.* Paris 1999, S. 135–212.
68 Siehe Egon Flaig: *Gegen den Strom. Für eine säkulare Republik Europa.* Springe 2013, S. 191–195, 206–215.

Man kann die Demokratie nicht bewahren, wenn man nicht mehr weiß, auf welchen kulturellen Grundlagen sie aufruht. Jede Kultur basiert vor allem auf der Kommunikation und der Interaktion zwischen den Generationen, und jede verdankt den vorangegangenen Generationen unendlich viel mehr als dem interkulturellen Austausch mit den Nachbarn. Der Reichtum einer Kultur ist zum weitaus größten Teil diachron kumulierter Reichtum. Die Kathedralen Europas, die Universitäten, die Tatsache, daß hier Männer und Frauen nebeneinander sitzen, die dieselben Rechte haben, sowie das freie Wort – all das verdanken wir den Generationen vor uns. Anders ausgedrückt: «Identitäten sind hypoleptisch, sie sind Variationen vorgegebener Themen und Motive.»[69] Kant ließ keinen Zweifel daran, was das bedeutet: «*Dankbarkeit* ist Pflicht».[70] Sie ist unentbehrlich für eine Kultur und noch mehr für den Bestand einer Demokratie; denn diese ist angewiesen auf das Bewußtsein der Zusammengehörigkeit ihrer Bürger, einer Zusammengehörigkeit, welche nach positiven identitätsverbürgenden Haltepunkten in der Vergangenheit verlangt.

Die Dankbarkeit wird sich verflüchtigen, wenn unsere historische Erinnerung zerstört wird. Die daraus resultierende Undankbarkeit ist ein erstrangiges kulturelles Phänomen der Postmoderne. Sie unterspült das Wissen, indem sie ein eindimensionales Bewußtsein erzeugt, das sich aus *fake history* speist oder auf völlige Synchronie zusammengeschnurrt ist. Und ein solches Bewußtsein laugt den politischen Zusammenhalt der Bürger aus, einen Zusammenhalt, der immer und überall sich vermittelt über die Dankbarkeit. Dem müssen wir aber nicht nachgeben. Es liegt an uns, den Rat zu beherzigen, den Hölderin uns gab:

---

69 Wolfgang Kersting: *Der große Mensch und das kleine Gemeinwesen*, in: *Politik und Recht*, S. 133.
70 Immanuel Kant: *Metaphysik der Sitten*, II. Teil, § 32, in: *Werke in sechs Bänden*. Hg. von Wilhelm Weischedel. Darmstadt 1983, Bd. IV, S. 592.

Alles prüfe der Mensch, sagen die Himmlischen,
Daß er, kräftig genährt, danken für Alles lern,
Und verstehe die Freiheit,
Aufzubrechen, wohin er will.

PETER SLOTERDIJK

Von pseudonymer Politik
Über einige weit verbreitete Mißverständnisse
der Demokratie

I. Von Pseudonymie im allgemeinen

Es gehört zu den Merkwürdigkeiten der politisch-historischen Erinnerung Alt-Europas, daß ein scheinbar solid etabliertes Staatswesen ohne nennenswerte äußere Bedrohung in eine so tiefe Krise geraten kann, daß es mitten aus seinem quasi normalen Betrieb heraus zu zerfallen droht. So geschah es im ersten vorchristlichen Jahrhundert mit dem Römischen Reich, dessen über Jahrhunderte bestehende, durch die Zeit «bewährte» adels-republikanische Verfassung der neuen endogenen Unruhen auf Italiens Boden nicht mehr Herr wurde.

Die nachmals so genannte römische *res publica* war im Jahr 509 v. Chr. anläßlich der Lucrezia-Affäre aus dem Geist der Empörung gegen den Herrscherhochmut des tarquinischen Königshauses hervorgegangen. Der Sohn des Monarchen, Sextus Tarquinius, hatte die junge römische Matrone Lucrezia mit perfiden Mitteln zur Einwilligung in ihre Vergewaltigung genötigt; sie berichtete ihren Verwandten von dem Vorfall und tötete danach sich selbst. Als Tarquinius Superbus nach Bekanntwerden der von seinem Sohn ausgelösten Krise zu der Stadt eilte, um die Wogen zu glätten, blieben die Tore Roms für ihn verschlossen, so daß er den Weg ins Exil wählen mußte.[1]

Die neue politische Form der *res publica* beruhte auf dem *consensus omnium*, wonach der Königstitel und mit ihm das Prinzip der Allein-Herrschaft unter selbstbewußten Römern

---

[1] Vgl. Marie Theres Fögen: *Römische Rechtsgeschichten. Über Ursprung und Evolution eines sozialen Systems.* Göttingen 2002, S. 21–59.

auf alle Zeit verpönt bleiben sollte. An die Stelle der Monarchie trat ein über die Jahrhunderte hinweg kunstvoll austariertes Parallelogramm der Kräfte, fundiert in der zeitlichen Begrenzung der höchsten Ämter und der gegenseitigen Kontrolle der jeweils amtierenden beiden Konsuln. Der Grundgedanke des Systems kam in der Formel SPQR zum Ausdruck: Künftig sollten «Senat und Volk von Rom» gemeinsam die Quelle aller legitimen Machtausübung bilden – wobei dem *populusque* angesichts der Vormacht des Senats von Anfang an eine eher rhetorische, um nicht zu sagen eine palliative Funktion zukam. Zu den weitreichenden Konsequenzen, die aus der relativ dauerhaften Existenz der römischen *res publica* – vom Lucrezia-Skandal bis zum Bürgerkrieg des ersten vorchristlichen Jahrhunderts – zu ziehen sind, gehört die Lehre, daß Palliativ-Politik erfolgreich sein kann, solange es gelingt, das unvermeidliche Quantum an Unzufriedenheit im breiten Volk durch ein System aus Teilhaben, Beschwichtigungen und Kompensationen zu neutralisieren. Dies geschah nicht zuletzt mit Hilfe des Brot-und-Spiele-Instruments – weswegen von der Spätphase der Republik an, doch mehr noch zur Kaiserzeit, die Unterhaltung und Alimentierung der mobilen hauptstädtischen Massen als Teil der «großen Politik» verstanden werden mußten.

Diese Beobachtung an der römischen Republik läßt sich *cum grano salis* auf die neueren Demokratien übertragen: Dem Zerfall bzw. der autoritären Regression geweiht scheinen auch in unseren Tagen insbesondere jene Gemeinwesen, denen es nicht gelingt, unzufriedene Mehrheiten in psychopolitische Kompromiß-Formeln einzubinden, so daß sie bei Wahlen den schmutzigsten Programmen zustimmen, sofern sie nicht in Milizen eintreten und den Bürgerkrieg riskieren. Was Rom angeht, waren nach der Etablierung der Republik nahezu 450 Jahre vergangen, bevor Cicero es im Jahr 60 v. Chr. wagen konnte, für den zerrütteten *modus vivendi* der Römer das Wort von der «verlorenen Republik» auszusprechen: *res publica amissa*.

Wir wissen aus historischem Abstand, daß der Verlust der *res publica* für Rom nicht mit dem Untergang des Gemeinwesens gleichbedeutend war. Es begann, im Gegenteil, eine Periode neuen römischen Glanzes; sie brachte dem weströmischen Teil des Imperiums mehr als vier Jahrhunderte an Fortdauer ein, dem oströmischen nahezu anderthalb Jahrtausende. Der Formwandel der römischen Politik war durch das Caesar-Ereignis eingeleitet und durch den Aufstieg von Octavianus Augustus zum Prinzipat konsolidiert worden. In nüchterner Terminologie heißen die kumulierten Effekte der caesarischen und augusteischen Politik: Rückkehr zur Monarchie. Weil aber diese Wende unter römischen Bedingungen unaussprechlich war, bietet die Caesarenzeit das klassische, bislang unübertroffene Exempel für die Deformation des politischen Raums durch die Pseudonymie. Über Jahrhunderte bot das Imperium der Caesaren das Schauspiel einer Monarchie, die niemals willens und imstande war, sich als solche zu bekennen. Wenn es denn je ein charakteristisches Stilmerkmal römisch-caesarischer Herrschaftsrhetorik gegeben hat, so wäre es in dem inflationären Gebrauch der SPQR-Formel zu erkennen, die von den Tagen des Augustus an auf allen Dekreten der Reichskanzlei und auf den Gebäuden des Imperiums blühte – der Tatsache ungeachtet, daß Senat und Volk nur noch in dekorativen und akklamatorischen Funktionen eine Rolle zu spielen vermochten. In diesem Zusammenhang ist an die Anekdote zu erinnern, daß Caligula, nach Tiberius der zweite Nachfolger des Augustus (37–41 n. Chr.), aus provokatorischem Übermut plante, sein Lieblingspferd Incitatus («der Schnelle») in den Rang eines Senators zu erheben; selbst wenn die Episode eine tendenziöse Erfindung späterer Schriftsteller wäre, wie jüngere Deutungen nahelegen, spricht sie doch für den Zusammenbruch der symbolischen Ordnung, auf welcher die vormalige Notabeln-Republik mit ihrem ausgeprägten Sinn für Dignität und Gemeinwohlorientierung beruht hatte; sie verrät, in welchem Maß der caesarische Zynismus den Geist kollektiv-altruistischer Zivilität zersetzte.

Um die Rolle von Augustus, des ersten «Kaisers», in der Geschichte der politischen Ideen zu würdigen, muß man ihn in erster Linie als den Großmeister der herrschenden Pseudonymie begreifen. Seine Erfolge beruhten zu großen Teilen auf dem Umstand, daß er eine immer größere Lücke zwischen den Wörtern und den Dingen aufklaffen ließ, indem er jeden offenen Hinweis auf seine evidente Monarchie unterdrückte. Er eskamotierte seine Herrscherposition, indem er auf den proto-populistischen Titel des Volkstribuns zurückgriff; er camouflierte seine neo-despotische Sonderstellung, indem er sich im Jahr 2 v. Chr. den Titel «Vater des Vaterlands» verleihen ließ: Mit diesem war die Ausdehnung des patriarchalischen Hausherrenrechts auf die Stadt und das Imperium plausibel zu machen. Naturgemäß sind auch die religionspolitischen Schachzüge des neuen Alleinherrschers, namentlich seine Vergöttlichung Caesars, als Teile einer umfassenden pseudonymischen Strategie zu begreifen. Weil die Tatsachen und ihre Namen systematisch getrennt gehalten werden mußten, waren die numinosen Attribute der Macht so zu stilisieren, daß sie von einer transzendenten Erwählung zeugten, ohne jemals die verpönte monarchische Terminologie ins Spiel zu bringen. Schließlich sind auch Ocatavians ominöse Worte auf dem Sterbebett als klares Indiz für sein Pseudonymie-Bewußtsein zu deuten. Wenn ein entrückter Herrscher seines Ranges sich motiviert fühlte, zu den Umstehenden zu sagen: *applaudite, amici, comoedia finita est,* «spendet Beifall, Freunde, das Theater ist aus», so zeugt das nicht nur für ein ausgeprägtes Rollenbewußtsein. Es spricht auch für die Einsicht des Redners, wonach die Anforderungen seiner Position nur um den Preis einer permanenten Verstellung zu bewältigen gewesen waren.

Mit dem Hinweis auf das Phänomen der cäsarischen Pseudonymie werden wir auf die Funktion der rhetorischen Verdeckungen und der strategischen Verstellungen auf dem Feld politischer Kommunikationen als solchen aufmerksam. Alle Mächte, die monarchischen an erster Stelle, jedoch auch ihre republikanischen Nachfolge-Gestalten, waren schon früh von einem Zug zur Pseudologie bzw. zur nachhaltigen Falschaussage über sich selbst geleitet. Sie fühlten sich durchwegs dem Zwang unterworfen, ihre Erfolge zu überhöhen und ihre Mißerfolge zu minimieren. So haben etwa die Bewohner Roms von der vernichtenden Niederlage von drei römischen Legionen im Teutoburger Wald im Jahr 9 n. Chr. kaum etwas erfahren; die Geschichtsschreibung griff das Sujet erst Generationen später auf. In einer pseudologischen Welt, in der die Verhältnisse so gut wie nie bei ihrem wahren Namen benannt werden dürfen, sind die Kritiker der Macht gezwungen, ihre Aussagen im Schutz von Anonymität oder unter Pseudonymen vorzutragen. Sie haben den Rückschlag der lügenpflichtigen Rede-Systeme ständig zu fürchten. Die Institution der Zensur ist so alt wie die imperiale Pseudologie. Lange vor dem Auftauchen der Erscheinungen, die heute mit dem Terminus «Lügenpresse» umschrieben werden, hatten sich in Herrschaftssystemen Routinen der Macht-Rhetorik entfaltet, die von antiker Zeit an über die Kunst verfügten, alle Sujets zu Anlässen der Auto-Kongratulation umzuformen. Durch affirmative Rhetorik wurden kritische Stimmen in diverse Exile verbannt – seien sie geographisch real, so wie es Ovid widerfuhr, der wegen einer respektlosen Anspielung auf einen Lapsus des Augustus bis zu seinem Tod ans Schwarze Meer verbannt wurde – seien sie symbolisch, wie es Autoren aller Zeiten widerfuhr, die ihre Ansichten nicht unter eigenem Namen bekanntgeben konnten oder wollten – selbst ein Philosoph vom Rang Descartes' bediente sich gelegentlich des Pseudonyms. Spinozas epochaler *Tractatus politico-theologicus* von 1670 mußte anonym erscheinen.

Pseudonymie ist der Normalfall, sobald es um die Rollenspiele von Geheimagenten, Kriminellen oder Hochstaplern geht. Bei ihnen wird das, was man in bürgerlichen Kontexten «Identität» nennt, zu einem Exerzitium der Volatilität. Für solche Gestalten mag alles denkbar sein, nur nicht das Auftreten unter wahrem Namen. Manche von ihnen scheinen die Erinnerung an den Zustand verloren zu haben, als sie noch «sie selbst» waren; sie tauchen oft ganz in die fiktiven Identitäten ein, unter denen sie sich ins Getümmel der verstellten Aktivitäten begaben. Für sie wird das Dasein mit gefälschten Pässen zum Normalzustand, indes sie sich nur nach ihrer Entlarvung an ihre anfängliche Identität erinnern.

II. Demokratie als Deckbegriff für Oligokratie

Im folgenden gehe ich der Vermutung nach, daß die Existenz unter falschen Pässen in der jüngeren Geschichte nicht nur auf volatile Einzelne zutrifft, die Gründe haben, ihre wahre Identität zu verbergen, sondern auch auf die Daseinsweise der modernen Politik im ganzen, sofern diese sich in der Regel unter re-aktivierten antiken Namen wie «Republik» und «Demokratie» präsentiert. Ich möchte die Hypothese prüfen, ob diese politischen Gebilde insgesamt nicht von Anfang an und unvermeidlich mit einem hohen Faktor pseudonymischer Intensität ausgestattet waren. Falls die Vermutung sich erhärtet, wäre zu erwägen, ob das aktuell weit verbreitete Unbehagen in der Demokratie nicht einen halbmanifesten Protest der Bevölkerungen an der machthabenden Pseudonymie zum Ausdruck bringt. Unter deren Vorherrschaft hätte der Abstand zwischen den Phrasen und den Zuständen sich so weit geöffnet, daß die kollektive Vernunft hierauf nur mit Skepsis und Verdrossenheit, ja mit Ressentiment und Verachtung antworten kann, vorausgesetzt, daß nicht eine zeitgemäße Ablenkungs- und Zerstreuungsstrategie obenauf kommt – in Fortführung der klassischen *panem-et-circenses*-Politik –, die sich darauf versteht, die unzufriedenen Massen zu demobilisieren.

Ich möchte in diesem Passus sowie in den drei folgenden Abschnitten Evidenz für die These entwickeln, daß der Terminus «Demokratie» in seinem aktuellen Gebrauch tatsächlich mit hohen pseudonymischen Energien geladen ist. Er dient im Alltag der öffentlich-rechtlichen Semantik dazu, vier mehr oder weniger deutlich ausgeprägte Figuren realer politischer Machtausübung zu kaschieren, die unter ihrem wahren Namen unmöglich allgemein zustimmungsfähig wären. Diese vier Figuren intensiver Pseudonymie nenne ich: Oligokratie, Fiskokratie, Mobokratie und Phobokratie. In ihnen verkörpern sich gleichsam die abgedunkelten Partialtriebe der nominellen Demokratien. Wie in der Alleinherrschaft von Octavianus Augustus das monarchische Motiv verdunkelungspflichtig gewesen war, so sind es in den heutigen demokratischen Systemen jene Motive, die unter dem so noblen wie irrealen Decknamen der «Herrschaft des Volks über sich selbst» völlig andere, keineswegs volkhafte, geschweige denn volkstümliche Konfigurationen politischer Gewalt ins öffentliche Geschäft einbringen.

Der Ausdruck «Oligokratie» deutet auf einen von Anfang an so prägnanten wie umstrittenen Grundzug moderner republikanisch-demokratischer Regierungssysteme. Er indiziert, daß das Kollektiv, das man das «Volk» nennt, immer schon ein Kompositum aus den Wenigen (*hoi oligoi*) und den Vielen (*hoi polloi*) darstellt. Das starke Merkmal der modernen Demokratien nach 1776 und 1789 zeigt sich in der Forderung, daß die Wenigen künftig aus den Vielen «hervorgehen» sollen. Bertolt Brecht hat das in seinem Gedicht *Paragraph eins* prägnant ironisch formuliert: «Die Staatsgewalt geht vom Volke aus. – Aber wo geht sie hin?» In der alten Ständegesellschaft hatten sich die *oligoi* aus den Geburtswenigen rekrutiert, die sich ohne Umschweife die *aristoi*, wörtlich: die Besten bzw. die Edlen nannten; zu ihnen gesellten sich die Wenigen aus Berufung hinzu, die den Korpus des Klerus bildeten. Beide Gruppen zusammen machten zur Zeit ihrer Hochblüte maximal 2 bis 3 Prozent der Gesamtpopulation aus. Als Sièyes 1789 die Devise ausgab, der Dritte Stand sei für sich allein eine «vollständige Nation», kam die Ahnung auf, wie rasch die Abschaffung der Wenigen durch die Vielen auf die Agenda einer unerfahrenen Demokratie geraten kann. Der populäre Refrain *les aristocrats à la lanterne* deutete in seiner mordlustigen Gutgelauntheit eine mögliche Richtung der Entwicklung an.

Tatsächlich war in der neuen Ordnung der Dinge das Auftauchen einer neuen Kategorie von Wenigen fürs erste nicht vorgesehen. Die realen Verhältnisse sorgten umgehend für besseres Wissen: In den Turbulenzen zwischen 1792 bis 1794 wurde sichtbar, wie eine historisch neue Form von Wenigen-Herrschaft ans Ruder kommt. Die neuen Wenigen gingen in der Regel aus para-demokratischen Wahlen hervor, wobei sie die Gruppendynamik der Parteienbildung innerhalb von Nationalen Versammlungen bzw. Konventen für sich ausnutzten, um über ihre «Parteibasis» hinauszuwachsen.

Die logische Quelle der neuen Oligokratie war unverkennbar der politisierte Volksbegriff, der durch Autoren wie Rousseau und Sièyes ins kollektive Bewußtsein implantiert worden war. Wenn die politische Macht künftig nicht mehr von Gottes Gnaden (*de droit divin*) ausgeübt werden konnte, sondern einem Mandat der scheinbar integren Ganzheit entsprang, die nun mit neuem Akzent *le peuple* hieß, dann mußte man über ein schlüssiges Verfahren verfügen, wie der Wille des neuen Souveräns sich in den Wenigen kontrahierte, um die Intentionen der Vielen so unverfälscht wie möglich zu verkörpern. Seither beruht das demokratische System auf einer Art Mystik der Repräsentation. Sie nimmt die Vorstellung einer Vertretung durch Verdichtung für sich in Anspruch. In modernen Großpopulationen soll jeweils ein parlamentarischer Abgeordneter imstande sein, die Intentionen von 100 000 Personen zu «repräsentieren»; bei verfassunggebenden Versammlungen wächst die Kondensation auf das Verhältnis von eins zu einer Million.

Die wesentliche Problematik der Vertretung Vieler durch Wenige kommt aber erst jenseits der parlamentarischen Abbild-Beziehungen und deren spezifischer Mystik zum Vorschein. Es war von Anfang an ein offenes Geheimnis der «Volksherrschaft», daß es in ihr eine Gruppe von Wenigen gab, die das post-monarchische System zu ihren Gunsten zu manipulieren versuchten. Die neuen *oligoi* trieben die pseudonymische Dynamik der jungen Demokratie schon früh auf die Spitze, indem sie von dem überraschenden Vorrecht Gebrauch machten, sich jenseits der Delegierung durch Wahlen als direkte Inkarnationen des «Volks» zu präsentieren. Jean-Paul Marat bot für diese Delegations-Mystik das deutlichste Exempel: Als unerbittlicher Agitator reklamierte er, der sich und sein Kampfblatt *Der Freund des Volkes* nannte, für seine Person das Vorrecht, zugleich das «Auge des Volkes» zu sein: In dieser Eigenschaft nahm er die Fähigkeit in Anspruch, zu erkennen, wer es nicht länger verdient habe, als Teil des Volkskörpers am Leben zu bleiben. Zu Beginn seiner Mission meinte Marat, die Revolution könne mit der Tötung von 500 Schädlingen am Gemeinwesen auskommen; gegen Ende seiner blutrünstigen Selbsterregung forderte der selbsternannte Tribun 100 000 Opfer. Zugleich war Marat nur einer von den neuen Wenigen, die sich selber als Kondensate oder Inkarnationen des Volksganzen inszenierten. Es war die pseudonymische Dynamik im Innersten der neuen politischen Semantik, die es jedem Club, jedem Ausschuß, jeder Ortsgruppe des Deliriums gestattete, sich selbst das Volk, die Nation, den Konsensus, die *volonté générale* zu nennen, ohne jemals die zu repräsentierenden Massen zu fragen, ob sie sich in ihren selbstsendenden Abgeordneten wiedererkannten. Retrospektiven Schätzungen zufolge hätten die Jakobiner, die mit ihrem Verbal-Radikalismus den Nationalkonvent vor sich her trieben, bei allgemeinen Wahlen im Jahr 1793, als der Kopf des Königs unter der Guillotine fiel, kaum mehr als 3 bis 4 Prozent der Stimmen auf sich vereinigt.

Das Phänomen einer glaubwürdigen Majorität demokratischen Stils gab sein authentisches historisches Debüt weder in den Turbulenzen des 14. Juli 1789, die *de facto* eine Sache einer quantitativ nicht sehr bedeutsamen Menge von Erregten auf den Straßen von Paris waren, noch bei der Aufhebung der Monarchie am 22. September 1792, als die Abgeordneten der *Convention Nationale* gegen die breite Volksstimmung die Abschaffung der Monarchie und die Proklamation der Republik beschlossen. Sein entscheidender Auftritt vollzog sich bei den Ereignissen des Juli 1794. Damals brachte eine Gruppe von entschlossenen Deputierten der gemäßigten Linie – man nannte sie später, im linken Lager meist mit verächtlicher Betonung, die Thermidorianer – den Mut auf, noch im Saal des Konvents gegen das extrem-minoritäre Terrorregime Robespierres aufzustehen. Die Hinrichtung des «Unbestechlichen» am 28. Juli 1794 – ohne vorausgehenden Prozeß – war vermutlich der letzte, möglicherweise der einzige Moment in der Geschichte Europas (von der allgemeinen Zustimmung zur Niederwerfung des Hitler-Regimes im Mai 1945 abgesehen), als die Wenigen und die Vielen eines Landes sich nahezu ausnahmslos zu einer gemeinsamen Überzeugung bekannten. Zehntausende Zeugen aller Stände und Parteien spendeten, dem Bericht Merciers zufolge, dem Scharfrichter Sanson mehr als fünfzehn Minuten lang Beifall, als er Robespierre auf der *Place de da Révolution* enthauptet hatte. Die nicht enden wollende Ovation drückte zugleich die Zurückweisung von Robespierres dunkler Erkenntnis aus, wonach die Herrschaft der Tugend – wie vielleicht jede Herrschaft – nichts sei ohne den Schrecken. In ihr verbarg sich das seit dem Auftauchen der frühen Imperien gültige Grundgesetz der sozialen Synthesis, wonach die Kohärenz politischer Großkörper – neben dynastischen Hypnosen und kollektiven Narzißmen – stets auch durch Effekte phobokratischer Maßnahmen bedingt wird.

Die weitere Entwicklung des demokratischen Motivs im Europa des 19. Jahrhunderts zeugte von der zunehmenden Entfremdung der neuen Wenigen (alias Großbürgertum und Spitzen der politischen Klasse) und den alten und neuen Vielen (herkömmliches Bauerntum, moderne Fabrikarbeiterschaft, kleinbürgerliche Angestelltenwelt). Die Fraktionen der nachrevolutionären «Gesellschaft» traten sich nicht mehr als Adel und Volk gegenüber, sondern als die Reichen und die Armen – oder, um mit Victor Hugo zu sprechen, als die Zufriedenen und die Elenden. Es war die marxistische Bewegung, die von der zweiten Hälfte des 19. Jahrhunderts an die Kriegserklärung der Vielen gegen die Wenigen auf ihre Fahne schrieb, wobei die Vielen unter dem *nom de guerre* «Arbeiterklasse» angesprochen wurden (was für Westeuropa, erst recht für

Rußland eine Fehlbezeichnung war) und die Wenigen unter dem ominösen Terminus «Privateigentümer von Produktionsmitteln» – ein Ausdruck, der die Realität der Elite-Strukturen ebenfalls weit verfehlte.

Schon seit dem frühen 19. Jahrhundert steht die neue, sich selbst noch suchende «Demokratie» unter dem chronischen, von den Frühsozialisten zuerst artikulierten Verdacht, nichts anderes zu sein als die Konspiration einer sehr kleinen wohlhabenden Minderheit gegen die übergroße Mehrheit der Unbemittelten, ja mehr noch, eine ausbeuterische Koalition der unproduktiven Wenigen gegen die produktiven Vielen – ein Verdacht, der in oppositionellen Bewegungen fast ungeprüft aus dem *ancien régime* in die moderne Arbeitsgesellschaft übernommen wurde. Reste von ihm haben sich bis in die Folkloren des Anti-Liberalismus von heute erhalten. Freilich sollte sich im Lauf des letzten halben Jahrhunderts das Gesamtbild umkehren. Nachdem man sich *nolens volens* bewußtmachen mußte, in welch hohem Maß der moderne Reichtum als Resultat von innovationsgetriebener und kreditbasierter Unternehmenskultur entsteht, fällt die Arbeiterklassenromantik in sich zusammen – indes das Ressentiment gegen «die Reichen» sich als langlebige Disposition erweist. In Wahrheit ist es der Großteil der Vielen, der aus der Kreativität der Wenigen Vorteil zieht, wenn auch um den Preis zunehmender Ungleichheit zwischen Basis und Spitze. Infolgedessen enthüllt sich die aktuelle «Demokratie» mehr und mehr als ein System, in dem die *oligoi* ihren Vorsprung gegenüber den *polloi* ausbauen – wenn auch auf ganz andere Weise, als die älteren Ausbeutungstheorien es unterstellten. Aufs Ganze gesehen sind es mehr denn je die Vielen, die von den Wagnissen der Wenigen in historisch beispielloser Weise profitieren.

Vor dem Hintergrund dieser Überlegungen dürfte evident sein, daß das Wort «Demokratie» ein intensives Pseudonym für die vielfältigen oligokratischen Strukturen darstellt, die zum System moderner politisch vermittelter Daseinsvorsorge gehören: ob sie sich nun im Lobbyismus der Großunternehmen verkörpern, in den sklerotischen oberen Rängen von Volksparteien, die den Staat wie eine teilbare Beute okkupieren, in den Spitzen der Verwaltungsbehörden sowie in den Schaumkronen massenmedialer Prominenz. Ihrer Tendenz nach ist auch die Position akademischer Linkspopulisten oligokratisch verfaßt, wenn sie vorgeben, in ihren Schriften fänden die Sprachlosen und Ausgegrenzten der Gesellschaft zu ihrem Ausdruck. In Wahrheit drängen die akademischen Wenigen den stillen Vielen ungefragt ihre Dienste auf, so gut wie nie zu deren Vorteil.

Es mag nicht überflüssig sein zu betonen, daß die oligokratische Grundform der Demokratien beinahe nichts mit dem karikaturalen Typus des Oligarchen zu tun hat, der seit wenigen Jahrzehnten – als opportune Charaktermaske des reichen Manns – zu einer Adresse links- und rechts-populistischer, antielitistischer Haß-Erklärungen gewählt wurde. Hier liegt eine vom Mangel an Bildung bedingte Verwechslung von Oligarchie mit Plutokratie vor, indes die Wahrnehmung der effektiven oligokratischen Dispositionen sich bis auf weiteres nur in einem diffusen Unbehagen an den pseudonymisierten demokratischen Realitäten artikuliert.

III. Die fiskokratische Dynamik der Demokratie

Unter den Fehlurteilen der politischen Theorie des 20. Jahrhunderts ragt noch immer das Eröffnungs-Diktum von Carl Schmitts Traktat *Politische Theologie* von 1922 hervor: «Souverän ist, wer über den Ausnahmezustand entscheidet.» Zahllose Interpreten haben sich dem suggestiven Effekt von Schmitts Lapidar-Stil unterworfen und sich von seinem Willen zur Irreführung des Publikums durch Posen der Entschiedenheit blenden lassen. Hierbei spielte gewiß auch die Suggestion eine Rolle, wonach einige Schlüssel-Ausdrücke der aktuellen Staatslehre – wie jener des Ausnahmezustands – säkularisierte theologische Begriffe seien, im gegebenen Fall der des Wunders, sofern ein solches die Aufhebung der naturgesetzlichen Regelmäßigkeiten impliziert. Demnach handle der neuzeitliche Souverän wie ein Thaumaturg, sprich wie ein politischer Zauberer, der die Gesetze des Normalzustands im Staat aufhebt, um das Gemeinwesen vor Schlimmem und Schlimmstem zu bewahren.

In Wahrheit gründet die Souveränitätskompetenz neuzeitlicher Staaten in ihrer Fähigkeit, die Renitenz der Staatsangehörigen, zumal der Großen und Eigensinnigen unter ihnen, gegen die Zumutung von Steuern zu domestizieren. Dieses Kunststück psychopolitischer Alchemie geht bis in die Anfänge neuzeitlicher Staatenbildungen zurück. Vom Beginn der sogenannten «absolutistischen» Regime im 16. Jahrhundert an gelang es den Monarchen und ihren Schatzmeistern, ihren Vasallen und Untertanen die Vorstellung aufzuprägen, sie seien für die Finanzierung permanenter Residenzen, stehender Heere sowie für die Kosten kontinuierlicher Verwaltung und Rechtspflege tributpflichtig. Hierbei ist zu beachten, daß die Institution des Tributs, vormals nur auf unterworfene fremde Völker anwendbar, nach und nach auf die eigene Staatsbevölkerung übertragen wurde. Thomas von Aquin hat nicht umsonst schon im Jahr 1274 das Paradoxon formuliert, Steuern seien eine Art von «legalem Raub». Wurden im Mittelalter Steuern nur von Fall zu Fall und aufgrund außergewöhnlicher Notstände eingeworben, entwickelten sie sich zwischen dem 15. und dem 18. Jahrhundert zu einer bleibenden Einrichtung, die von der Kollektivpsyche als ebenso verhaßt wie unumgänglich wahrgenommen wurde. Die hieraus entstandene Empfindungsart wird von Benjamin Franklins im Jahr 1789 notiertem Diktum zusammengefaßt, wonach es in dieser Welt nur zwei Dinge gebe, die als sicher gelten dürfen: den Tod und die Steuern. (*Nothing in this world can be said to be certain, but death and taxes*, heißt es im Juni 1789 in einem Brief an Jean-Baptiste Leroy.) An dem Bonmot ist bemerkenswert, wie das Sterben- und das Steuernzahlen-Müssen mit einem analogen Grad an Resignation aneinandergereiht werden. Mag man auch versuchen, dem einen wie dem anderen aus dem Weg zu gehen, zuletzt siegt doch immer die andere Seite.

Ernst Kantorowicz hat in seiner Studie über *Die zwei Körper des Königs* die geistreiche Beobachtung festgehalten, der neuzeitliche Staat und sein Steuerwesen seien aus der Fiktion des «permanenten Notstands» hervorgegangen – wo Staat ist, wie wir ihn seit wenigen Jahrhunderten kennen, dort ist stets schon das Gespenst der Krise durch Unterfinanzierung im Raum. Die alteuropäische monarchische Kontinuitäts-Formel «Der König ist tot, es lebe der König» bezog sich auf implizite Weise immer auch auf die fixe Idee, der verstorbene König werde von seinem «Fiskus» (wörtlich: «dem Korb») überlebt – ein Ausdruck, der zunächst den Privatschatz des Monarchen, später die Staatskasse bezeichnete. Der Fiskus stand für ein Kontinuum-Prinzip jenseits der Treue-Eide, die jeweils dem lebenden Herrscher geschworen worden waren. Der Jurist Baldus schrieb schon im späten 14. Jahrhundert: «Der Fiskus ist allgegenwärtig und hierin Gott ähnlich.»[2]

Mit der Zeit stieg der Fiskus – noch vor den stehenden Armeen und den permanent tagenden Parlamenten – zum Zentralorgan aller modernen Staatlichkeit auf. Das europäische soziale Gedächtnis sollte nicht vergessen haben, daß die Französische Revolution aus einer Notmaßnahme des alten Staats gegen seine exzessive Verschuldung hervorgegangen war. Als die Generalstände am 1. Mai 1789 nach jahrhundertelanger Pause zu ihrer Versammlung in Paris einberufen wurden, gab man sich auf seiten der Regierung der naiven Idee hin, die «Gesellschaft» im ganzen werde irgendwie die Defizite der schuldenmachenden Klasse auf sich nehmen und so dem bestehenden System eine Fortsetzung gewähren.

Der Fortgang der Ereignisse verriet, ein machthabender Bankrotteur wie Louis XVI. durfte nicht auf die Milde der Gläubiger rechnen. Man hat bislang unzureichend darauf ge-

---

2 Ernst H. Kantorowicz: *Die zwei Körper des Königs. Eine Studie zur politischen Theologie des Mittelalters.* Stuttgart 1992, S. 199 (zuerst englisch: Princeton 1957). Zum Motiv der *perpetua necessitas* S. 293 f.

achtet, daß die Französische Revolution wie eine aus dem Ruder gelaufene Gläubiger-Versammlung begann, von selbsterhitzender Advokaten-Rhetorik befeuert. Der Revolutionsabgeordnete Marc-Antoine Lavie brachte das Geschehen in einer Rede vor der Nationalversammlung 1791 auf den Punkt: «Wir haben die Revolution nur deshalb gemacht, um Herren über die Steuern zu werden.»[3] Damit wurde *expressis verbis* erklärt, die Pointe der Revolution bestehe darin, alle Stände der Nation in Steueruntertanen zu verwandeln. Die Sièyessche Formel, der Dritte Stand sei in sich schon die komplette Nation, bedeutete aus dieser Sicht nicht viel mehr als ein Ablenkungsmanöver. In Wahrheit erwies sich die Revolution als eine Operation zur Einsetzung eines brachialen Fiskalregimes hinsichtlich der vormals steuerflüchtigen Stände: Ohne das geringste Zögern konfiszierte die zu sich erwachte Nation die Kirchenvermögen und verhökerte sie nach dem Prinzip des Zuschlags an den Meistbietenden. (Man muß Edmund Burkes *Reflections on the Revolution in France*, 1790, wiederlesen, um ein zeitgenössisches Urteil über die Ungeheuerlichkeit des Vorgangs nachzuempfinden.[4]) Hiermit legte die neue Ordnung der Staatsfinanzen ihre Herkunft aus der Geste der Konfiskation «entfremdeten» Reichtums unumwunden offen. Überdies wollte sie auch die vormalige Aristokratie im Rahmen des Machbaren in den Status von Steueruntertanen beugen. Tatsächlich hatten die beiden ersten Stände im *ancien régime* den Tatbestand der systematischen Steuervermeidung mit königlicher Duldung elegant erfüllt. Um so energischer machte sich nach dem großen Umschwung der fiskalische Egalitarismus geltend. Das breite Volk freilich sollte nicht nur wie gewohnt weiter bis an die

---

3 François Furet, Mona Ozouf: *Kritisches Wörterbuch der Französischen Revolution*. Frankfurt am Main 1996 (frz. Original, Paris 1988), S. 894.
4 Edmund Burke: *Betrachtungen über die Französische Revolution*. Aus dem Englischen übertragen von Friedrich Gentz. Hg. von Ulrich Frank-Planitz. Zürich 1987, S. 209–295.

Grenze des Erträglichen besteuert werden, es wurde auch in die Funktion von informellen Steuerfahndern einberufen. Obschon praktisch jeder Betroffene die passiv erlittene Besteuerung haßte, fanden sich viele dazu bereit, jene zu denunzieren, denen es bisher gelungen war, sich dem Verhaßten zu entziehen. Man hat in der jüngeren Politologie zu wenig bemerkt, in welchem Maß die zeitgenössischen «Gesellschaften» nach wie vor auf dem Motiv des fiskalischen Ressentiments beruhen, das nach 1789 unverzüglich gegen die Besitztümer des Ersten Standes entfesselt worden war und das sich heute den sogenannten Reichen an die Fersen heftet. Nach jüngeren Berechnungen gelingt es den allermeisten Steueruntertanen von heute nicht, mehr als drei Prozent ihres Vermögens vor dem Auge des Fiskus zu verbergen; eine verschwindend kleine Zahl von Superreichen erreicht eine Verdunkelungsquote von 30 Prozent. Der Fiskus, national wie international, ist darum die einzige wirkliche Weltmacht. Er entzieht den lokalen Volkswirtschaften ein Vielfaches dessen, was der «reale Sozialismus» je abzuschöpfen imstande war.

Hieraus ergibt sich, daß der noble Terminus «Demokratie» von Anfang an immer auch als ein Pseudonym für die fiskokratischen Tatsachen fungierte. Da der moderne Staat, in Ermangelung ausplünderbarer Nachbarvölker oder kolonialer Peripherien, nicht mehr imstande ist, sich aus externer Beute zu finanzieren (nur Napoleons frühe Feldzüge waren beutebasiert und daher in Frankreich populär), ist er auf die fiskalische Duldsamkeit der eigenen Bevölkerung angewiesen. Deren Tonus wird in stetigen Zyklen von Erhöhungen und Senkungen der Steuern getestet. Die Gesamttendenz zeigt, daß kritische Mehrheiten sich mit der wachsenden Besteuerung der kreativen Minderheiten einverstanden erklären, von deren Resultaten die Mehrheiten sich alimentieren.

Der Historiker Hagen Schulze hat in einem Aufsatz unter dem Titel *Die keineswegs Goldenen Zwanziger Jahre* notiert, «daß ... derjenige souverän ist, der ... über die Steuereinnahmen verfügt.»⁵ Die These trifft den Kern der Dinge, doch bleibt sie um die Feststellung zu ergänzen, daß ebenso souverän ist, wer über die Feststellung von Währungsparitäten entscheidet, insbesondere nach heftigen Inflationen. Das Deutsche Reich hatte während des Ersten Weltkriegs bei seiner eigenen Bevölkerung durch Zwangsanleihen Kriegsschulden in Höhe von 154 Milliarden Mark angehäuft (eine Summe, die man heute mit dem Faktor 20 multiplizieren dürfte). Der Betrag war im November 1923 auf den Wert von 15,4 Pfennig in Vorkriegswährung geschrumpft. «Fiskalisch gesehen war so der Erste Weltkrieg der billigste Krieg, der je geführt wurde.» Er wurde aus deutscher Sicht nicht nur von den Gefallenen mit ihrem Leben bezahlt, sondern auch von den Gläubigern des deutschen Fiskus mit ihren Ersparnissen.

Zur spezifischen Qualität des modernen demokratisch genannten Staatswesens gehört die seit dem 19. Jahrhundert unübersehbare Intensivierung des fiskokratischen Faktors. Vorangetrieben wurde dieser nicht zuletzt durch die Entwicklung des Wohlfahrtsstaats bzw. des Sozialstaats, im übrigen auch des Subventionsstaats, um für den Augenblick den Rüstungsstaat nicht eigens zu betonen, in den weltweit Billionen-Summen aus Steuern fließen. Der deutsche Gelehrte Adolf Wagner hatte diese Tendenz in seinem um 1860 formulierten «Wagnerschen Gesetz» vorausgreifend auf den Begriff gebracht, als er die Unausweichlichkeit der progressiven «Ausdehnung der Staatstätigkeit» statuierte; diese werde folgerichtig begleitet von einer analogen Ausdehnung der fiskalischen Eingriffe in das Bevölkerungsvermögen. Die Ironie des Wagnerschen Gesetzes zeigte sich darin, daß sein Urheber, den man später unter Linksradikalen als «Kathedersozialisten» verspottete, die Heraufkunft des modernen Sozialstaats eher prophetisch anti-

---

5 Hagen Schulze: *Die keineswegs Goldenen Zwanziger Jahre. Steuerpolitik zwischen Inflation und Wirtschaftskrise (1919–1932)*, in: *Mit dem Zehnten fing es an. Eine Kulturgeschichte der Steuer*. Hg. von Uwe Schultz. München 1986, S. 209–218.

zipiert, als empirisch wahrgenommen hatte. Zu Wagners Zeit war dieser, an den aktuellen Verhältnissen gemessen, so gut wie inexistent. Überdies hielten sich die beiden stärksten Schlachtrösser der modernen Fiskalität noch hinter dem Horizont verborgen: die progressive Einkommensteuer zum einen, die universelle Konsumsteuer alias Mehrwertsteuer oder Umsatzsteuer zum anderen hatten ihre Karrieren noch kaum begonnen. Beide wuchsen im Lauf des 20. Jahrhunderts zu Realitäten von kolossalen Ausmaßen heran, mit einem leichten Übergewicht der letzteren. Für beide Kategorien gilt die Beobachtung, wonach einkommens- und konsumintensive relative Minderheiten die einkommens- und konsumschwachen Mehrheiten mittragen, ohne daß die Mehrheiten von den effektiven Beiträgen der nicht selten ironisch so genannten «Leistungsträger» sich einen realistischen Begriff machen müßten.

Demnach kann man plausibel erklären, warum sich die real existierende Fiskokratie unter dem Pseudonym der Demokratie heute mehr denn je einer bequemen Prosperität erfreut: Wenn schon die Tätigkeit des Fiskus im allgemeinen von einer quasi natürlichen Unpopularität begleitet wird, gewinnt sie doch die Zustimmung der Mehrheiten, sobald sie sich als das geeignete Mittel erweist, die Schafe mit den längeren Haaren zu scheren.

IV. Masse und Macht: Das mobokratische Element

Unter den intensiven Pseudonymen des Worts «Demokratie» ist an dritter Stelle das Phänomen der Mobokratie anzuführen. Es erinnert daran, daß die neuzeitliche Demokratie von Anbeginn mit einem quasi selbstparodistischen Faktor ausgestattet war. Das Volk, das die Demokratie legitimiert, führt seit jeher ein trübes Element mit sich, auf das sich besser nicht berufen sollte, wer in seinem Namen Macht ausüben möchte. Den dunklen Zusatz zum demokratischen Kollektiv erkannte schon der antike Historiker Polybios (200–118 v.Chr.), als er in seiner Lehre vom Kreislauf der Staatsverfassungen die

«Pöbelherrschaft» (Ochlokratie) als eine Verfallsform der Demokratie bestimmte.

Tatsächlich fungiert die jüngere Demokratie, indem sie sich vom Volk her legitimieren möchte, immer auch als ein Ermächtigungsverfahren in bezug auf Gruppen, die durch nichts außer durch ihre emotionale Mobilisierbarkeit zur Ausübung von politischer Macht qualifiziert sind. Der englische Ausdruck «mob», der sich in seinem modernen Sinn seit dem 18. Jahrhundert nachweisen läßt, bezieht sich auf eine diffuse, überwiegend vulgäre, volatile und launische Straßenöffentlichkeit, die zu gelegentlichen Aufläufen und Gewaltausbrüchen disponiert ist. Giacomo Casanova bemerkte in seinen Erinnerungen, der Mob von London sei hin und wieder in der Stimmung gewesen, Adlige, die aus ihren Kutschen stiegen, mit Straßenschlamm zu bewerfen.

Casanovas Beobachtungen beziehen sich auf Szenen aus den frühen 60er Jahren des 18. Jahrhunderts. 25 Jahre später war auf dem Festland aus analogen Stimmungen ein spürbarer politischer Wirkungsfaktor geworden. Das Schlammwerfen hatte sich verbalisiert und intellektualisiert. Es hatte sich weiterentwickelt zu einem unter mehreren symbolischen Steuerungsmedien der sich organisierenden «bürgerlichen Öffentlichkeit». Das erwähnte Organ *L'Ami du Peuple* aus der Feder Jean-Paul Marats hatte aus dem Schlamm der ungepflasterten Straßen von Paris die moralischen Wertstoffe extrahiert. Hierbei entstand aus dem Wurf der Vorwurf; aus dem Vorwurf ging die Forderung nach der Welt von morgen hervor – vorgetragen als der sich selbst immer weiter werfende Einwurf gegen jeden sozialen Zustand, der es seines bloßen Bestehens wegen verdient, anklagt zu werden.

Unter den zahlreichen kurzlebigen Medien der Pariser Öffentlichkeit während der Großen Tage springt ein pamphletistisches Organ ins Auge: eine Publikation unter dem Namen *Le père Duchesne* – benannt nach einer Kunstfigur, die sich als authentische Stimme des Volkes präsentierte, adressiert an Leser auf der Straße und an Soldaten der jungen republikanischen

Armee; an letztere wird das Blatt zeitweilig kostenlos verteilt. Père Duchesne gibt vor, ein Mann aus dem Volk zu sein, von Beruf Ofensetzer, ein schlichter Bürger, der sagt, was er denkt, und der vorgeblich fühlt, wie alle ehrlichen Patrioten fühlen sollten. Sein Attribut ist eine gemütliche Tabakpfeife unter einem trotzigen Schnurrbart; seine Tonart ist populäre Vulgarität, durchsetzt von Flüchen, Kraftausdrücken und zotigen Wendungen. Er redet dem kommenden Regime der einfachen Leute das Wort. Der Hauptautor des Blatts, von dem es mehrere Nachahmungen gab, war der radikal-republikanische anti-klerikale Publizist Jacques-René Hébert, der im März 1794 im Zuge der von ihm selbst geförderten extremistischen Überhitzung der Revolution enthauptet wurde. In den 385 Ausgaben seines Kampfblatts lieferte er zwischen 1790 und 1794 den Prototypus dessen, was man später mit dem Begriff «Verhetzungspresse» etikettierte; an ihr läßt sich ablesen, daß die post-faktische «Information» keine späte Verfallsform der demokratischen Öffentlichkeit darstellt, sondern ihren Herkunftsraum bildet. Mit seiner antiklerikalen Radikalität lief *Le père Duchesne* sogar dem blutrünstigen Agitationsblatt Marats, *L'Ami du Peuple*, den Rang ab; an manchen Tagen soll er eine Auflage von 600 000 Exemplaren erreicht haben. Für Medien-Historiker läßt sich eine evidente Linie ziehen von den Verlautbarungen des *Père Duchesne* zu den Aktivitäten der *Breitbart*-Presse, die den heutigen Stand vulgärster rechts-populistischer, Fake-News-basierter Publizistik exemplarisch repräsentiert.

Im Namen der zu schaffenden Demokratie und ihrer zu entgrenzenden Redefreiheit agiert somit seit mehr als 200 Jahren eine Form der Presse, neuerdings auch der Funkmedien und der Internet-Foren, die sich aus einer Selbstparodie des Demokratie-Gedankens inspirieren. Ihr Leitmotiv ist es, den aktuell noch Demokratie-Unfähigen eine Schlüsselrolle für die weiteren Schicksale des Gemeinwesens zuzusprechen. Sie inszenieren eine maligne Form von Positivismus, dem zufolge die förmliche Gleichheit vor dem Wahlrecht zugleich die substantielle Gleichheit vor dem Urteilsvermögen bedeute. Das Klassen-Wahlrecht des 19. Jahrhunderts hatte ein Zögern vor dem verfrüht zur Geltung gelangenden Gleichheitsprinzip zum Ausdruck gebracht. Im systemisch unvermeidlich gewordenen allgemeinen Wahlrecht des 20. Jahrhunderts wurde der Wille zur Ignorierung des mobokratischen Faktors zu einer handfesten Größe. Die gewollte Blindheit schließt die Tatsache ein, daß in einem avancierten Industrieland wie der Bundesrepublik Deutschland von heute jeder siebente Wahlberechtigte dem funktionalen Analphabetismus zugerechnet werden kann. In den USA liegt die Analphabetie-Quote nach jüngeren Schätzungen bei 22 Prozent. Wie hoch die Quote bei den britischen Wählern lag, die im Referendum vom Juni 2016 für *Leave* stimmten, ist u. W. nicht ermittelt worden; sicher ist jedoch, die *Leave*-Kampagne wurde nicht selten mit den typischen Mitteln mobokratisch enthemmter Desinformation geführt. Hier war offenkundig ein Mob von oben tätig, um einen Mob von unten zu mobilisieren.

Die zum Prinzip erhobene Demokratie muß sich früher oder später mit der Tatsache auseinandersetzen, daß ein gut Teil der Diktaturen des 20. Jahrhunderts Wahl-Diktaturen darstellten – die Russische Revolution nicht ganz ausgenommen. Sie freilich, eingeleitet durch die Wahlen vom Herbst 1917, war aus einem Putsch der Minorität gegen die gewählte Mehrheit hervorgegangen; sie lieferte den weltgeschichtlichen Beweis für die Macht des Bündnisses zwischen idealistischen Eliten und populistischem Mob – um an Hannah Arendts bekannte Diagnose über die interne Dynamik «totalitärer» Systeme zu erinnern. Der Wahlerfolg Hitlers im Jahr 1932 hatte seinerseits demonstriert, daß politische Abstimmungen auf der Basis kollektiver Dysphorien (Verstimmungen) nicht notwendigerweise zu demokratie-kompatiblen Ergebnissen führen. Nur bei günstigem Klima konvergieren Vernunft und Mehrheit. Der Wahlsieg von Donald Trump im November 2016 bestätigt die fortbestehende Aktualität der mobokratischen Großwetterlage.

Vor dem Hintergrund der jüngsten politischen Klima-Wende in den USA hat man Grund, auf die Tatsache hinzuweisen, daß fast alle politischen Systeme, die unter den 195 Mitgliedern der

United Nations Organization figurieren, darum bemüht sind, sich irgendwie ins Spektrum der möglichen «Demokratien» einzuordnen. Der semantische Opportunismus bedient die globale pseudologische Tendenz. Unter den Mitgliedern der Vereinten Nationen finden sich nahezu zwei Drittel, die man als Wahl-Despotien bezeichnen dürfte, sofern es nicht geradezu Erb-Despotien sind wie Syrien und Nord-Korea. Die hartnäckigsten Diktaturen bemänteln sich mit gefügigen Parlamenten sowie mit scheindemokratisch konstituierten Regierungen. Solche Regime kopieren nicht ungern die Verfassungen authentischer Demokratien. Folglich ist nüchternen Tons festzustellen, daß die pseudonymische Energie des Terminus «Demokratie» gegenwärtig *weltweit* auf einem historischen Höhepunkt angelangt ist. Was immer Despoten im Sinn haben, sie können ihre Launen unter den Bedingungen der aktuellen politischen Semantik nur als Ausdruck eines lokalen Volkswillens codieren. Hierbei greifen die oligokratischen und die mobokratischen Mechanismen nahezu fugenlos ineinander. Ein Großteil des politischen Lebens auf dem Planeten zu Beginn des 21. Jahrhunderts gehört den Parodien der Demokratie durch plebiszitäre Diktaturen.

Es war der deutsche Soziologe Niklas Luhmann (1927–1998), der aus seiner Skepsis gegen jede Demokratie-Romantik, ob nachkriegs-deutscher oder internationalistischer Machart, am wenigsten ein Geheimnis machte. Seiner minimalistischen Definition zufolge bedeutet die Demokratie nicht mehr als ein System, in dem die Ausübung von Macht auf dem Prinzip der «gespaltenen Spitze» beruht, sprich auf der durch Wahlen (oder Lose-Ziehungen) bedingten Möglichkeit des nichtgewaltsamen Machtwechsels zwischen Regierungen und Oppositionen.[6] Mit dieser Diagnose ist die kritische Einsicht

---

6 Niklas Luhmann: *Die Zukunft der Demokratie*, in: *Der Traum der Vernunft. Vom Elend der Aufklärung*. Hg. von der Berliner Akademie der Künste. Darmstadt–Neuwied 1986, S. 207–217.

zu verknüpfen, daß machthabende Spitzen okkasionell, vielleicht sogar tendenziell, an der Herstellung ihrer Unauswechselbarkeit interessiert sind. Ein typischer Zug hierbei ist die Erschwerung von Opposition – bis hin zur Gleichsetzung von Oppositionellen mit Verbrechern, wie man es aktuell bei der Erdoganisierung der Türkei studieren kann. Die Kriminalisierung von Opposition gehört zu den Herrschaftsmechanismen, durch welche formal etablierte Demokratien mit vor-demokratischen Systemen verbunden bleiben. In labilen Demokratien, zumal wenn sie über keine eingewurzelten Traditionen öffentlichen Konflikts verfügen und stimmungspolitisch leicht agitierbar sind, ist daher mit einer latenten Prädisposition zur Selbstabschaffung zu rechnen. Das probate Mittel hierzu ist die Umwandlung der Wählerschaft in eine Gefolgschaft und der Gefolgschaft in einen Mob, der sich sprungbereit in Reserve hält, um zugunsten seiner unabwählbaren Verführer auf die Straße zu gehen.

Im übrigen stammt die Einsicht in den systemischen Zusammenhang zwischen der Oligokratie (heute zumeist mit «Eliten»-Herrschaft verwechselt) und dem mobokratischen Substrat der jüngeren Demokratien nicht erst von heute. Er bildet seit rund 125 Jahren den Gegenstand einer Wissenschaft, die sich anfangs und über längere Zeit «Massenpsychologie» nannte, bevor sie sich unter dem Druck der aufkommenden *political correctness* in «Sozialpsychologie» oder «Verhaltensökonomie» umtaufte. Die Disziplin befaßte sich vor allem mit den libidinösen Relationen zwischen den Massen und ihren Führern. Es charakterisiert die Sensibilität der aktuellen Massen, daß sie sich dagegen verwahren, Massen genannt zu werden. Dies ändert nichts daran, daß man die wichtigsten Aufschlüsse über ihre Funktions- und Seinsweise in einer Literatur entdeckt, die z.T. noch ins späte 19. Jahrhundert zurückgeht, namentlich in den Schriften Gabriel Tardes, gefolgt von den Arbeiten Gustave Le Bons, Ortega y Gassets, Sigmund Freuds und Elias Canettis; all diese und andere nennenswerte Autoren werden auf originelle Weise weitergedacht in Serge Moscovocis Klassiker *Das Zeitalter der Massen* – im französischen Original *L'Age des foules*, 1981 erschienen. Erhöhte Aufmerksamkeit für die pseudonymische Verdeckung mobokratischer Faktoren in der Demokratie empfiehlt sich heute vor allem deswegen, weil mit dem Anschwellen vielfältiger «populistischer» Bewegungen in Europa und auf der anderen Seite des Atlantiks eine Krise des tonangebenden «demokratischen» Gesellschaftsmodells manifest wird. Offenkundig handelt es sich bei den dominierenden Formen des Populismus um Enthemmungs-Phänomene. Durch sie werden die domestizierenden Wirkungen zivilisatorischer Regeln bei großen Zahlen von Bürgern abgebaut. Dank der neuen sozialen Medien müssen sich die Teilnehmer an Enthemmungs-Kommunikationen nicht einmal mehr physisch versammeln, um einen offensiven Mob zu bilden; es genügt, sich mit wenigen Klicks in die Schwärme enthemmter Zustimmungsspender einzuwählen. Die Zustimmenden orientieren sich häufig am Beispiel eines Anführers, der die Devise verbreitet: «Ich bin schamlos und stolz darauf, es zu sein.» Hierbei zeigt sich, wie das altbekannte Motiv der okkasionellen physischen Mob-Bildung überlagert wird von den jungen, noch kaum durchdrungenen Phänomenen der Schwarm-Intelligenz und der Schwarm-Idiotie. Im übrigen könnte sich nach näherer Untersuchung der Sachlage der Befund ergeben, daß es sich bei historischen Entladungen mobokratischer Energien – von den judäophoben Progromen des Mittelalters bis zu den inszenierten Tumulten gegen die dänischen Mohammed-Karikaturen – bereits um Ausbrüche schwarm-idiotischer Infektionen gehandelt habe. Das Überleben der authentischen, nichtpseudonymischen Elemente von Demokratie hinge demnach ab von ihrer Fähigkeit, sich gegen den Einbruch von schwarm-idiotischen Effekten in den öffentlichen Raum zu immunisieren.

V. Das phobokratische Kontinuum

Man darf dem 20. Jahrhundert alles Mögliche Unvorteilhafte nachsagen und würde so gut wie immer einen sensitiven Punkt treffen. Was ihre *ways of life* angeht, war diese Ära ebenso erfinderisch wie in bezug auf ihre *ways of death*. Dem 20. Jahrhundert kommt das dubiose Privileg zu, das Schicksal der Sterblichen auf unvorhergesehene Weise modernisiert zu haben: Es tat dies, indem es die Endlichkeit des Daseins mit einer zuvor nie dagewesenen Massenhaftigkeit und Anonymisierung verband – die fatale Episode des «Schwarzen Todes» um die Mitte des 14. Jahrhunderts ausgenommen, bei welcher fast ein Drittel der europäischen Population durch die blitzartig auftretenden Vermehrungserfolge einer aus dem Nahen Osten eingeschleppten Mikrobe ausgelöscht wurde. Das 20. Jahrhundert hat erstmals den durch Menschen bewirkten Tod den mikrobisch verursachten Auslöschungen ebenbürtig gemacht.

Das einzige Gebiet, auf welchem das 20. Jahrhundert sich als über alle Vorwürfe erhaben erwies, betraf seine Fähigkeit, für sich selber sprechende Namen zu finden. Ob es sich das «Atomzeitalter» nannte, das «Jahrhundert der Jugend», die «Ära der sexuellen Revolution», das «Konsumzeitalter», das «Jüdische Jahrhundert», die «Ära der Entkolonialisierung», die «Epoche der fossilen Brennstoffe» – jedesmal erhoben Ausdrücke dieser Machart einen nennenswerten Zug der Gesamtentwicklung ins Profil.

Der größte Benennungserfolg freilich dürfte dem englischen Dichter T. H. Auden gelungen sein, als er sein 1947 publiziertes Groß-Poem über das gegenwärtige Zeitalter mit *The Age of Anxiety* überschrieb. Man kann es das meistzitierte unter den ungelesenen Werken moderner Dichtung nennen. Es war sein Titel, der das Werk über sein eigenes Niveau hinaustrug. Es machte aus ihm einen Hybrid aus barocker Elegie, Leitartikel und geschichtsphilosophischer Meditation.

Die Stärke von Audens Titel beruht auf seiner plakativen Unschärfe. Man kann fürs erste nicht wissen, ob er sich auf die

Jahre nach dem Ende des Zweiten Weltkriegs bezieht, auf das 20. Jahrhundert, auf die moderne Welt insgesamt oder auf das Zeitalter der Imperien, das vor mehr als 4000 Jahren in Mesopotamien und Ägypten aufgezogen war, um den Sturzbach von meist unerfreulichen Ereignissen hervorzurufen, den wir mit dem aseptischen Ausdruck «Geschichte» umschreiben.

Tatsächlich wird das 20. Jahrhundert, von dem der Dichter in erster Linie spricht, mit den vorangegangenen Epochen durch ein Merkmal verbunden, das man das phobokratische Kontinuum nennen könnte. Folglich läßt sich die Formel *Age of Anxiety* in einem engeren und einem weiteren Sinn verstehen. Der engere liegt für einen aufmerksamen Zeitgenossen von 1947 auf der Hand: Die Menschheit nach Auschwitz und Hiroshima ist ein Kollektiv von Zitternden, denen bewußt ist, sie seien gerade noch einmal davongekommen.

Der weitere Sinn erschließt sich durch psychohistorisches Bewußtsein. Seit es Großreiche gibt, ist die Furchterregung – neben der Selbstsakralisierung der herrschenden Häuser – das Mittel der Wahl, wenn es darum geht, den Völkern den allesbedeutenden Unterschied zwischen Oben und Unten einzuprägen. Das Caesarenwort: *oderint dum metuant* – Caligula zugeschrieben, gelegentlich auch mit Nero assoziiert –, resümiert die Lage: «Sollen sie (mich) hassen, solange sie (mich) fürchten.» Bei dem Prägungsvorgang spielt die Handhabung der Todesstrafe seit jeher eine wesentliche Rolle, vor allem in den Zeiten, als Hinrichtungen im Modus der öffentlichen Folter ausgeübt wurden, sei es als Kreuzigung, als Verkümmerung in Eisenketten, als Lebendverbrennung, als Räderung oder als Vierteilung, um nur die gebräuchlichsten Methoden des Staatssadismus zu erwähnen.

Die phobokratische Konstante in der sozialen Synthese von größeren Gesellschaftskörpern hat sich offensichtlich an strategisch wichtigen Stellen über die politische Primärdifferenz der Neuzeit hinweggesetzt, sprich: jene zwischen Monarchie und Republik – ja, sie machte sich in der beginnenden modernen republikanischen Demokratie mit besonderer Nachdrücklichkeit geltend. Daß die Französische Revolution zwischen 1792 und 1794 eine Phase exzessiven Staatsterrors durchlief, sollte aus psychohistorischer Sicht durchaus nicht als ein Zufall verstanden werden. Nachdem die politisch weitgehend unerfahrenen Revolutionäre die Ambition entwickelt hatten, staatlicher als der alte Staat aufzutreten, gerieten sie unvermeidlich auf die Spur des etatisierten Schreckens. Sie parodierten das *ancien régime*, indem sie seine Gewalt über Leben und Tod ins Vielfache vergrößerten. Man hat nachgerechnet, daß für den Henker von Paris in den zwei republikanisch verantworteten Schreckensjahren mehr Arbeit anfiel als in den vorangegangenen zweihundert Jahren. Hegel hat in der *Phänomenologie des Geistes* mit seiner bekannten Deutung des modernen Schreckens als des Zeugnisses nichtig-abstrakter subjektiver Freiheit die Pointe des Geschehens verfehlt. Die Phase der *terreur* war gerade nicht der Übergriff von romantisch-haltloser Subjektivität auf das politische Feld; er war vielmehr ein Beweis dessen, daß die Revolutionäre den alten Staat besser verstanden, als er sich selbst verstanden hatte. Mit der Rücksichtslosigkeit von Anfängern legten sie in ihrem neuen Staat die phobokratischen Wurzeln der größeren Staatlichkeit als solcher offen[7] – bevor deren wirkliche, im guten Sinn des Wortes demokratische Aufklärung und Abklärung begann – anders gesagt: als sich der Abbau der Volkslenkung durch Furcht beim Volk selbst zumindest in Ansätzen bemerkbar machte. Reale Demokratie erkennt man an dem Übergewicht von Zivilcourage gegenüber den Mächten der Einschüchterung.

Das phobokratische Syndrom hat sich durch den Verlauf der Französischen Revolution ins Gedächtnis der Moderne einge-

---

[7] Das skandalträchtige «Lob des Henkers» in Joseph de Maistres *Soireen von Sankt Petersburg* setzt die Anschauung der massenhaften republikanischen Exekutionen voraus: Erst durch deren Rückübertragung ins *ancien régime* entsteht die provokative Idee einer in heiliger Phobokratie gegründeten monarchischen Staatsgewalt von Gottes Gnaden.

prägt; es wurde in der Russischen Revolution mit bewußtem Nachdruck wiederholt. Die von Lenin redigierten «Dekrete über den Roten Terror» vom 5. September 1918 legten offen, daß Terror nur funktionieren kann, wenn er als Publizistik praktiziert wird: Die Liste der Liquidierten sollte fortlaufend veröffentlicht werden, um bei den Empfängern der Nachrichten den beabsichtigten Eindruck zu hinterlassen.

Der jakobinische Terror hatte diesen Effekt im Medium der Pariser Stadtöffentlichkeit vorweggenommen. Er war essentiell eine Synthese aus unberechenbarer Willkürjustiz und Wirtschaftsdiktatur gewesen. In seinem Instrumentarium rangierten die Drohungen noch vor den «Maßnahmen», die Maßnahmen noch vor den Gesetzen. Saint-Justs elsässisches Dekret vom 3. Nivose des Jahres II (1793), jedes Haus sei niederzureißen, dessen Bewohner des Wuchers überführt sei – Wucher meint hier die Abweichung von den staatlich verfügten Höchstpreis-Verfügungen für Getreide («Maximum») –, verrät die phobokratische Dynamik einer hilflos um sich schlagenden Herrschaft der Wenigen. Unnötig zu erklären, warum Drohungen und Maßnahmen in die Generalisierung des Mangels mündeten. Für die Phobokratie bleibt der Versuch charakteristisch, ihre Opfer mit dem Verbot, sich zu beklagen, so lange wie möglich in Schach zu halten.

Die Berechtigung des Dichters, die *Age of Anxiety*-Formel auf seine eigene Epoche zu beziehen, ergab sich aus unerzwungenen Beobachtungen. Auden hatte über Jahrzehnte Gelegenheit gehabt wahrzunehmen, wie das Konzept des Terrorismus, das nach 1890 zeitweilig durch russische und westeuropäische Anarchisten in molekulare Einzelaktionen zersplittert auftrat, von den dominierenden Staaten massiv wiederangeeignet wurde. An erster Stelle trifft dies auf die junge Sowjetunion zu, deren politisches Überleben nach 1918 ohne den systematischen, nach innen gerichteten Terror der Leninschen und Stalinschen Geheimpolizeien undenkbar gewesen wäre. Die Wende zum Staatsterrorismus vollzieht sich, was den Umgang mit der internen Dissidenz anging, in nahezu gleichem Ausmaß im Herrschaftsmodus des Nationalsozialismus; in etwas schwächeren Formen charakterisiert sie auch den Faschismus Italiens und den spanischen Franquismus.

Für die Beurteilung des Terrors im 20. Jahrhundert ist entscheidend, daß die moderne Kriegführung, insbesondere nach dem Aufkommen des Luftkriegs und der Bombardierungsstrategien, zunehmend terroristische, sprich anschlagartige, strukturell asymmetrische Züge annahm. Hierbei fällt die Beobachtung ins Gewicht, wonach der asymmetrische Krieg aus der Luft als Ausübung von Terror gegen Fremdbevölkerungen eine Erfindung der «regulären» Armeen war – kulminierend in der gewaltgeschichtlichen Singularität der Bombenabwürfe über Hiroshima und Nagasaki.

Seit der Ära des Kalten Krieges – 1945 bis 1989 – war das phobokratische Substrat moderner Staatlichkeit in Gestalt des vielzitierten «Gleichgewichts des Schreckens» für jedermann sichtbar wiedergekehrt. Als diese so erfolgreiche wie perverse Äquilibristik um 1990 nach der Implosion der Sowjetunion von der psychopolitischen Bühne verschwand, mußten sich die westlichen Demokratien mit der Tatsache abfinden, daß ihr phobokratischer Haushalt in Zukunft von bislang vernachlässigten externen Kräften mitbestimmt werden würde. Der Anschlag palästinensischer Aktivisten auf die israelische Equipe bei den Olympischen Spielen in München 1972 deutete die Richtung der Entwicklung an. Im November 1974 wurde der Palästinenser-Führer Arafat mit einem Auftritt vor der Vollversammlung der UNO in New York belohnt.

Die aktuelle Situation des phobokratischen Elements in modernen Demokratien bleibt bis auf weiteres durch das Ereignis des 11. September 2001 dominiert. Von diesem Tag an wird nahezu alle Politik vom Gesetz der Überreaktion bestimmt. Die offengelegte Angreifbarkeit des scheinbar Unangreifbaren hat die Koordinaten des Sicherheitsbewußtseins so gut wie überall auf dem Planeten verschoben; sie hat die Zeitgenossen in eine Ära unkontrollierbarer Kontrollzwänge katapultiert. Der phobokratische Imperativ wird durch die amerikanische

Konfusion bis in die Kapillargefäße der «Weltgesellschaft» ausgebreitet.

Nach dem 11. September 2001 ist alles, was bis dahin im besseren Sinn des Wortes unter den Erben der Aufklärung «Demokratie» hieß – die Gemeinwesensteuerung dank der vereinigten mut-betonten Klugheit der Beiträger –, durch das massive Überwiegen des phobokratischen Faktors in Frage gestellt. Die Omnipräsenz der Phobokratie inmitten der Demokratie ist nirgendwo stärker spürbar als an den internationalen Flughäfen. Jeder Bürger auf Reisen, prominent oder privat, wird dort in einen Verdächtigten verwandelt, dem man zumutet, sich mit erhobenen Händen an seiner Durchleuchtung zu beteiligen.

Aus dieser Sicht sind die Flughäfen die neuen Schulen der Nationen. An ihnen lernen die Angehörigen aller Pässe ausgebenden Staaten, die Paranoia der Wenigen, von denen sie sich regiert glauben, als Vorsicht zu ihren Gunsten zu tolerieren. Sie wissen nicht, daß sie darauf trainiert werden, vereinzelte Feinde maßlos zu überschätzen. Die post-demokratische Phobokratie unserer Tage geht darauf aus, unzählige Bürger mit irrealen Bedrohungsgefühlen zu versorgen, indem sie die Aktivitäten einer Handvoll Angreifer zu omnipräsenten «Gefahren» stilisiert. Terroristen, die auf dem Terrain der westlichen Staaten agieren, können sich fest darauf verlassen, daß die nationalen und internationalen Medien jeden punktuellen Anschlag im Maßstab eins zu einer Million vergrößern werden und hierdurch die Fremdbedrohung in Selbstbedrohung umwandeln. Die Medien-Macher selbst weigern sich nachhaltig, die Einsicht zuzulassen, wonach der Terrorismus eine Publikationstechnik darstellt, bei welcher der Aggressor die hysterogene mediale Energie der anderen Seite für sich arbeiten läßt.

Hieraus folgt, daß der Terminus «Demokratie» noch immer bzw. von neuem als ein intensives Pseudonym für phobokratische Mechanismen fungiert. Dies steht in eklatantem Widerspruch zum Grundgedanken der authentischen Demokratie.

Der amerikanische Präsident Franklin Roosevelt hat ihn in seiner Adresse an die Nation vom 6. Januar 1941 ausgesprochen. In dieser großen Rede trug er seine epochale Deklaration der vier wesentlichen demokratischen Freiheiten vor. Die beiden ersten, die Freiheiten zu Meinungsäußerung und zu Religionsausübung, sind als positive Freiheiten zu bestimmen, indes die beiden letzten, die Freiheiten von Not und von Furcht, als negative aufzufassen sind. Versteht man authentische Demokratien als Versuchsanordnungen zur lokalen Verwirklichung von Menschenrechten, so ist die von Roosevelt postulierte «Freiheit von Furcht» (*freedom from fear*) in die Präambel aller demokratischen Verfassungen aufzunehmen. In der medialen wie der juridischen Realität ist so gut wie nirgendwo hiervon die Rede. Solange aber «Demokratie» ein Pseudonym für Phobokratie ist, bleibt die Verheißung von Menschenrechten hypokritisch. Sie verdeckt lediglich die Tatsache, daß die althergebrachte religiöse Furchtherrschaft durch politische Ersatzformen abgelöst wurde. Das Wettrüsten zwischen den Großmächten in der zweiten Hälfte des 20. Jahrhunderts und die Terrorfixierung der westlichen Hemisphäre nach 2001 zeigen deutlich, daß der Weltlauf im ganzen der Verwirklichung der vierten Rooseveltschen Freiheit nicht günstig war. Der weitere Ausblick ins 21. Jahrhundert läßt keine Aufhellung erwarten. Was wir heute Terrorismus nennen, ist nichts anderes als die parasitäre Ausbeutung der latent phobokratischen Verfassung der modernen Demokratien durch einen Feind, der seine unendliche Unterlegenheit durch die Ausbeutung der Bereitschaft unserer Gesellschaftsordnung zur Selbstschwächung zu kompensieren versucht. Er lebt fast ausschließlich davon, daß auch die abscheulichsten Taten durch unser komplizenhaftes Mediensystem mit einer Maximalprämie an Gratis-Aufmerksamkeit belohnt werden.

Um so wichtiger bleibt es, allen pseudonymischen Tendenzen zum Trotz an den Leitideen der authentischen Demokratie festzuhalten. Sie werden durch die Rooseveltschen Freiheiten klassisch ausgesprochen. Diese gründen in einer prozessualen

Konzeption von Demokratie. Demnach ist die Demokratie niemals als solche bereits zuständlich gegeben. Vielmehr existiert sie stets nur als eine Vorstufe ihrer selbst, von der aus sie sich auf sich selbst und ihre reiferen Formen hin weiterbewegt.

THOMAS L. PANGLE

Was macht die amerikanische Demokratie so außergewöhnlich?

Die nachstehenden Überlegungen sollen einen Beitrag zum Verständnis der wichtigsten Faktoren liefern, die die liberaldemokratische staatsbürgerliche Kultur in den Vereinigten Staaten unter den reifen konstitutionellen, liberalen Demokratien auszeichnen und ihre Sonderstellung im Vergleich zu Westeuropa, Kanada, Australien und Neuseeland begründen. Ich werde mich auf vier Faktoren konzentrieren: 1) die Religion als politische Kraft, 2) die politischen Implikationen der Einwanderung, 3) der ursprüngliche Zuschnitt, den die Gründerväter der Verfassung gaben, mit der Gewaltenteilung zwischen den exekutiven und legislativen «Zweigen» der Regierung, und 4) das antagonistische Zweiparteiensystem – eine Institution, die von den Gründervätern nicht vorhergesehen wurde, manchen ihrer Hoffnungen zuwiderlief und das von ihnen intendierte politische System tiefgreifend veränderte.

Der «amerikanische Exzeptionalismus»

Im späten 20. und frühen 21. Jahrhundert hat sich in den Vereinigten Staaten ein starkes Selbstbewußtsein entwickelt, das man als «amerikanischen Exzeptionalismus» bezeichnet. Sogar Präsident Obama machte sich, wenn auch zögerlich, den Begriff und die damit verbundene Idee zu eigen. In seiner Ansprache zur zweiten Amtseinführung und in seiner vorletzten Rede zur Lage der Nation beschwor er den «amerikanischen

Exzeptionalismus». Vor Offiziersschülern der US-Militärakademie äußerte er sich bei deren Abschlußfeier voller Leidenschaft: «Ich glaube mit jeder Faser meines Wesens an den amerikanischen Exzeptionalismus». Obama verlieh dieser Idee seine eigene Perspektive und gab ihr eine besondere Färbung: Er hob Amerikas Fähigkeit zu moralischem Fortschritt hervor, der seine Wurzel in der Fähigkeit zu moralischer Selbstkritik und dem brennenden Bewußtsein des notwendigen Ringens um Überwindung der schweren Makel in der Geschichte des Landes habe. Bei einer Feier zum Gedenken an einen großen historischen Augenblick der Bürgerrechtsbewegung des 20. Jahrhunderts in Selma, Alabama, sagte Obama: «Heute noch führen wir Debatten darüber, was es heißt, dieses Land zu lieben, ein wahrer Patriot zu sein, aber – gibt es einen großartigeren Ausdruck des Glaubens an die amerikanische Idee, eine großartigere Form von Patriotismus, als zu glauben, daß Amerika noch nicht am Ende, daß es stark genug ist, selbstkritisch zu sein, daß jede Generation auf ihre eigenen Unvollkommenheiten blicken und sagen kann: Wir können es besser machen?!»

Allerdings sprach Obama aus der Defensive heraus, da er seinen Gegnern eine schlagkräftige rhetorische Parole zu entwinden versuchte. In der Hauptsache waren es Konservative, die Begriff und Idee des amerikanischen Exzeptionalismus bei kulturellen Auseinandersetzungen polemisch gegen die liberale Linke in Stellung gebracht hatten. «Amerikanischer Exzeptionalismus» signalisierte unter Konservativen den Ruf nach einer stärkeren kulturellen Anerkennung von Amerikas moralischer und religiöser Überlegenheit gegenüber anderen Nationen, in seiner historischen Entwicklung wie im Blick auf seine Bestimmung, als Inspiration und Allerheiligstes und schließlich gar als Quelle des Heils für den Rest der Welt. Viele begreifen diese nationale Mission Amerikas im Sinn einer göttlichen Providenz.

Die religiöse Idee des amerikanischen Exzeptionalismus hat in der staatsbürgerlichen Kultur der Vereinigten Staaten einen langen Stammbaum, der bis zu den wichtigen Erklärungen von Revolutionsführern und Verfassungsvätern (selbst des rationalistischen und säkularen *Federalist*) zurückreicht, dann zu Aussagen Abraham Lincolns führt, vor allem in der *Gettysburg Address*, und im 20. Jahrhundert zu Erklärungen von John F. Kennedy und Ronald Reagan, die beide die von John Winthrop formulierte puritanische Konzeption aus dem 17. Jahrhundert beschworen: das Bild Amerikas als der «Stadt auf einem Hügel», die zum Leuchtturm tugendhafter Freiheit für die gesamte Menschheit werden soll.

Ein solches Reden vom amerikanischen Exzeptionalismus ließ auf der Linken, unter den liberalen Progressiven, die Alarmglocken schrillen. Für die Linke hatte das einen Beigeschmack von Chauvinismus und mangelnder Selbstkritik, die ihrer Ansicht nach zu einem arroganten und verblendeten «Triumphalismus» beitragen. Zwar leugnete die Linke keineswegs, daß Amerika unter den westlichen Demokratien exzeptionell sei, aber diese Besonderheit hat sie immer als problematisch angesehen – bis zu einem gewissen Grad als Zeichen historischer Rückständigkeit oder als Mangel an kulturellem Fortschritt, im unseligen Kontrast zu Europa und Kanada.

Während des größten Teils der amerikanischen Geschichte ging das Gefühl des Exzeptionalismus oder des «manifest destiny», der «offenkundigen Bestimmung», nur im Innern Nordamerikas mit einer Außen- und Verteidigungspolitik der imperialen Expansion einher, in Hinsicht auf den Rest der Welt vertraten die Vereinigten Staaten einen «Isolationismus»: Amerika sollte sich von der imperialistischen, von Kriegen zerrissenen Dauerkonkurrenz der europäischen Großmächte fernhalten und bestrebt sein, die Welt durch sein Beispiel und seine Mahnung in eine demokratische Richtung zu lenken.

All das veränderte sich dramatisch nach dem Zweiten Weltkrieg. Seither ist Amerika zu einem selbstbewußten Verteidiger von Freiheit und Menschenrechten überall auf dem Globus geworden – zwar unter Kontroversen darüber, wie und in welchem Ausmaß die Vereinigten Staaten in anderen Ländern intervenieren sollten, aber diese Debatten führte man doch auf der Basis eines breiten und tiefen Konsenses, daß die Vereinigten Staaten eine aktive, idealistische Führungsrolle in der Welt anzustreben hätten.

Diese Tradition wurde durch Präsident Trump und seine Bewegung mit der Wendung zu einer eher nationalistischen Idee in Frage gestellt, die sich in dem Wahlkampfslogan «Make America Great Again» ausdrückte. «Groß» schien hier zu bedeuten, daß Amerika sich im Wettbewerb mit anderen als mächtig erweisen sollte, hauptsächlich um seiner eigenen Interessen willen und nicht als internationale oder kosmopolitische Führungsmacht, die sich für das Wohlergehen anderer Nationen oder gar des ganzen Planeten verantwortlich fühlt oder sich als Leuchtturm und Allerheiligstes für die unterdrückten Völker überall auf der Welt sieht. Trumps Version amerikanischer Größe, von jedem Idealismus entblößt, ist eine tiefgreifende Abkehr auch vom amerikanischen Isolationismus: weil die Idee des amerikanischen Exzeptionalismus nämlich, um das noch einmal zu wiederholen, in *allen* seinen traditionellen Ausdrucksformen immer eine stark religiös-idealistische Dimension planetarischer Verantwortlichkeit und Bestimmung enthalten hat.

Zivilreligion

Der traditionelle amerikanische Patriotismus ist eine eindrucksvolle Manifestation des außergewöhnlichen Maßes, in dem religiöser Glaube, religiöses Denken und religiöse Führung die politische Kultur der Vereinigten Staaten geprägt haben und weiter prägen. Um die Ursache der exzeptionellen politischen Kraft der Religion in Amerika zu verstehen, können wir von der historischen Beobachtung ausgehen, daß es in den Vereinigten Staaten anders als in den übrigen modernen Demokratien nie eine gesetzlich eingerichtete, von der Regierung geförderte oder begünstigte nationale Religion oder Staatskirche gab. Sicher waren die Vereinigten Staaten christlich und sogar vorwiegend protestantisch, aber mit konkurrierenden Glaubensrichtungen und Sekten, von denen keine durch die Bundesregierung begünstigt oder besonders unterstützt worden wäre. Das paradoxe Ergebnis war, daß in den Vereinigten Staaten eine in Sekten organisierte Religiosität viel stärker erhalten blieb als in den anderen entwickelten Demokratien, und noch paradoxer ist, daß die Sekten in der nationalen Politik bis heute eine viel größere Rolle spielen. In den Vereinigten Staaten waren und sind persönlicher Glaube und seine Ausübung sowie das Festhalten an der christlichen Familienmoral eine wichtige informelle Qualifikation für öffentliche Ämter. Die religiöse Rhetorik in der Politik war und bleibt wichtiger als in anderen fortgeschrittenen Demokratien. Während der ganzen amerikanischen Geschichte wurden moralisch-politische Massenbewegungen von mächtigen religiösen Motivationen angetrieben. Das gilt für die Bestrebungen zur Abschaffung der Sklaverei, zum Verbot von Alkohol, zur Förderung von Frauenrechten, insbesondere des Frauenwahlrechts, zur Sicherung der Bürgerrechte für schwarze Amerikaner ebenso wie für die Proteste gegen den Vietnamkrieg und jüngst für die Demonstrationen zum Schutz des ungeborenen Lebens, zur Abschaffung der Todesstrafe und zum Schutz illegaler Einwanderer. Wichtige moralische Streitfragen, als religiöse Fragen gefaßt und durch Geistliche und Theologen thematisiert, spielen an der vordersten Front der politischen Debatten in den Vereinigten Staaten fortwährend eine gewichtige Rolle: im 21. Jahrhundert etwa der Streit über Abtreibung, Geburtenkontrolle, Rechte und Eheschließung von Homo- und Transsexuellen sowie die öffentliche Schulpolitik hinsichtlich religiös kontroverser Themen wie Evolutionstheorie und Sexualkundeunterricht. Als populäre Gestalter der öffentlichen Meinung haben Geistliche und Theologen in Amerika großen Einfluß. Doch wiederum gibt es ein Paradox. Geistliche und Theologen waren eigentlich immer dann politisch am mächtigsten, wenn sie *kein* politisches Amt innehatten oder sich nicht um ein solches bewarben. Dies gilt im 20. Jahrhundert für so unterschiedliche Figuren wie Martin Luther King Jr., Billy Graham, Jerry Falwell oder Reinhold Niebuhr. Wenn Geistliche und religiöse Wortführer ein öffentliches Amt anstreben, läßt ihr politischer Einfluß fast immer nach – wie man an den Karrieren von Pat Robertson und Jesse Jackson exemplarisch sehen konnte.

Die historisch-kausale Dynamik, die diese paradoxe Macht der Religion in der Politik erzeugt oder verstärkt, kann man folgendermaßen beschreiben. In den Vereinigten Staaten glaubt man, Geistliche und Theologen seien, weil oder insofern sie kein offizielles politisches Amt innehaben oder keine offizielle politische Unterstützung erhalten, weniger durch weltliche Leidenschaften angesteckt, die die Seelen der Politiker korrumpieren oder ihre Herzen eng machen – durch Ehrgeiz, Ruhm, Habgier, Sucht nach Macht und Herrschaft. Man sieht Geistliche und Theologen eher als die Stimmen moralischer und staatsbürgerlicher Reinheit; man betrachtet sie als das soziale Gewissen der Gesellschaft, das sich über das Getümmel der politischen Auseinandersetzung erhebt – und deshalb berechtigt ist, die öffentliche Arena zu betreten, um die Regierung und alle Parteien und jede Politik und jeden Politiker moralisch zu bewerten und gegebenenfalls zu kritisieren.

Mit diesem staatsbürgerlichen Status von Geistlichen und Theologen als moralischen Wächtern ist ein anderes geschichtliches Unterscheidungsmerkmal eng verbunden. Die öffentlichen Schulen wurden in den Vereinigten Staaten zu keiner Zeit von religiösen Orden kontrolliert, wie das fast überall in Europa bis ins späte 19. Jahrhundert hinein der Fall war. Institutionen und Schulen der religiösen Erziehung arbeiteten weitgehend getrennt von den öffentlichen Bildungseinrichtungen, und öffentliche Schulen sind nicht für die religiöse Erziehung verantwortlich. In der Folge gab es in den Vereinigten Staaten nie jene heftigen Kämpfe zwischen Kirche und Staat um die Kontrolle der Erziehung, wie sie im späten 19. Jahrhundert überall in Europa ausgefochten wurden; Kulturkämpfe, die beispielsweise im kanadischen Quebec vor nicht allzu langer Zeit noch einmal ausgetragen wurden; Kämpfe, die für die organisierte Religion zum endgültigen und oft bitteren Verlust der früheren Kontrolle über die Erziehung führten. Infolgedessen waren die Spannungen zwischen religiösem und öffentlichem Unterricht in den Vereinigten Staaten viel geringer. Im Gegenteil wurde die beträchtliche informelle Zusammenarbeit und Überlappung zwischen religiöser und öffentlicher Erziehung allgemein begrüßt und unterstützt. Es gab weithin das starke Gefühl, daß ein hohes Maß an christlicher Frömmigkeit für die moralische und die staatsbürgerliche Erziehung der amerikanischen Jugend in den öffentlichen Schulen von wesentlicher Bedeutung sei.

Aber dieses tiefe und weitverbreitete Gefühl wurde in der Mitte und am Ende des 20. Jahrhunderts durch neue Vorgaben der Bundesgerichte beeinträchtigt und enttäuscht, als elitäre, vom Präsidenten ernannte Richter auf einer bisher nicht dagewesenen scharfen und strikten Trennung von Kirchen und Staat bestanden. Es kam zu einer fast totalen Vertreibung der Religion aus öffentlichen Schulen, staatlichen Versammlungen und Gebäuden sowie öffentlichen Räumen und Plätzen. Die nicht gewählten Richter verfügten, trotz eines im Volk verbreiteten, leidenschaftlichen demokratischen Widerstands, die Demontage der vielen Wege, auf denen die Regierung – auf lokaler, staatlicher und bundesstaatlicher Ebene – traditionell manche stark sichtbare Elemente von Religiosität in den öffentlichen Schulen, bei öffentlichen Zeremonien, Feiertagen und im öffentlichen Raum informell gutgeheißen hatte.

Damit kommen wir zu einer entscheidenden religiös-staatsbürgerlichen kulturellen Revolution, die in der zweiten Hälfte des 20. Jahrhunderts in Amerika stattfand. Um sie zu verstehen, müssen wir besonders darauf hinweisen, daß die lebendigste Massenreligiosität in Amerika immer eine Neigung zum «Evangelikalen» hatte, d.h. sehr viele Menschen, besonders in den unteren und mittleren Bevölkerungsschichten, waren leidenschaftlich davon überzeugt, daß sie jeder für sich eine dramatische, sie fundamental verändernde persönliche Begegnung mit Jesus oder dem Heiligen Geist erfahren hatten, der in ihr alltägliches Leben eintrat und es verklärte, daß sie, wie man sagt, «wiedergeboren» wurden – eine Bezeichnung, die Präsident George W. Bush ebenso stolz für sich in Anspruch nahm, wie dies, weniger ostentativ, Präsident Barack Obama tat. Manche dieser evangelikalen Erlebnisse fanden bei Menschen römisch-katholischer Konfession statt, manche bei Mitgliedern der überkommenen protestantischen Glaubensrichtungen. Aber viele ereigneten sich bei Mitgliedern von Kirchen, die Ableger traditioneller Konfessionen oder sogar neue Glaubensrichtungen darstellten und die sich bildeten, wenn Amerikaner in großer Zahl bei emotional aufgeladenen Massenveranstaltungen zusammenkamen und, von charismatischen Predigern begeistert, neue Kirchen und neue Gemeinden gründeten, die zu einem explosiven Wachstum bis dahin kleiner Glaubensgemeinschaften führten (hier liegt der historische Ursprung der Methodisten und Baptisten während der «Second Awakening», der Zweiten Großen Erweckung). Durch den immer raffinierteren Einsatz der neuen Kommunikationsmedien ist das in den vergangenen Jahrzehnten weiter erleichtert worden, wie der sich rasend schnell verbreitende Widerhall der sogenannten «televangelikalen» Prediger zeigt. Im großen und ganzen verfügen die Evangelikalen nicht über eine höhere Schulbildung, und in ihren Ansichten zu Moral, Familie, Erziehung und Theologie sind sie eher traditionell ausgerichtet. Meist leben sie auf dem Land, in kleineren Städten oder im Innern großer Städte, seltener im suburbanen Bereich der Großstädte. Zwischen dieser Schicht von Evangelikalen und der gehobenen Schicht der besser Gebildeten, Reicheren, Urbaneren und Kultivierteren in den sogenannten «Mainstream»-Kirchen mit liberaleren und weiterentwickelten Theologien hat immer eine gewisse Spannung bestanden. Aber bis zur Mitte des 20. Jahrhunderts veranlaßte diese Spannung das Gros der Evangelikalen zumeist nicht, zwischen ihrem religiösen Eifer und ihren parteipolitischen Neigungen eine engere Verbindung herzustellen. Evangelikale religiöse Glaubensüberzeugungen und Theologien waren tendenziell apolitisch, ihre Anhänger dem Parteigetümmel eher abgeneigt oder darüber erhaben. Besonders nach Franklin D. Roosevelt votierten viele oder die meisten Evangelikalen, wenn sie überhaupt zur Wahl gingen, als Angehörige der Arbeiterklasse für die demokratische Partei.

Das begann sich in den 1960er Jahren tiefgreifend zu ändern, als die Evangelikalen, besonders die weißen Evangelikalen, nicht ohne Grund das Gefühl gewannen, in einem zuvor nicht gekannten Maß kulturell nicht respektiert, verachtet, ausgebeutet, sogar spirituell bedroht zu werden und ihre Kinder schädlichen Einflüssen ausgesetzt zu sehen, von seiten eines Erziehungsestablishments, einer Massenunterhaltung und neuer Medien sowie eines von einer Elite dominierten Gerichtswesens, das den Evangelikalen und ihren Glaubensüberzeugungen immer feindlicher gegenübertrat. Die Abschaffung des Gebets in öffentlichen Schulen; die Entfesselung bis dahin verbotener, abstoßender Anzüglichkeiten und Obszönitäten und die Kritik an traditionellen Familienwerten in den Unterhaltungsmedien; die Aufhebung der traditionellen Beschränkungen für eine Scheidung, selbst im Fall von Eltern mit Kindern, die zu einem dramatischen Anstieg zerrütteter Familien führte; die Explosion des Feminismus; das Hinnehmen, das Gutheißen und zuletzt demonstrative Feiern homosexueller Lebensentwürfe; der leichte Zugang, besonders für Minderjährige, zu Verhütungsmitteln und schließlich zur Abtreibung, verbunden mit einer freizügigen Sexualerziehung in den öffentlichen Schulen – dies alles und noch sehr viel mehr machte klar, daß die amerikanische kulturelle und pädagogische Elite immer weniger christlich geprägt war, ja, kurz davorstand, von jedem traditionellen religiösen Standpunkt aus betrachtet, dreist und anmaßend antichristlich zu werden. Und im Gefolge dieses religiösen Verfalls sah man eine Haltung und ein Verhalten wachsen, das permissiv, lustbetont, materialistisch, von seichter Eitelkeit und Profitgier verzerrt war, mit sexuellen Sitten, die die traditionelle Familie unterminierten, und einer staatsbürgerlichen Haltung, die immer weniger patriotisch und immer argwöhnischer oder gar respektlos gegenüber dem Militär war – das sich hauptsächlich aus den Söhnen der ärmeren Schichten und insbesondere der Evangelikalen rekrutiert.

Die weißen Evangelikalen wurden wachgerüttelt und angestachelt, einen defensiven Kulturkampf zu führen. Mehr als das: Sie setzten einen politischen Gegenangriff in Gang. Sie wurden zu einer mächtigen Wählergruppe, die seither einen wichtigen Teil der republikanischen Parteibasis bildet. Infolgedessen ist die Parteipolitik in den Vereinigten Staaten heute in einer Art von theologisch-politischem Wettstreit gefangen. Bei der Präsidentschaftswahl 2016 machten laut Nachwahlumfrage weiße Evangelikale, die sich selbst als solche bezeichneten, etwa 25 Prozent aller Wahlberechtigten aus, und etwa 80 Prozent unter ihnen votierten für Trump. Etwa 60 Prozent aller protestantischen Wähler und gut 50 Prozent aller Katholiken erklärten, sie hätten für Trump gestimmt.

Diese politisch aufgeschreckte, evangelikale, große weiße Minderheit überschneidet sich mit einer anderen, neu entstandenen, großen weißen Minderheit: den technologisch weniger qualifizierten, weniger gut ausgebildeten, weniger mobilen weißen Arbeiterfamilien, die unter anderem durch die von der Globalisierung herbeigeführten Veränderungen, den technologischen Fortschritt und den Niedergang der Gewerkschaften erheblichen ökonomischen Belastungen unterliegen. Diese komplexe ökonomische Pathologie einer Schicht sucht alle entwickelten demokratischen Gesellschaften heim, und für sich genommen ist dieses gravierende Problem der USA kein Unterscheidungsmerkmal gegenüber anderen westlichen Gesellschaften. Aber in Amerika nimmt das Syndrom einen außergewöhnlichen Charakter an, weil die *ökonomisch* benachteiligte Minderheit sich mit der *spirituellen* Minderheit der aufgerüttelten, bedrängten, weißen Evangelikalen überschneidet oder verbindet.

Doch jüngst ist zu dieser explosiven Mischung noch ein dritter Faktor hinzugekommen. Während der letzten beiden Generationen hat in der weißen Arbeiterschicht der Vereinigten Staaten ein massiver moralischer Zusammenbruch stattgehabt, wie ihn Charles Murray in *Coming Apart. The State of White America 1960–2010* analysiert. In dieser Schicht ist die traditionelle Familie alarmierend erodiert. Ein immer höherer Anteil weißer Arbeiterkinder wird von alleinerziehenden Müttern aufgezogen, eine Situation, die eine hohe Korrelation mit Armut, Vernachlässigung der Kinder, mangelnder Ausbildung, schlechter Gesundheit und allen daraus folgenden sozialen Mißständen aufweist. Immer mehr weiße Väter dieser Schicht sind nicht nur unverheiratet, sondern übernehmen auch keinerlei Verantwortung für ihre Kinder; und sie sind in überraschender Zahl nicht bloß arbeitslos und erklären in nie dagewesener Zahl ihren Bankrott, sondern suchen gar nicht mehr nach Arbeit (immer häufiger mit der «Entschuldigung» einer ihnen attestierten «dauerhaften Behinderung»). Diese Männer sind tief demoralisiert, verlieren ihre Selbstachtung und verbringen ihre Zeit mit geistloser Untätigkeit und den verschiedensten Formen billiger und schlechter Unterhaltung. All das geht einher mit der sich neuerdings beschleunigenden Auflösung oder Schwächung der traditionellen Gemeinschaftsbindungen innerhalb von Gruppen Gleichgestellter und von Vereinigungen, die eine Unterstützung bieten könnten. In der weißen Arbeiterschicht sterben Clubs aller Art, Bürgerverbindungen, Nachbarschaftsvereine und Gewerkschaften aus; die Kirchen, einschließlich der evangelikalen Kirchen, erleiden stetige, bedeutende Verluste. Das Ergebnis ist in der weißen Arbeiterschicht eine rasch zunehmende Atomisierung der Individuen, insbesondere der Männer, und in jüngster Zeit eine schreckliche Zunahme von Drogenmißbrauch, Sucht und Todesfällen aufgrund einer Überdosis.

Donald Trump war der erste Politiker, der die Möglichkeit erkannte und dann mit Erfolg wahrnahm, einen leicht erregbaren, massiven Wählerblock zu mobilisieren, der aus den drei sich überschneidenden, großen, verprellten Minderheiten der weißen Arbeiterschicht bestand. Zudem gelang es ihm schließlich, eine hinreichend große Zahl traditioneller, zum harten Kern gehörender säkularer Republikaner zu gewinnen (Anhänger des freien Marktes und des Freihandels, libertäre, fiskalische Konservative) – von denen viele Trump nur sehr zögerlich, aus Parteiloyalität oder Abneigung gegenüber Hillary Clinton wählten – und auf diese Weise eine Mehrheit in den für den Sieg im Wahlmännergremium entscheidenden Staaten zu schmieden (während er in den großen Staaten wie Illinois, Kalifornien und New York, die ohnehin demokratisch wählen, schlau genug war, weder Ressourcen noch Wahlkampfenergie zu verschwenden).

Einwanderung

Ein anderer wichtiger und historisch weit zurückreichender Bestandteil von Trumps Zugkraft ist die feindselige Haltung, die viele, vor allem viele der in den USA geborenen Amerikaner gegen die neuen, insbesondere die illegalen Einwanderer aus Mexiko und Lateinamerika hegen. Dieses Ressentiment setzte er sehr effizient ein, um Unterstützer sowohl innerhalb als auch außerhalb der drei großen weißen Minderheiten zu «angeln», die ich umrissen habe. Bei der Wahl im Jahr 2016 sagten 91 Prozent der am Wahltag Befragten, sie seien geborene US-Bürger, davon wählten zu 50 Prozent gegen 45 Prozent Trump. Der Anteil von 9 Prozent, die sagten, sie seien keine geborenen Amerikaner, stimmte zu 64 Prozent gegen 31 Prozent für Clinton.

Daß die Vereinigten Staaten ein Land von Einwanderern sind, die sowohl religiöse wie ethnische Diversität mit beträchtlicher Toleranz und Anpassung an ebendiese Verschiedenheiten mitgebracht haben, ist eine Platitüde. Es gibt auch andere große Nationen mit sehr unterschiedlichen Einwanderern – ein buchstäblich naheliegendes Beispiel ist Kanada.

Welches sind die entscheidenden Merkmale, die die Immigration und ihre Auswirkungen in den Vereinigten Staaten in besonderer Weise kennzeichnen?

Erstens ist die Einwanderung in die Vereinigten Staaten durch ein höheres Maß an erzwungener Entwurzelung der Einwanderer geprägt. Man erwartet von den Immigranten, daß sie ihre Bindungen an die traditionellen, hierarchischen, kommunalen und familiären gesellschaftlichen Strukturen ihrer Herkunftsländer rigoros kappen. Man verlangt von ihnen, sich einer Kultur anzuschließen, die für *individuelle* Chancen sowie die Verantwortung und Eigenständigkeit des Individuums eintritt, und vor allem setzt man sie dem gnadenlosen ökonomischen Wettbewerb aus. Die positive Reaktion der Einwanderer auf diese anspruchsvolle Einladung eines egalitären Individualismus wird durch die Energie des Neubeginns, das Versprechen auf unbeschränkte wirtschaftliche Möglichkeiten und die anhaltende Hoffnung genährt, daß jede künftige Generation ein besseres Leben werde führen können als ihre Eltern: durch den berühmten «amerikanischen Traum». Die andere Seite der Medaille ist ein vergleichsweise unbedeutender Einfluß von Kritikern des Kapitalismus auf die amerikanische politische Kultur, sei es von egalitären und von kommunistisch-sozialistischen Ideologien, sei es von einem christlichen Kommunitarismus oder von einem traditionsgebundenen aristokratischen und hierarchischen Paternalismus.

Die Kultur des Individualismus hat zu großer materieller Prosperität der Nation insgesamt geführt und zu einem außergewöhnlich stark ausgeprägten individuellen Glauben an eine Kontrolle über das eigene Schicksal. Sie hat aber ebenso unvermeidlich bei einigen zum Scheitern und zur Verzweiflung geführt: Zwischen all den Erfolgsgeschichten und begeisterten Möchterngewinnern bringt der intensive, harte Konkurrenzkampf auf dem freien Markt auch Verlierer hervor, deren Hoffnungen sich zerschlagen haben. Und der amerikanische Kult der Eigenverantwortlichkeit hat in der ganzen Nation zur Folge, daß man nur zögerlich die Notwendigkeit einer Hilfe von seiten der Regierung anerkennt, das Los derer zu mildern, die eine Niederlage einstecken müssen. Andererseits führt das amerikanische Ethos dazu, daß die Leidenden beschämt und demoralisiert sind, weil sie Unterstützung durch Wohlfahrtseinrichtungen der Regierung annehmen müssen. Dabei dürfen wir eine starke Gegenmacht nicht übersehen: Private, religiöse und säkulare Wohltätigkeit, die an die Stelle der Regierungshilfe tritt, ist in den Vereinigten Staaten schon immer viel stärker gewesen als in anderen modernen Demokratien. Bedenken wir die erwähnten Beobachtungen, können wir besser verstehen, warum die Arbeiterschicht trotz ihrer jüngsten wirtschaftlichen Notlage und düsteren Stimmung vergleichsweise wenig anfällig für Rufe der Linken nach weiterer Ausdehnung des Wohlfahrtsstaats ist, angefangen bei einem nationalen Gesundheitswesen.

Eine weitere wichtige Dimension der Anpassung von Einwanderern an die Kultur des Individualismus manifestiert sich auf der Ebene der höheren Bildung und Kultur. Die Masse der amerikanischen Bürger hat, wenn nicht schon von Anfang an, dann zumindest seit der Zeit Andrew Jacksons, wenig Respekt denen gegenüber gezeigt, die besser ausgebildet oder kultivierter sind. Die Amerikaner sind stets in einem beträchtlichen Maß antiintellektuell gewesen – mißtrauisch gegenüber Personen mit höherer Kultur oder Bildung, und das gilt insbesondere für die Haltung der Bevölkerung gegenüber ihren politischen Führern. Für die politischen Eliten in den Vereinigten Staaten war es immer wichtig, so gewöhnlich wie möglich, so nah an den arbeitenden Massen wie möglich zu erscheinen. Ein Politiker, der nicht imstande ist, seine Ahnenreihe irgendwie auf die Arbeiterschicht zurückzuführen, muß um so mehr Energie darauf verwenden, ein Bild von sich als elitärem Beschützer und Hüter der Arbeiterschicht zu entwerfen (das herausragendste Beispiel dafür ist Franklin D. Roosevelt). Unter miteinander konkurrierenden Politikern war es immer eine beliebte Taktik, ihren Opponenten das Etikett «elitär» in bezug auf die eine oder andere Sache anzuheften, während sie sich selbst als Streiter für die arbeitende Bevölkerung gegen die realen oder eingebildeten Eliten darstellen ließen. Trump ist ein besonders grelles Beispiel dieses demagogischen Phänomens. Ein weiterer Schlüsselaspekt der amerikanischen Einwanderungserfahrung rückt in den Vordergrund, wenn wir die Reaktion betrachten, die verschiedentlich dadurch erzeugt wurde, daß Einwanderer der ersten Generation dazu tendierten, in enger Nachbarschaft zueinander zu leben, weiterhin ihre Muttersprache zu verwenden und so besonders in den ärmeren Vierteln der größeren Städte Enklaven zu bilden, selbst dann, wenn sie sich bemühten, Englisch zu lernen. Dieser Anschein von Klüngel oder Stammesgefühl weckt regelmäßig Argwohn und Feindseligkeit bei der großen Mehrheit der bereits in Amerika ansässigen Arbeiter, die etablierte Nachfahren früherer Einwanderer sind.

Der periodisch wiederkehrende Argwohn gegenüber den jeweils letzten Einwanderern wurde durch eine zweite Besonderheit der Einwanderung in die Vereinigten Staaten verstärkt, durch das Faktum, daß die Einwanderung durch unterschiedliche ethnische Wellen charakterisiert ist. Nach der ersten großen, aus dem angelsächsischen Raum stammenden Welle (die vielleicht besser als «Siedler» denn als Einwanderer zu bezeichnen sind) folgte im 18. Jahrhundert die der Deutschen nach Pennsylvania – was heftige Klagen und Proteste selbst einer so aufgeklärten Persönlichkeit wie Benjamin Franklin auslöste, der behauptete, die Deutschen würden niemals in der Lage sein, echten Amerikanern ähnlich zu werden. Danach folgten in der Mitte des 19. Jahrhunderts die Wellen der Skandinavier und, am meisten umstritten, der irischen Katholiken; besonders die letzteren provozierten eine weitverbreitete, heftige Reaktion unter den «Nativisten». Im späteren 19. Jahrhundert kam die Welle der Asiaten und Chinesen, bis die Einwanderung der Chinesen einfach verboten wurde, und im späten 19. und frühen 20. Jahrhundert folgten sich überschneidende Wellen von Juden und Slawen aus Osteuropa, Italienern und Griechen, die in unterschiedlichem Ausmaß feindselige Reaktionen der im

Land geborenen Einwohner hervorriefen. Heute werden die Vereinigten Staaten durch eine Welle von mexikanischen und lateinamerikanischen Einwanderern überschwemmt. Überraschend ist hier die vergleichsweise milde negative Reaktion – womit die häufig auftretende Häßlichkeit gegenüber den Migranten nicht geleugnet oder verkleinert, sondern nur in eine historisch vergleichende Perspektive gesetzt werden soll. (In den 1930er Jahren, während der Depression, wurden mehrere hunderttausend Personen mexikanischer Abstammung, einschließlich mancher, die bereits die amerikanische Staatsbürgerschaft besaßen, nach Mexiko «repatriiert».) Mit anderen Worten, was Amerika heute im Hinblick auf die sogenannte «Latino»-Einwanderung erlebt, ist die Wiederkehr eines bereits seit langem etablierten Musters. Jede ethnische Einwanderungswelle ist auf ein mehr oder weniger starkes negatives Vorurteil gestoßen. Die jüngsten Einwanderer hat man vor allem aus drei Gründen mit Unbehagen wahrgenommen: weil sie in ihrem Wesen so fremd erscheinen – so «unamerikanisch», was sie unfähig zur Assimilation, ja, zu einer Bedrohung der gemeinsamen amerikanischen Kultur macht; weil sie eine Bedrohung im Wettbewerb um Jobs für niedergelassene Amerikaner darstellen und weil sie als «Schmarotzer» angesehen werden, die amerikanische Mildtätigkeit oder öffentliche Fürsorge ausnutzen.

Die Vereinigten Staaten haben also stets eine tief ambivalente Haltung gegenüber Einwanderern an den Tag gelegt. Das Land hat Einwanderer gebraucht, eingeladen und willkommen geheißen, vor allem als wichtige Arbeitskräfte, und im 19. Jahrhundert als Reservoir für die Siedler und Erbauer des Westens, doch das Willkommenheißen war immer mit Angst und Mißtrauen gemischt und durch Feindseligkeit belastet.

Im Fall der heutigen Einwanderungswelle aus Lateinamerika gibt es neue, wichtige Merkmale, die Angst und Feindseligkeit verschärfen. Es liegt auf der Hand, daß dies die erste der massiven Einwanderungsgruppen ist, die keinen Ozean überqueren muß, der eine vergleichsweise leicht zu kontrollierende Barriere darstellt. Für eine liberale, am Kommerz ausgerichtete Demokratie wie die Vereinigten Staaten ist eine strenge Polizeikontrolle entlang der ausgedehnten Grenze zu Mexiko extrem schwierig. Infolgedessen sehen sich die USA mit einer nie dagewesenen Krisis *illegaler* Einwanderung konfrontiert: mit Millionen fremder Einwohner ohne amtlichen Status, die in permanenter Verletzung der Gesetze leben und ihre Kinder in einer Art gesetzlichem Limbo aufziehen. Die Frage, was man mit und für diese Millionen illegaler Immigranten tut, stellt vielleicht das größte innenpolitische Problem dar, dem sich das Land derzeit gegenübersieht. In gewissem Sinn scheint eine dreigliedrige Antwort auf der Hand zu liegen: erstens Kontrolle über die Südgrenze und über die Arbeitgeber erlangen, die Illegale beschäftigen, um so die Anzahl neuer Illegaler drastisch zu verringern; zweitens für Millionen Fremde ohne Paß, die aber sonst gesetzestreu sind, einen Weg zu legalem Aufenthalt und am Ende zur Staatsbürgerschaft aufzeigen; und drittens für die Kinder ohne legalen Status eine rigorose und energische Erziehung in amerikanischer Geschichte, Kultur, Rechtswesen und der englischen Sprache bereitstellen. Aber kein politischer Führer und keine Gruppe scheint in der Lage zu sein, tatsächlich einen Plan für die Durchsetzung dieser drei grundlegenden Aufgaben zu präsentieren und dafür die Unterstützung der Mehrheit der amerikanischen Staatsbürger zu gewinnen. Jeder vernünftige Plan trifft auf den massiven, ihr Veto einlegenden Widerstand breiter Kreise der Linken oder der Rechten. Nicht der geringste Grund für diese Sackgasse ist der Umstand, daß die Immigranten dieses Mal viel hartnäckiger an ihrer Sprache festhalten – am Spanischen, das mehr und mehr zu einer zweiten Landessprache wird. Diese Entwicklung läßt bei der Mehrheit der englischsprachigen Bevölkerung das Gefühl aufkommen, sie verlöre ihr Land. Überall im Land haben viele der Arbeiterschicht angehörende Amerikaner das Gefühl, daß die nationale, traditionell englischsprachige kulturelle Einheit und staatsbürgerliche Gemeinschaft verschwindet. Das Problem wird dadurch verstärkt, daß aufgrund der Nachbarschaft beider Länder eine ungleich größere Zahl der mexikanischen Einwanderer, als das bei früheren ethnischen Einwanderungswellen jemals der Fall war, enge Verbindungen und ein starkes Gefühl der Loyalität zu ihrem Herkunftsland aufrechterhält.

Dies alles hat die religiöse, ökonomische und kulturelle Entfremdung genährt, die die von Trump geschmiedete dreifache Koalition beseelt. Seine Wirkung auf diese Koalition wurde durch die aufgeheizte Rhetorik gesteigert, die die Ängste vor der Bedrohung durch eine unkontrollierte Immigration bewußt schürte, und sie wurde gekrönt von seiner Demagogie hinsichtlich der Immigration von Muslimen. Tatsächlich ist letztere in den Vereinigten Staaten sehr gering, aber verständlicherweise hat der islamistische Terrorismus eine neue Art von Besorgnis hinsichtlich der Immigration erzeugt, eine Besorgnis, die den Europäern viel vertrauter ist. Die europäische und insbesondere die deutsche Erfahrung, die den Amerikanern durch das Fernsehen und andere Medien vermittelt wurde, hat dazu beigetragen, das übertriebene Gefühl von Angst und Sorge weiter anzufachen.

Die dunkelste Dimension des amerikanischen Exzeptionalismus ist das Erbe der grauenvollen erzwungenen Immigration afrikanischer Sklaven, deren Ergebnis ein dauerndes Schandmal ausbeuterischer rassischer Diskriminierung und Spannung zwischen den Rassen ist, die wie Gift durch die Adern der staatsbürgerlichen Kultur Amerikas fließen und zu dem endlosen Kampf führen, der die generationenalten bösen Folgen rassischer Sklaverei zu beseitigen sucht. Es ist nicht nötig, alle Aspekte dieser häßlichsten Seite des amerikanischen Exzeptionalismus darzulegen. Aber es ist notwendig, darauf hinzuweisen, daß weißes Ressentiment gegenüber schwarzen Amerikanern einen weiteren Bestandteil in dem Gemisch von Leidenschaften darstellt, die die Wahlkampagne Trumps ansprach und anfeuerte. Man muß sogleich hinzufügen, daß dieses weiße Ressentiment in ganz unterschiedlicher Weise ins Spiel kommt oder wirksam wird. Nur eine kleine Minderheit weißer Trump-Unterstützer steht noch im Bann der einstmals mächtigen Illusion, daß den Schwarzen aufgrund ihrer rassisch-biologischen Inferiorität zu Recht der Status von Bürgern zweiter Klasse zuzuweisen ist. Zutreffend ist dagegen, daß bei vielen Weißen und nicht zuletzt bei den weniger gebildeten und ärmeren Angehörigen der Arbeiterschicht die Ablehnung der sogenannten «affirmative action» weit verbreitet ist – die Ablehnung von Verordnungen und Programmen verschiedenster Art seitens der Regierung mit dem Ziel, Schwarze, in letzter Zeit vermehrt auch Frauen und neuerdings Homosexuelle und Transsexuelle, dabei zu unterstützen, die Auswirkungen ihrer traditionellen Diskriminierung zu überwinden. Keineswegs grundlos ist in weiten Teilen der weißen Arbeiterschicht das Gefühl entstanden, in Wirklichkeit seien jetzt sie die Opfer einer umgekehrten Diskriminierung, die zum Vorteil der reicheren, der höheren Mittelklasse angehörigen Schwarzen, der Frauen und der Homosexuellen gereicht und auf Kosten der ärmeren und bedürftigeren Weißen, insbesondere heterosexueller Männer geht. Eine substantielle Mehrheit von Frauen und Töchtern dieser Männer teilte deren Ressentiment, schloß sich politisch ihren Männern an und stimmte für Trump. Diese Haltung ist mit einer negativen Reaktion auf die Präsidentschaft Obamas als des ersten schwarzen amerikanischen Amtsinhabers verbunden. Einen Teil ihrer Stärke gewinnt diese negative Reaktion aus einer breiteren, fast allgemeinen tiefen Enttäuschung über die Auswirkung von Obamas Amtszeit auf die Beziehungen zwischen weißen und schwarzen Amerikanern. Nach Obamas Wahl herrschte eine nahezu hysterische Euphorie, was die Wahl für die Verbesserung der Beziehungen zwischen den Rassen zu bedeuten und zu versprechen habe, so daß die Enttäuschung beinahe unvermeidlich war. Die Beziehungen verbesserten sich während Obamas Amtszeit indes nicht substantiell, sondern verschlechterten sich sogar. Die schrillste Manifestation dieser Verschlechterung war der Ausbruch unübersehbarer Spannungen zwischen Polizei und schwarzen Gemeinden in vielen Städten während Obamas zweiter Amtsperiode. Die volle politische Bedeutung dieser blutigen Konflikte und ihrer Implikationen für die Wahlen wird deutlicher, wenn wir bedenken, daß die weiße Arbeiterschicht stets zu einer starken Unterstützung von Polizei wie Militär neigte und neigt.

Man sollte aber bei der Betrachtung der fortgesetzten Agonie der Beziehung zwischen der weißen und der schwarzen Bevölkerung in den Vereinigten Staaten die positive Seite nicht aus den Augen verlieren. Afroamerikaner haben enorme Beiträge für das geleistet, was die amerikanische Kultur auszeichnet – Musik, Literatur, Film, bildende Künste. Ebenso wichtig ist, daß das Ringen um die Aufarbeitung rassischer Ungerechtigkeit zu einigen der außergewöhnlichen moralischen Höhepunkte der amerikanischen Geschichte geführt hat: Im kollektiven moralischen Bewußtsein der USA ragen der Kampf gegen die Sklaverei in der ersten Hälfte des 19. Jahrhunderts und die Bürgerrechtsbewegung im 20. Jahrhundert als Zwillingsgipfel empor. Dieses Ringen um Gerechtigkeit fußt in großen Teilen auf einem Rekurs auf die Gründungsprinzipien der Verfassung und der Unabhängigkeitserklärung, wie sie am stärksten in Lincolns Reden vor und während des Bürgerkriegs artikuliert worden sind. Aufgewühlt durch seinen Kampf gegen die Sklaverei vermochte Lincoln diesen Prinzipien mit seiner Redekunst eine Lebendigkeit und eine ernsthafte, einheitsstiftende Intensität zu verleihen, die ihnen sonst gefehlt hätte.

Amerikas Verfassung und Parteiensystem

Damit kommen wir zu einem letzten, sozusagen doppelten Brennpunkt: zu dem bei der Gründung Amerikas geschaffenen konstitutionellen Rahmen und dem Parteiensystem, das diesen Rahmen unerwartet verändert hat. Unter den modernen Demokratien sind die Vereinigten Staaten ziemlich einzigartig, weil sie nicht von einem parlamentarischen System regiert werden, das auf der Konkurrenz zwischen einer Regierungspartei oder Regierungskoalition und einer sogenannten «loyalen Opposition» basiert, wobei die beiden Kräfte einander in einem Kongreß gegenüberstünden, der legislative und exekutive Funktionen verbindet, und mit einer Exekutive und deren Kabinett, die aus den parlamentarischen Führern der stärksten Partei oder einer Koalition von Parteien gebildet wird. Statt dessen zeichnen sich die Vereinigten Staaten durch eine modifizierte Version von Montesquieus «Gewaltenteilung» aus, in der die Hauptexekutive in fast monarchischer Weise Amt und Gewalten ausübt und über eine Wählerbasis verfügt, die scharf von der gesetzgebenden Versammlung unterschieden ist – und die bewußt in einen stark kompetitiven Antagonismus zur Legislative gestellt wird, selbst wenn sie mit ihr zusammenarbeiten muß. Das ist die berühmte Idee der «checks and balances», der gegenseitigen Kontrolle *zwischen* den legislativen und exekutiven «Zweigen» der Regierung, *nicht* zwischen Parteien oder Parteikoalitionen. Montesquieu hatte die amerikanischen Gründerväter davon überzeugt, daß eine Verbindung legislativer und exekutiver Gewalten in denselben Händen unvermeidlich zu einer repressiven Regierung führen würde. Aber, ausgehend von dem, was er an seinem Modell England zu Lebzeiten beobachtete, glaubte er, sein System werde im Wahlvolk zwei rivalisierende politische Parteien hervorbringen, die jeweils entweder die Exekutive gegen die Legislative oder die Legislative gegen die Exekutive unterstützen. Dem stimmten die amerikanischen Gründerväter nicht zu. Sie behaupteten, die beiden Parteien, die Montesquieu im England seiner Zeit vor Augen hatte, resultierten daraus, daß die Exekutive in einem erblichen König bestand, der lebenslang regierte – und damit über eine potentiell exzessive Gewalt verfügte, die im Volk naturgemäß Widerstand auslöste. Die beiden Parteien in Montesquieus paradigmatischem England waren der «Hof» oder die prokönigliche Partei sowie das «Land» oder die antikönigliche Partei. Beharrlich behaupteten die amerikanischen Gründerväter, in einer nichtmonarchischen Version des Montesquieuschen Systems, in der die Hauptexekutive nur für relativ kurze Amtszeiten gewählt würde, gäbe es keine solche Zweiparteiendynamik. Mehr noch, die amerikanischen Gründerväter hofften und erwarteten, daß für eine solche Aufspaltung des Landes in zwei nationale Parteien kein *anderer* Grund vorhanden sei. Vor allem James Madison brachte die Erwartungen der Gründungsväter zum Ausdruck. Sie rechneten mit einem politischen Wettbewerb, der durch höchst verschiedene, konkurrierende Minderheiteninteressen, insbesondere ökonomischer und regionaler Art, fragmentiert wäre, der aus einer sehr gemischten Wirtschaft erwüchse, aber in dem auch der Wettbewerb innerhalb der religiösen und kulturellen Diversität zum Ausdruck käme. Kleine, wechselnde Minderheitenfraktionen würden sich um allerlei lokale oder regionale Volksführer sammeln, von denen die meisten schließlich kurzlebige nationale Koalitionen zu temporären nationalen Streitfragen bildeten. Madison dachte, dieses System würde die Bildung von großen Mehrheitsparteien verhindern.

Der wichtigste blinde Fleck bei Madison und den anderen Gründervätern war ihr mangelndes Vorstellungsvermögen, die Nation könnte sich im Hinblick auf überragende nationale Streitfragen von anhaltender *konstitutioneller* Bedeutung wiederholt in zwei Lager teilen – pro und kontra. Sie verkannten, daß ihre Verfassung selbst, weit davon entfernt, dichotomische Teilungen zu beenden, immer wieder Quelle und Brennpunkt solcher Teilungen werden, daß das Land sich gerade über den Sinn oder die Interpretation der Verfassung in den Haaren liegen würde: über den nach der Verfassung angemessenen Einfluß bundesstaatlicher versus einzelstaatlicher Gewalten; über die konstitutionelle Rolle der Regierung in einem freien Markt, in einer kapitalistischen Wirtschaft; über die Verfassungsmäßigkeit bestimmter Kriege; über die verfassungsmäßige Bedeutung moralischer Streitfragen wie Prohibition, Frauenrechte und Bürgerrechte für verschiedene Minoritäten. Vor allem verschlossen die Gründerväter ihre Augen vor dem schwerwiegendsten Streit, der ihnen ins Gesicht sprang: Sklaverei versus Abschaffung der Sklaverei. Aber noch fundamentaler verkannten die Gründungsväter die zukünftige, langfristige Bedeutung des harten Ringens um die Ratifizierung der Verfassung. Dieses Ringen hatte das Land in zwei große Faktionen gespalten: in die sogenannten «Federalists», die die neue Verfassung mit einer starken Zentralregierung unterstützten, versus die sogenannten «Anti-Federalists», die die Verfassung im Namen einer sehr viel stärker konföderalen, dezentralisierten Vision von Amerikas Zukunft bekämpften. Die siegreichen Föderalisten, angeführt von Washington, Hamilton und Adams, nahmen an, ihre Gegenspieler verschwänden nach der erfolgreichen Ratifizierung der Verfassung als Faktion oder Partei und das Land einte sich durch die gemeinsame Anerkennung der Verfassung und ihrer Bedeutung – indem sie eine starke und aktive Zentralregierung etablierten. Aber anstatt zu verschwinden kehrten die Antiföderalisten tatsächlich innerhalb einer Generation zurück, in Form von Jeffersons demokratischer Partei, die die Herzen der Mehrheit der amerikanischen Wähler für sich gewann, die Zügel der Regierung übernahm, die föderalistische Partei zerstörte und der Verfassung eine Interpretation gab, die die Zentralregierung drastisch schwächte und die Bundesstaaten stärkte, insbesondere die südlichen Sklavenhalterstaaten. Dies wiederum ließ eine neue nationale Oppositionspartei, die Whigs, entstehen. Sie wurde zuerst von Martin Van Buren, danach von Henry Clay geführt und verwandelte sich am Ende in die von Lincoln geschmiedete Republikanische Partei. Lincoln widmete seine Karriere der durch Hamilton inspirierten Vision Clays von einer sehr viel stärkeren, aktiveren Zentralregierung, die unter anderem zur Auslöschung der Sklaverei führen sollte.

Das ist die Geschichte, die die Zwillingsgleise zum amerikanischen Zweiparteiensystem legte – Gleise, die sich im Lauf der Zeit immer dann kreuzten, wenn nationale Trennungslinien entlang tiefgreifend antagonistischer Visionen von der Vergangenheit und der Zukunft der Nation entstanden. Das Ende vom Lied ist, daß das politische System der Vereinigten Staaten ein in gewisser Weise nicht beabsichtigtes, von Spannungen beherrschtes Hybrid ist, in dem eine ursprünglich von Montesquieu stammende Idee der gegenseitigen Kontrolle zwischen exekutiven und legislativen Zweigen der Regierung durch eine Konkurrenz gegenseitiger Kontrolle zwischen zwei Parteien überlagert und sowohl behindert als auch angetrieben wird. Das zuletzt genannte Element – das «Zweiparteiensystem» – ist dem parlamentarischen System zwar verwandt, darf aber keineswegs mit ihm verwechselt werden. Einige singuläre Konsequenzen des amerikanischen Hybrids, die in der jüngeren Vergangenheit und besonders in der Gegenwart augenfällig zutage treten und von denen zu erwarten ist, daß sie auch für die Zukunft bestimmend sein werden, sollen stärker beleuchtet werden.

Beginnen wir mit den Auswirkungen auf die Legislative. Parteidisziplin und Parteiorder sind im amerikanischen Kongreß schwächer als in einem parlamentarischen System, vor allem deswegen, weil die Wahl und die Wählerbasis jedes einzelnen Abgeordneten von größerer Unabhängigkeit geprägt sind als die eines Parlamentsmitglieds. Selbst in den Jahren, in denen Kandidaten der Legislative sich zeitgleich mit dem Präsidentschaftskandidaten ihrer Partei für ihr Abgeordnetenmandat bewerben, bemüht sich jeder bzw. jede Kongreßabgeordnete viel eher um Stimmen mit Blick auf das, was innerhalb seines oder ihres lokalen Wahlbezirks populär ist. Und sobald der Sitz gewonnen ist, muß jeder Abgeordnete der Pflege seines oder ihres lokalen Wahlbezirks, den lokalen Bedürfnissen und – am wichtigsten – den lokalen politischen Meinungen mehr Aufmerksamkeit schenken, als ein Parlamentsmitglied das tut. Heutzutage sind die Kongreßmitglieder in bezug auf diese lokale Pflege der Bedürfnisse derart erfolgreich, daß die große Mehrheit der Sitze im amerikanischen Kongreß «sicher» ist, das heißt, sie bleiben Wahl für Wahl in der Hand des jeweiligen Amtsinhabers. Nur eine kleine Minderheit von Sitzen ist in einem Wahlzyklus überhaupt umstritten. Da überdies in einer großen Zahl von Wahlkreisen die Bevölkerung stark zu einer politischen Partei oder einer politischen Anschauung neigt –

eine Situation, die durch die Art und Weise verstärkt wird, wie die Grenzen von den Legislativen der Staaten gezogen werden, was man als «Gerrymandering» bezeichnet –, müssen viele Abgeordnete, unabhängig von der allgemeinen Parteilinie, ziemlich stur bei ihren lokalen Parteizielen bleiben oder aber riskieren, von einem Mitglied der eigenen Partei mit einem strengeren Kurs entthront zu werden. Im Ergebnis verfügt jede Partei über eine große Anzahl von Kongreßabgeordneten, die sich Kompromissen mit der gegnerischen Partei starrköpfig widersetzen und eine «Zweiparteien-Gesetzgebung» verschmähen, die von der Führung beider Parteien angestrebt wird.

Im US-Kongreß ist es deshalb insgesamt schwieriger, eine starke Mehrheit zu bilden als in einem Parlament, und daher auch schwieriger, eine grundlegend neue oder radikal reformerische Gesetzgebung durchzusetzen. Selbst wenn eine Partei eine große Mehrheit hat, ist die amerikanische Gesetzgebung weniger flexibel, statischer, eher zum Stillstand neigend als ein Parlament. Aus dem gleichen Grund ist es für die amerikanische Legislative mit großen Anstrengungen verbunden, Gesetze aufzuheben oder substantiell zu revidieren und früher etablierte, quasi unabhängige, aber überholte oder ausufernde Bürokratien zu beschneiden oder abzuschaffen. Infolgedessen sind während des letzten halben Jahrhunderts der Umfang des sogenannten «Verwaltungsstaats» und seine Gewalt über das Leben der Menschen enorm angewachsen: die Herrschaft von immer zahlreicheren und komplexeren Verordnungen, erlassen von einer nicht gewählten, ehrgeizigen Bürokratie, die ihre eigene Macht durch immer expansivere Interpretationen häufig ziemlich alter, manchmal sogar obsoleter legislativer Entscheidungen ausweitet, indem sie ihnen durch ein bürokratisches Fiat eine radikal neue Bedeutung verleiht. Die Last, die kleine und mittelgroße Unternehmen (die größten Anbieter von Arbeitsplätzen in den USA) am stärksten zu spüren bekommen, ist immer unerträglicher geworden, und Trumps Versprechen, Regierungsverordnungen drastisch zu beschneiden, hatte keinen geringen Anteil an seiner Anziehungskraft auf Geschäftsleute und deren Unterstützer unter den traditionelleren republikanischen Wählern.

Wenden wir uns jetzt einigen Auswirkungen des Zweiparteiensystems auf den Präsidenten als Chef der Exekutive zu. Er ist viel weniger als ein Premierminister der Anführer der Legislative, und das nicht nur, weil eins oder auch beide Häuser häufig durch die oppositionelle Partei kontrolliert werden; selbst wenn die Präsidentenpartei in beiden Häusern des Kongresses entscheidende Mehrheiten besitzt, ist der Präsident viel weniger als ein Premierminister imstande, seine eigene Partei zu disziplinieren. Die Präsidentenpartei erwartet zwar durchaus Führung von ihm, aber, anders als bei einem Premierminister, soll diese aus größerer Distanz oder wie vom Olymp her erfolgen. Außerdem ist wenig wahrscheinlich, daß der Präsident über die verschiedenen Dienstränge in seiner Partei oder für seine Partei aufgestiegen ist und ein dichtes Netzwerk von Verbündeten in der Partei geknüpft hat; in der eigenen Partei ist der Präsident eher ein Außenseiter, der unabhängig in sein Amt gelangt ist. Eine besonders bedenkliche Folge ist, daß der Präsident auf nationaler Ebene, ganz zu schweigen von der internationalen Ebene, weniger Regierungserfahrung hat als ein Premierminister.

Doch weil der Präsident auf nationaler Ebene gewählt wurde und die wichtigsten zeremoniellen Regierungsaufgaben erfüllt, kann er auf der anderen Seite weitaus stärker als die Legislative (oder ein typischer Premierminister) den Anspruch geltend machen, als Stimme der ganzen Nation zu sprechen. Auf die sogenannte «erstklassige Plattform» erhoben, ist die Macht des Präsidenten somit unabhängiger, er übt aber, insbesondere in inneren Angelegenheiten, gleichzeitig weniger Macht auf die Gesetzgebung aus. Das ist ein Grund, warum die Präsidenten in den letzten fünfzig Jahren dazu neigten, sich in der Außen- und Verteidigungspolitik hervorzutun und dort Befriedigung zu suchen, wo sie viel freiere Hand und maßgeblicheren Einfluß haben.

Wenn wir uns nun dem Verfahren zuwenden, in dem der amerikanische Präsident gewählt wird, so sehen wir, daß während des größten Teils der amerikanischen Geschichte die Möglichkeit des Aufstiegs eines populistischen Demagogen eingeschränkt war, weil die Kandidaten normalerweise von der Parteiführung ausgewählt wurden, bei Parteitagen, die häufig von Parteiführern aus dem Hinterzimmer gesteuert wurden. Letztere neigten dazu, Konsenskandidaten mit breiter Verwurzelung in der Partei zu finden, deren Erfahrung in öffentlichen Ämtern eine weit gefächerte, sachlich-nüchterne Anziehungskraft auf die Wähler entfaltete. Außerdem waren die Wahlkampagnen traditionell eine weniger populäre Angelegenheit, bei denen die Kandidaten während des Wahlkampfs eher auf Distanz blieben und die häßliche Rhetorik untergeordneten Parteimitgliedern überließen. Das alles war eine Art indirektes Erbe der Gründungsväter, die eine tiefsitzende Furcht vor einem demagogischen Regierungschef hegten – und die, um einen solchen zu verhindern, ein Wahlmännergremium ersannen, mit dem sie sicherstellen wollten, daß der Regierungschef nicht auf der Basis populärer Anziehungskraft, sondern vielmehr von einer kleinen Gruppe angesehener und erfahrener Führer ausgewählt würde, die vornehmlich von der Sorge bestimmt waren, einen kompetenten Präsidenten mit erprobten Fähigkeiten und einem breiten nationalen Ansehen zu finden. Das Vorbild, das allen Gründervätern vor Augen stand, war Washington. Allerdings funktionierte das Wahlmännergremium beinahe von Anfang an nicht so, wie es geplant war; in der Praxis wurde es vom Parteiensystem und den von der Partei gewählten Kandidaten verdrängt. Paradoxerweise spielte aber jetzt die Parteiführung in gewisser Weise die Rolle, die für das Wahlmännergremium vorgesehen war – als Filter für populäre und populistische Leidenschaften zu wirken.

Mit dem Aufkommen des Primary-Systems in der Mitte des 20. Jahrhunderts nahm das Nominierungssystem der Parteien eine dramatische Wendung in Richtung Populismus und Demagogie. In diesem neuen System werden die von der Partei nominierten Präsidentschaftskandidaten in einer langen Reihe von «Beliebtheitswettbewerben» ausgewählt, in die jeder eintreten kann, und zwar je eher, desto besser, besonders wenn der Kandidat über eine Menge Geld verfügt. Die Wahlkämpfe werden länger und länger, beginnen immer früher, und die daraus folgende Notwendigkeit, immer gewaltigere Geldsummen anzuhäufen, um raffinierte Medienkampagnen zu finanzieren, hat außerordentlich zugenommen, wobei bestimmte neue Fähigkeiten der Kandidaten immer stärker ins Gewicht fallen, insbesondere die Fähigkeit, Spenden zu akquirieren und danach das Geld einzusetzen, um die Medien, angeleitet durch ausgeklügelte Meinungsumfragen aller Art, arbeiten zu lassen und eine breite Massenzuhörerschaft aufzurütteln und zu begeistern. Das Ergebnis ist, daß während der letzten Generation eine Folge von Präsidenten – Clinton, Bush, Obama und jetzt Trump – ins Amt gelangte, die starke Medienwahlkämpfer und Geldeintreiber waren, aber wenig oder keine Regierungs- oder Exekutiverfahrung in einem großen Bundesstaat (wie Roosevelt, Carter oder Reagan) oder im Militär (wie Eisenhower) hatten. Gleichzeitig wurden die politischen Parteien beständig schwächer und innerlich uneiniger, da die Parteikader und Parteimitglieder im Kongreß immer weniger Einfluß bei der Auswahl ihrer Präsidentschaftskandidaten hatten. Im großen und ganzen ist der Auswahlprozeß in einem populistischen und demagogischen Sinn demokratischer und in einem plutokratischen Sinn oligarchischer geworden, da jetzt viel Geld nötig ist, um die Medien zur Manipulation der Wählermassen zu ermächtigen. Und die mediale Manipulation begünstigt in hohem Maß Charaktere mit der seltenen Fähigkeit, eine Art kompetitiver Unterhaltung wie im Sport zu stimulieren. So hat sich das politische System immer weiter von der Vision entfernt, die die Gründerväter von einer nationalen Regierung hatten, in der Staatsmänner von bewährter Fähigkeit und Erfahrung herangezogen und erprobt werden konnten, indem sie über weniger wichtige Ämter auf lokaler und staatlicher wie auf bundesstaatlicher Ebene aufstiegen und bei einer wachsamen, verständigen politischen Elite als überlegene Führer Akzeptanz gewinnen konnten.

Zukunftsperspektive

Die hier skizzierte historische Perspektive hilft uns, besser zu verstehen, wie und warum Trumps Aufstieg möglich war, oder wie und warum das, was er verkörpert, ein nachvollziehbarer Auswuchs einiger zutiefst problematischer Syndrome des amerikanischen politischen Systems ist, die sich im Lauf der Zeit langsam entwickelt haben. Das impliziert aber nicht, daß Präsident Trump für zukünftige Präsidenten und nationale Führer ein wahrscheinliches Modell ist. Da er das extreme Ende eines Spektrums repräsentiert, das sich in seine Richtung erweitert hat, kann man hoffen, daß die ungünstige Reaktion der amerikanischen Öffentlichkeit auf Trump, auf seine beschämenden Eskapaden und vor allem auf seine manifeste Inkompetenz zu einem Rückstoß und damit zu einer Mäßigung des unglücklichen Extrems führt, das er verkörpert.

Wahrscheinlicher ist eine institutionelle Neuordnung des amerikanischen politischen Systems. Sie wird jedoch wohl nicht durch einen Zusatz zur Verfassung bewirkt werden: Der für einen Zusatzartikel vorgesehene Prozeß ist (bewußt) zu langsam und zu mühselig. Viel wahrscheinlicher ist eine Neuordnung der beiden großen, extrakonstitutionellen politischen Parteien. Denn es ist unverkennbar, daß ein großer Teil der amerikanischen Wähler und ein noch größerer Teil der Staatsbürger insgesamt, von denen eine wachsende Zahl aus Abscheu vor den verfügbaren Optionen gar nicht wählt, beide Parteien, Republikaner wie Demokraten, nicht mehr als wirklich repräsentativ ansieht. Die wahrscheinlichste Richtung oder Tendenz einer Veränderung ist eine zunehmenden Polarisierung: Beide Parteien könnten sich sehr wohl auf ihre Extreme zubewegen, nicht nur, um ihre jeweilige traditionelle Basis zu beschwichtigen und zu aktivieren, sondern auch um die volatile Masse verdrossener und abspenstig gewordener potentieller Wähler anzuziehen. Der Wahlkampf von Bernie Sanders in den demokratischen Primarys offenbarte besonders unter den jungen Wählern eine verbreitete Bereitschaft zum Experiment mit einer Art halbsozialistischer Lösungen für Amerikas Probleme – und diese Bereitschaft kennzeichnete eine große Zahl «populistischer» Wähler, die von Sanders und Trump als Antiestablishment-Kandidaten gleichermaßen angezogen wurden. Aber die Bewegung hin zu einer Polarisierung könnte weniger stark sein, als es zunächst den Anschein hat, nicht zuletzt deswegen, weil die enthusiastischsten Unterstützer von Extremen einen zahlenmäßig geringeren Teil der Bevölkerung ausmachen als diejenigen, die eher Kandidaten der Mitte unterstützen. Je mehr überdies in jeder Partei die Polarisierung oder der Zug zu den Extremen an Stärke gewinnt, um so mehr wird als Reaktion schließlich mit großer Wahrscheinlichkeit der Mitte, den Moderaten und den Konsensbaumeistern, neue Energie zufließen. Und die Stärke und Popularität der letzteren wird zunehmen, je mehr die Polarisierung die Gesetzgebung in eine Sackgasse führen und folglich die Unfähigkeit der Regierung verstärken wird, die großen inneren Herausforderungen zu bewältigen. Anders ausgedrückt: Es mag sich die Gelegenheit für einen Politiker eröffnen, der eine amerikanische Version von Frankreichs Macron ist. Wird damit eine dritte, gemäßigte Partei für Amerika angekündigt? Das bleibt zweifelhaft. Das Zweiparteiensystem ist rechtlich und kulturell zu stark verwurzelt. Wahrscheinlicher ist ein dialektischer, sich über eine Reihe von Jahren erstreckender Prozeß, in dem das Land zuerst eine Verschärfung der extremen Parteilichkeit erlebt, unter den holprigen Konsequenzen leidet und dann zu einer Parteipolitik des Wettbewerbs um die Mitte zurückfindet – das heißt zu einem Wettstreit um die Stimmen moderater und eher pragmatischer, stärker ergebnisorientierter Wähler, die, was die ideologischen Extreme betrifft, ernüchtert sind. Aber wenn wir mit diesem Szenario auf der richtigen Spur sind, dann sprechen wir über einen historischen Prozeß, der viel Zeit benötigen und dessen Entwicklung nicht angenehm sein wird.

Aus dem amerikanischen Englisch übersetzt von Wiebke Meier.

DAN DINER

Volkssouveränität und Legitimität
Historisches zum «Arabischen Frühling» in prospektiver Absicht

Das Volk will den Sturz des Regimes. Aus Hunderttausenden, aus Millionen von Kehlen erschallte Anfang des zweiten Jahrzehnts des noch jungen Jahrhunderts der Ruf auf den Plätzen und Straßen Arabiens. Von der enthusiastisch zum Sturz des Regimes ermutigenden Parole zur Selbstermächtigung ging die Wucht eines revolutionären Gründungsakts aus. Es war, als stünde der Anbruch eines neuen politischen Tages bevor – die Begründung genuiner Volksherrschaft, die Grundlegung einer Demokratie. Der Akt politischen Neuanfangs evozierte historische Erinnerung. Diese verwies auf die Epoche der großen Volkserhebungen im Westen – damals, als im ausgehenden 18. wie in der ersten Hälfte des 19. Jahrhunderts dem demokratischen Ordnungsdenken Verfassungen entsprangen, die dem Prinzip der Volkssouveränität verpflichtet waren.[1] Mehr noch. Der hoffnungsfrohe Aufbruch schien all jene Lügen zu strafen, die sich mit den chronisch beklagenswerten Zuständen in Arabien abgefunden hatten.[2]

Zwei verschränkte Fragen sollen mit Blick auf den islami-

---

[1] Weiterhin gültige Überblicksdarstellungen finden sich bei Elisabeth Fehrenbach: *Vom Ancien Régime zum Wiener Kongress.* 3. Aufl. München 1993 und bei Dieter Langewiesche: *Europa zwischen Restauration und Revolution, 1815–1849.* 5. Aufl. München 2007.
[2] Samir Makdisi: *Reflections on the Arab Uprisings,* in: Giacomo Luciani (Hg.): *Combining Economic and Political Development. The Experience of MENA.* Boston 2017, S. 22–40, hier 22–29.

schen Vorderen Orient näher erkundet werden: die Frage nach Bedeutung, Geltung und Wirkung der Volkssouveränität und die Frage nach der Legitimität von Herrschaft.³ Dabei soll das einstweilige Scheitern der in den «Arabischen Frühling» gesetzten Hoffnungen rückblickend wie vorausschauend reflektiert werden. Die Frage nach der Volkssouveränität wird die Aufmerksamkeit zuerst auf die nicht enden wollende syrische Tragödie und ihre historischen Hintergründe lenken. Die Frage nach der Legitimität von Herrschaft und damit der Verfassungsgebung, der *pouvoir constituant*[4] wird den Blick sodann nach Ägypten lenken. Dabei rückt die anhaltende Spannung zwischen einer der Transzendenz verpflichteten Legitimität einerseits und weltlichen Begründungen einer guten Ordnung andererseits in den Fokus. Allein der Umstand, daß die Aufstandsbewegung des «Arabischen Frühlings» fast ausschließlich in Republiken ihren Ausgang nahm, Monarchien dagegen von dem Ansturm eruptiven Aufbegehrens weitgehend unbehelligt blieben, sollte zu denken geben.[5]

Daß alle Gewalt vom Volke ausgehe, lautet der Grundsatz der Volkssouveränität. Das syrische Drama steht für dessen Implosion. Die Abstraktion des Volkes, der Demos, zerfällt in empirisch-konkrete, dort: in seine ethno-religiösen, in seine konfessionellen Bestandteile.[6] Die anfänglich von vielen skandierte Parole vom herbeigesehnten Sturz des Regimes – mithin

---

3 Ingeborg Maus: *Über Volkssouveränität. Elemente einer Demokratietheorie.* Berlin 2011, S. 22–43; Egon Flaig: *Die Mehrheitsentscheidung. Entstehung und kulturelle Dynamik.* Paderborn 2013, S. 206–218.
4 Martin Loughlin, Neil Walker: *The Paradox of Constitutionalism. Constituent Power and Constitutional Form.* Oxford 2007.
5 Zur Präsenz der Transzendenz in der weltlichen Begrifflichkeit siehe Carl Schmitt: *Politische Theologie. Vier Kapitel zur Lehre von der Souveränität.* München–Leipzig 1922; Thomas Hobbes: *Leviathan.* Hg. von Crawford Brough Macpherson. Harmondsworth 1968, Teil 3, Kap. 43, S. 621.
6 Dan Diner: *Politisierung des Unterschieds. Religion und Nationalität im Osmanischen Reich*, in: *Gedächtniszeiten. Über jüdische und andere Geschichten.* München 2003, S. 54–62.

eine durch demokratischen Mehrheitsentscheid zu bewirkende gute Ordnung – geht derweil unter in einem Morast der Gewalt, deren Konturen es nahelegen, von einem religiös präformierten Volksgruppenkonflikt zu sprechen. Ein autokratisch, ein diktatorisch verfaßtes, in erster Linie von muslimisch-heterodoxen wie christlichen Minderheiten gestütztes Regime, ist – so scheint es – mit der muslimisch-orthodoxen, also sunnitischen Bevölkerungsmehrheit in einen Kampf auf Gedeih und Verderb verstrickt. Weiter angefacht wird der an Merkmalen von Herkunft und Zugehörigkeit entlang geführte Bürgerkrieg durch die Einmischung benachbarter Mächte. Mit dem sunnitischen Saudi-Arabien und dem schiitischen Iran als den regionalen Protagonisten eines weit über Syrien hinausreichenden Gegensatzes konvertiert der anfänglich an der Regimefrage entflammte Konflikt in einen Antagonismus zwischen islamischer Orthodoxie und muslimischer Heterodoxie. So gesehen richtet sich die vom Regime ausgehende Gewalt weniger – wie häufig gesagt wird – gegen das eigene Volk als Summe der Bevölkerung, sondern vielmehr gegen einen zunehmend konfessionell sich einfärbenden Gegner: gegen die sunnitische Mehrheit im Lande.[7]

Raum kennt Gedächtnis. Die in Bewegung geratenen politischen Topographien Syriens verweisen auf eine *longue durée* letaler Tiefenschichten des Vergangenen. Sie versetzen den nur unzureichend als «Bürgerkrieg» charakterisierten Konflikt in nicht enden wollende tödliche Schwingungen. Sie weisen zurück in die osmanische Zeit, als die gesamte Region dem Regiment des Sultans in Konstantinopel unterstand. Damals waren die urbanen Zentren des Landes – vornehmlich die großen, an den in nord-südlicher Richtung verlaufenden Handelsrouten gelegenen Städte Aleppo, Hama, Homs und Damaskus –

---

7 Vgl. Moshe Ma'oz: *The Emergence of Modern Syria*, in: ders., Avner Yaniv (Hg.): *Syria under Assad. Domestic Constraints and Regional Risks.* London–New York 2014, S. 9–35; hier 10 f., 21–25, 30–34.

Horte imperialer Obrigkeit, richterlicher Geistlichkeit, begüterter Kaufmannsdynastien und vor allem großer, fern ihrer Latifundien lebender Grundeigentümer gewesen. Und die Angehörigen dieser sozialen Instanzen gehörten größtenteils der herrschenden orthodoxen Glaubensrichtung an – mithin dem sunnitischen Islam. Heterodoxe Bevölkerungen waren eher in den Schutz bietenden Bergregionen ansässig – Hochländer, die durch beschwerliche Arbeit dem kargen Boden ihr kümmerliches Dasein abrangen.[8]

Die tradierte soziale Spannung zwischen Stadt und Land, zwischen wohlhabenden Städtern und der meist darbenden Landbevölkerung, fand sich später, zur Zeit der französischen Mandatsherrschaft – also von den frühen 20er Jahren des vergangenen Jahrhunderts bis zur Unabhängigkeit in der ersten Hälfte der 40er Jahre – dadurch gesteigert, daß die Kolonialverwaltung bei der Rekrutierung lokaler Ordnungskräfte, den sogenannten *Troupes Spéciales du Levant*,[9] sich vornehmlich auf die Landlosen unter den heterodoxen Minderheiten wie Alawiten (oder Alawis, Alawiyun bzw. Nusairier oder Nusairiyin), Ismaeliten und Drusen stützte und diese nicht zuletzt zum Niederhalten patriotischen Aufbegehrens arabisch-sunnitischer Provenienz einsetzte. In den obersten Rängen der später aufgestellten nationalen syrischen Streitkräfte überwogen anfänglich sunnitische Offiziere, wohingegen das heterodoxe Milieu eher bei den unteren Dienstgraden anzutreffen war. Später

---

8 Hanna Batatu: *Syria's Peasantry. The Descendants of Its Lesser Rural Notables and their Politics*. Princeton 1999, S. 10–37; Daniel Pipes: *The Alawi Capture of Power in Syria*, in: Middle Eastern Studies 25:4 (1989), S. 429–450, hier 434–437; Michael H. Van Dusen: *Political Integration and Regionalism in Syria*, in: Middle Eastern Journal 26:2 (1972), S. 123–136, hier 124 f.

9 Dan Diner: *Tradierte Herrschaft und soziale Modernisierung. Die Militärregime in Syrien und Irak*, in: Rainer Steinweg (Red.): *Militärregime und Entwicklungspolitik*. Frankfurt am Main 1989, S. 214–234, hier 218 f.; Patrick Seale: *Asad of Syria. The Struggle for the Middle East*. Berkeley–Los Angeles–London 1989, S. 18.

fand sich diese Kohorte im sogenannten Militärflügel der sozialistischen panarabischen Baath-Partei zusammen. Von dort aus bemächtigte sie sich in den 60er Jahren in einer Reihe aufeinanderfolgender Putsche sukzessive des Militär-, Partei- und Staatsapparats. Mit der Präsidentschaft Hafiz al-Assads konsolidierte sich ihre Herrschaft in den Jahren 1970/71.[10]
Der Zusammenhalt der im Militär- wie im Staatsapparat verschanzten Angehörigen heterodoxer Minderheiten war durch primordiale Bande tradierter Stammes- und Clanstrukturen gestiftet.[11] Dies galt in erster Linie für die von anderen Muslimen als wenig islamisch erachteten, sich gleichwohl zunehmend schiitisch bekennenden Alawis. Um ihre Herrschaftsbasis sozial wie demographisch zu erweitern, öffnete sich das Regime unter Hafiz al-Assad den zuvor von den Machtzentren eher ferngehaltenen Abkömmlingen städtischer sunnitischer Eliten mittels einer Politik kalkulierter Kooptation – vor allem von Personenkreisen der Geschäftswelt in Aleppo und Damaskus.[12] Die Linien einer anfänglich eingehaltenen Distanz zwischen herrschenden Minderheiten und Angehörigen der sunnitischen Mehrheit gestalteten sich zunehmend porös. Unterschiede verloren sich zunehmend etwa durch eine zielbewußt betriebene Politik der Einheirat. Hinzu kommt, daß in Syrien die öffentliche Rede über konfessionelle Zugehörigkeit im Zeichen eines alle Unterschiede vorgeblich einebnenden arabischen Nationalismus als sektiererisch abgetan, gar mit einem Tabu belegt wurde.[13]

---

10 Pipes: *The Alawi Capture of Power*, S. 440–446; Itamar Rabinovich: *Syria under the Ba'th 1963–66. The Army-Party Symbiosis*. Jerusalem 1972, S. 1–25; Seale: *Asad*, S. 162–184.
11 Hanna Batatu: *The Egyptian, Syrian, and Iraqi Revolutions. Some Observations on Their Underlying Causes and Social Character*. Washington, D.C. 1984, S. 9–12.
12 Bassam Haddad: *Business Networks in Syria. The Political Economy of Authoritarian Resilience*. Stanford 2012.
13 Christa Salamandra: *Sectarianism in Syria. Anthropological Reflections*, in: Middle East Critique 22:3 (2013), S. 303–306.

Die Stabilität des Regimes stützte sich auf einen komplex verfugten Sicherheitsapparat, der ein engmaschiges Netz beständiger Kontrolle über das Land legte. Die Dienste hielten nicht nur oppositionelle Strömungen nieder, sondern erwirkten durch die Verbreitung von Furcht und die Gewährung von Anreizen ein habituell sich einschleifendes Wohlverhalten der Bevölkerung.[14] Glaubte das Regime sich existentiell herausgefordert, reagierte es mit aller Härte. Als im Jahr 1982 die sunnitische Bevölkerung der Stadt Hama unter Führung der dort heimischen Muslimbruderschaft gegen Assad den Älteren aufbegehrte, ließ dieser bei der Bekämpfung der Aufständischen keine Nachsicht walten. Die Rebellion wurde grausam niederkartätscht – die Zahl der Opfer ging in die Zehntausende.[15]

Hama war besonders. Von jeher war die Stadt ein Bollwerk der großen sunnitischen Landeigentümer der Ebene gewesen. In den frühen 50er Jahren schlug ihnen der geballte Haß aufbegehrender landloser Bauern entgegen.[16] Tief verwurzelte soziale Aversion mischte sich mit konfessionellem Argwohn. Auch heute legt das ursprünglich aus dem agrarischen Milieu hervorgegangene syrische Militär sich bei der Zertrümmerung vornehmlich sunnitisch bevölkerter Städte und Stadtviertel wenig Zurückhaltung auf. Schon zuvor hatte der Firnis einer gemeinsamen syrischen Zugehörigkeit im Zeichen der arabischen Nation sich als überaus dünn erwiesen. Daß ihre Bindekraft in Auflösung begriffen war, war bereits während des in den 1980er Jahren wütenden irakisch-iranischen Krieges zu beobachten gewesen, als Damaskus – über Jahrzehnte als Zitadelle des Arabismus gepriesen – ohne Zögern für die schiitischen Perser Partei ergriff.[17]

---

14 Zum Sicherheitsapparat in Syrien siehe Hanna Batatu: *Syria's Peasantry*, S. 238–243.
15 Seale: *Asad*, S. 332 ff.
16 Ebd., S. 41–48.
17 Batatu: *Syria's Peasantry*, S. 283–285; Yair Hirschfeld: *The Odd*

Auch aus institutioneller Sicht verspricht das zunehmend epische Züge annehmende syrische Drama wenig Erbauliches. Politische Personenverbände mit einem schwachen gemeinschaftlichen Zusammenhalt genügen solchen Ordnungsvorstellungen nicht, deren Regularien sich auf ein demokratisches Mehrheitsprinzip gründen.[18] Die Arabische Republik Syrien steht nicht für ein aus dichter Vergemeinschaftung hervorgegangenes unitarisches Staatswesen, dessen institutionelles Gehäuse von einer Patina politischer Tradition umhüllt wird, die es erlauben würde, den Modi des Kompromisses zu folgen und dabei demokratisch alternierende Wechsel der Regierenden hinzunehmen. So gilt es anzuerkennen, daß in ethnisch und religiös zerklüfteten Gemeinwesen ein dem Prinzip des Mehrheitsentscheids zugrundeliegendes demokratisches Procedere dazu neigt, im Extremfall eine zerstörerische, eine das Staatsgefüge zersprengende Wirkung zu entfalten. Diese Wirkung verstärkt sich, wenn das Verhältnis der ethnischen oder religiösen Gemeinschaften derart zerrüttet ist, daß sie glauben, so handeln zu müssen, als werde ihnen das bloße Dasein verwehrt.[19]

Dieser Befund führt zurück in das Gedächtnis eines Raumes, dessen Konturen über die syrische Enge hinausweisen und dessen Zeitlichkeit weit Zurückliegendes aufruft. Die Rede ist von einem eigentümlichen historischen Phänomen – der «Orientalischen Frage». Mit diesem Wort war im 19. Jahrhundert der augenfällige Verfallsprozeß des Osmanischen Reiches und die sich daraus ergebenden Gefährdungen für die prekäre europäische Balance, sprich: für den Frieden auf dem

---

Couple. Ba'athist Syria and Khomeini's Iran, in: Ma'oz, Yaniv (Hg.): *Syria under Assad*, S. 105–124.
18 Zum Mehrheitsprinzip in der Politischen Theorie siehe Flaig: *Die Mehrheitsentscheidung* (wie Anm. 3).
19 Rogers Brubaker: *Ethnizität ohne Gruppen*. Hamburg 2017; zum syrischen Regime als Verteidiger der Minderheiten siehe Bente Scheller: *The Wisdom of Syria's Waiting Game. Foreign Policy Under the Assads*. London 2013, S. 20 ff.

Kontinent gemeint.[20] Zwar war das Wort von der *Question orientale* nicht auf das Osmanische Reich gemünzt, sondern galt anfänglich einem anderen, in seinem Zusammenhalt nicht weniger gefährdeten Gemeinwesen: dem Wahlkönigtum Polen des ausgehenden 18. Jahrhunderts. Das Osmanische Reich und Polen wiesen allerdings im Unterschied zu den sie bedrängenden, modern auftretenden absolutistischen Mächten mit ihren «harten» zentralistischen Bürokratien und stehenden Heeren durchaus ähnlich gelagerte strukturelle Gebrechen auf: Die inneren Ordnungen Polens und des Reichs der Osmanen waren – bei aller sie trennenden signifikanten Verschiedenheit – korporativ versäult geblieben. Beide wurden also wesentlich geprägt durch vormoderne, mithin als «weich» geltende Institutionen.[21] Das osmanisch-polnische Doppelschicksal war offenkundig geworden, als mit der russischen West- und Südexpansion unmittelbar nach der im Jahr 1772 erfolgten ersten polnischen Teilung das Osmanische Reich eine herbe Niederlage im Krieg gegen die Macht im Norden hinnehmen und sich bei Kütschük Kainardschi einem Kapitulationsfrieden unterwerfen mußte. Darin wurden nicht nur schmerzhafte osmanische Territorialeinbußen stipuliert, sondern Rußland auch das Privileg einer Schutzmacht der christlich-orthodoxen Untertanen des Sultans konzediert.[22]

Vom Doppelereignis der polnischen Teilungen und des Friedens von Kütschük Kainardschi bewegt, verläuft eine geopolitische wie ethnopolitische Schütterzone von der Ostsee über das Schwarze Meer, den Balkan, die Meerengen der Ägäis bis zur Levante. Ihre noch in der Gegenwart zu verspürenden tek-

---

20 Matthew Smith Anderson: *The Eastern Question, 1774–1923. A Study in International Relations.* London 1966; Christoph V. Albrecht: *Geopolitik und Geschichtsphilosophie, 1748–1798.* Berlin 1998, S. 3.
21 Albert Sorel: *The Eastern Question in the Eighteenth Century. The Partition of Poland and the Treaty of Kainardji.* New York 1969; Brendan Simms: *Europe. The Struggle for Supremacy. From 1453 to the Present.* New York 2013, S. 186–294.
22 Sorel: *The Eastern Question,* S. 240–251.

tonischen Konvulsionen erinnern daran, daß dieser Raum bislang nicht zur Ruhe gekommen ist.[23] Zurückzuführen ist jene fortwährende Unruhe wesentlich auf die Folgen der epochalen Tendenz gesellschaftlicher Horizontalisierung vormals korporativer, mithin vertikal versäulter Ordnungsgefüge in solche der Territorialität, der Rechtsgleichheit und der Staatsbürgerschaft. Dazu gehört die Etablierung von Gebietskörperschaften und die Einrichtung repräsentativer Organe, die Menschen unterschiedlicher religiöser wie ethnischer Zugehörigkeit in vornehmlich durchmischten Regionen notwendig enger zueinander rücken lassen. Zuvor waren die Menschen trotz größter physischer Nähe institutionell, eben: korporativ, voneinander getrennt. Die Folgen dieser Umwälzung bringen es an den Tag: Gleichheit evoziert den Vergleich. Sie macht Unterschiede sichtbar und politisiert kollektive Differenz.[24]

Die im Osmanischen Reich über lange Dauer sich erstreckende Verwandlung religiös verfaßter korporativer Körperschaften – den Millets – in zunehmend sich territorialisierende Nationalitäten zeitigte kataklysmische Wirkungen.[25] Diese trugen zur Desintegration des Imperiums bei und zogen nicht enden wollende Gebiets- und Bevölkerungskonflikte sowohl innerhalb wie auch zwischen den Nachfolgestaaten nach sich, und erhöhten den Druck auf die ethno- und geopolitischen Sollbruchstellen jener Schütterzone. Dazu gehörten das Zerbrechen der universellen Orthodoxie in autokephale Nationalkirchen, die Autonomie und die alsbald sich einstellende Unabhängigkeit der Balkanstaaten und Griechenlands.[26] Auch die im ausgehenden 19. Jahrhundert virulent werdende Maze-

---

23 Edgar Hösch: *Geschichte der Balkanländer. Von der Frühzeit bis zur Gegenwart*. München 2008, S. 113–139.
24 Maxime Rodinson: *Islam und Kapitalismus*. Frankfurt am Main 1986, S. 162–240.
25 Kemal Karpat: *An Inquiry into the Social Foundations of Nationalism in the Ottoman State. From Social Estates to Classes, from Millets to Nations*. Princeton 1973, S. 141–170.
26 Hösch: *Geschichte der Balkanländer*, S. 140–192.

donische Frage im Westen und die Armenische Frage im Osten sind Wirkungen der in Rede stehenden Veränderungen. Die Balkankriege 1912/13, der an den Armeniern verübte Genozid 1915, der griechisch-türkische Krieg 1919/22 – und in gewisser Hinsicht auch der jugoslawische Zerfallskrieg der allerjüngsten Vergangenheit – markieren die vorläufig letzte Phase jener epochalen Verwerfung. Begleitet werden solche Konflikte von Vertreibungen in der Absicht, die jeweils im Entstehen begriffenen Gemeinwesen national zu homogenisieren. Heute werden solche Vorgänge als «ethnische Säuberungen» bezeichnet.[27]

Die frühen Phasen der Politisierung und Territorialisierung des Unterschieds führen ins Gedächtnis des syrischen Raumes zurück. Dort treten die Folgen der dramatischen Verwandlung von vormodernen in moderne Ordnungs- und Verwaltungsprinzipien in der ersten Hälfte des 19. Jahrhunderts deshalb so deutlich zutage, weil dieser Umbruch auf ein ereignisgeschichtlich kurzzeitiges Moment zurückgeht. Hier ist vom Reformwerk des zwar unter osmanischer Souveränität stehenden, gleichwohl vom Sultan abgefallenen ägyptischen Herrschers Mohammed Ali die Rede.

Mohammed Ali, vom wundertätigen Wirken des Ingenieurwesens wie vom Allheilmittel der Technik überzeugter französischer Saint-Simonisten inspiriert, unterwirft Ägypten in den ersten Jahrzehnten jenes Jahrhunderts einem beschleunigten Prozeß der Modernisierung, verbunden mit einem expansiven politischen Projekt.[28] In Erfüllung dieses Vorhabens zieht sein Sohn Ibrahim Pascha gegen den Sultan in Istanbul zu Felde, erobert 1831 das geographische Syrien und bringt dort in mo-

---

27 Barbara und Charles Jelavich: *The Establishment of the Balkan National States 1804–1920*. Seattle–London 1977, S. 216 ff.
28 Kahled Fahmy: *The Era of Muhammad 'Ali Pasha, 1805–1848*, in: Martin W. Daly (Hg.): *The Cambridge History of Egypt*. Vol. 2: *Modern Egypt. From 1517 to the End of the Twentieth Century*. Cambridge 1998, S. 139–179, hier 178 f.

dernisierender Absicht die althergebrachte bzw. islamrechtlich verfügte hierarchische Unterscheidung zwischen Muslimen und Nichtmuslimen zu Fall – eine tief einschneidende Veränderung, die dramatische Erschütterungen zur Folge hat. Die christliche Bevölkerung, nunmehr der Beschränkungen ihres bis dahin minderen Status als Schutzbefohlener ledig, beeilte sich, ihre neu erlangte Gleichstellung offen hervorzukehren. So nahmen die Christen es sich heraus, auf Pferderücken zu reiten, bislang allein Muslimen vorbehaltene weiße Turbane zu tragen, Weinhandel auf zugänglichen Plätzen und Märkten zu betreiben, öffentlich Prozessionen durchzuführen und – für alle hörbar – die Kirchenglocken zu läuten.[29] Die selbstbewußte Darbietung christlicher Gleichstellung führte zu gewalttätigen Aktionen sich traditionell höherrangig dünkender Muslime. 1850 wurde ein Massaker an Christen in Aleppo verübt, 1860 in Damaskus. Auch die 1840 große internationale Aufmerksamkeit auf sich ziehende sogenannte Damaskus-Affäre – damals, als die jüdische Gemeinschaft der Stadt eines Ritualmordes an einem Kapuzinermönch und seinem muslimischen Diener beschuldigt wurde – gehört in den Zusammenhang jener durch Gleichheitserwartung hervorgerufenen Politisierung von Differenz.[30]

Zu einer regelrechten Proto-Territorialisierung kam es infolge ägyptischer, später auch osmanischer Reformen im Bereich des Libanon. Um der dort zwischen Drusen und Maroniten in den 1840er Jahren ausgebrochenen Gewalt Herr zu werden, teilte die Hohe Pforte – nicht zuletzt auf Betreiben

---

29 Moshe Mo'az: *Communal Conflicts in Ottoman Syria during the Reform Era. The Role of Political and Economic Factors*, in: Benjamin Braude, Bernard Lewis (Hg.): *Christians and Jews in the Ottoman Empire. The Functioning of a Plural Society.* Vol. 2: *The Arabic-speaking Lands.* New York 1982, S. 91–105, hier 93–98.

30 Jonathan Frankel: «*Ritual Murder» in the Modern Era. The Damascus Affair of 1840*, in: Jewish Social Studies, New Series 3:2 (1997), S. 1–16; ders.: *The Damascus Affair. «Ritual Murder,» Politics, and the Jews in 1840.* Cambridge 1997.

europäischer Mächte – die Region, der Zugehörigkeit ihrer Angehörigen nach, in zwei Distrikte und ließ diese jeweils von einem drusischen und maronitischen Repräsentanten verwalten.[31] Als im Jahr 1860 aufs neue eine Welle der Gewalt zwischen den ethno-religiösen Gemeinschaften ausgelöst wurde – vornehmlich der Gewalt zwischen Drusen und Maroniten –, intervenierten die Mächte unter französischer und britischer Führung. Ergebnis dieses Eingreifens, das übrigens in der völkerrechtlichen Literatur gelegentlich als Beispiel einer frühen humanitären Intervention herangezogen wird, war die Einrichtung eines wesentlich von Maroniten bevölkerten osmanischen Verwaltungsbezirks, dem ein direkt der Pforte berichtspflichtiger christlicher Gouverneur vorstand. Als Frankreich 1922 das Völkerbundmandat über Syrien zugesprochen wurde, begründete es dort, neben weiteren kleinstaatlichen Arrangements, ein Gemeinwesen der Alawis und eines der Drusen; und dies nicht zuletzt in Korrespondenz mit der im Jahr 1861 eingerichteten Art maronitischer Heimstätte im Mont-Liban – mithin im Gefolge jener Tendenz, die durch die Reformen Mohammed Alis um das Jahr 1830 ihren Anfang genommen hatte.[32]

Das Jahr 1830 steht nicht allein für die die Levante verwandelnden Reformen des ägyptischen Potentaten Mohammed Ali. Es steht auch für den im selben Jahr unternommenen Zugriff

---

31 Ceasar E. Farah: *Politics of Interventionism in Ottoman Lebanon, 1830–1861*. London–New York 2000; Shakeeb Salih: *The British-Druze Connection and the Druze Rising of 1896 in the Hawran*, in: Middle Eastern Studies 13:2 (1977), S. 251–257, hier 251.
32 Leila Tarazi Fawaz: *An Occasion for War. Civil Conflict in Lebanon and Damascus in 1860*. Berkeley–Los Angeles 1994, S. 47–77, 193–217; Ussama Makdisi: *After 1860. Debating Religion, Reform, and Nationalism in the Ottoman Empire*, in: International Journal of Middle East Studies 34:4 (2002), S. 601–617; Maurus Reinkowski: *«Let Bygones be Bygones». An Ottoman Order to Forget*, in: Wiener Zeitschrift für die Kunde des Morgenlandes 93 (2003), S. 191–209, hier 201–206.

Frankreichs auf Algerien und für die kurz darauf sich ereignende Juli-Revolution in Paris – *Les Trois Glorieuses*. Damals beförderte der den urbanen Raum zerschneidende Barrikadenkampf den Einbruch sozialer Semantiken in die politische Sprache.[33] Auch für den systematischen Transfer westlicher politischer Begriffe, wie die sprachliche Übertragung europäischer Ordnungsvorstellungen ins Arabische und Osmanisch-Türkische, war das Ereignis der Juli-Revolution maßgebend. Vermittler zwischen den Welten war Rifa'a Rafi al-Tahtawi, Imam einer vom ägyptischen Erneuerer Mohammed Ali nach Frankreich entsandten Studienmission gelehrter Übersetzer. Die Mission hatte den Auftrag, französischsprachige Handbücher, vornehmlich solche des Ingenieurwesens, aber auch der Sprachwissenschaften sowie anderer Arsenale des Wissens in die in Mohammed Alis Herrschaftsbereich gebräuchlichen orientalischen Idiome zu übertragen.[34] Die von Tahtawi mit Staunen und Verwunderung beobachteten Ereignisse der Juli-Revolution veranlaßten den ägyptischen Gelehrten, sich der politischen Sprache zu widmen. Die von ihm unternommenen Übersetzungs- und Übertragungsarbeiten galten Fragen der Entstehung von Gesetzen, der Gewaltenteilung, der Freiheit, der Garantie des Privateigentums sowie der Bedeutung der Verfassungsordnung für die Schöpfung gesellschaftlichen Reichtums.[35] Bei der Übertragung aus dem Französischen ins Arabische und ins Osmanisch-Türkische handelte es sich um einen umstürzenden Vorgang. Schließlich wurde die aus einem westlichen, d. h. aus einem säkularisierten christlichen Kontext hervorgegangene, zudem ihrer rationalistischen Tradition nach

---

33 Reinhart Koselleck: *Begriffsgeschichten. Studien zur Semantik und Pragmatik der politischen und sozialen Sprache*. Frankfurt am Main 2006, S. 240–251, 287–308.
34 Rifa'a al-Tahtawi: *Ein Muslim entdeckt Europa. Die Reise eines Ägypters im 19. Jahrhundert nach Paris*. Aus dem Arabischen übersetzt und kommentiert von Karl Stowasser. Leipzig 1988, S. 11–32, 305–324.
35 Ebd., S. 200–233; Dan Diner: *Versiegelte Zeit. Über den Stillstand in der islamischen Welt*. 3. Auflage. Berlin 2010, S. 46.

zu scharfen Unterscheidungen neigende Sprachkultur einer Sprachkultur betont ambigenen Charakters auferlegt.[36] Eine solche Übertragung erfolgte mittels Neologismen, der analogen Indienstnahme indigener institutioneller Bedeutungen oder einer Re-Semantisierung bestehender arabischsprachiger Wendungen. So verstand Tahtawi sehr wohl, daß *hurriyya,* das arabische Wort für Freiheit, eigentlich das Gegenteil von Sklavendasein bedeutet und sich von seiner westlichen Genese und Bedeutung doch erheblich unterschied; oder das davon abgeleitete und von ihm für *Republik* geprägte Wort *jumhurriyya* auch für Demokratie stehen kann.[37]

Über die Frage des Übertragungsproblems von einem Kultur- und Bedeutungszusammenhang in einen anderen hinaus offenbaren sich weit tiefer gelegene Sinnsphären von Wort und Begriff. Schon beim ersten aufsehenerregenden Auftritt einer westlichen Aufklärungskultur im Bereich des islamischen Orients – der Ägyptenexpedition Bonapartes – wußten indigene gelehrte Beobachter darauf aufmerksam zu machen, daß die sich wohltätig gebenden revolutionären Republikaner aus dem fernen Frankreich wohl einem fundamentalen Irrtum unterlagen, wenn sie meinten, die Propheten Mohammed, Jesus und Moses seien eben intelligente Leute gewesen und bei den auf sie zurückgehenden Gesetzen handelte es sich um nichts anderes als von Menschen gemachte Regeln.[38] Daß mit einem solchen Einwand die Geltung der Offenbarung aufgerufen wurde, die von nun an und auf Dauer – um mit Hans Blumenberg zu sprechen – von der «Ungeduld der Vernunft» behelligt

---

36 Zur traditionellen Mehrdeutigkeit in der Anwendung des Arabischen siehe Thomas Bauer: *Die Kultur der Ambiguität. Eine andere Geschichte des Islams.* Berlin 2011, S. 224–267.

37 Amy Ayalon: *Semantics and the Modern History of Non-European Societies. Arab «Republics» as a Case Study,* in: The Historical Journal 28:4 (1985), S. 821–834; Bernard Lewis: *Political Words and Ideas in Islam.* Princeton 2008, S. 129–133.

38 Ayalon: *Semantics and the Modern History of Non-European Societies,* S. 827.

werden sollte, war dem Imam und Leiter der später sich in Paris aufhaltenden Studienmission durchaus bewußt. Um seine an eine traditionelle und damit tief religiöse muslimische Lesergemeinde adressierte Übersetzung und Kommentierung der französischen Verfassung erträglich zu gestalten, versah er sie argumentativ mit einer salvatorischen Banderole, mittels deren er darauf verwies, daß zwar vieles in jener Verfassung weder in dem Buch Gottes, also dem Koran, noch in der Sunna seines Propheten zu finden sei, daß aber die dort niedergelegten Prinzipien von Gerechtigkeit und Billigkeit jedem Gemeinwesen zu großer Blüte verhelfen würden. Derart bedacht, ja behutsam näherte sich Tahtawi der die Muslime seitdem stärker als jemals zuvor bewegenden Frage, wie die bislang unangefochtene Souveränität Gottes mit den neuen, vom Westen ausgehenden Vorstellungen einer Souveränität des Menschen zu versöhnen sei.[39]

Die Souveränität Gottes findet ihren Ausdruck in der Scharia – einem der Offenbarung verpflichteten islamischen Moralregime. Die Scharia ist Richtschnur individueller Lebensführung, gesellschaftlicher Ordnung und politischen Handelns. Als Pflichtenkanon ist sie dem Menschen zur Huldigung Gottes auferlegt – ein zur Menschenpflicht gewordenes Gottesrecht. Ein solcher Pflichtenkanon unterscheidet sich fundamental von den weltlichem Glück dienenden irdischen Rechten. Dies gilt nicht zuletzt auch für die sonst naturrechtlich begründeten Menschenrechte.[40] Die zwischen Gottesrecht und Menschenrechten angelegte Spannung verlängert sich ins politische Ordnungsdenken und begründet die Verfassungskultur. Der dabei wirksame Konflikt kulminiert in der Frage nach dem Überord-

---

39 Mongi Serbaji: *Die Kultur der Menschenrechte und ihre Feinde in der arabischen Welt*, in: Sarhan Dhouib (Hg.): *Demokratie, Pluralismus und Menschenrechte. Transkulturelle Perspektiven.* Weilerswist 2014, S. 211–225, hier 214–219.
40 Gudrun Krämer: *Demokratie im Islam. Der Kampf für Toleranz und Freiheit in der arabischen Welt.* München 2011.

nungs- bzw. dem Unterordnungsverhältnis zweier Prinzipien – dem Prinzip der Volkssouveränität und dem Prinzip der Souveränität Gottes. In der verfassungsrechtlichen Praxis finden sich diese Prinzipien freilich zu lebensweltlich relevanten, praktischen Regularien heruntergebrochen. Zwischen ihnen vermag der Modus des Kompromisses zu greifen.[41]

In jener Verfassungsfrage kulminierte der «Arabische Frühling» in Ägypten, dem bedeutendsten arabischen Land. Wieviel an Souveränität des Volkes war zu erwirken; wieviel an Souveränität Gottes war zu ertragen, um eine dem Gemeinwesen angemessene gute Ordnung zu stiften? Die anhaltend miteinander im Streit liegenden Prinzipien werden dabei durch eine dritte Instanz ergänzt – die Instanz des Militärs. Als bewaffnete Gewähr des Landes nach außen und der öffentlichen Ordnung nach innen steht es wie jenseits des virulenten weltanschaulichen Gegeneinanders. Und als Schiedsrichter zwischen den weltanschaulichen Tendenzen wie als eine dritte Partei der Interferenz verfügt es über die außergesetzlichen letzten Mittel, den Konflikt entweder zu schlichten oder zu entscheiden, je nach Belieben.[42]

Die Verfassungsfrage in Ägypten reflektiert die im Selbstverständnis des Nillandes angelegte doppelte kollektive Zugehörigkeit: die Zugehörigkeit zu einem geographisch wie morphologisch herausgehobenen Gemeinwesen alter Kultur und tiefer bürokratischer Tradition – jenseits der religiösen Bekenntnisse; und die Zugehörigkeit Ägyptens zur *umma*, der universellen Nation des Islam.[43] Beide Zugehörigkeiten ver-

---

41 Serbaji: *Die Kultur der Menschenrechte*, S. 217 ff.
42 Zum «arabischen Frühling» im Kontext der Verfassungslehre siehe Peter Häberle: *Der «arabische Frühling» (2011) – in den Horizonten der Verfassungslehre als Kulturwissenschaft*, in: Jahrbuch des Öffentlichen Rechts der Gegenwart, Neue Folge 60 (2012), S. 605–620, hier 610–620.
43 Zu der doppelten Zugehörigkeit Ägyptens, der territorialen und der religiösen, siehe Artikel 1 der ägyptischen Verfassung: «Das Ägyptische Volk ist Teil der Arabischen Nation und versucht, seine Integration und

mögen auseinanderzutreten, parallel miteinander einherzugehen oder auch dialogisch zu harmonieren. Für die jeweilige Dominanz oder das Abklingen der einen oder der anderen Tendenz sind historische Konjunkturen ursächlich.

Die erste nach der Unabhängigkeit des Landes inaugurierte Verfassung von 1923, die Verfassung einer konstitutionellen Monarchie, wies ausgesprochen liberale und säkulare Züge auf. Dies entsprach der weltanschaulichen Orientierung der sich damals westlich ausrichtenden intellektuellen Eliten, für die Namen wie Muhammed Husain Haikal und Taha Hussein stehen.[44] Hierzu parallel, wenn auch generationell und von der Wirkung her zeitlich verschoben, entwickelte sich eine andere, nämlich an der islamischen *umma* orientierte Strömung, deren Erstarken im Jahr 1928 zur Gründung der Bewegung der Muslimbruderschaft führte. Ihr Aufkommen war auch eine Reaktion auf die durch Atatürk 1924 in der neu etablierten nationalistischen und laizistischen Türkei veranlaßte Abschaffung der universellen islamischen Institution des Kalifats wie der in Istanbul angesiedelten obersten sunnitischen Rechtsbehörde, des Scheihk ül-Islam.[45] Die Bruderschaft reagierte zudem auf die als unerträglich empfundene britische Anwe-

---

Einheit weiterzuentwickeln. Ägypten ist ein Teil der islamischen Welt, zugehörig dem afrikanischen Kontinent und stolz auf seine asiatische Sphäre und beteiligt sich daran, die menschliche Zivilisation voranzubringen.» Übertragen nach der inoffiziellen englischen Übersetzung von Adly Mansour.

44 Anthony F. Lang, Jr.: *From Revolutions to Constitutions. The Case of Egypt*, in: International Affairs 89:2 (2013), S. 345–363, hier 352. Zu den ägyptischen Intellektuellen, insbesondere zu Muhammed Husain Haikal und Taha Hussein siehe: Charles D. Smith: *The «Crisis of Orientation». The Shift of Egyptian Intellectuals to Islamic Subjects in the 1930's*, in: International Journal of Middle East Studies 4:4 (1973), S. 382–410.

45 Sylvia Haim: *The Abolition of the Caliphate and its Aftermath*, in: Thomas W. Arnold (Hg.): *The Caliphate*. London 1965, S. 205–244; Erwin I. J. Rosenthal: *Politisches Denken im Islam. Kalifatstheorie und politische Philosophie*, in: Saeculum 23 (1972), S. 148–171.

senheit in Ägypten und auf die spirituelle Entfremdung der niederen Schichten, die einst der Frömmigkeit eines sogenannten Volksislam anhingen, nun aber zunehmend sozialer Verelendung ausgesetzt waren. Zum wohltätigen Wirken der Muslimbruderschaft, beruhend auf den Prinzipien des islamischen Almosenwesens, gesellte sich die Forderung nach einer institutionellen Verankerung der Scharia – der Bindung von rechtlicher wie politischer Ordnung an das göttliche Gesetz bzw. an die Offenbarung.[46]

Einzug in den Verfassungstext hielt die Scharia mit der Schöpfung der nachsäkularen ägyptischen Konstitution von 1971. Dort wurde in Artikel 2 stipuliert, daß zur schon geltenden Verfügung, der Islam sei Staatsreligion und das Arabische Staatssprache, nunmehr auch die Prinzipien (*mabadi*) der Scharia als *eine* Hauptquelle der Gesetzgebung hinzutreten.[47] Eine 1980 erfolgte Novellierung verschärfte den Verfassungstext dahingehend, daß der zuvor verwandte unbestimmte Artikel durch einen bestimmten Artikel ersetzt wurde. Von nun an hieß es, die Prinzipien der Scharia seien *die* Hauptquelle der Gesetzgebung. Es war eine Veränderung ums Ganze.[48] Die 1971 eingeleitete Öffnung zu einer vom Islam bzw. der Scharia inspirierten Gesetzgebung war nicht zuletzt Folge eines einschneidenden historischen Geschehens gewesen, das eine

---

46 Marie Vannetzel: *The Muslim Brotherhood's «Virtuous Society» and State Developmentalism in Egypt. The Politics of «Goodness»*, in: Irene Bono, Béatrice Hibou (Hg.): *Development as a Battlefield*. Boston 2017, S. 220–244. Zur Genese und Ideologie der Muslimbruderschaft siehe Ziad Munson: *Islamic Mobilization. Social Movement Theory and the Egyptian Muslim Brotherhood*, in: The Sociological Quarterly 42:4 (2001), S. 487–510, hier 488 ff.

47 «Der Islam ist die Staatsreligion, und Arabisch ist die offizielle Sprache; die Grundsätze der islamischen Jurisprudenz sind eine Hauptquelle der Gesetzgebung», zitiert nach Gunter Mulack: *Die neue Ägyptische Verfassung*, in: Verfassung und Recht in Übersee / Law and Politics in Africa, Asia and Latin America 5:2 (1972), S. 189.

48 Markus Kneer: *Erwiderungen auf Anwar Moghith*, in: Dhouib (Hg.): *Demokratie, Pluralismus, Menschenrechte*, S. 139–140.

Rückverwandlung sich national verstehender Araber in gläubige Muslime beförderte. Die Abwendung von der säkularen Ideologie des Arabismus war vom Schock der gänzlich unerwarteten Niederlage der Araber im Juni-Krieg 1967 gegen Israel ausgelöst worden.[49] Solche militärische Evidenz war nicht hintergehbar. Marx – von der Lektüre Clausewitz' angeregt – hatte von der «Schlacht als gesellschaftlicher Barzahlung» gesprochen. Für die, die ihren Glauben auf dem Altar der Moderne dargebracht hatten, kam die Katastrophe einem Gottesurteil gleich. Es schien, als würde ein himmlischer Stab über die Verfehlungen, ja, über die als Sünde verstandenen Unzulänglichkeiten säkularer arabischer Regime gebrochen. Die Folgen waren augenfällig: Rückkehr zum Islam.[50]

Der Sturz des Regimes im «Arabischen Frühling» ließ die Verfassungsfrage akut werden. Nachdem die nicht unwesentlich die Handschrift der Muslimbrüder tragende Konstitution von 2012 durch einen von einer breiten Volksbewegung getragenen Putsch des Militärs abrogiert worden war, wurde abermals eine verfassunggebende Versammlung einberufen und mit der Umarbeitung des beanstandeten Verfassungstextes beauftragt.[51] Der ägyptischen Verfassung von 2014 ist der ihr zugedachte Kompromiß zwischen weltlichen Begründungen und einer Bindung an die Transzendenz anzumerken. Weil das Dokument dem Werteprofil der ägyptischen Gesellschaft so

---

49 Theodor Hanf: *Arabismus und Islamismus. Der säkularistische arabische Nationalismus im Vorderen Orient vor der Herausforderung des islamischen politischen Revivalismus*, in: Geschichte und Gesellschaft. Sonderheft 8: *Nationalismus in der Welt von heute* (1982), S. 157–176, hier 167f.
50 Emmanuel Sivan: *Radical Islam. Medieval Theology and Modern Politics*. New Haven 1990.
51 Holger Albrecht: *Egypt's 2012 Constitution. Devil in the Details, Not in Religion*, Peace Brief 139. Washington, D.C. 2013; Lang: *From Revolutions to Constitutions*, S. 356–364; Mohammad Ayatollahi Tabaar: *Assessing (In)security After the Arab Spring. The Case of Egypt*, in: Political Science and Politics 46:4 (2013), S. 727–735.

nahe sein sollte wie nur möglich, weist die Verfassung in vieler Hinsicht einen eklektischen, in mancher gar additiven Charakter auf. Der Verfassung ist jedenfalls anzusehen, daß ihr ein prozeduraler Zwang zum Konsens zugrunde lag. Die in der verfassunggebenden Versammlung zusammengetretenen Repräsentanten der verschiedenen weltanschaulichen Richtungen des Landes (ausgenommen der Muslimbrüder, die das Procedere boykottierten) waren gehalten, in ihren Deliberationen bis an die jeweilige Schmerzgrenze zu gehen.[52] So kamen die liberalen Vertreter nicht umhin, die Grundsätze der islamischen Scharia als Hauptquelle der Rechtsordnung – wie es hieß – «zu bekräftigen». Ihr eigener Vorschlag, im ägyptischen Volk die «alleinige Quelle der Autorität» zu erblicken, war von ihren Kontrahenten ebenso abgewiesen worden wie der von ihnen vorgetragene Vorschlag, Ägypten als einen «zivilen Staat» – als *al dawla al madaniyya* – zu definieren. Als Kompensation wurde den Liberalen gewährt, das Wort von der «zivilen Regierung» im Verfassungstext unterzubringen. Damit verbanden sie die Hoffnung, einer laizistischen Interpretation der Verfassung in Richtung einer Trennung von Religion und Staat einen Anker zu bieten.[53]

Von Interesse ist die Koalition der Gegner der Verfassung. Sie setzt sich zusammen aus den Repräsentanten der Salafisten der Nour-Partei sowie den Vertretern der maßgeblichen islamischen Lehranstalt, der Azhar – aber auch der orthodoxen Kopten. Gemeinsam war Muslimen und Christen die Wahrung der Bindung des Gemeinwesens an die Offenbarung. So wird Ägypten in der Präambel – ganz im Sinne einer abrahamitischen Ökumene – als die «Wiege des Glaubens und die Ruhmesfahne der geoffenbarten Religionen» bezeichnet und dabei die Bedeutung herausgestellt, die dem Propheten Moses, der Jung-

---

52 Zur Zusammensetzung der verfassunggebenden Versammlung von 2014 siehe Cornelis Hulsman, Diana Serodio: *Die ägyptische Verfassung von 2014. Eine Einordnung.* Aachen 2016, S. 24–27.
53 Ebd., S. 29–33.

frau Maria, Jesus Christus und dem Propheten Mohammed für Ägypten zukommt; zugleich wird schon in Artikel 1 der Verfassung die Zugehörigkeit Ägyptens zur islamischen Welt betont.[54] Als große säkularisierende Errungenschaft läßt sich die Verankerung der Frauenrechte in der Verfassung herausstellen. So gewährt Artikel 11 explizit die Gleichstellung von Mann und Frau. Gleichzeitig wird an der Gültigkeit des jeweiligen religiösen Familien- und Personenstandsrechts nicht gerührt; womit wieder die Geltung der Scharia aufgerufen wird – und dies, obwohl in der Präambel bestätigt wird, das Verfassungsdokument stehe «im Einklang mit der Allgemeinen Erklärung der Menschenrechte der Vereinten Nationen».[55] Daß die Verfassung keinen Blasphemie-Artikel aufweist – ansonsten Indikator einer starken islamischen, gar islamistischen Tendenz –, wurde als Erfolg der Liberalen verbucht. Gleichwohl findet sich dieser Tatbestand im Strafgesetzbuch.[56] So mäandert die Verfassung zwischen den Weltanschauungen, ohne eine wirkliche Wertentscheidung jenseits des Status quo zu treffen.

Letzte Entscheidungen über Wohl und Wehe des Gemeinwesens trifft das Militär. Im Falle eines eintretenden Notstands werden sich die Streitkräfte über die Verfassung erheben.[57] Die Ausrufung des Ausnahmezustands fällt in die Zuständigkeit des Präsidenten, der allerdings nicht eigenmächtig zu handeln vermag. Er bedarf des Zusammenwirkens mit anderen Verfassungsorganen – vor allem des hierfür anzurufenden Parlaments.[58] Aus leidiger Erfahrung wurden die prozeduralen Hürden für die Ausrufung eines Notstands hoch angesetzt, so

---

54 Ebd., S. 27 ff., 37 ff.
55 Ebd., S. 30, 40 f.
56 Ebd., S. 33, 38.
57 *Egypt's Emergency Law Explained*, in: Al Jazeera (11. April 2017), unter: www.aljazeera.com/indepth/features/2017/04/egypt-emergency-law-explained-170410093859268.html.
58 Article 154, Constitution of The Arab Republic of Egypt 2014. Hulsman und Serodio: *Die ägyptische Verfassung von 2014*, S. 55.

hoch, daß sie für wirkliche Notlagen kaum taugen dürften; ein Umstand, der wiederum zu ihrer Umgehung einlädt. So wird dem über den Ausnahmezustand befindenden Präsidenten, der zugleich oberster Befehlshaber der Streitkräfte ist, situationsbedingt nahegelegt, bei Gefahr im Verzuge erst zu handeln und sich die Legalität seines Tuns durch die berufenen Verfassungsorgane nachträglich bestätigen oder wie es heißt: «vervollständigen» (*alaintiha-u*) zu lassen. Von der Gewohnheit eines jahrzehntelang praktizierten tiefen Sicherheitsstaates verführt, neigt das Militär ohnehin dazu, bonapartistisch korrigierend in die Verhältnisse einzugreifen und als Staat im Staate die es eigentlich nur beschränkt ermächtigende Notstandsverfassung auf Dauer auszulegen.[59]

Das ägyptische Militär verfügt über Pfründe und Privilegien, die sich wirklicher Kontrolle entziehen. Soziologisch gesehen stellt es sich in die Tradition einer auf die Zeit Mohammed Alis zurückgehenden Militärkaste. Es besitzt eigene Unternehmen in fast allen Wirtschaftssektoren des Landes, Krankenhäuser und Sozialeinrichtungen. Die im Staatshaushalt nur pauschale Ausweisung des Militärbudgets bekräftigt seine institutionelle Eigenständigkeit.[60] Recht eigentlich ist das ägyptische Militär unantastbar. Vor Jahrzehnten, noch zu Nassers Zeiten, publizierte der bedeutende ägyptische Sozialwissenschaftler Anwar Abdel Malek eine erhellende Studie mit dem eingängigen Titel: *Égypte. Société militaire*.[61] An der Prärogative der ägyptischen Militärkaste hat sich wenig geändert.

Jeder spekulativ gewagte Blick in die Zukunft Ägyptens

---

59 Nathan J. Brown: *Egypt is in a State of Emergency. Here's What That Means For Its Government*, in: Washington Post (13. April 2017), unter: www.washingtonpost.com/news/monkey-cage/wp/2017/04/13/egypt-is-in-a-state-of-emergency-heres-what-that-means-for-its-government.
60 Hulsman und Serodio: *Die ägyptische Verfassung von 2014*, S. 68.
61 Anwar Abdel Malek: *Égypte. Société militaire*. Paris 1962.

wird von einer auf lange Sicht dominierenden Rolle des aus Militär, Polizei und Geheimdiensten bestehenden Sicherheitsapparats in Staat, Wirtschaft und Gesellschaft auszugehen haben. Diese Rolle ist tief im Bewußtsein der Ägypter verankert. Rituell bestätigt wurde die dominierende Rolle durch ein Blutbad, einen demonstrativ vollzogenen Gewaltakt, verübt am 14. August 2013 an den Teilnehmern einer Sitzblockade von Anhängern des aus den Reihen der Muslimbrüder hervorgegangenen, inzwischen vom Militär gestürzten, gleichwohl demokratisch gewählten Präsidenten Mohammed Mursi. Das sogenannte Rabia'a-Massaker mit weit über tausend Toten wurde seiner politisch-ikonischen Bedeutung wegen dem Massaker auf dem Pekinger Tian'anmen-Platz im Jahr 1989 an die Seite gestellt.[62] Beide Ereignisse ähnelten sich in ihrer Drastik wie in ihrem öffentlichen Vollzug: Die Staatsmacht bekräftigte ihre Prärogative als Gebieter über den Ausnahmezustand und inszenierte sich mittels des davon ausgehenden Schreckens als unantastbarer, als eigentlicher Souverän.

Ist der «Arabische Frühling» in Ägypten gescheitert? Was die Erwartungen an die am 25. Januar 2011 ausgebrochene, den Sturz des Regimes proklamierende Revolte angeht, so ist die Frage aus der Ferne mit einem verhaltenen Ja und mit einem ebenso verhaltenen Nein zu beantworten. Ja, insofern das alte System, bei Wechsel des Personals, offenbar unbeschädigt davongekommen ist. Nein, insofern die Ägypter – Frauen wie Männer – um eine kollektive Erfahrung reicher sind, die in Zukunft noch von sich reden machen dürfte: nämlich die Erfahrung eines politischen Augenblicks von Freiheit gemacht zu haben und des dabei sich einwurzelnden Anspruchs des Volkes, als Demos souverän zu sein.[63] Der aus der Gegenwart in die Zukunft gerichtete Blick des fernen Beobachters fixiert

---

62 Hulsman und Serodio: *Die ägyptische Verfassung von 2014*, S. 19 f.
63 Makdisi: *Reflections on the Arab Uprisings*, S. 30–40.

zwei Momente von hohem Erwartungspotential. Das eine Moment berührt den Verfassungsdiskurs; das andere die tiefe Kommunikationskultur, genauer: den sich demokratisierenden Gebrauch des Arabischen.[64]

Was den ägyptischen Verfassungsdiskurs angeht, so tritt zwischen der Revolutionszeit vom Januar 2011 und der Konstitution von 2014 eine neuartige Wortschöpfung in den Blick: Das bereits erwähnte Wort vom *dawla al madaniyya*, vom «zivilen Staat». Die laizistisch und liberal orientierten Strömungen der Revolutionsphase hatten mit diesem Wort die angestrebte Trennung von Staat und Religion verbunden. Nicht unerheblich war dabei der Umstand, daß mit diesem staatsrechtlich gemeinten Begriff das islamisch anrüchige Wort «säkular» (*eilmani*) umgangen wird. Auch die Muslimbrüder als islamistische Fraktion führten das Wort von der *dawla al madaniyya* im Munde – meinten damit aber die Zurückdrängung des Militärs aus Politik und Staat. Damit die Verwendung des Begriffs vom «zivilen Staat» nicht mißverstanden werde, fügten die Muslimbrüder den Zusatz bei: «in dem die Scharia herrscht» – also in der Sache nicht das, was Laizisten und Liberale mit dem Wort vom «zivilen Staat» verbinden. Gleichwohl entwickeln Begriffe, sind sie erst einmal in der Welt, ein Eigenleben; und oft ist das sie auf ihrem weiten Weg begleitende Mißverständnis durchaus fruchtbar. Es könnte Brücken bauen helfen.[65] Inzwischen bleibt die verfaßte Realität des politischen Ägypten dem Kräftedreieck aus politischem Islam, laizistischen Liberalen und Militär als Staat im Staate verhaftet. Und da die Liberalen – wie während des Vorgehens des Sicherheitsapparats gegen die Regierung der Muslimbrüder im Juli 2013 – wahrscheinlich wieder dem Militär den Vorzug vor der inzwischen in die Illegalität gedrängten Partei der Islamisten geben würden, wird die Kon-

---

64 Diner: *Versiegelte Zeit*, S. 141–144.
65 Lewis: *Political Words and Ideas in Islam*, S. 137–145.

stellation der Zukunft – jedenfalls auf absehbare Zeit – die der Vergangenheit sein.

Als von weit größerer Reichweite und kultureller Tiefe wird sich wohl ein kommunikationstechnologisches Phänomen des «Arabischen Frühlings» erweisen: nämlich die flächendeckende Verbreitung des Arabizi – eine aus einer Verballhornung von *Arab* und *easy* oder *easy Arabic* hervorgegangene Bezeichnung einer Transkriptionspraxis, die vornehmlich ein von Jugendlichen verwandtes digitales Chat-Format in lateinischen Buchstaben und über Zahlen-Zeichen symbolisierte phonetische Sonderlaute meint. Um eine regelrechte Kulturrevolution handelt es sich insofern, als die Technologie ein dichtes Kommunikationsnetz auch zwischen Menschen knüpft, die den niederen sozialen Schichten angehören und deren Vermögen, sich in der komplexen arabischen Hoch- bzw. Schriftsprache zu artikulieren, durch die sprichwörtliche Diglossie im Arabischen als eher gering veranschlagt wird. Insofern trägt das Arabizi erheblich zur Demokratisierung der politischen Artikulationsfähigkeit bei. Zudem reicht die inzwischen ubiquitäre Verwendung des Arabizi deshalb tief, weil sie mittels einer aus technisch-praktischen Gründen erfolgten Romanisierung des Arabischen seiner osmotisch verlaufenden Profanierung Vorschub leistet. Damit wird auch ein Tor aufgestoßen zur Niederschrift der arabischen Volkssprachen, der sogenannten Dialekte, und mithin auch zu einer Art massenwirksamen Entmächtigung der gängigen arabischen Hochsprache wie der Sprache des Korans. Die digitale Kommunikationstechnologie erweist sich also als religionspolitisch subversiv. Sie wird zu einem Motor von Säkularisierung – durchaus in Analogie zum Buchdruck der europäischen frühen Neuzeit. Daß dies von islamistischer, aber auch von arabisch-nationalistischer Seite – also von denen, die das Hocharabisch als einigendes Band empfinden – nicht gerne gesehen wird, liegt auf der Hand.[66]

---

66 Ingrid Thurner: *Die Macht von Arabizi*, in: Die Presse (28. Mai 2011);

In Ägypten wurde die Revolution vom sich neu präsentierenden *ancien régime* eingefangen. In Syrien setzt sich ein konfessionell eingefärbter Bürgerkrieg fort, dessen Opferzahlen Zeugnis von einer Ausweglosigkeit ablegen. Gleichwohl wird die Blutmühle aus Gründen innerer Erschöpfung und äußeren Einwirkens letztendlich erlahmen. Welche Zukunft erwartet das Land, und welche Verfassung wäre der gegebenen Konstellation angemessen? Der hier vorgenommene, weit ausholende, tief ins 19. Jahrhundert zurückreichende Versuch, eine Antwort auf diese Frage zu finden, ist epistemologisch gemeint. Mittels einer Perspektive der langen Dauer auf die syrische Tragödie sollen die in Bewegung versetzten Tiefenschichten in den Blick genommen werden. Sie entsprechen den Konfliktlagen bei weitem mehr als kurzzeitige Sichtweisen. Zudem kann eine solche Perspektive den Blick öffnen für Vorstellungen, die – wenn schon nicht zu einer grundlegenden Überwindung – so doch zu einer institutionellen, will heißen: möglichst gewaltfreien Regulierung der Verhältnisse in Syrien beitragen könnten.

In Syrien scheint die politische Energie für ein unitarisch verfaßtes Gemeinwesen ermattet. Zudem zeigte sich, daß zur Neutralisierung eines letztendlich die Gruppenzugehörigkeit herauskehrenden Konflikts ein politisches System kategorisch zu meiden wäre, dessen Regularien auf dem Prinzip des numerischen Mehrheitsentscheids, im Extremfalle im Sinne des: *the winner takes it all*, beruhen.[67] Es bieten sich andere und den vorherrschenden Umständen angemessenere Alternativen an. So wird in der Verfassungslehre von der signifikanten Unterscheidung zwischen einer Mehrheitsdemokratie und einer Konsensualdemokratie ausgegangen. Letztere Regimevariante ist auch unter der Bezeichnung Konkordanzdemokratie bekannt.

Muhammad Ali Yaghan: *Arabizi. A Contemporary Style of Arabic Slang*, in: Design Issues 24:2 (2008), S. 39–52.

67 Werner Heun: *Das Mehrheitsprinzip in der Demokratie. Grundlagen, Struktur, Begrenzungen*. Berlin 1983.

Eine solche Konkordanzdemokratie entspräche jenem Regime, das im unmittelbaren Nachbarland, im Libanon, praktiziert wird – und dies auch dann, wenn jenes Regime schon des öfteren für verfehlt, ja, für gescheitert erklärt wurde.[68] Bei allen, in regelmäßigen Abständen erfolgenden, Nachrufen auf die libanesische Konkordanzdemokratie scheint sich diese als stabiler zu erweisen denn der als Zitadelle des arabischen Nationalismus gerühmte vormalige syrische Einheitsstaat. Paradoxerweise scheint er gerade jener behaupteten Einheit wegen zu zerbrechen. Nun geht es nicht darum, den Syrern – welcher Herkunft und welcher Weltanschauung auch immer – den Libanon als nachahmenswertes Beispiel anzuempfehlen. Vielmehr gilt es, der Frage nachzugehen, welche Ordnung nach der Desintegration des syrischen Gemeinwesens und dem sich als ethno-religiös präsentierenden Bürgerkrieg angemessen sein könnte, *ohne* das Land zu zergliedern und zu zerteilen. Es bietet sich an, eine Staatsordnung anzustreben, die Elemente einer horizontal gerichteten Integration auf der Grundlage territorialer Einheit und gemeinsamer Staatsangehörigkeit mit korporativen, also vertikal versäulten Elementen partikularer Zugehörigkeit verschränkt. Erforderlich wäre freilich die Anerkenntnis, daß unterschiedliche, auf Herkunft und Konfession beruhende Zugehörigkeiten auch wirklich sind. Unter dem ideologischen Schirm des arabischen Nationalismus konnten

---

68 Cordelia Koch: *Das Ende der Koexistenz im Libanon? Neues Wahlgesetz und Senatseinführung würden die konkordanzdemokratische Vielheit verfestigen, doch die Vielfalt beschränken*, in: Verfassung und Recht in Übersee/Law and Politics in Africa, Asia and Latin America 37:1 (2004), S. 105–132; Kenneth D. McRae: *Contrasting Styles of Democratic Decision-Making. Adversarial versus Consensual Politics*, in: International Political Science Review/Revue internationale de science politique 18:3 (1997), S. 279–295; Stephan Rosiny: *Power Sharing in Syria. Lessons from Lebanon's Experience*. Hamburg 2013; Stephan Rosiny: *Religionsgemeinschaft als Verfassungssubjekte. Libanon als Modell für Nahost?* Hamburg 2011; Imad Salamey: *Failing Consociationalism in Lebanon and Integrative Options*, in: International Journal of Peace Studies 14:2 (2009), S. 83–105.

die verschiedenen Herkünfte und Zugehörigkeiten als sektiererisch abgetan, verdrängt und verleugnet werden. Ihre Explosion im Bürgerkrieg brachte diese Wirklichkeit in blutiger Weise an den Tag.

Bei Wahrung einer horizontalen Verstrebung des Gemeinwesens würde neben Territorialität und staatsbürgerlicher Gleichheit auch ein ziviles Personenstandsrecht treten können. Dies bedeutet, daß alle Syrer – welcher Zugehörigkeit auch immer – untereinander Ehen schließen und Scheidungen vornehmen könnten und so eine feste Grundlage für ein säkulares Staatswesen gelegt würde. Die vertikalen Komponenten würden parallel dazu jeweils partikulare, konfessionell regulierte familienrechtliche Bestimmungen garantieren. Mithin würden zwei personenstandsrechtliche Regelwerke nebeneinander existieren, um wahlweise oder auch gemeinsam in Anspruch genommen zu werden.[69]

Eine solche Doppelung würde sich ins politische Regime hinein verlängern: ein aus allgemeinen Wahlen hervorgehendes Parlament und eine Kammer, die dem Proporz der entsprechenden ethno-religiösen Gruppen Rechnung trägt, dabei jedoch dem Konsensprinzip unterliegt. Zugleich würde diese verdoppelte Repräsentanz, die in als relevant angesehenen Fragen wiederum zu einem Einvernehmen beider Kammern führen soll, durch eine weitere, eine regionale Komponente ergänzt. So ist auffällig, daß bestimmte, vor allem minoritäre Gruppen wie Alawis und Drusen, in bestimmten Gegenden majoritär sind und diesen Gebieten so etwas wie eine territoriale Komponente beigegeben ist. Gleichzeitig lebt eine Vielzahl von Angehörigen der heterodoxen Gruppen inzwischen auch in anderen Gegenden Syriens – etwa in den großen Städten des Landes. Auch wäre der Umstand zu bedenken, daß aufs Ganze

---

69 Zu den Fragen des Familien- und Personenstandsrechts in Syrien siehe Werner Ende, Udo Steinbach: *Der Islam in der Gegenwart*. 5., aktualisierte und erweiterte Auflage München 2005, S. 510f.

gesehen gut 70 Prozent der syrischen Bevölkerung sunnitischen Glaubens sind, aber ein spezifisches sunnitisches Gruppenbewußtsein analog zu dem Bewußtsein anderer, vor allem heterodox-minoritärer Bevölkerungsgruppen nicht besteht. Zum institutionellen Herunterbrechen der Macht der majoritären Gruppe ließen sich – wiederum auf die gesamte Bevölkerung des Landes bezogen – Repräsentationsinstanzen berufsständischer, bildungspolitischer wie religiöser oder regionaler Art in das Gesamtgefüge einziehen.[70]

Eine repräsentative Anerkennung des Unterschieds bringt allerdings auch Gefahren mit sich. Indem die Existenz von Konfessionen und Ethnien institutionell anerkannt würde, verschöben sich Verteilungskämpfe um Macht, Einfluß und Ressourcen in die Spur von Differenz und verstärkten diese politisch. Gleichwohl belehrt der Blick zurück darüber, daß jene Unterschiede trotz eines sich unitarisch und arabisch-nationalistisch gebenden Regimes schon immer wirksam waren, und dies auch und gerade weil sie als solche nicht erkannt bzw. nicht anerkannt und entsprechend reguliert wurden. So kam es, daß über das Militär Angehörige heterodoxer Minderheiten im Staat aufstiegen und als historische Minderheiten alles unternahmen, um die sunnitisch imprägnierte Mehrheit soweit als möglich von der Macht fernzuhalten. Das Regime des Assad-Clans und die von ihm geknüpften heterodoxen Netzwerke, die tief in die kooptierten sunnitischen Bevölkerungsschichten hineinreichen, hatte, bei Licht besehen, kaum eine andere Wahl, als seine wirklichen wie möglichen Gegner mit äußerster Gewalt niederzuhalten. Und dies allein schon deshalb, weil den Assads und ihrer Klientel keine Möglichkeit des Rückzugs aus dem Sanktuarium der Macht blieb, ohne die am Regime hängenden ethno-konfessionellen Minderheiten exi-

---

70 Zur regionalen Aufteilung Syriens und den Safe Zones siehe: *Syria's «De-Escalation Zones» Explained*, in: Al Jazeera (4. Juli 2017), unter: www.aljazeera.com/news/2017/05/syria-de-escalation-zones-explained-170506050208636.html.

stentiell zu gefährden. So gesehen käme einer von wem auch immer angestoßenen Regulierung einer womöglich international gedeckten zukünftigen politischen Ordnung in Syrien die Bedeutung eines praktischen Minderheitenschutzes zu. Solange dies nicht gewährleistet ist, dürfte das Regime Assad weiter den Tiger zu reiten suchen, d. h. es wird nicht nur mit allen ihm zur Verfügung stehenden Mitteln um den Erhalt seiner Macht ringen, sondern auch all jene Bevölkerungsgruppen mit sich reißen, die im Falle seines Niedergangs glauben, um ihr bloßes physisches Dasein fürchten zu müssen.[71]

---

71 Jeffrey Martini, Erin York, William Young: *Syria as an Arena of Strategic Competition*. Santa Monica 2013, S. 3 f.

SABINO CASSESE

Globale Dimensionen der Demokratie

I. Ungarn und das Europäische Parlament

Die Europäische Union gründet sich nach Artikel 2 des Vertrags über die Europäische Union auf «die Achtung der Menschenwürde, Freiheit, Demokratie, Gleichheit, Rechtsstaatlichkeit und die Wahrung der Menschenrechte». Verletzt ein Mitgliedstaat diese Werte, kann die Union nach Artikel 7 des Vertrags ein Schutzverfahren einleiten und Sanktionen verhängen. Gestützt auf diese Normen verabschiedete das Europäische Parlament im Jahr 2015 zwei Resolutionen zur Lage der Demokratie in Ungarn. Darin zeigte sich das Parlament besorgt über die dortigen Entwicklungen und forderte die Kommission auf, im Wege des Verfahrens nach Artikel 7 sicherzustellen, daß die «einzelstaatlichen Rechtsvorschriften mit der Demokratie, der Rechtsstaatlichkeit und den Grundrechten im Einklang stehen».[1] Ungarn ist nicht der einzige Fall, in dem supranationale oder globale Institutionen zu demokratischen Prozessen in Nationalstaaten Stellung bezogen. So kritisieren etwa der Europäische Gerichtshof für Menschenrechte (EGMR)

---

1 Europäisches Parlament: *Resolution on the Situation in Hungary*, 10. Juni 2015, 2015/2700(RSP); Europäisches Parlament: *Resolution on the Situation in Hungary*, 16. Dezember 2015, 2015/2935(RSP). Vgl. bereits Europäisches Parlament: *Resolution on the Situation of Fundamental Rights. Standards and Practices in Hungary*, 3. Juli 2013, 2012/2130(INI). Anfang Dezember 2015 stellte die Kommission jedoch fest, daß aus ihrer Sicht die Voraussetzungen für die «Aktivierung des Rahmens zur Stärkung des Rechtsstaatsprinzips» nicht erfüllt waren, so die EU-Kommissarin Věra Jourová in einer Diskussion mit Mitgliedern des Europäischen Parlaments. Vgl. die Presseerklärung des Europäischen Parlaments: *Hungary. No Systemic Threat to Democracy, Says Commission, But Concerns Remain*. 2. Dezember 2015.

das Wahlrecht in Großbritannien, und die EU entwickelte Leitlinien zur Bewertung der türkischen Demokratie.[2]

Diese Beispiele zeigen, daß Demokratie heute keine rein nationale Angelegenheit mehr ist. Dennoch ist nach wie vor die Annahme verbreitet, Demokratie sei allein im nationalen Kontext möglich. Dabei wird mit einem Begriff von Demokratie operiert, dem zufolge nur ein *demos* berechtigt sein soll, sich seine Herrscher zu wählen, deren Legitimation wiederum allein aus der Wahl des *demos* folgt. Deshalb sind die Herrscher allein dem *demos* gegenüber verantwortlich. Demokratie wird damit als geschlossener Kreislauf konstruiert, der jeder Einflußnahme durch fremde Autoritäten entzogen ist.

Ganz anders konzipieren wir hingegen mittlerweile Rechtsstaatlichkeit und Menschenrechte. Zwar herrschte vor etwa hundert Jahren noch Einigkeit, «natürliche» Rechte existierten nicht, da das Recht allein dem Staat entspringe. Der Staat galt als einzige «Quelle» des Rechts, wie Vittorio Emanuele Orlando es in seinem Vorwort zur italienischen Ausgabe von Georg Jellineks *System der subjektiven öffentlichen Rechte* formulierte.[3] Heute ist jedoch allgemein anerkannt, daß die internationale Gemeinschaft und verschiedene globale und supranationale Institutionen beim Schutz von Rechtsstaatlichkeit und Menschenrechten eine wichtige Rolle spielen. Daher stößt es auch kaum mehr auf Widerspruch, wenn die EU, der EGMR oder andere globale Institutionen darüber entscheiden, ob und wie nationale Akteure Rechtsstaatlichkeit und Menschenrechte achten.

Wenn diese supranationalen und globalen Institutionen sich nun nicht mehr ausschließlich mit Rechtsstaatlichkeit und

---

[2] Dazu näher Jan Werner Müller: *Should the EU Protect Democracy and the Rule of Law inside Member States?*, in: European Law Journal 21 (2015), S. 141–160.

[3] Vittorio Emanuele Orlando: *Sulla teoria dei «diritti pubblici subiettivi» di Jellinek*, in: Diritto pubblico generale. Scritti varii (1881–1940) coordinati in sistema. Mailand 1954, S. 275.

Menschenrechten, sondern – siehe Ungarn – auch mit Demokratie beschäftigen, wirft dies zahlreiche Fragen auf: Gibt es einen universellen Demokratiebegriff? Ist Demokratie ein universeller, allen gemeinsamer Wert? Existiert ein universelles Recht auf demokratisches Regieren, ein Recht, das notwendigerweise ein *globales* Recht ist? Gibt es Demokratie auf globaler Ebene, oder kann es sie geben? Gleichen sich globale und nationale Demokratie? Höhlt die Globalisierung die nationale Demokratie aus oder stärken globale Institutionen die nationalen Demokratien? Und wenn der Staat die Wiege der Demokratie ist, was wird dann aus der Demokratie, wenn der Staat an Bedeutung verliert und Entscheidungen zunehmend von überstaatlichen Akteuren getroffen werden? Verflüchtigt sich die nationale Demokratie? Oder wird sie durch eine kosmopolitische Form der Demokratie ersetzt?

Einige dieser Fragen sollen in der folgenden Reihenfolge erörtert werden: Zunächst gehe ich auf jene Rechtsnormen ein, die globalen Institutionen die Aufgabe übertragen, Demokratie zu schaffen, zu fördern, zu bewerten und zu verteidigen (II.). Anschließend wird untersucht, ob der Begriff der Demokratie auf die globale Ebene übertragen werden kann (III.), welchen Einfluß die Globalisierung auf die nationalen Demokratien ausübt und wie globale und nationale Demokratien bereits heute miteinander interagieren (IV.). Abschließend sind die beschriebenen Phänomene einer Bewertung zu unterziehen (V.).

Zuvor noch ein Hinweis: Der Diskurs über globale Demokratie darf sich nicht auf das Problem von Governance in Mehrebenensystemen beschränken. Vielmehr bestehen zahlreiche Relationen und Verbindungslinien zwischen den verschiedenen Erscheinungsformen von Demokratie auf den unterschiedlichen Ebenen. Nationale Demokratie und globale Demokratie sind eng miteinander verwoben. Überwölbt wird dieses Geflecht durch den gemeinsamen Oberbegriff der Demokratie, der jedoch in unterschiedlichen Kontexten jeweils unterschiedlich angewendet und ausgelegt werden muß. Es gilt also im Folgenden, ein komplexes Netz von Relationen zu erkunden.

II. Demokratie als universelles Prinzip

Am 26. Juni 1945 wurde in San Francisco die *Charta der Vereinten Nationen* unterzeichnet. Sie nennt Werte wie Frieden, Sicherheit, Menschenrechte und Grundrechte. Rechtsstaatlichkeit und Demokratie werden hingegen nicht erwähnt, da der Sowjetblock einer Einbeziehung dieser Prinzipien widersprochen hatte.[4] Nur drei Jahre später, am 10. Dezember 1948, verkündete die Generalversammlung der Vereinten Nationen dann jedoch die *Allgemeine Erklärung der Menschenrechte*. Deren Artikel 21 ordnet an: «Jeder hat das Recht, an der Gestaltung der öffentlichen Angelegenheiten seines Landes unmittelbar oder durch frei gewählte Vertreter mitzuwirken.» Damit wurde auf der universellen Ebene des Völkerrechts ein individuelles Recht auf direkte oder repräsentative Demokratie anerkannt. Dieses Recht sollte der Einzelne allerdings nach wie vor nur im Rahmen des Nationalstaats ausüben können («Gestaltung der öffentlichen Angelegenheiten *seines Landes*»).[5] Ein solches Verständnis von Demokratie als nationaler Angelegenheit hatte zuvor bereits die *Erklärung von Philadelphia über die Ziele und Zwecke der Internationalen Arbeitsorganisation* von 1944 erkennen lassen, deren Artikel 1 dazu auffordert, daß sich die Vertreter von Arbeitnehmern und Arbeitgebern in den Nationalstaaten «gleichberechtigt mit den Vertretern der Regierungen in freier Aussprache und zu *demokratischen Entscheidungen* zusammenfinden» sollten.

Auch der *Internationale Pakt über bürgerliche und politische Rechte* vom 16. Dezember 1966, der die Demokratie als universelles Prinzip bestätigte, folgte diesem Vorbild, weitete

---

4 Daniele Archibugi: *Democracy at the United Nations*, in: Takashi Inoguchi, Edward Newman, John Keane (Hg.): *The Changing Nature of Democracy*. Tokio–New York–Paris 1998, S. 245.
5 Ebenso muß auch die in Artikel 29 der Erklärung genannte «demokratische Gesellschaft» als nationale Gesellschaft verstanden werden.

aber den sachlichen Schutzbereich der Garantie aus. So gestattet Artikel 25 des Pakts den Bürgern nicht nur, unmittelbar oder mittelbar an der Gestaltung ihrer (nationalen) öffentlichen Angelegenheiten teilzunehmen, sondern räumt ihnen auch das Recht ein, «bei echten, wiederkehrenden, allgemeinen, gleichen und geheimen Wahlen, bei denen die freie Äußerung des Wählerwillens gewährleistet ist, zu wählen und gewählt zu werden».[6]

Einen Schritt weiter ging dann die, freilich unverbindliche, *Wiener Erklärung und Aktionsprogramm* der Weltmenschenrechtskonferenz von 1993. Deren Artikel 1 nimmt ausdrücklich auch die internationale Gemeinschaft in die Pflicht und gibt ihr auf, sich für die Förderung der Demokratie einzusetzen. Diese Linie bekräftigte die Generalversammlung der Vereinten Nationen in der *Millenniums-Erklärung* (2000) und der *Agenda 2030 für nachhaltige Entwicklung* (2015).[7] In der *Millenniums-Erklärung* verpflichten sich die UN-Mitgliedstaaten dazu, «in allen unseren Ländern die Kapazitäten zur Anwendung der Grundsätze und Verfahren der Demokratie» zu stärken, die «Konsolidierung der Demokratie in Afrika» zu unterstützen und «die Zusammenarbeit zwischen den Vereinten Nationen und den einzelstaatlichen Parlamenten» zu verstärken, namentlich auch im Bereich Demokratie. Die *Agenda 2030* fügt in ihrem Artikel 9 das Bekenntnis hinzu, Demokratie sei «unabdingbar für eine nachhaltige Entwicklung». Diese Erklärungen gehen insofern über ältere Dokumente hinaus, als sie Demokratie nicht nur als Prinzip, sondern auch als Praxis begreifen. Zudem beschränken sie sich nicht auf allge-

---

6 Der Pakt, ein völkerrechtlich bindendes Dokument, nimmt zudem mehrfach auf die «demokratische Gesellschaft» Bezug (Artikel 14, 21 und 22). Erwähnung finden zudem der Gleichheitsgrundsatz, die Vereinigungsfreiheit und die Versammlungsfreiheit. Die UN-Resolutionen A/RES/45/150 (18. Dezember 1990) und A/RES/46/136 (17. Dezember 1991) greifen das Thema «periodische und echte Wahlen» erneut auf.
7 Generalversammlung der Vereinten Nationen, Resolution 55/2 vom 8. September 2000 und Resolution 70/1 vom 25. September 2015.

meine Ausführungen zur Demokratie im Weltmaßstab, sondern nehmen konkret Bezug auf eine Region (Afrika) und konzipieren Demokratie neu als Instrument der Entwicklungszusammenarbeit. Schließlich wirft die *Millenniums-Erklärung* mit ihrem Verweis auf die Zusammenarbeit von nationalen Parlamenten und Vereinten Nationen direkt die Frage nach der globalen Demokratie auf und läßt damit endgültig ein Verständnis des Demokratieprinzips hinter sich, das Demokratie allein in nationalen Kategorien denkt.

Aber nicht nur globale, sondern auch regionale Organisationen widmen sich seit geraumer Zeit der Demokratieförderung. Das gilt insbesondere in Amerika und Europa. Laut der Präambel zur *Charta der Organisation Amerikanischer Staaten* vom 30. April 1948 ist die repräsentative Demokratie eine «unabdingbare Voraussetzung für die Stabilität, den Frieden und die Entwicklung der Region». Und gemäß Artikel 2 verfolgt die Organisation den Zweck, «die repräsentative Demokratie zu fördern und zu konsolidieren», während Artikel 3 die Mitgliedstaaten auf eine politische Ordnung verpflichtet, die auf der «effektiven Ausübung der repräsentativen Demokratie» basiert. Die Rechte nichtdemokratischer Mitgliedstaaten können ausgesetzt werden (Artikel 9). Diese Prinzipien wurden in der *Interamerikanischen Demokratiecharta* vom 11. September 2001 präzisiert. Dort wird Demokratie erneut als «unverzichtbar» und «wesentlich» für die Stabilität, den Frieden und die Entwicklung der Region und auch als die Grundlage für Rechtsstaatlichkeit bezeichnet. Feierlich wird erklärt, daß die Völker der Amerikas (*the peoples of the Americas*) «ein Recht auf Demokratie haben und daß ihre Regierungen verpflichtet sind, diese zu fördern und zu verteidigen». Änderung und Suspendierung der Demokratie seien daher verfassungswidrig. Geregelt werden in der Charta zudem die Einrichtung von Wahlbeobachtungsmissionen und Maßnahmen zur Förderung der demokratischen Kultur (Artikel 23 bis 25).

Ähnlich formuliert auch die *Europäische Menschenrechtskonvention* vom 4. November 1950 in ihrer Präambel, daß eine «wahrhaft demokratische politische Ordnung» am besten dazu geeignet sei, die Grundfreiheiten der Charta zu wahren. Verschiedene Artikel der Konvention verweisen zudem auf die «demokratische Gesellschaft».[8] Ebenso soll der *EU-Vertrag von Lissabon* vom 13. Dezember 2007 laut Präambel die «Demokratie und Effizienz in der Arbeit der Organe weiter stärken». Artikel 2 des Vertrags erklärt die Demokratie zu einem der «Werte, auf die sich die Union gründet». Artikel 10 Absatz 1 ordnet dazu an: «Die Arbeitsweise der Union beruht auf der repräsentativen Demokratie.» Und Artikel 10 Absatz 3 statuiert: «Alle Bürgerinnen und Bürger haben das Recht, am demokratischen Leben der Union teilzunehmen. Die Entscheidungen werden so offen und bürgernah wie möglich getroffen.» Ferner verlangt der EU-Vertrag, daß die nationalen Regierungen «ihrerseits in demokratischer Weise gegenüber ihrem nationalen Parlament oder gegenüber ihren Bürgerinnen und Bürgern Rechenschaft ablegen müssen» (Artikel 10 Absatz 2).[9] Ähnliche Formulierungen finden sich bereits in der *Charta der Grundrechte der EU* vom 7. Dezember 2000.[10] Demokratie ist damit ein Anliegen der Union selbst und nicht nur eines ihrer Mitgliedstaaten. Innerhalb der Union gilt das Demokratieprinzip zudem als supranationales Prinzip, das Rechtswirkungen nicht nur für die Mitgliedstaaten, sondern auch für die Organe der Union entfaltet.

Das Demokratieprinzip ist heute also in einer ganzen Reihe

---

8 Vgl. Artikel 6, 8–11 der EMRK sowie Artikel 2 von Protokoll Nr. 4 und die Präambel von Protokoll Nr. 13.
9 Der Vertrag trifft zudem Regelungen für die Beziehungen zwischen den nationalen Parlamenten und der EU (Artikel 12) und schafft Räume für öffentliche Anhörungen und Bürgerdialoge (Artikel 11). Artikel 21 Absatz 2 sieht schließlich vor, daß die Union auch bei ihrem Handeln auf internationaler Ebene eine Politik verfolgt, die die Demokratie festigt und fördert.
10 Laut deren Präambel beruht die Union «auf den Grundsätzen der Demokratie und der Rechtsstaatlichkeit». Artikel 14 der Charta regelt zudem die «Achtung der demokratischen Grundsätze».

von inter- und supranationalen Rechtstexten kodifiziert und so zu einem Prinzip des Völkerrechts geworden. Den angeführten Rechtsnormen zufolge muß Demokratie als Menschenrecht gefördert, unterstützt und verteidigt werden. Demokratie gilt dabei nicht nur als Wert *an sich*, sondern fungiert auch als wichtiges Instrument zur Förderung von Frieden, Entwicklung, Menschenrechten und Rechtsstaatlichkeit. Demokratie ist zudem Voraussetzung für die Mitgliedschaft in einigen internationalen Organisationen. Wo Demokratie auch auf inter- und supranationaler Ebene gilt, soll dies schließlich nicht die nationale demokratische Ordnung ersetzen, sondern ergänzt diese, ähnlich wie es im nationalen Rahmen zwischen der kommunalen Ebene und der Bundesebene der Fall ist. Demokratie gilt damit in doppelter Gestalt: in einer für das nationale Rechtssystem spezifischen und einer universellen und allgemeinen. Das internationale System ist damit im Sinne von Thomas Franck «auf dem Weg, einen klar definierten Anspruch auf Demokratie anzuerkennen, wobei internationale Standards, deren Einhaltung systematisch überprüft wird, die nationalen Standards stützen».[11]

Christoph Möllers' Diagnose trifft also zu: «Demokratie ist nicht auf Staaten beschränkt».[12] Diese Schlußfolgerung steht allerdings am Ende einer siebzigjährigen Geschichte, die sich in drei Phasen gliedern läßt: In der ersten Phase war von Demokratie im globalen Kontext noch keine Rede. Die zweite Phase zeichnete sich dadurch aus, daß Demokratie auf der globalen Ebene als Rechtsprinzip anerkannt wurde, jedoch allein für die sich zur Demokratie verpflichtenden Nationalstaaten

---

11 Thomas Franck: *The Emerging Right to Democratic Governance*, in: The American Journal of International Law 86:1 (1992), S. 91. Laut Franck ist diese «Transformation demokratischer Garantien von moralischen Leitsätzen in bindende völkerrechtliche Verpflichtungen» graduell erfolgt (S. 47). Siehe auch Roland Rich: *Bringing Democracy into International Law*, in: Journal of Democracy 12:3 (2001), S. 20–34.
12 Christoph Möllers: *Demokratie. Zumutungen und Versprechen.* Berlin 2008, S. 82.

Wirkung entfalten sollte. In der dritten Phase bildete sich dann die Überzeugung aus, Demokratie müsse als universelles Prinzip nicht nur von den Staaten, sondern auch von globalen oder supranationalen Institutionen respektiert werden. Der entscheidende Wendepunkt war die Gründung der EU. Zuvor herrschte die paradoxe Situation, daß inter- und supranationale Organisationen ein Prinzip forderten, das nur auf andere, nämlich die Nationalstaaten, nicht aber auf sie selbst Anwendung finden sollte. Die EU zeigte erstmals, daß sich Demokratie auf nationalstaatlicher *und* auf überstaatlicher Ebene zugleich praktizieren läßt.

III. Verfügen globale Institutionen über demokratische Legitimation?

Christoph Möllers hat freilich auch bemerkt: «Konstitutionalisierung des Völkerrechts bezeichnet nur die Verrechtlichung, nicht die Demokratisierung der internationalen Ordnung».[13] Und Robert Keohane hat jüngst betont, mit welchen Schwierigkeiten die Verwirklichung «echter globaler demokratischer Governance» konfrontiert ist: «Wenn wir die Institutionen der globalen Governance betrachten, können wir überall Symbole von Demokratie erkennen, deren Substanz aber schwer zu fassen ist».[14] Keohane spricht in diesem Zusammenhang auch von

---

13 Möllers: *Demokratie*, S. 101.
14 Robert O. Keohane: *Nominal Democracy? Prospects for Democratic Global Governance*, in: International Journal of Constitutional Law 13:2 (2015), S. 344 und 351. Kritik daran bei Jonathan W. Kuyper, John S. Dryzek: *Real, not Nominal, Global Democracy. A Reply to Robert Keohane*, in: International Journal of Constitutional Law 14:4 (2016), S. 930 (laut denen «[a] deliberative view of democracy that puts inclusive and egalitarian reasoned communication at its core helps show how substantive democracy can be pursued in global governance»); und bei Grainne de Búrca: *Nominal Democracy? A Reply to Robert Keohane*, in: International Journal of Constitutional Law

«nomineller Demokratie». Zwar sei der globale Raum nicht länger nur ein bürokratisches Verhandlungssystem (*bureaucratic bargaining system*).[15] Dennoch seien die globalen Institutionen nach wie vor allenfalls indirekt durch ihre Mitgliedstaaten legitimiert, da es nach wie vor an einem Weltparlament, an einer globalen Öffentlichkeit und an weltweiten Wahlen fehle.[16]

An dieser Stelle wollen wir kurz innehalten, um zwei Punkte in den Blick zu nehmen, die für die Entwicklung hin zur globalen Demokratie wesentlich sind. Erstens müssen wir fragen, ob und wie sich globaler und nationaler Kontext unterscheiden und worin etwaige Besonderheiten des globalen Kontextes bestehen. Zweitens gilt es zu überlegen, ob angesichts eventueller Unterschiede für die Verwirklichung von Demokratie im globalen Maßstab andere Instrumente erforderlich sind als im nationalen Maßstab.

Kontexte globaler Demokratie

Die Geschichte globaler Institutionen unterscheidet sich klar von der Geschichte der Nationalstaaten. Staaten gingen aus zersplitterten Gesellschaften hervor. Sie entwickelten sich um eine geeinte und starke Exekutive und erlangten die Fähigkeit zur Rechtsetzung und Rechtsdurchsetzung (das Gewaltmono-

---

14:4 (2016), S. 425 (laut der einzelne demokratische Werte wie Partizipation, Transparenz, Verantwortlichkeit, Minderheitenschutz sowie die Meinungs- und Pressefreiheit auch im globalen Rahmen gefördert werden können). Siehe auch dies.: *Developing Democracy Beyond the State*, in: Columbia Journal of Transnational Law 46 (2008), S. 221 ff.
15 Siehe dazu Robert Dahl: *Can International Organizations Be Democratic? A Skeptic's View*, in: Ian Shapiro, Casiano Hacker-Cordón (Hg.): *Democracy's Edges*. Cambridge 1999, S. 34.
16 Allen Buchanan, Robert O. Keohane: *The Legitimacy of Global Governance Institutions*, in: Ethics and International Affairs 20:4 (2006), S. 416 f. Vgl. auch Daniele Archibugi: *The Global Commonwealth of Citizens. Toward Cosmopolitan Democracy*. Princeton 2008.

pol), die Steuerhoheit und die Macht, Kriege zu führen, Armeen zu bewaffnen und Polizeikräfte zu stellen. Später wurden die Staaten zu Wohlfahrtsstaaten und nutzten ihre fiskalische Macht zur gesellschaftlichen Umverteilung.

Die viel kürzere historische Entwicklung der globalen und supranationalen Institutionen verlief in anderen Bahnen. Diese Institutionen haben traditionell keine Hoheitsgewalt. Sie sind nicht geeint, sondern fragmentiert. Jede Institution hat eine spezifische Aufgabe: Eine regelt etwa die Nutzung der Meere, andere kontrollieren die Verwendung von Atommüll, überwachen den internationalen Handel oder widmen sich der globalen Gesundheitsfürsorge. Mangels einer zentralen Instanz ist die Macht der Institutionen zerstreut und ihre Vollstreckungsbefugnisse sind sehr begrenzt, so daß die Durchsetzung ihrer Entscheidungen regelmäßig die Mitwirkung der Nationalstaaten erfordert. Es gibt keine globale Polizei oder Armee, keine Steuerhoheit und kaum fiskalische Macht. Globale Institutionen initiieren oder fördern zwar Prozesse. Sie erlegen jedoch niemandem Lasten auf, und wenn sie es doch tun, dann können sie keine Befehle erteilen. Möglich sind lediglich Empfehlungen, die wiederum die Staaten umsetzen müssen. Globale Institutionen beschränken auch nicht unmittelbar religiöse Überzeugungen oder Meinungsäußerungen, und wenn sie es in einigen wenigen Fällen doch einmal tun, hat dies keine Rechtsverbindlichkeit. Nur in äußerst seltenen Fällen dürfen globale Institutionen in individuelle Rechte eingreifen.[17] Mit anderen Worten: Globale Institutionen sind zahnlos.[18]

Wenn nun aber die Hauptaufgabe von Demokratie darin besteht, Macht zu kanalisieren und zu kontrollieren, und wenn nationale Parlamente und später auch das allgemeine Wahlrecht entwickelt wurden, um der Exekutive Grenzen zu zie-

---

17 August Reinisch: *Securing the Accountability of International Organizations*, in: Global Governance 7:2 (2001), S. 131–149.
18 Sabino Cassese: *Il diritto globale. Giustizia e democrazia oltre lo Stato*. Turin 2009, S. 161.

hen, dann hat die Demokratie auf supranationaler und globaler Ebene schlicht keine entsprechende Aufgabe, weil die Logik des globalen Systems eine andere ist. Der Begriff der Demokratie, der so eng mit der Entwicklungsgeschichte der Nationalstaaten verknüpft ist,[19] läßt sich daher nicht ohne weiteres auf globale politische Ordnungen übertragen.

Instrumente globaler Demokratie

Je mehr Aktivitäten allerdings globale Institutionen entfalten, desto dringlicher wird es, wie Armin von Bogdandy gefordert hat, eine *eigenständige* demokratische Rechtfertigung für diese Handlungsformen und überhaupt eine Antwort auf das globale Demokratieproblem zu entwickeln.[20] Besonders akut ist die Herausforderung etwa in der Umweltpolitik, wo die globale Gemeinschaft Strategien entwickeln muß, um ihr Handeln mit Blick auf demokratische Werte und Praktiken abzusichern.[21]

Die erste Legitimationsquelle für globale Institutionen und damit auch der erste Anhaltspunkt bei der Suche nach einer Demokratisierung globaler Politik sind die Mitgliedstaaten, von deren Zustimmung das Handeln der globalen Institutionen abhängt. Vertreter der Nationalstaaten spielen in diesem Zusammenhang eine Doppelrolle. Soweit sie in den globalen Organisationen auftreten, sind sie sowohl Vertreter der in ihrem Staat je herrschenden politischen Parteien als auch globale politische Entscheidungsträger. In dieser Doppelrolle sind

---

19 Emilie Bécault, Antoon Braeckman, Matthias Lievens, Jan Wouters: *Introduction,* in: dies (Hg.): *Global Governance and Democracy. A Multidisciplinary Analysis.* Cheltenham–Northampton 2015, S. 3.
20 Armin von Bogdandy: *The European Lesson for International Democracy. The Significance of Articles 9–12 EU Treaty for International Organizations,* in: European Journal of International Law 23:2 (2012), S. 317.
21 Emilie Bécault: *Democratizing Global Environmental Governance? The Case of Transnational Climate Governance,* in: *Global Governance and Democracy,* S. 76 ff.

sie, freilich nur in demokratischen Staaten, ihren nationalen Wählern gegenüber rechenschaftspflichtig.[22] In dieser Konstellation entsteht nun ein besonderer Typus indirekter globaler Demokratie. Wenn internationale Organisationen von der Unterstützung der Nationalstaaten abhängen, vermittelt nicht nur jeder einzelne Mitgliedstaat den Entscheidungen der globalen Institutionen durch seine Zustimmung Legitimation; vielmehr beruhen diese Entscheidungen letztlich auf den Interaktionen der Mitgliedstaaten bzw. ihrer Regierungen, also auf kollektiven Handlungen. Indirekte Formen der Legitimation und Kontrolle globaler politischer Entscheidungsträger haben freilich Nachteile. Insbesondere sind die nationalen Wählergemeinschaften zersplittert und haben nur begrenztes Wissen und begrenzten Einfluß im Feld der Außenpolitik.

Eine zweite Legitimationsquelle für globale Institutionen sind globale parlamentarische Versammlungen. Armin von Bogdandy hat gezeigt, daß seit den ersten Jahrzehnten des 20. Jahrhunderts ganz unterschiedliche Ideen für repräsentative globale Versammlungen entwickelt wurden. Besonderes Gewicht hatte der Vorschlag einer parlamentarischen Versammlung des Völkerbundes.[23] Drei Typen dieser Versammlungen können unterschieden werden: (1) Verschiedene supranationale und globale Organisationen besitzen heute parlamentarische Versammlungen, die aus Vertretern nationaler Parlamente zusammengesetzt sind. Beispiele dafür sind die Parlamentarische Versammlung des Europarates, das Mercosur-Parlament, das Panafrikanische Parlament der Afrikanischen Union, die Interparlamentarische Versammlung des Verbands Südostasiati-

---

22 So auch Buchanan, Keohane: *The Legitimacy of Global Governance Institutions*, S. 412ff. Das Argument der «Dualität der globalen Demokratie» wird ausführlich entwickelt im grundlegenden Beitrag von Anne Peters: *Dual Democracy*, in: Jan Klabbers, Anne Peters, Geir Ulfstein (Hg.): *The Constitutionalization of International Law*. Oxford 2009, S. 263–341.
23 von Bogdandy: *The European Lesson*, S. 320.

scher Nationen (ASEAN), die Parlamentarische Versammlung der Nordatlantikpakt-Organisation (NATO) und die Parlamentarische Versammlung der Organisation für Sicherheit und Zusammenarbeit in Europa (OSZE).[24] (ii) Dagegen ist das Europäische Parlament schon einen Schritt weiter auf dem Weg hin zur globalen Demokratie. Denn das Europäische Parlament wird direkt gewählt und repräsentiert damit die Völker der EU-Mitgliedstaaten *und* ihre Bürger. Allerdings besitzt das Europäische Parlament noch nicht alle Rechte nationaler Parlamente.[25] (iii) Einige internationale Organisationen sehen schließlich eine Repräsentation der Sozialpartner vor. Dies gilt etwa für die Internationale Arbeitsorganisation (ILO), eine Sonderorganisation der Vereinten Nationen, in der Regierungen und Sozialpartner der Mitgliedstaaten politische und rechtliche Fragen zum Thema Arbeit diskutieren und bearbeiten können.

Horizontale und vertikale Legitimations- und Verantwortungszusammenhänge im globalen demokratischen Raum

Um nun auf die oben aufgeworfenen Fragen zurückzukommen: Ist die globale Demokratie ein Spiegelbild der nationalen Demokratie? Oder muß Demokratie im globalen Raum anders konstruiert werden? Eine Analyse der Strukturen und Entscheidungsprozesse auf globaler Ebene muß zwei Grundformen von Legitimations- und Verantwortungszusammen-

---

24 Peters: *Dual Democracy*, S. 322–326.
25 Bei den Wahlen zum Europäischen Parlament 2014 wurde ein neues Verfahren zur Wahl des Präsidenten der Europäischen Kommission eingeführt. Durch die Benennung sogenannter «Spitzenkandidaten» sollte die demokratische Kontrolle innerhalb der Union gestärkt werden. Da der Rat nun den Vorsitzenden der Partei zum Kommissionspräsidenten ernennen muß, die bei den Europawahlen die meisten Sitze gewonnen hat, stärkt der Prozeß das Europäische Parlament auf Kosten des bisher maßgeblichen Europäischen Rates.

hängen unterscheiden: eine horizontale und eine vertikale. Da der globale Raum stark durch Interdependenz geprägt ist, spielt der Einfluß externer Akteure eine bedeutende Rolle. Als Mitglieder multilateraler globaler Organisationen kontrollieren sich die nationalen Regierungen im Rahmen ihrer Interaktionen gegenseitig. Diese Interaktionen begründen dabei, wie beschrieben, eine Form indirekter demokratischer Legitimation der Aktivitäten der Organisation. Diese unterscheidet sich von der Legitimationswirkung, wie sie etwa durch ein nationales Zustimmungsgesetz zum Beitritt zu einer internationalen Organisation vermittelt wird. Letztere ist vertikal von unten nach oben konstruiert, während der wechselseitige Kontrollmechanismus horizontal operiert.[26]

Daneben können Prinzipien wie Transparenz, Partizipation und Kontrolle ebenso wie Verfahren zur Anfechtung von Entscheidungen, das Recht auf Anhörung und die Pflicht zur Entscheidungsbegründung und zur Offenlegung aller relevanten Informationen zur Verringerung des Demokratiedefizits beitragen.[27] Solche Regeln und Grundsätze wurden auf globaler Ebene innerhalb weniger Jahre etabliert, während ihre Entwicklung in den staatlichen Rechtsordnungen teilweise Jahr-

---

[26] Zu den horizontalen Verantwortungszusammenhängen innerhalb des Nationalstaates vgl. Guillermo O'Donnel: *Horizontal Accountability in New Democracies*, in: Journal of Democracy 9:3 (1998), S. 113 und 117; für externe Verantwortungszusammenhänge vgl. Alessandro Mulieri: *Can We Democratize Global Governance? Two Guiding Scenarios Based on a Narrative Approach*, in: Bécault u. a. (Hg.): *Global Governance*, S. 27.

[27] von Bogdandy: *The European Lesson*, S. 321; Buchanan, Keohane: *The Legitimacy of Global Governance Institutions*, S. 426. Vgl. auch Renaud Dehousse: *Beyond Representative Democracy. Constitutionalism in a Polycentric Polity*, in: Joseph H. H. Weiler, Marlene Wind (Hg.): *European Constitutionalism Beyond the State*. Cambridge 2003, S. 135-156. Allgemein zur deliberativen Demokratie siehe Antonio Floridia: *Beyond Participatory Democracy, towards Deliberative Democracy. Elements of a Possible Theoretical Genealogy*, in: Rivista italiana di scienza politica 3 (2014), S. 299-326.

zehnte oder gar Jahrhunderte in Anspruch nahm. Die globalen Regeln gewähren dabei in unterschiedlichen Relationen Partizipationsrechte: (i) im Verhältnis zwischen Privaten und nationalen Stellen (hier werden Beteiligungsrechte gestärkt, die bereits durch viele nationale Rechtsordnungen gewährt wurden); (ii) im Verhältnis zwischen nationalen Regierungen und globalen Institutionen oder Drittstaaten; (iii) im Verhältnis zwischen globalen Institutionen und anderen globalen Institutionen; und (iv) im Verhältnis zwischen Privaten und globalen Institutionen. Partizipationsrechte werden also sowohl vertikal (Private vor nationalen und globalen Institutionen, Nationalstaaten vor globalen Organisationen) als auch horizontal (zwischen Nationalstaaten und zwischen globalen Institutionen) gewährt. Auf diese Weise schaffen die globalen Partizipationsrechte Verbindungen zwischen den verschiedenen Entscheidungsebenen und zwischen unterschiedlichen Hoheitsträgern und der Zivilgesellschaft. Für die Zukunft läßt sich in diesem Zusammenhang festhalten, daß globale Institutionen, wenn sie weiterhin für Menschenrechte (einschließlich des Rechts auf Beteiligung an öffentlichen Angelegenheiten) eintreten wollen, wohl akzeptieren müssen, daß sie irgendwann selbst die Bürger an ihren eigenen Strukturen und Entscheidungsprozessen beteiligen müssen.

Globale Institutionen sind also keineswegs deswegen undemokratisch, weil die Bürger keinerlei Einfluß und Kontrolle über globale Entscheidungen erlangen können, weil sich immer nur die Eliten durchsetzen oder weil es keine Möglichkeiten für politische Partizipation, keine Informationen über die politischen Entscheidungen internationaler Organisationen, keine öffentliche Debatten, keine politische Konkurrenz zwischen Parteien und Personen, die ein Amt anstreben, und keine Form der Kontrolle über internationale Bürokratien gibt.[28] Im Gegenteil ist es durchaus möglich, ein Modell demokratischer

---

28 So bereits Dahl: *Can International Organizations be Democratic?*, S. 31.

Herrschaftsausübung jenseits des Staates zu entwickeln und auch in Formen demokratischer Politik umzusetzen, das die Grenzen des Nationalstaates transzendiert und den Gedanken verabschiedet, daß Demokratie notwendig ein Staatsvolk voraussetzt.[29]

Um die Entwicklung der globalen Demokratie richtig einzuordnen, darf man nicht vergessen, daß sich die Demokratie auch im Nationalstaat sehr langsam entwickelte. Zunächst etablierten sich dort Legislativorgane, die aber noch kaum Kompetenzen im Verhältnis zur Exekutive hatten. Diese Organe wurden erst später durch Wahlen legitimiert. Und bis zur Durchsetzung des allgemeinen Wahlrechts dauerte es noch länger. Als Alexis de Tocqueville *La démocratie en Amérique* schrieb, nahmen in den USA nur etwa 3,5 Prozent der Bevölkerung an Wahlen teil. Die Nordstaaten hatten erst kurz zuvor die Sklaverei abgeschafft, während die Südstaaten den Sklaven, die 18 Prozent der Bevölkerung ausmachten, nach wie vor keinerlei politische Rechte einräumten. Dennoch pries Tocqueville die amerikanische Demokratie. Sollten wir von den globalen Institutionen bei ihrem gegenwärtigen Entwicklungsstand mehr erwarten?

IV. Demokratische Stärken und Schwächen globaler Institutionen

Hat die Globalisierung einen positiven oder negativen Effekt auf die Demokratie im Nationalstaat? Fördert, verteidigt und stärkt sie die Demokratie oder hat sie einen negativen Einfluß? Mit anderen Worten, sind Demokratie und Globalisierung zwei gegenläufige Ideale? Demokratie hat sich im Kontext des Nationalstaats entwickelt. Daher ist zunächst offen, was geschieht, wenn der Staat an Bedeutung verliert, weil er einen

---

29 Vgl. schon von Bogdandy: *The European Lesson*, S. 316 und 323.

Teil seiner Befugnisse auf globale, den Wählern nicht rechenschaftspflichtige Institutionen überträgt. Befürchtet wird, daß die Übertragung von Hoheitsrechten der Demokratie schadet und die Legitimation der nationalen Regierungen untergräbt, da die Wähler nun nicht mehr in der Lage sind, Entscheidungen zu kontrollieren, die in die Zuständigkeit der globalen Institutionen übergegangen sind.[30] In der EU stellen sich die dadurch aufgeworfenen Fragen sehr akut. Jüngst wurde etwa das Bundesverfassungsgericht im Verfahren zum Europäischen Stabilitätsmechanismus (ESM) mit der Frage nach den Grenzen der Integration konfrontiert.[31] Das Gericht entschied, daß jeder weitere Integrationsschritt, durch den neue Hoheitsrechte auf die EU übertragen werden, vom Bundestag demokratisch legitimiert werden muß. Sonst liege ein Verstoß gegen das Grundgesetz vor. Dieter Grimm hat diesen Zusammenhang von Souveränität und Demokratie früh gesehen und betont: «Solange es an überzeugenden Mustern einer globalen Demokratie fehlt, sollte die Quelle demokratischer Legitimation und Kontrolle auf der staatlichen Ebene nicht ausgetrocknet werden. Souveränität ist heute auch Demokratieschutz.» Für Grimm liegt die wichtigste Funktion von Souveränität daher heute im «Schutz der demokratischen Selbstbestimmung einer politisch geeinten Gesellschaft über die ihr gemäße Ordnung».[32]

---

30 Vgl. dazu bereits Cassese: *Il diritto globale*, S. 233. Siehe auch ders.: *Universalità del diritto*, in: *Oltre lo Stato*. Rom 2005, S. 92 ff.; *Territori e potere. Un nuovo ruolo per gli Stati?* Bologna 2016, S. 105 ff.
31 BVerfG, Urteil des zweiten Senats vom 18. März 2014–2 BvR 1390/12.
32 Dieter Grimm: *Souveränität. Herkunft und Zukunft eines Schlüsselbegriffs*. Berlin 2009, S. 123. Grimm zufolge verteidigt daher auch das Bundesverfassungsgericht «die Souveränität der Bundesrepublik nicht um des Nationalstaats willen, sondern im Interesse demokratischer Herrschaft, die im Nationalstaat günstigere Voraussetzungen findet als in der Europäischen Union» (S. 122).

Wechselwirkungen

Die Globalisierung verändert zweifellos die nationalen Demokratien, weil sie eine Asymmetrie zwischen Input und Output erzeugt. Wenn Befugnisse auf globale oder supranationale Stellen übertragen werden, kann die nationale Politik für diese Entscheidungen nicht mehr alleine garantieren. Nationale Politiker müssen vielmehr mit ihren internationalen Partnern kooperieren und werden von diesen abhängig. Gleichzeitig bleiben sie aber ihrem Wahlvolk gegenüber voll rechenschaftspflichtig. Denn die Wähler unterscheiden oft nicht zwischen den beiden Ebenen des Regierens und richten ihren Unmut gegen ihre Vertreter in den nationalen Regierungen und Verwaltungen. Diese werden also für Entscheidungen verantwortlich gemacht, über die sie keine volle Kontrolle hatten, weil sie gemeinsam mit anderen Staaten getroffen wurden. Diese Asymmetrie kann dazu führen, daß nationale politische Parteien auf Populismus und Demagogie setzen und die Globalisierung kritisieren, während die nationalen Regierungen gleichzeitig zwischen den Wünschen der Bevölkerung und den globalen Institutionen vermitteln müssen.

Andererseits trägt die Globalisierung auch zur Stärkung der Demokratie in den Nationalstaaten bei. Globalen Akteuren stehen dazu verschiedene Maßnahmen zur Verfügung:[33] Zur Förderung der nationalen Demokratie können sie (i) Standards und *best practices* für demokratische Prozesse definieren, nationale Wahlen beobachten und nationale demokratische Prozesse unterstützen; (ii) zivilgesellschaftliche Initiativen finanzieren und fördern; (iii) gerichtliche Foren für Fälle bereitstellen, in denen Fragen der nationalen Demokratie strittig sind; (iv) sich an Reformen des nationalen (Verfassungs-)

---

33 Vgl. zu einer Taxonomie dieser Interventionen auch Sabino Cassese: *The Global Polity. Global Dimensions of Democracy and the Rule of Law*. Sevilla 2012, S. 61 f., 77–101, 103 f.

Rechts beteiligen; oder (v) Demokratie zur Bedingung für die Aufnahme in inter- oder supranationale Organisationen machen.[34] Ich will diese Maßnahmentypen anhand von fünf Beispielen bzw. Institutionen illustrieren.

Ein zentraler Akteur im Bereich der Demokratieförderung ist die OSZE, die mit 57 Teilnehmerstaaten zugleich die größte regionale Sicherheitsorganisation der Welt ist. Deren Büro für demokratische Institutionen und Menschenrechte (BDIMR) mit Sitz in Warschau ist im gesamten OSZE-Gebiet tätig. Das BDIMR ist in verschiedenen Abteilungen organisiert. Die Abteilung «Demokratisierung» konzentriert sich etwa auf die Förderung der gleichberechtigten Teilhabe am politischen und öffentlichen Leben sowie auf die Förderung demokratischer Regierungsführung. Wichtig ist auch die Abteilung «Wahlen», die bei der Wahlbeobachtung und ähnlichen Projekten technische Hilfestellung leistet. Dies schließt die Wahlprüfung und die Begleitung von Wahlrechtsreformen sowie die Förderung von inländischen Beobachtergruppen im gesamten OSZE-Raum ein. Allein 2006 war die OSZE in siebzehn Ländern im Bereich der Demokratieförderung aktiv und gab dazu über 162 Millionen Euro aus.[35] Im Jahr 2015 führte das BDIMR 17 wahlbezogene Projekte durch, und sein Gesamthaushalt belief sich auf mehr als 18 Millionen Euro.[36]

Ein wichtiger Akteur für die finanzielle Unterstützung von zivilgesellschaftlichen Organisationen, die sich für Demokratieförderung und Transparenz von Wahlen engagieren, ist der UN-Demokratiefonds (UNDEF). Dieser Fonds wurde im Juli 2005 gegründet und mit einem Exekutivdirektor, einem

---

34 Siehe Peters: *Dual Democracy*, S. 283–286, zu pro-demokratischen Interventionen.
35 Nancy Bermeo: *Is Democracy Exportable?*, in: Zoltan Barany, Robert G. Moser (Hg.): *Is Democracy Exportable?* Cambridge 2009, S. 247.
36 *Annual Report 2015*, S. 45 und S. 100, abrufbar unter www.osce.org/annual-report/2015?download=true.

Generalsekretär, einem Beirat und einer Programmberatungsgruppe ausgestattet. Heute beteiligen sich 45 Mitgliedstaaten am UNDEF.[37] Vergleichbare Aktivitäten entfaltet auch das Europäische Instrument für Demokratie und Menschenrechte (EIDHR).[38]

Eines der einflußreichsten justiziellen Foren im überstaatlichen Raum ist der EGMR, dessen Entscheidungen zur Demokratie in jüngerer Zeit insbesondere im Fall des britischen Wahlrechts hohe Wellen geschlagen haben.[39] In seiner Rechtsprechung stützt sich der Gerichtshof auf Artikel 3 des Zusatzprotokolls zur Europäischen Menschenrechtskonvention, der lautet: «Die Hohen Vertragsparteien verpflichten sich, in angemessenen Zeitabständen freie und geheime Wahlen unter Bedingungen abzuhalten, welche die freie Äußerung der Meinung des Volkes bei der Wahl der gesetzgebenden Körperschaften gewährleisten.» Die Große Kammer des Straßburger Gerichts führte dazu in der Rechtssache *Yumak and Sadak v. Turkey* aus, Demokratie sei ein «grundlegendes Element des ‹europäischen ordre public›» und die im Zusatzprotokoll garantierten Rechte seien «entscheidend für die Errichtung und Erhaltung der Grundlagen einer wahrhaften

---

37 *Status of Contributions by Cumulative Amount as at 28 February 2017*, abrufbar unter www.un.org/democracyfund/contribution-table.
38 Bruno Carotti: *Who Promotes Democracy? The United Nations Democracy Fund and the European Instrument for Democracy and Human Rights. Causality or Convergence?*, in: Sabino Cassese, Bruno Carotti, Lorenzo Casini, Eleonora Cavalieri, Euan MacDonald (Hg.): *Global Administrative Law. The Casebook*. Rom–New York 2012, VII.A.3, S. 33.
39 Zu der als «prisoners' voting rights saga» bekannt gewordenen Auseinandersetzung zwischen Großbritannien und dem EGMR, die sich über mehr als zehn Jahre erstreckt hat, siehe EGMR, Urteil vom 6. Oktober 2005 – *Hirst v. the United Kingdom (Nr. 2)*; Urteil vom 23. November 2010 – *Greens and M. T. v. the United Kingdom*; Urteil vom 12. August 2014 – *Firth and Others v. the United Kingdom*; Urteil vom 10. Februar 2015 – *McHugh and Others v. the United Kingdom*; Urteil vom 30. Juni 2016 – *Millbank and Others v. the United Kingdom*.

Demokratie, die auf den Grundsätzen der Rechtsstaatlichkeit gründet».[40]

Dem Feld der Beratung und Begleitung von Rechtsreformen sind die Aktivitäten der Venedig-Kommission zuzuordnen, einer Einrichtung des Europarats, die Mitgliedstaaten bei der Verfassungsgebung und bei Verfassungsänderungen mit technischer Expertise unterstützen kann.[41]

Muster dafür, wie Demokratie zur Bedingung für die Aufnahme in eine supranationale Organisation werden kann, ist die Erweiterungsstrategie der EU, die vier Schritte umfaßt: Zunächst werden Benchmarks für demokratische Prozesse definiert, deren Erfüllung Voraussetzung für den Beitritt ist. Zusätzlich müssen die Beitrittsländer Selbstverpflichtungen abgeben, deren Umsetzung mittels jährlicher Berichte kontrolliert wird. Schließlich wird den Kandidatenländern schon vor dem Beitritt technische und finanzielle Hilfe zur Verfügung gestellt.

Paradoxien

Die Logik hinter diesen und vielen weiteren Versuchen, die nationale Demokratie durch globale Interventionen zu stärken, wirft freilich zahlreiche Fragen und Paradoxien auf.

Erstens wenden sich globale oder supranationale Institutionen oft direkt an die Zivilgesellschaft, die gestärkt werden soll.

---

40 EGMR, Urteil vom 8. Juli 2008 – *Yumak and Sadak v. Turkey* (= NVwZ-RR 2010, 81, 83). In dem Fall, der die Rechtmäßigkeit einer Sperrklausel von zehn Prozent bei den Wahlen zum türkischen Parlament in den Jahren 2002 und 2007 zum Gegenstand hatte, kam die Große Kammer daher zu folgendem Schluß: «Allgemein gesehen, ist eine Sperrklausel von zehn Prozent überzogen. Insoweit ist den Organen des Europarats zuzustimmen, die auf die außergewöhnliche Höhe der Klausel hingewiesen und empfohlen haben, sie herabzusetzen […]. Sie zwingt die Parteien zu Strategien, die nicht zur Transparenz des Wahlvorgangs beitragen» (NVwZ-RR 2010, 81, 88).
41 Valentina Volpe: *Drafting Counter-Majoritarian Democracy. The Venice Commission's Constitutional Assistance,* in: Heidelberg Journal of International Law 76:4 (2016), S. 811–843.

Dadurch gerieten die Institutionen des Nationalstaats aber bald von zwei Seiten unter Druck – von oben und von unten. Dies ist etwa der Fall, wenn die EU im Zuge des Beitritts zur Union von den staatlichen Institutionen die Einführung demokratischer Verfahren und Strukturen verlangt und wenn gleichzeitig das EIDHR zivilgesellschaftliche Gruppen finanziert, damit diese auf der Ebene des Nationalstaats für demokratischere und inklusivere Institutionen kämpfen.

Obwohl *zweitens* Demokratie traditionell im Nationalstaat durch ein Staatsvolk erzeugt wird, kann sie auch von außen ermutigt, importiert, transplantiert, gefördert, unterstützt und kontrolliert werden. Demokratie ist nicht nur das Ergebnis rein innenpolitischer Prozesse, die von allen Aktivitäten außerhalb des Nationalstaates abgekoppelt sind. Demokratieförderung ist heute zu einem Ziel der Außenpolitik geworden, und internationale Organisationen sind «wichtige Vehikel zur Erreichung dieses Ziels».[42]

Drittens begegnet uns in diesem Kontext das Paradox, daß eine ganze Reihe neuer globaler und supranationaler Institutionen entstanden sind, die langjährige und gut etablierte nationale Demokratien unterstützen und kritisieren, die aber selbst nicht vollständig demokratisch legitimiert sind.

Durch die «Hochzonung» der nationalen Demokratie können *viertens* globale und supranationale Institutionen die Bürger der Nationalstaaten dabei unterstützen, Ziele zu erreichen, die diese sonst nur schwer hätten verwirklichen können.[43] Wenn durch diese Intervention Verbände oder Partikularinteressen in die Schranken gewiesen werden, der Schutz von Individuen und Minderheiten verbessert und die Demokratie auf

---

42 Jon C. Pevehouse: *Democracy from the Outside-In? International Organizations and Democratization,* in: International Organization 56:3 (2002), S. 515 f.
43 Robert O. Keohane, Stephen Macedo, Andrew Moravcsik: *Democracy-Enhancing Multilateralism,* in: International Organization 63:1 (2009), S. 15.

diese Weise integrativer gestaltet wird, dann handeln die globalen Institutionen freilich wie Verfassungsgesetzgeber oder Gerichte. Dadurch droht aber die Wahl als eigentliches Instrument demokratischer Kontrolle entwertet zu werden. Zudem besteht die Gefahr, daß die globalen Institutionen durch Partikularinteressen manipuliert werden, insbesondere wenn sie intransparent operieren und niemandem Rechenschaft schulden.[44]

Ist das Demokratieprinzip *fünftens* der einzige Grund, um entsprechende globale Politiken zu rechtfertigen, oder können demokratiefördernde Maßnahmen auch zu anderen Zwecken betrieben werden, etwa zur Friedenssicherung, weil demokratische Staaten friedfertiger sind als undemokratische?

Sechstens muß die Frage aufgeworfen werden, wie wirksam der externe Druck ist und welche Formen von Demokratien er fördert.[45] Es besteht kein Zweifel daran, daß die Rolle der internationalen und transnationalen Akteure in den gegenwärtigen Demokratisierungsprozessen immer wichtiger wird. Gerade in Osteuropa zeigt sich, in welchem Maße die EU als externer Akteur die Demokratisierung und die Wirtschaftsreformen materiell beeinflußt hat.[46] Selbst nach dem Beitritt der neuen Mitgliedstaaten zur Union hat sich dieser Druck nur geringfügig abgeschwächt.[47]

Festhalten läßt sich, daß die Einflußnahme von globalen In-

---

44 Keohane, Macedo, Moravcsik: *Democracy-Enhancing Multilateralism*, S. 22 f.
45 Diese Frage wird aufgeworfen bei James L. McCoy: *Transnational Response to Democratic Crisis in the Americas, 1990–2005*, in: Thomas Legler, Sharon F. Lean, Dexter S. Boniface (Hg.): *Promoting Democracy in the Americas*. Baltimore 2007, S. 286.
46 Milada A. Vachudova: *The Leverage of International Institutions on Democratizing States. Eastern Europe and the European Union*, in: European University Institute Working Papers RSC 33 (2001), S. 34.
47 Philip Levitz, Grigore Pop-Eleches: *Why No Backsliding? The European Union's Impact on Democracy and Governance Before and After Accession*, in: Comparative Political Studies 43 (2010), S. 479.

stitutionen auf nationale demokratische Prozesse nicht notwendig einen Verlust für die Demokratie bedeutet. Im Gegenteil, unter bestimmten Umständen können die globalen Institutionen die nationalstaatlichen Demokratien schützen und fördern und dadurch die Verluste, die die nationalen Demokratien durch die Übertragung von Hoheitsrechten auf die supra- und internationale Ebene erlitten haben, kompensieren.[48] Zugleich werfen demokratiefördernde Maßnahmen jedoch eine Fülle neuer Probleme auf: Welche Form der Demokratie sollte gefördert oder verteidigt werden? Wann ist eine globale Intervention sinnvoll? Welche nationalstaatlichen Handlungen stellen einen Verstoß dar, der eine internationale Intervention rechtfertigt?[49] Und wer entscheidet, wenn unterschiedliche Wertauffassungen im Raume stehen?

V. Bewertung

Ich schließe mit dem Versuch, die Vor- und Nachteile einer Globalisierung der Demokratie einer Bewertung zu unterziehen. Diese soll in Form von neun kurzen Leitsätzen erfolgen.

1. Eine rein nationale Herangehensweise an Demokratie ist ebenso abzulehnen wie ein Begriff von Demokratie, der diese notwendig an ein Volk und an ein Territorium koppelt. Die Vorstellung, ein bestimmter politischer Akteur schulde ausschließlich dem eigenen Wahlvolk Rechenschaft, ist überholt.
2. Die globale Demokratie ist kein Spiegelbild der nationalen Demokratie, da sich ihr Kontext, der globale Raum, signifikant vom Nationalstaat unterscheidet. Insbesondere exi-

---

48 Aus der Sicht des «global constitutionalism» vgl. Anne Peters: *Compensatory Constitutionalism. The Function and Potential of Fundamental International Norms and Structures*, in: Leiden Journal of International Law 19 (2006), S. 579–610.
49 McCoy: *Transnational Response*, S. 280.

stiert hier nicht ein *demos*, sondern es gibt einen Plural von *demoi*.
3. Demokratische Herrschaft ändert unter den Bedingungen der Globalisierung ihren Ort: Das Volk verliert die Kontrolle über bestimmte Politikfelder, erhält aber zugleich die Möglichkeit zur Einflußnahme auf größere Fragen, die jenseits der Einzelstaaten angesiedelt sind.
4. Im globalen Raum schreiten Demokratie und Rechtsstaatlichkeit langsam, aber weitgehend synchron voran. In Einzelfällen kommt es jedoch zu Friktionen. Ein Beispiel hierfür ist das Schreiben, das die Europäische Kommission im Juli 2017 an Polen sandte und in dem sie die geplante Reform der Justiz und insbesondere der Verfassungsgerichtsbarkeit als «systemimmanente Gefährdung der Rechtsstaatlichkeit» bewertete. Das Schreiben warnte Polen zudem, daß eine Umsetzung der Reform Sanktionen nach sich ziehen könne. Die polnische Regierung wies das Schreiben unter Verweis auf die Souveränität des polnischen Volkes wütend zurück.
5. Wenn das Recht auf Demokratie zu internationalem Recht geworden ist, haben die Weltöffentlichkeit und die internationale Gemeinschaft ein Interesse daran, daß überall auf der Welt demokratische Regierungen an der Macht sind, auch weil ein demokratisch regierter Nachbar eher ein friedlicher Nachbar ist.
6. Die Ausdehnung der nationalen Demokratie in den globalen Raum schafft neue Verbindungslinien. Gerät die Demokratie in die Krise, schlagen nicht mehr nur engagierte Bürger Alarm. Auch die internationale Gemeinschaft ist involviert. Doch kann die globale Ausdehnung Demokratien auch gefährden, wenn sich die Herrschenden dadurch ihren nationalen Legitimations- und Verantwortungszusammenhängen entziehen.
7. Durch die Gewährleistung von Demokratie schaffen globale Akteure Raum für einen globalen *constitutional moment*. Die Koppelung von Menschenrechtschutz und demokrati-

schen Prinzipien ermöglicht die Entstehung von Konstitutionalismus auf globaler Ebene.
8. Die globale Demokratie ist fragil, nicht nur, weil viele nationale Regierungen nicht demokratisch sind und weil es keine kosmopolitischen Wahlen gibt, sondern auch, weil es zwischen nationaler und globaler Demokratie zu Spannungen kommen kann. Anne Peters Diagnose hierzu lautet: «Konflikte zwischen nationalem und internationalem Recht führen immer öfter dazu, daß Nationalstaaten das Völkerrecht mißachten und dies mit dem Argument rechtfertigen oder tarnen, daß eine internationale Regel gegen die innerstaatliche Demokratie verstößt.»[50]
9. Schließlich sind viele der hier geschilderten Entwicklungen noch bloßes «law in the books», also noch nicht in der Praxis verwirklicht. Für eine Analyse des Entwicklungsstands der globalen Demokratie ist freilich bereits der Entwicklungsprozeß von Bedeutung, da dieser auf eine Zukunft verweist, in der die Entwicklungen hoffentlich zum «law in action» werden. Die Wiederkehr der Nationalismen in der angelsächsischen Welt, in Osteuropa und in der Türkei wird hingegen keinen Erfolg haben, da die Kräfte der Globalisierung und der Demokratie bereits zu tief in den Strukturen und Prozessen der Welt verankert sind.

Aus dem Englischen übersetzt von Thomas Wischmeyer.

---

50 Peters: *Dual Democracy*, S. 333.

DIETRICH MURSWIEK

Die Mehrebenendemokratie in Europa – ein Ding der Unmöglichkeit?

I. Einleitung

«Die Europäische Union leidet unter Demokratiedefiziten.» Das ist eine Aussage, die über Jahrzehnte hinweg ständig wiederholt wurde, aber in letzter Zeit nicht mehr so häufig zu hören ist. Dies hängt vielleicht damit zusammen, daß mit dem 2009 in Kraft getretenen Vertrag von Lissabon die Rechte des Europäischen Parlaments erheblich gestärkt wurden. Auf diese Weise hatten die Vertragsstaaten einem Monitum derer Rechnung getragen, die ein Demokratiedefizit vor allem darin erblickten, daß das Parlament bei der Gesetzgebung weniger Rechte hatte als der Rat. Jetzt ist das Parlament dem Rat im wesentlichen gleichgestellt: Im ordentlichen Gesetzgebungsverfahren – dem Mitentscheidungsverfahren – kommt ein Gesetz (eine Richtlinie oder Verordnung) in der Europäischen Union (EU) nur dann zustande, wenn sowohl der Rat als auch das Parlament zugestimmt haben. Die Annahme, daß dadurch das wichtigste Demokratieproblem der EU behoben worden sei, wäre allerdings nur dann berechtigt, wenn das Parlament überhaupt – oder jedenfalls besser als der Rat – demokratische Legitimation vermitteln könnte. Das ist zweifelhaft. Es spricht einiges dafür, daß das Parlament das auf seiten des Rates bestehende Demokratiedefizit nicht kompensieren kann, weil es selbst keine hinreichende demokratische Legitimation besitzt.

Diese These mag zunächst erstaunlich erscheinen, sind wir doch durch ein nationalstaatliches Vorverständnis von parlamentarischer Demokratie geprägt, demzufolge das direkt vom Volk gewählte Parlament eine bessere demokratische Legitimation besitzt als Exekutivorgane, die ihre Legitimation nur indirekt vom Volk herleiten können. In der EU sind die Legitimationsstrukturen aber anders und komplizierter als auf nationaler Ebene. Die Demokratieprobleme der EU versteht nur, wer sich vor Augen führt, was die EU von herkömmlichen Staaten unterscheidet.

Wie jeder Staat ist auch die EU ein Herrschaftsverband – eine Organisation, die durch ihre Organe politische Herrschaft ausübt. Insbesondere hat sie sehr umfangreiche Gesetzgebungskompetenzen. Sie ist ein staatsähnliches Gebilde, aber nach ganz überwiegender Auffassung noch kein Staat. Was ihr dazu fehlt, ist die Souveränität, das heißt die Fähigkeit, aus eigenem Recht heraus, also autonom – nicht abgeleitet von anderen Staaten oder Organisationen – neues Recht zu setzen. Sie leitet ihre Rechtsetzungskompetenzen vielmehr von den Mitgliedstaaten ab. Nur im Rahmen der von den Mitgliedstaaten in den Unionsverträgen übertragenen «begrenzten Einzelermächtigungen» darf die EU tätig werden. Die Mitgliedstaaten werden deshalb auch als «Herren der Verträge» bezeichnet. Die Unionsverträge – der Vertrag über die Europäische Union (EUV) und der Vertrag über die Arbeitsweise der Europäischen Union (AEUV) – normieren die Aufgaben und Zuständigkeiten sowie das Organisationsgefüge der EU. Diese hat keine verfassunggebende Gewalt; sie kann sich nicht selbst eine neue Verfassung geben, und sie kann auch nicht ohne Zustimmung aller Mitgliedstaaten die vertraglichen Grundlagen ihrer Tätigkeit ändern.

Die EU und ihre Mitgliedstaaten bilden ein Mehrebenensystem, in dem die politische Herrschaft zum Teil auf der europäischen, zum Teil auf der mitgliedstaatlichen Ebene ausgeübt wird. Mehrebenensysteme kennen wir auch in föderal gegliederten Nationalstaaten wie beispielsweise der Bundesrepublik Deutschland. Dort sind die Legitimationsstrukturen zwar ebenfalls komplizierter als in Zentralstaaten, doch werfen sie keine Probleme auf, die nicht prinzipiell gelöst sind. Legitimationssubjekt ist das Staatsvolk, gegliedert in die Teilvölker der Länder und die Bürgerschaften der Kommunen.

Auf jeder dieser Ebenen ist der einzelne Bürger Teil des Staatsvolkes. Die EU hingegen setzt sich aus 28 im Rechtssinne souveränen Staaten zusammen, die je ein eigenes Staatsvolk haben. Die Mitgliedstaaten haben sich in der EU zu einem «Staatenverbund» zusammengeschlossen. Mit diesem Begriff hebt das Bundesverfassungsgericht hervor, daß die EU kein Bundesstaat ist, aber doch so etwas wie eine Vorstufe dazu, jedenfalls mehr als ein bloßer Staatenbund.

Dieser staatsorganisatorische Zwischenzustand, dieser Schwebezustand zwischen Staatlichkeit und Noch-nicht-Staatlichkeit, ist es vor allem, der Probleme für die demokratische Legitimation aufwirft. Die Probleme resultieren zum Teil aus der Zuordnung der unionalen und der mitgliedstaatlichen Kompetenzen, zum Teil aus der besonderen Organisationsstruktur der EU und vor allem daraus, daß die vertraglich vorgesehenen Legitimationskanäle nicht wirklich geeignet sind, demokratische Legitimation von den Bürgern zu den EU-Organen fließen zu lassen.

Im folgenden möchte ich zeigen, daß und warum das gegenwärtige Legitimationssystem der EU schon in seinen Grundstrukturen nicht demokratischen Ansprüchen genügt (II). Dann gehe ich auf besondere Legitimationsprobleme ein, die sich aus der Organzuordnung der EU, insbesondere hinsichtlich der Gesetzgebungskompetenzen, ergeben (III–V), und anschließend befasse ich mich mit Legitimationsproblemen, die das Verhältnis zwischen EU und Mitgliedstaaten betreffen (VI). Zum Schluß werden einige Lösungsansätze erörtert (VIII).

Als Jurist, als Staats- und Europarechtler, lege ich meinen Überlegungen ein juristisches Legitimationsmodell zugrunde, nämlich das Prinzip der Volkssouveränität, wie Art. 20 Abs. 2 GG es formuliert: «Alle Staatsgewalt geht vom Volke aus.»

II. Wer ist das Volk in Europa?

1. Das Problem des Legitimationssubjekts

Geht in der EU die hoheitliche Gewalt vom Volke aus? Die Beantwortung dieser Frage setzt voraus, daß zunächst geklärt wird, wer in der EU eigentlich «das Volk» ist. Wer ist in der EU das Subjekt der demokratischen Legitimation? Theoretisch gibt es darauf drei mögliche Antworten: 1. Die Bürger der EU bilden ein europäisches Unionsvolk. Dieses ist das Legitimationssubjekt für die EU. 2. Die Völker der Mitgliedstaaten sind die Legitimationssubjekte. 3. Das Unionsvolk und die Völker der Mitgliedstaaten sind gemeinsam die Legitimationssubjekte. Es liegt auf der Hand, daß die Beurteilung, ob die EU demokratisch legitimiert ist, auch davon abhängt, welche dieser Antworten die richtige ist.

Schaut man sich den Text der Unionsverträge an, dann scheint es, daß der Vertrag von Lissabon in der Tat die Bürger der EU zu einem europäischen Unionsvolk konstituieren will. Während es nämlich im EG-Vertrag zuvor hieß, das Europäische Parlament setze sich aus Vertretern der Völker der Mitgliedstaaten zusammen (Art. 189 EGV), heißt es jetzt im EU-Vertrag (Art. 14 Abs. 2 EUV), es setze sich aus Vertretern der Unionsbürgerinnen und Unionsbürger zusammen. Entsprechend besagt Art. 10 Abs. 2 EUV: «Die Bürgerinnen und Bürger sind auf Unionsebene unmittelbar im Europäischen Parlament vertreten.» Das sieht nach einem Paradigmenwechsel aus: Das Europaparlament wird aus einer Vertretung der Völker der Mitgliedstaaten zu einer Vertretung des Unionsvolkes. In der juristischen Literatur wird diese Ansicht oft vertreten.

Das Bundesverfassungsgericht hat im Lissabon-Urteil dennoch gesagt: Nein, der Vertrag von Lissabon konstituiere kein neues Demokratiesubjekt; trotz der zitierten neuen Formulierungen bleibe es dabei, daß das Europäische Parlament sich aus Vertretern der mitgliedstaatlichen Staatsvölker zusammensetze. Dafür trägt das Bundesverfassungsgericht zwei Argumente vor: Zum einen sei das Europäische Parlament nach wie vor kein durch gleiche Wahl aller Unionsbürger zustande gekommenes Organ mit der Fähigkeit zur einheitlichen Repräsentation des Volkswillens. Zum anderen sei es kein Repräsentationsorgan eines souveränen europäischen Volkes.[1] Mit dem ersten Argument bezieht sich das Bundesverfassungsgericht darauf, daß sich das Parlament aus nationalen Kontingenten von Abgeordneten zusammensetzt und die Gesamtzahl der Abgeordneten auf diese Kontingente nach dem Prinzip der degressiven Proportionalität verteilt wird. Kleine Staaten stellen dabei relativ mehr Abgeordnete als große Staaten (Art. 14 Abs. 2 UAbs. 1 Sätze 3 und 4, UAbs. 2 EUV). Das zweite Argument kombiniert Volkssouveränität mit Staatssouveränität und folgert: Die EU sei kein souveräner Staat, also könne es auch kein souveränes europäisches Volk geben.

Das erste Argument ist relativ stark, das zweite eher schwach. Zwar kann es keine Volkssouveränität ohne Staatssouveränität geben. Denn die Staatsgewalt könnte nicht vom Volke ausgehen, wenn der Staat und damit das Staatsvolk dem politischen Willen eines anderen Subjekts rechtlich unterworfen wären. In einem föderal gegliederten Mehrebenensystem ist es jedoch möglich, daß die Legitimation der öffentlichen Gewalt auf den verschiedenen Ebenen auf unterschiedliche Subjekte gestützt wird, die nicht alle Träger der Souveränität sind. So sind in der Bundesrepublik Deutschland die Teilvölker in den Ländern nicht Träger der – beim Bund liegenden – Staatssouveränität. Und den Staatenverbund EU kann man sich jedenfalls so vorstellen, daß die Souveränität bei den Mitgliedstaaten liegt, aber dennoch die Ausübung der begrenzten auf die EU übertragenen Zuständigkeiten vom (nicht souveränen) Unions-

---

[1] Urteil vom 30. Juni 2009, in: *Entscheidungen des Bundesverfassungsgerichts* (BVerfGE) 123, 267 (370–372) – Lissabon.

volk legitimiert wird, soweit es um die Wahl des Parlaments und um die mittelbare Legitimation anderer Organe durch das Parlament geht.

Aber auch das erste Argument hat seine Schwächen. Denn die nationalen Kontingente setzen sich nicht nur aus den Staatsangehörigen der jeweiligen Mitgliedstaaten zusammen. Ihnen gehören vielmehr auch diejenigen EU-Ausländer an, die in dem jeweiligen Staat ihren Wohnsitz haben. Die Gesamtheit der in einem Mitgliedstaat lebenden EU-Bürger ist ein anderes Subjekt als das jeweilige Staatsvolk. Hinzu kommt, daß die Abgeordneten in der praktischen Parlamentsarbeit nicht in ihren nationalen Kontingenten, sondern in europäischen Fraktionen zusammenarbeiten. Die nationale Herkunft dürfte für die meisten parlamentarischen Entscheidungen kaum eine Rolle spielen. Wichtiger sind die politischen Lager. Daß im Parlament die Staatsvölker der Mitgliedstaaten repräsentiert werden, erscheint daher nicht nur als juristisch fragwürdig, sondern auch als realitätsfremd.

Das Bundesverfassungsgericht hatte aber noch einen weiteren Grund, den Wechsel des Legitimationssubjekts zu verneinen: Es vertritt nämlich die Auffassung, daß nach dem Grundgesetz alle Hoheitsgewalt nur vom deutschen Staatsvolk ausgehen dürfe.[2] Die europäische Unionsgewalt kann natürlich nicht vom Staatsvolk eines Mitgliedstaats allein legitimiert werden, aber von allen Staatsvölkern gemeinsam. Wenn und soweit dies der Fall ist, geht nicht nur die deutsche Staatsgewalt vom deutschen Staatsvolk aus, sondern ebenso die auf die EU übertragene Hoheitsgewalt. Wenn und soweit nicht mehr die Staatsvölker die Unionsgewalt legitimieren, sondern ein eigenständiges Unionsvolk, geht die unionale Hoheitsgewalt nicht mehr von dem Subjekt aus, auf das es nach Ansicht des Bundesverfassungsgerichts aus Sicht des Grund-

---

2 Urteil vom 31. Oktober 1990, BVerfGE 83, 37 (50 ff.) – Ausländerwahlrecht.

gesetzes allein ankommt. Ein solcher Subjektwechsel ist nicht absolut ausgeschlossen, setzt aber eine verfassunggebende Entscheidung des Volkes voraus.[3] Das Bundesverfassungsgericht wollte den Vertrag von Lissabon nicht für verfassungswidrig erklären und interpretierte ihn daher so, daß ein verfassungswidriger Wechsel des Legitimationssubjekts vermieden werden konnte.[4]

Wenn demnach nicht einmal Einigkeit darüber besteht, wer eigentlich das Legitimationssubjekt ist, dann sind Legitimationsfragen richtig schwierig.

Einigkeit besteht aber darüber, daß das Unionsvolk – wenn man seine Existenz unterstellt – jedenfalls nicht das einzige Legitimationssubjekt der EU ist. Denn die Unionsbürger legitimieren allenfalls das Parlament, nicht hingegen den Rat, der neben dem Parlament das im wesentlichen gleichberechtigte Gesetzgebungsorgan ist, bezüglich mancher Materien sogar nach wie vor das maßgebliche Gesetzgebungsorgan.

Daher stehen sich hinsichtlich der Legitimationsstruktur der EU heute zwei Auffassungen gegenüber: Die monistische Auffassung, wie sie vom Bundesverfassungsgericht vertreten wird, nach der also die Staatsvölker der Mitgliedstaaten die einzigen Legitimationssubjekte sind. Und die in der juristischen Literatur überwiegend vertretene Ansicht von der dualen Legitimationsstruktur der EU. Hiernach speist sich die demokratische Legitimation der EU aus zwei Quellen: über das Parlament aus dem Unionsvolk, über den Rat aus den mitgliedstaatlichen Staatsvölkern. Ich möchte hier offenlassen, welcher dieser Ansätze der richtige ist. Ich spiele beide Modelle daraufhin durch, ob auf ihrer Basis die EU demokratisch legitimiert ist.

---

3 BVerfGE 123, 267 (404) – Lissabon.
4 Vgl. BVerfGE 123, 267 (371, 404) – Lissabon.

2. Legitimation durch die Völker der Mitgliedstaaten?

Das Modell des Bundesverfassungsgerichts hat eine ganz einfache Struktur: Die Legitimation der EU-Rechtsetzung wird maßgeblich durch den Rat bewirkt. Dieser ist das Hauptgesetzgebungsorgan. Keine Richtlinie oder Verordnung kann ohne seine Zustimmung erlassen werden. Jeder Mitgliedstaat ist durch ein Regierungsmitglied im Rat vertreten, und dieses ist durch das nationale Parlament und somit indirekt durch das Volk dieses Staates legitimiert. Das Europaparlament trägt in diesem Modell nicht entscheidend zur Legitimation bei. Seine Rolle bleibt diffus. Die demokratische Legitimation wäre in diesem Modell auch dann gegeben, wenn das Parlament gar keine Entscheidungskompetenzen hätte, so wie in den ersten Dekaden der Europäischen Gemeinschaften, als das Parlament noch «Versammlung» hieß, sich aus Abgeordneten der nationalen Parlamente zusammensetzte und nur beratende Funktion hatte.

a) Einstimmigkeitsprinzip als Legitimationsvoraussetzung für die positive Gesetzgebung

Dieses Modell war stimmig, solange der Rat auf der Basis des Einstimmigkeitsprinzips entschied: Wenn eine europäische Richtlinie oder Verordnung nur im Einvernehmen aller Ratsmitglieder beschlossen werden kann, gibt es eine ununterbrochene Legitimationskette, die von jedem Ratsmitglied über das nationale Parlament zu den Wählern des jeweiligen Staatsvolkes zurückführt. Die Legitimationskette ist jedoch unterbrochen, wenn der Rat Mehrheitsentscheidungen trifft.[5] Dann

---

5 Ebenso z. B. Dieter Grimm: *Europa ja – aber welches? Zur Verfassung der europäischen Demokratie.* München 2016, S. 19; vgl. auch Jelena von Achenbach: *Demokratische Gesetzgebung in der Europäischen Union. Theorie und Praxis der dualen Legitimationsstruktur europäischer Hoheitsgewalt.* Heidelberg 2014, S. 444 ff. und 457 f. m. w. N.

sind seine Beschlüsse von denjenigen Staatsvölkern nicht legitimiert, deren Vertreter im Rat überstimmt worden sind.

Es gehört zum Wesen demokratischer Legitimation, daß der Wähler mit seiner Stimme auf die Politik Einfluß nehmen und insbesondere auf das Verhalten der Regierung mit seiner Stimme reagieren kann. Angenommen, eine Partei im EU-Staat X würde mit dem Slogan «Stoppt den Klimawahn!» in den Wahlkampf ziehen und versprechen, daß es mit ihr keine zusätzlichen Freiheitseinschränkungen zum Klimaschutz geben werde. Sie gewinnt die Wahl und stellt die Regierung. Der Rat beschließt dann gegen die Stimme des Vertreters dieser Regierung eine Verordnung, die Hauseigentümer zu zusätzlichen Wärmedämmungsmaßnahmen zwingt. Wen kann der Wähler im Staat X, der damit nicht einverstanden ist, jetzt wählen? Er kann seine Regierung nicht zur Verantwortung ziehen; sie hatte ja dagegen gestimmt. Demokratisch legitimiert kann die EU-Verordnung also nur dann sein, wenn die Legitimation aus einer anderen Quelle kommt. Von den Staatsvölkern der überstimmten Mitgliedstaaten kommt sie jedenfalls nicht.

Dem läßt sich nicht entgegenhalten, jedes Staatsvolk sei doch durch seinen Vertreter an der Entscheidung des Rats beteiligt und wirke insofern an ihr mit; und das Mehrheitsprinzip gehöre zum Wesen der Demokratie. Ja, Demokratie gibt es praktisch nicht ohne das Mehrheitsprinzip. Aber nicht alles, was mit Mehrheit beschlossen wird, ist demokratisch. Das Mehrheitsprinzip ist das Entscheidungsprinzip des demokratischen Subjekts, also des aus vielen Einzelnen bestehenden Volkes und der von ihm legitimierten Organe. Wenn jedoch das demokratische Subjekt – in unserem Kontext: das mitgliedstaatliche Staatsvolk – der Mehrheitsentscheidung eines anderen Subjekts unterworfen wird, sind dessen Entscheidungen Fremdbestimmung und nicht demokratische Selbstbestimmung.

Das Legitimationsmodell des Bundesverfassungsgerichts hatte noch auf der Basis des Vertrages von Maastricht viel für sich. Der Rat entschied damals noch überwiegend nach dem

Einstimmigkeitsprinzip. Freilich gab es schon damals – in der ersten Hälfte der 1990er Jahre – wichtige Sachgebiete, auf denen der Rat mit Mehrheit entscheiden konnte. Das ließ sich damals noch mit zwei Erwägungen einigermaßen rechtfertigen: Zum einen bezogen sich die nach dem Mehrheitsprinzip zu beschließenden Gesetze vor allem auf die Verwirklichung des Binnenmarkts. Dies ist ein Ziel, über das alle Vertragsstaaten sich im Grundsatz einig sind, und dieser Grundkonsens ist in den Verträgen deutlich verankert. Man konnte daher argumentieren, die Verwirklichung des Binnenmarktes folge einer ökonomischen Rationalität, deren Konsequenzen für die Vertragsparteien von vornherein absehbar gewesen seien. Da der Grundkonsens über das Ziel bestehe, gehe es jetzt nur um Einzelheiten der Zielverwirklichung. Die demokratisch legitimierte Grundentscheidung über das Ziel trage daher auch die zielprogrammierte Umsetzungsgesetzgebung mit.

Ob diese Rechtfertigung tragfähig war, als man die frühere Europäische Gemeinschaft noch als «Zweckverband funktionaler Integration» interpretieren konnte,[6] ist nur noch von historischem Interesse. Heute jedenfalls ist die EU viel mehr als ein auf die Verwirklichung thematisch begrenzter ökonomischer Ziele ausgerichteter Zweckverband. Sie ist spätestens seit dem Vertrag von Lissabon eine staatsähnliche Organisation, die auf nahezu allen Politikfeldern Kompetenzen besitzt, die nicht nach dem Maßstab ökonomischer Zweckrationalität, sondern nur aufgrund politischer Entscheidungen ausgeübt werden können.[7] Und diese Entscheidungen sind legitimationsbedürftig.

---

6 So Hans Peter Ipsen: *Fusionsverfassung Europäische Gemeinschaften.* Bad Homburg 1969, S. 65 ff.; ders.: *Zur Exekutiv-Rechtsetzung in der Europäischen Gemeinschaft,* in: Peter Badura, Rupert Scholz (Hg.): *Wege und Verfahren des Verfassungslebens. Festschrift für Peter Lerche.* München 1993, S. 427 ff.
7 Vgl. Dietrich Murswiek, in: Karen Kaiser (Hg.): *Der Vertrag von Lissabon vor dem Bundesverfassungsgericht.* Heidelberg 2013, S. 412 f.

Das Bundesverfassungsgericht hat zur Rechtfertigung des Mehrheitsprinzips eine zweite Erwägung herangezogen; das war der Hinweis auf die «Luxemburger Vereinbarung» von 1966, auch «Luxemburger Kompromiß» genannt.[8] Damals war der Rat übereingekommen, die Mehrheitsregel so zu handhaben, daß man sich bemühe, zu einer einvernehmlichen Lösung zu gelangen, wenn «sehr wichtige Interessen eines oder mehrerer Partner auf dem Spiel» stünden. Die französische Regierung war nämlich der Auffassung, bei sehr wichtigen Interessen dürfe nur einvernehmlich entschieden werden.[9] In der Praxis erfolgte von da an gegen den Willen eines Mitgliedstaates keine Mehrheitsabstimmung.[10]

Auf der Basis des Luxemburger Kompromisses sind Ratsentscheidungen auch in den Bereichen, in denen die Mehrheitsregel gilt, auf die Völker der Mitgliedstaaten zurückführbar, weil jeder Staat selbst definiert, was ein «sehr wichtiges nationales Interesse» ist und weil sein Vertreter, wenn er sich nicht auf ein solches Interesse beruft, im konkreten Fall implizit zustimmt, die Entscheidung auch dann zu akzeptieren, wenn er überstimmt wird.

Freilich ist umstritten, ob die – zunächst rechtlich unverbindliche – Luxemburger Vereinbarung über die Handhabung des Mehrheitsprinzips Gewohnheitsrecht geworden ist und wenn ja, ob dies heute noch gilt, nachdem der Rat infolge etlicher Vertragsänderungen und der Aufnahme vieler neuer Mitglieder regelmäßig mit Mehrheit entscheidet.[11] Die Möglich-

---

8 Urteil vom 12. Oktober 1993, BVerfGE 89, 155 (184) – Maastricht.
9 Schlußkommuniqué der außerordentlichen Tagung des Ministerrats, Luxemburg 29. Januar 1966, in: Bulletin EG, März 1966, S. 5–11.
10 Vgl. Rudolf Streinz: *Europarecht*. 10. Aufl. Heidelberg 2016, Rn. 364; ders.: *Die Luxemburger Vereinbarung*. München 1984.
11 Das BVerfG geht davon aus, daß der Luxemburger Kompromiß noch anwendbar ist, Urteil vom 21. Juni 2016, BVerfGE 142, 123 (Rn. 171) – OMT. In der Literatur wird dies bezweifelt, vgl. Matthias Ruffert: *Das BVerfG als Akteur im Prozeß der europäischen Integration*, in: Europäische Grundrechte-Zeitschrift 2017, S. 248.

keit eines Vetos wegen «wichtiger nationaler Interessen» wäre jedenfalls der einzige Strohhalm, der heute noch den Legitimationsfluß zu allen mitgliedstaatlichen Staatsvölkern so einigermaßen aufrechterhalten könnte.

b) Einstimmigkeitsprinzip als Legitimationshindernis bei der negativen Gesetzgebung

Ist das Einstimmigkeitsprinzip für Ratsentscheidungen grundsätzlich Voraussetzung dafür, daß die Legitimation von den Völkern der Mitgliedstaaten ausgeht, so kann sich – scheinbar paradox – das Einstimmigkeitserfordernis auch als Hindernis für die Legitimation erweisen. Dies gilt für die Entscheidung über die Aufhebung einzelner Vorschriften oder ganzer Gesetze. Diese «negative Gesetzgebung» wird in Legitimationsbetrachtungen meist außer acht gelassen. Sie ist aber für das Demokratieprinzip nicht weniger bedeutsam als die «positive Gesetzgebung».

Nehmen wir an, im Staat X kommt es nach einer Parlamentswahl zu einem Regierungswechsel. Die neue Regierung hält eine bestimmte EU-Richtlinie für überflüssig oder schädlich. Es gelingt ihr, die Kommission hiervon zu überzeugen, und diese schlägt die Aufhebung der fraglichen Richtlinie vor. Gilt jetzt das Einstimmigkeitsprinzip, kann jeder einzelne der 28 Mitgliedstaaten die Aufhebung der Richtlinie verhindern, selbst wenn alle anderen dafür sind. Die Aufrechterhaltung der Richtlinie wäre dann nur von dem Volk dieses einen Mitgliedstaates legitimiert; auf die Völker der übrigen 27 käme es nicht an. Natürlich ist dies undemokratisch. Die Wähler in 27 Staaten könnten wählen, wen sie wollen – sie hätten keine Möglichkeit, mit ihrer Stimme für die Aufhebung der ungewollten Richtlinie zu sorgen.

Aber nicht nur das Einstimmigkeitsprinzip, auch das Mehrheitsprinzip ist bei der negativen Gesetzgebung problematisch, zumal der Rat mit qualifizierter Mehrheit entscheidet. Wenn sich nämlich die Mehrheit – oder auch nur die qualifizierte

Minderheit – gegen die Aufhebung eines Unionsgesetzes ausspricht, läßt sich der Wille, dieses Gesetz aufrechtzuerhalten, nicht mehr auf die Staatsvölker der die Aufhebung verlangenden Mitgliedstaaten zurückführen. Diese haben zwar beim positiven Beschluß über das Gesetz mitgewirkt. Die dadurch vermittelte Legitimation kann aber nicht ewig andauern.

c) Die Lösung: Verfallsdatum für EU-Gesetze

Steckt die Legitimation der EU-Gesetzgebung durch die Staatsvölker der Mitgliedstaaten also in einer unauflöslichen Zwickmühle zwischen sich widersprechenden Anforderungen an die positive und die negative Gesetzgebung? Ich meine: nein. Es gäbe einen simplen und praktikablen Lösungsweg.

Der einfache Lösungsansatz bestünde darin, alle EU-Gesetze mit einem Verfallsdatum zu versehen. An diesem Datum treten die Gesetze automatisch außer Kraft, wenn die Gesetzgebungsorgane nicht zuvor ihre Fortgeltung beschlossen haben. Die maximale Geltungsdauer sollte in den Verträgen festgelegt werden, könnte aber auch jetzt schon in jeder Richtlinie oder Verordnung bestimmt werden. Daß Parlamente üblicherweise eine Legislaturperiode von vier oder fünf Jahren haben, spricht für ein entsprechendes Verfallsdatum. Da es aber länger dauert, bis nach Verabschiedung eines EU-Gesetzes in allen Mitgliedstaaten Neuwahlen stattgefunden haben, erscheint es auch als vertretbar, Unionsgesetzen einen Legitimationsvorrat von zehn Jahren zuzubilligen. Mit dem Erfordernis einer positiven Bestätigung wären die Legitimationsprobleme der negativen Gesetzgebung erledigt.

Hinsichtlich der Praktikabilität drängen sich etliche Fragen auf, die ich hier nicht näher behandeln kann. Eine Frage lautet: Können Rat und Parlament das überhaupt bewältigen angesichts der Vielzahl der Europäischen Gesetze, über die immer wieder neu entschieden werden müßte? Antwort: Ja, sie können und sie müssen. Der Aufwand hält sich in Grenzen, denn über bewährte Richtlinien und Verordnungen bedarf es keiner Diskussion. Sie werden durch eine kurze Abstimmung bestätigt. Was sich jedoch nicht bewährt hat, verdient aufgehoben zu werden. Und wo das zweifelhaft ist, besteht Diskussionsbedarf. Die Überprüfung bestehender Gesetze darauf hin, ob man sie noch braucht, ist aber etwas, was die Gesetzgebungsorgane ohnehin leisten müßten, auch wenn es kein Verfallsdatum gibt. Sie können und müssen ein entsprechendes Monitoring organisieren – sonst erstickt die EU in einem selbstgeschaffenen Regelungsgestrüpp.

Eine andere Frage lautet: Bekommen wir nicht Rechtsunsicherheit und viele Rechtsanwendungsprobleme in der Praxis, wenn die Gesetzgebungsorgane nicht rechtzeitig vor Ablauf der Frist die Verlängerung beschließen? Antwort: Solche Probleme lassen sich durch sinnvolle Gestaltung vermeiden. Richtlinien sind ja durch nationale Gesetze umgesetzt worden. Tritt eine Richtlinie außer Kraft, gelten die nationalen Gesetze weiter.[12] Für Verordnungen könnte bestimmt werden, daß sie bei Fristablauf nicht automatisch außer Kraft treten, sondern nur ihren Geltungsvorrang verlieren. Das heißt, der nationale Gesetzgeber könnte abweichende Regelungen beschließen (was auch die Möglichkeit umfaßt, die Normen der Verordnung für den betreffenden Staat ganz außer Kraft zu setzen). Solange er dies nicht getan hat, gilt die Verordnung weiter. Diese Variante könnte selbstverständlich auch für Richtlinien gewählt werden. Trotz Fortgeltung des bisherigen Rechts über das Verfallsdatum hinaus wäre die demokratische Legitimation gewahrt, weil ja jetzt jeder nationale Gesetzgeber ebenso wie bei innerstaatlichen Gesetzen über die Fortgeltung entscheiden könnte.

---

12 Das könnte anders sein in Staaten, die ihre nationale Umsetzung mit der Richtlinie rechtlich verknüpft haben, etwa durch Bezugnahme auf ihren Wortlaut. Insofern könnte die Fortgeltung der Richtlinie als nationales Recht angeordnet werden.

3. Das Modell der dualen Legitimation

Es fragt sich, ob das für den Rat festgestellte Demokratiedefizit nicht dadurch kompensiert wird, daß die EU noch ein zweites Gesetzgebungsorgan besitzt, das Europäische Parlament. Kann es die auf seiten des Rates fehlende Legitimation liefern? Dies wird von den Vertretern des Modells der dualen Legitimation bejaht. Für sie besitzt das Europäische Parlament eine eigenständige europäische Legitimation, die aus der Direktwahl der Abgeordneten durch die Unionsbürger folgt, deren Gesamtheit als Unionsvolk bezeichnet werden könnte. Ist das Subjekt der Legitimation immer dort, wo das Parlament handelt, das Unionsvolk, dann sind alle Entscheidungen der EU, für die es auf die Entscheidung des Parlaments ankommt, aus dieser Quelle demokratisch legitimiert. Da im ordentlichen Gesetzgebungsverfahren, das seit dem Vertrag von Lissabon im Regelfall zur Anwendung kommt, keine Richtlinie oder Verordnung ohne Zustimmung des Parlaments in Kraft gesetzt werden kann, könnte das Parlament in den meisten Fällen, in denen die Entscheidung des Rates als Mehrheitsbeschluß ergangen ist und deshalb eine Legitimationslücke aufweist, diese Lücke füllen – vorausgesetzt, das Parlament wäre tatsächlich demokratisch legitimiert.

Allerdings trifft die Voraussetzung nicht zu. Das Europäische Parlament wird nicht nach demokratischen Grundsätzen gewählt. Es kann deshalb nicht das «Unionsvolk» repräsentieren und die europäische Rechtsetzung nicht demokratisch legitimieren. Ein fundamentaler Grundsatz der Demokratie ist, daß alle wahlberechtigten Bürger in bezug auf die Ausübung und die Legitimation der Hoheitsgewalt die gleichen Rechte haben. Ein Mehrklassenwahlrecht, welches unterschiedlichen Wählergruppen eine unterschiedliche Zahl von Stimmen oder im vorhinein ihren Stimmen ein unterschiedliches Gewicht für die Parlamentszusammensetzung gibt, ist undemokratisch. Deshalb ist auch die Zusammensetzung des Europaparlaments undemokratisch. Wie schon erwähnt, setzt sich das Parlament aus nationalen Abgeordnetenkontingenten nach dem Prinzip der degressiven Proportionalität zusammen. Die großen Mitgliedstaaten erhalten viel weniger Abgeordnete, als ihnen gemäß der Zahl ihrer Bürger proportional zustünden, die kleinen erhalten viel mehr Abgeordnete.[13] Im Extremfall sieht das so aus: In Deutschland entfällt auf rund 646 000 Wahlberechtigte ein Sitz im Europaparlament; in Luxemburg auf 44 000.[14] Das Stimmgewicht eines luxemburgischen Wählers ist also fast 15 mal so groß wie das Stimmgewicht eines Wählers in Deutschland. Man kann darüber diskutieren, ob diese Art der Zusammensetzung des Europaparlaments unter föderalen Gesichtspunkten sinnvoll ist. Auf ein *Unionsvolk* zurückgehende *demokratische* Legitimation vermittelt sie jedenfalls nicht.

Natürlich gibt es Versuche, diese krassen Ungleichheiten im Stimmgewicht zu rechtfertigen.[15] Sie sind allesamt untauglich. Wenn das Parlament das aus den Unionsbürgern bestehende Unionsvolk repräsentieren soll, muß es von diesen auf der Basis der Gleichheit gewählt werden. Wenn es hingegen die Staatsvölker der Mitgliedstaaten oder – was richtiger wäre: die Wohnbevölkerungen der Mitgliedstaaten, soweit sie aus EU-Bürgern bestehen – repräsentieren soll, dann haben wir kein einheitliches demokratisches Subjekt. Das Europaparlament ist dann ein föderales Organ, das einen quasi-bundes-

---

13 Art. 14 Abs. 2 EUV; Beschl. des Europäischen Rates vom 28. Juni 2013 über die Zusammensetzung des Europäischen Parlaments, in: Amtsblatt EU L 181/57, Art. 3.

14 Zahl der Wahlberechtigten: European Parliament. Public Opinion Monitoring Unit: Review. European and National Elections Figured out. Special edition – November 2014, S. 40.

15 Vgl. z.B. Alexis von Komorowski: *Demokratieprinzip und Europäische Union. Staatsverfassungsrechtliche Anforderungen an die demokratische Legitimation der EG-Normsetzung*. Berlin 2010, S. 1188 ff.; von Achenbach (Fn. 5), S. 424 ff.; Jürgen Habermas: *Zur Prinzipienkonkurrenz von Bürgergleichheit und Staatengleichheit im supranationalen Gemeinwesen*, in: Der Staat 53 (2014), S. 167 ff.

staatlichen Legitimationsbeitrag leistet, aber keinen demokratischen. Das Modell der dualen Legitimation scheitert somit daran, daß das Europaparlament nicht auf demokratischen Wahlen beruht und deshalb die auf seiten des Rates klaffende Legitimationslücke nicht schließen kann.[16]

III. Legitimationsprobleme des Institutionengefüges der EU

Das Bundesverfassungsgericht teilt diese Auffassung und bleibt bei seinem monistischen Legitimationsansatz. Die Legitimationsprobleme, die ich hinsichtlich der Mehrheitsentscheidungen im Rat und hinsichtlich der negativen Gesetzgebung aufgezeigt habe, löst es, indem es sie ignoriert.

Schieben wir nun die Probleme der Legitimationsmodelle beiseite und richten den Blick auf das innere Institutionengefüge der EU. Auch hier werden wir mit einer Reihe von Problemen für die demokratische Legitimation konfrontiert.

1. Legitimationsdefizite der Kommission

a) Fehlende politische Verantwortlichkeit

Ein großes Problem für die Demokratie in der EU ist die besondere Machtstellung der Kommission. Die Kommission ist eine mächtige bürokratische Institution, die für die Vorbereitung der Unionsgesetzgebung zuständig ist, außerdem eigene Rechtsetzungskompetenzen sowie eine regierungsähnliche Zentralstellung für die Weiterentwicklung der EU-Politik hat und zu

---

16 Was die negative Gesetzgebung angeht, könnte das Parlament selbst dann, wenn es demokratisch gewählt wäre, die oben dargestellte Legitimationslücke nicht schließen. Denn es könnte ja ein Unionsgesetz, das die aus einer Neuwahl hervorgegangene Parlamentsmehrheit nicht mehr tragen will, ohne Zustimmung des Rates nicht aufheben.

deren Aufgaben nicht zuletzt die Durchsetzung des Unionsrechts gegenüber Mitgliedstaaten und Unternehmen zählt.

Die Kommissare werden zwar von den Mitgliedstaaten benannt, sind jedoch rechtlich von ihnen unabhängig und werden – anders als die Ratsmitglieder – nicht durch sie legitimiert. Die personelle Legitimation der Kommissare erfolgt durch das Europäische Parlament und den Rat. Der Präsident wird auf Vorschlag des Europäischen Rates durch das Parlament gewählt. Die Kommissare werden nicht gewählt, sondern auf der Basis von Vorschlägen der Mitgliedstaaten vom Rat im Einvernehmen mit dem Kommissionspräsidenten ausgesucht. Die Kommission im ganzen – das Gremium der Kommissare – wird dann nach Zustimmung des Parlaments vom Europäischen Rat ernannt (Art. 17 EUV). Für die Amtszeit von fünf Jahren reicht diese Legitimation aber nicht aus, wenn sie nicht ergänzt wird durch eine ständige demokratische Rückbindung, wie sie etwa auf staatlicher Ebene in Form der parlamentarischen Verantwortlichkeit der Regierung üblich ist. Die Kommission ist zwar dem Europäischen Parlament in dem Sinne verantwortlich, daß sie dort Rede und Antwort stehen muß. Sie bedarf für ihre Arbeit jedoch nicht des Vertrauens der Parlamentsmehrheit; ein Mißtrauensvotum des Parlaments ist nur mit einer Zwei-Drittel-Mehrheit möglich (Art. 234 Abs. 2 AEUV).

Die Wähler haben keinerlei Einfluß auf die Zusammensetzung der Kommission. Weder mit der Stimme bei der Bundestagswahl noch bei der Europawahl können sie mitbestimmen, wie sich die Kommission zusammensetzt. Allenfalls auf die Wahl des Kommissionspräsidenten können sie bei der Europawahl indirekt einwirken.[17]

---

[17] Kommissionspräsident kann allerdings nur werden, wen der Europäische Rat vorschlägt. Das muß keineswegs derjenige Politiker sein, der bei der Europawahl als «Präsidentschaftskandidat» derjenigen Parteiengruppe angetreten ist, die die meisten Stimmen erhalten hat. Der Vertrag verlangt lediglich, das Ergebnis der Europawahl solle «berücksichtigt» werden, Art. 17 Abs. 7 UAbs. 1 EUV.

Diese unzureichende Legitimation der Kommission ließ sich früher vielleicht damit rechtfertigen, daß die wirtschaftliche Integration als Expertenaufgabe verstanden wurde und in der Kommission der erforderliche Sachverstand versammelt war. Die Integration wurde in einem «unpolitischen Modus»[18] vorangetrieben. Dafür schien eine demokratische Legitimation nicht nötig zu sein. Die europäische Integration war in ihren Anfängen ein Elitenprojekt, für das allein der Erfolg zählte und für das weder Demokratie noch Grundrechte eine Rolle spielten. Nachdem die EU aber längst nicht mehr nur Wirtschaftsgemeinschaft ist, hat auch die Kommission Aufgaben, die demokratischer Legitimation bedürfen. Die institutionelle Entwicklung hat – trotz der Einbindung des Parlaments in die Bestellung der Kommission – mit dem Zuwachs an Kompetenzen nicht mitgehalten.

b) Auswirkung auf die Legitimation der Gesetzgebung

Das daraus resultierende schwerwiegende Legitimationsdefizit schwächt auch die Legitimation der Unionsgesetzgebung. Denn die Kommission hat hier eine Schlüsselstellung. Zwar sind, wie gesagt, die eigentlichen Gesetzgebungsorgane das Parlament und der Rat. Jedoch hat die Kommission das Initiativmonopol (Art. 17 Abs. 2 EUV, Art. 294 Abs. 2 AEUV). Rat und Parlament können kein Gesetz erlassen, ohne daß zuvor die Kommission einen entsprechenden Vorschlag gemacht hat. Auch wenn der Gesetzesbeschluß von Rat und Parlament gefaßt wird, ist die Kommission das wichtigste Organ im europäischen Rechtsetzungsverfahren. Und dafür ist ihre rudimentäre Legitimation viel zu schwach.

Noch krasser wirkt sich der Legitimationsmangel auf die negative Gesetzgebung aus – ein Problem, das in der Legitimationsdiskussion bisher kaum Beachtung gefunden hat: Wenn

---

18 Grimm (Fn. 5), S. 18 und 20 f.

die Gesetzgebungsorgane – Rat und Parlament – ein Unionsgesetz aufheben oder abändern wollen, können sie das nur, sofern die Kommission mitmacht. Denn die Änderung oder Aufhebung einer Richtlinie oder Verordnung erfordert wiederum eine Richtlinie oder Verordnung, welche die Änderung oder Aufhebung zum Gegenstand hat. Und auch hierfür hat die Kommission das Initiativmonopol. Haben Rat und Parlament einmal ein Gesetz beschlossen, sind sie Gefangene ihres eigenen Beschlusses. Auch wenn sich die politischen Mehrheiten geändert haben und die Gesetzgebungsorgane ihr Gesetz jetzt aufheben oder abändern wollen – sie können es nicht, sofern sie nicht die Kommission von ihrem Vorhaben überzeugen.[19]

Das Initiativmonopol wirkt für die negative Gesetzgebung wie eine Sperrklinke. Die Kurbel der europäischen Rechtsetzung läßt sich ohne Zustimmung der Kommission nur in eine Richtung drehen. Was einmal auf europäischer Ebene geregelt ist, bleibt auch auf dieser Ebene, denn die Kommission wird kaum je bereit sein, ein Unionsgesetz ersatzlos aufzuheben und die Materie somit für die Regelung durch die Mitgliedstaaten freizugeben. Vielleicht ist das auch ein Grund dafür, daß der europäische Rechtsstoff ständig anschwillt und eine Rückgabe der Regelungszuständigkeit an die Mitgliedstaaten kaum je vorkommt, obwohl diese nach dem Subsidiaritätsprinzip eigentlich die sogenannten «geteilten Zuständigkeiten» immer dann ausüben sollten, wenn sie dazu ausreichend in der Lage sind (Art. 5 Abs. 1 und 3 EUV).

Dieser Sperrklinkeneffekt, den das Initiativmonopol der Kommission für die negative Gesetzgebung hat, schadet der Demokratie noch viel mehr als die Schlüsselstellung, die es der Kommission für die positive Gesetzgebung verschafft. Denn wenn es um ein neues Gesetz geht, kann die Kommission den

---

19 Kritisch zu den Verfahrensregeln, die eine Aufhebung oder Abänderung von EU-Gesetzen erschweren, z. B. auch Fritz W. Scharpf: *Legitimität im europäischen Mehrebenensystem*, in: Leviathan 37 (2009), S. 250 und 255.

Gesetzgebungsorganen keinen bestimmten Inhalt aufzwingen. Solange sie zu einem bestimmten Thema keinen Vorschlag macht oder die Gesetzgebungsorgane den Vorschlag ablehnen, bleiben die Parlamente der Mitgliedstaaten zuständig und können – demokratisch legitimiert – die betreffende Materie auf nationaler Ebene regeln. Ist aber eine Materie einmal auf Unionsebene geregelt, können die Mitgliedstaaten bei Blockade der von ihnen gewünschten Änderung durch die Kommission nicht mehr auf eine Neuregelung im nationalen Recht ausweichen.

2. Responsivität und Transparenz

Demokratische Legitimation im Sinne des Grundgesetzes ist dadurch gekennzeichnet, daß der Wähler mit seiner Stimme auf die Politik reagieren kann. Dies setzt institutionell voraus, daß es einigermaßen klar erkennbare Verantwortungsbeziehungen gibt. Nur wenn der Wähler weiß, welches Staatsorgan welche Entscheidungen getroffen hat, kann er diese Entscheidungen mit seiner Stimme belohnen oder bestrafen. Nur soweit die Wähler auf politische Entscheidungen reagieren können, haben die Politiker einen institutionell gestützten Anreiz, ihre Entscheidungen an den Präferenzen der Wähler auszurichten. Man nennt dies «Responsivität». Demokratie verlangt also zunächst institutionelle Arrangements, die Responsivität ermöglichen. Im Regelfall muß ohne weiteres erkennbar sein, wer für welche Entscheidungen verantwortlich ist, bei Kollektivorganen natürlich auch, welche Personen, Fraktionen oder sonstigen Funktionsträger dafür oder dagegen gestimmt haben. Zumindest müssen die Verantwortungsbeziehungen und die konkreten Verantwortlichkeiten recherchierbar sein.

Responsivität setzt auch Transparenz voraus. Für die Wähler muß nachvollziehbar sein, wer mit welchen Gründen für oder gegen ein bestimmtes Projekt eingetreten ist. Völlig zutreffend zählt das Bundesverfassungsgericht den Grundsatz der Öffentlichkeit zu den Kernprinzipien der Demokratie. Daß

Gesetzgebungsorgane öffentlich verhandeln, ist seit den Anfängen des Parlamentarismus eine Selbstverständlichkeit. Zwar gibt es parlamentarische Ausschüsse und andere Gremien, die nichtöffentlich tagen. Aber die Entscheidungen fallen im Plenum und werden dort öffentlich debattiert. Wie sieht es aus mit Responsivität und Transparenz in der EU?

a) Rat

aa) Transparenz

Der Rat tagte, obwohl Hauptgesetzgebungsorgan, früher nicht öffentlich und teilte nicht einmal die Abstimmungsergebnisse mit.[20] Das ist seit dem Vertrag von Lissabon anders. Jetzt ist vorgeschrieben, daß der Rat öffentlich tagt, wenn er über Gesetzesentwürfe berät und abstimmt (Art. 16 Abs. 8 EUV). Ein wunderbarer Transparenzgewinn, sollte man meinen. Die Praxis sieht anders aus: Die Entscheidungen des Rates werden in Ausschüssen vorbereitet, die nicht öffentlich tagen. Und was macht der Rat in seiner öffentlichen Sitzung? Er winkt die Vorschläge der Ausschüsse ohne Debatte durch, jedenfalls in den allermeisten Fällen.[21] Wenn wir nach Brüssel reisen, um uns anzuhören, wie der Vertreter der Bundesregierung zu einem uns interessierenden Richtlinienentwurf debattiert, werden wir wahrscheinlich mit der Erkenntnis abreisen, daß er überhaupt nicht debattiert hat. Und auch die Lektüre der Ratsprotokolle

---

20 Letzteres ist seit dem Vertrag von Maastricht vorgeschrieben; näher zur Entwicklung Jean-Paul Jacqué, in: Hans von der Groeben, Jürgen Schwarze, Armin Hatje (Hg.): *Europäisches Unionsrecht*. 7. Aufl. Baden-Baden 2015, EUV Art. 16 Rn. 52 ff.

21 Vgl. Ulrich Haltern: *Europarecht*. Bd. I, 3. Aufl. Tübingen 2017, Rn. 616 m. w. N.: Etwa 85–90 Prozent aller Angelegenheiten würden als «A-Punkte» auf die Tagesordnung gesetzt, die in den Ausschüssen so weit vorbereitet worden sind, daß der Rat sie ohne Aussprache und häufig en bloc beschließen könne; vgl. auch von Achenbach (Fn. 5), S. 451 und 454.

bietet keine Information, denn wo keine Debatte stattgefunden hat, bleibt auch das Protokoll ein unbeschriebenes Blatt.

bb) Responsivität

Selbst wenn die Wähler wissen, wie ihr Regierungsvertreter im Rat abgestimmt hat und was im Rat erörtert worden ist, ist die Responsivität sehr eingeschränkt. Entscheidet der Rat mit Mehrheit und ist der Vertreter einer nationalen Regierung überstimmt worden, kann er sich damit rechtfertigen, daß er dagegen gestimmt hat. Auch wenn er dafür gestimmt hat, kann er sich hinter der Ratsmehrheit verstecken. Er kann argumentieren, es bringe ja nichts, gegen eine Gesetzesvorlage zu stimmen, wenn die Mehrheit ohnehin dafür sei; sich nicht dagegen zu stellen, schaffe Verhandlungsvorteile für andere Gesetze.

Möglich ist sogar das berühmte «Spiel über die Bande».[22] Ein Minister sieht keine Chance, sein Gesetzesprojekt im nationalen Parlament durchzubringen, oder er fürchtet eine negative Reaktion der Wähler. Er regt deshalb bei der Kommission in Brüssel an, eine Richtlinie zu erlassen. Wenn die Kommission diese Anregung aufgreift, läßt er im Schummerlicht der Ratsausschüsse das Vorhaben unterstützen. Wenn er ganz raffiniert ist, kann er bei der Schlußabstimmung sogar dagegen votieren, wenn die Mehrheit durch andere Staaten sichergestellt ist. Und zu Hause kann er dann sagen, Brüssel habe eine Richtlinie erlassen, an die man nun leider gebunden sei. – Eine besonders elegante Variante des «Spiels über die Bande» ist es übrigens, bei der Kommission den Erlaß einer Verordnung im Wege der tertiären Rechtsetzung anzuregen, wie der damalige Bundesumweltminister Gabriel dies mit dem

---

22 Kritisch dazu: Roman Herzog, Lüder Gerken: *Die Europäische Union gefährdet die parlamentarische Demokratie in Europa*, in: Welt am Sonntag, 14. Januar 2007; Roman Herzog, Frits Boltkestein, Lüder Gerken: *Die EU schadet der Europa-Idee*, in: FAZ.net, 15. Januar 2010.

Glühbirnenverbot gemacht hat.[23] Eine solche Verordnung wird von der Kommission selbst erlassen; der Rat und somit der den Anstoß gebende Minister sind nicht involviert und müssen sich daher nicht verantworten.[24]

b) Parlament

aa) Transparenz

Beim Parlament sollte die Transparenz der Beschlußfassung eigentlich kein Problem sein, denn selbstverständlich tagt das Europaparlament öffentlich und veröffentlicht seine Protokolle. Es fragt sich nur, ob alles, was der Wähler wissen muß, um angemessen reagieren zu können, daraus hervorgeht. Die Antwort lautet: meistens nicht. Und warum nicht? Dafür gibt es ein Stichwort: Triloge.

Bei der europäischen Gesetzgebung wirken regelmäßig drei Organe zusammen: die Kommission, die den Gesetzesvorschlag macht, sowie das Parlament und der Rat, die beide Änderungen vorschlagen können und sich auf einen endgültigen Text einigen müssen (Art. 294 AEUV). Auf den Prozeß der Verständigung zwischen Parlament und Rat hat die Kommission erheblichen Einfluß. Der Rat kann nämlich den Vorschlag der Kommission nur einstimmig abändern, während die Kommission vor dem Beschluß des Rates ihren Vorschlag im Lauf des Gesetzgebungsverfahrens noch ohne weiteres ändern kann (Art. 293 AEUV). Daraus ergibt sich ein hochkomplexes Verhandlungsarrangement, für das der Vertrag ein kompliziertes Verfahren mit bis zu drei Lesungen und Einsetzung eines Vermittlungsausschusses vorsieht. Dieses Verfahren wird in der

---

23 Dazu Jochen Bittner: *Ein Schlag auf die Birne*, in: Die Zeit, 27. August 2009.
24 Und die Mitwirkung von Beamten der Bundesregierung in den «Komitologie»-Gremien, die beim Erlaß von Durchführungsverordnungen eingeschaltet werden, bleibt unterhalb des Radars der Öffentlichkeit.

Praxis durch sogenannte Triloge abgekürzt. Dies sind informelle Gespräche zwischen den drei beteiligten Organen, und zwar in kleinem Kreis. Für das Parlament verhandeln in der Regel zwei oder drei Abgeordnete mit einem oder mehreren Vertretern des wichtigsten Ratsausschusses, des Ausschusses der ständigen Vertreter (COREPER), und einem oder mehreren höheren Kommissionsbeamten.[25] Solche Triloge finden schon in einem frühen Stadium des Gesetzgebungsprozesses statt, und meistens einigt man sich auf dieser Ebene bereits, bevor eine parlamentarische Debatte überhaupt stattgefunden hat. Auf diese Weise wird «die politische Debatte de facto umgesiedelt in kleine Zirkel von Vertretern der drei Organe, deren Verhandlungen weder beobachtbar noch kontrollierbar sind».[26] In fast neun von zehn Fällen wird über ein Gesetz in einer einzigen Lesung beschlossen, und diese Lesung erfolgt über einen in einem Trilog bereits hinter verschlossenen Türen ausgehandelten verabschiedungsreifen[27] Text. Häufig werden die Trilogergebnisse nur noch abgenickt.[28] Öffentlichkeit und Transparenz werden der Effektivität geopfert. Verbunden ist dies mit einer Machtverschiebung vom Plenum hin zu individuellen Unterhändlern mit Schlüsselrollen, zu Ausschußvorsitzenden, Berichterstattern oder Fraktionsvorsitzenden.[29] Repräsentativität und demokratische Verantwortlichkeit werden beschädigt.[30]

---

25 Näher dazu Haltern (Fn. 21), Rn. 1154 ff.
26 Haltern (Fn. 21), Rn. 1161.
27 Haltern (Fn. 21), Rn. 1153, 1161.
28 Haltern (Fn. 21), Rn. 1161.
29 Haltern (Fn. 21), Rn. 1162.
30 Haltern (Fn. 21), Rn. 1159; kritisch zu den Trilogen auch von Achenbach (Fn. 5), S. 280 ff. und 475 ff.; dies.: *Verfassungswandel durch Selbstorganisation. Triloge im europäischen Gesetzgebungsverfahren*, in: Der Staat 55 (2016), S. 1 ff., insb. S. 37 ff.

bb) Responsivität

Diese Praxis macht es sehr schwer, zurückzuverfolgen, wer für welche Richtlinie oder Verordnung im Parlament verantwortlich ist. Die Responsivität des Parlaments leidet im übrigen auch darunter, daß zu den Europawahlen nationale Parteien mit auf nationaler Ebene formulierten Programmen antreten, während im Europaparlament die relevanten Einheiten europäische Fraktionen sind. Die Agenda der Fraktion, der eine nationale Partei angehört, kann sich von der Agenda der Partei stark unterscheiden. Hinzu kommt, daß die Parteien die Europawahlkämpfe oft mit nationalen Themen führen und die Wähler mit ihrer Stimme eher auf die nationale als auf die europäische Politik reagieren. Diese Diskrepanz zwischen Wählerhorizont und europäischer Politik führt dazu, daß die Wähler mit ihrer Europawahlstimme die Richtung der EU-Politik kaum beeinflussen können.[31]

c) Kommission

aa) Transparenz

Nun zur Kommission. Transparenz wird man von ihr, wie von jeder Bürokratie, kaum erwarten. Es gibt hier in den letzten Jahren wesentliche Verbesserungen, etwa ein «Transparenzregister», das Lobbykontakte sichtbar macht.

bb) Responsivität

Dennoch ist die Responsivität der Kommission gleich Null. Die Kommission ist das politische Organ, das sich um die Erwartungen und Reaktionen der Wähler überhaupt nicht küm-

---

31 Vgl. Haltern (Fn. 21), Rn. 1209.

mern muß. Sie kann tun und lassen, was sie will – die Wähler haben keine Möglichkeit, darauf irgendeinen Einfluß auszuüben. Vor allem können sie die Kommission nicht abwählen.[32]

3. Die EZB und die Grenzen ihrer expertokratischen Legitimation

Auch Mario Draghi und die EZB-Organe können wir nicht abwählen. Dabei hat sich die EZB zum mächtigsten wirtschafts- und finanzpolitischen Akteur in Europa entwickelt. Die politische Macht Draghis und des EZB-Rates übertrifft diejenige jedes europäischen Finanzministers bei weitem. Demokratisch legitimiert sind die Mitglieder der EZB-Organe jedoch nicht. Ihnen fehlt jegliche parlamentarisch-demokratische Rückbindung. Die EZB steht als nichtdemokratischer Riese in einer halbdemokratischen europäischen Landschaft.

Das haben die Vertragsstaaten so gewollt. Sie haben die Unabhängigkeit der EZB garantiert. Das Bundesverfassungsgericht hat dies akzeptiert: Mit der besonderen Aufgabe einer Notenbank, die Geldwertstabilität zu sichern, sei es zu rechtfertigen, daß ihre Gremien mit Experten besetzt sind, die dem politischen Druck derer entzogen sind, die sich regelmäßig einer Wahl stellen müssen und daher in der Versuchung sind, sich beim Wahlvolk durch teure Wahlgeschenke beliebt zu machen.[33] Die EZB besitzt somit keine demokratische, sondern eine expertokratische Legitimation.[34] Diese Ausnahme vom

---

32 Das Bundesverfassungsgericht rechtfertigt das – zugespitzt formuliert – mit der These: Die Kommission müsse nicht demokratisch legitimiert sein, weil sie nicht dem Wählerwillen verpflichtet sei, vgl. BVerfGE 123, 267 (368) – Lissabon; dazu kritisch Ulrich Vosgerau: *Staatliche Gemeinschaft und Staatengemeinschaft. Grundgesetz und Europäische Union im internationalen öffentlichen Recht der Gegenwart.* Tübingen 2016, S. 326.
33 Vgl. BVerfGE 89, 155 (208 f.) – Maastricht.
34 Dietrich Murswiek: *Die Eurokrise vor dem Bundesverfassungsgericht.* Baden-Baden 2016, S. 452 ff., 507 f. und 571; zur scheinbar parado-

Demokratieprinzip verlangt wie jede juristische Ausnahme, daß sie eng ausgelegt wird.[35] Nur soweit die EZB strikt im Rahmen ihres geldpolitischen Mandats bleibt,[36] trägt die expertokratische Legitimation.

IV. Entdemokratisierung durch Ultra-vires-Akte

Auch für alle anderen EU-Organe ist die demokratische Legitimation eng mit der Wahrung der Kompetenzgrenzen verbunden. Die Unionsorgane haben Zuständigkeiten nur im Rahmen der ihnen durch die Verträge von den Mitgliedstaaten übertragenen begrenzten Einzelermächtigungen. Wo der EU keine Kompetenz übertragen worden ist, sind die Mitgliedstaaten zuständig. Daraus folgert das Bundesverfassungsgericht zutreffend, die demokratische Legitimation der EU-Organe könne nicht weiter reichen als ihre Kompetenzen. Die Zustimmungsgesetze der Mitgliedstaaten zu den Verträgen sind ein notwendiger Strang der Vermittlung demokratischer Legitimität in der EU. Nehmen EU-Organe Kompetenzen in Anspruch, die den Mitgliedstaaten zustehen, dann handeln sie nicht nur rechtswidrig, sondern auch ohne demokratische Legitimation.[37]

---

xen Vereinbarkeit dieser Expertokratie mit dem Demokratieprinzip vgl. ders.: *Paradoxa der Demokratie. Über Volkssouveränität und Normbindung*, in: Juristenzeitung 2017, S. 58.
35 Vgl. BVerfGE 142, 123 (Rn. 189) – OMT.
36 Seit Beginn der Eurokrise tut sie das nicht mehr, vgl. z. B. Murswiek: *Eurokrise* (Fn. 34), S. 410 ff., 593 ff., 621 ff., 686 ff. und 689 ff.
37 Vgl. BVerfGE 142, 123 (Rn. 82, 127–129, 132–135, 145) – OMT.

V. Zur Legitimation des Europäischen Gerichtshofs

Nun könnte man annehmen, zu dauerhaften gravierenden Kompetenzüberschreitungen und den daraus resultierenden Legitimationsmängeln könne es gar nicht kommen, weil doch auch die EU-Organe gerichtlicher Kontrolle unterliegen. Jedoch hat die Kommission in ihrem Bestreben, die Zuständigkeiten der EU immer weiter auszudehnen, im Europäischen Gerichtshof – dem EuGH – von Anfang an einen zuverlässigen Verbündeten gehabt. Wie die Kommission sieht sich auch der Gerichtshof als «Motor der Integration», die durch interpretative Kompetenzausweitungen und durch Aufladung von Vertragsbegriffen mit von den Vertragsstaaten nicht vorgesehenen Inhalten[38] vorangetrieben werden soll.[39] Jede noch so extensive Kompetenzanmaßung von EU-Organen wird vom EuGH gebilligt[40] – so zuletzt im Fall des OMT-Staatsanleihenankaufprogramms der EZB.[41]

Die Gefahr, daß auf diese Weise immer mehr demokratisch nicht legitimierte Hoheitsgewalt von der EU ausgeübt wird, hat das Bundesverfassungsgericht gesehen und sich selbst als

---

38 So instrumentalisiert der EuGH die ursprünglich bloß symbolisch gemeinte Unionsbürgerschaft zur Kreation weitreichender sozialpolitischer und aufenthaltsrechtlicher Pflichten der Mitgliedstaaten, vgl. z. B. Ferdinand Wollenschläger: *Grundfreiheit ohne Markt. Die Herausbildung der Unionsbürgerschaft im unionsrechtlichen Freizügigkeitsregime.* Tübingen 2007; Friedrich Schoch: *Europäisierung des Staatsangehörigkeits- und Aufenthaltsrechts durch den «Unionsbürgerstatus»,* in: Georg Jochum u. a. (Hg.): *Grenzüberschreitendes Recht – Crossing Frontiers. Festschrift Hailbronner.* Heidelberg 2013, S. 355–368.
39 Ausführlich dazu Anna Katharina Mangold: *Gemeinschaftsrecht und deutsches Recht. Die Europäisierung der deutschen Rechtsordnung in historisch-empirischer Sicht.* Tübingen 2011, S. 86 ff.; vgl. auch z. B. Scharpf (Fn. 19), S. 256–272.
40 Vgl. z. B. Murswiek (Fn. 7), S. 388–395; Grimm (Fn. 5), S. 12 ff., 37 ff.; Mangold (Fn. 39), S. 149 f.
41 EuGH, Urt. v. 16.6.2015 – Rs. C-62/14 – Gauweiler u. a.; dazu kritisch Murswiek: *Eurokrise* (Fn. 34), S. 625 ff.

Hüter der Kompetenzordnung und der Demokratie installiert, indem es für sich die Kompetenz zur Ultra-vires-Kontrolle in Anspruch genommen hat – also die Kompetenz, EU-Organe und letztlich auch den EuGH daraufhin zu kontrollieren, ob sie ihre Kompetenzen überschreiten. Doch dann ist es vor einem Konflikt mit dem EuGH zurückgescheut und hat gesagt, es werde den Gerichtshof nur dann korrigieren, wenn dessen Urteil «offensichtlich» gegen Grundsätze der Rechtsmethodik verstoße und geradezu willkürlich sei. Mit anderen Worten: Das Bundesverfassungsgericht wird den EuGH nie korrigieren – es ist ein Wachhund, der zwar laut bellt, aber nie beißt.[42]

Schützt uns der EuGH nicht vor Kompetenzanmaßungen der anderen EU-Organe, so bleibt die Frage, wie es eigentlich mit seiner eigenen demokratischen Legitimation aussieht. Die personelle demokratische Legitimation der EuGH-Richter ist dünn und kaum der Rede wert. Das ist nicht zu beanstanden. Wie die Gerichte der Mitgliedstaaten schöpft auch der EuGH seine demokratische Legitimation fast ausschließlich aus der Bindung an das demokratische Gesetz. Das ist im Prinzip völlig klar, nur praktisch ist es nicht eindeutig. Denn die Gesetze verwenden interpretationsbedürftige Begriffe, und diese eröffnen erhebliche Interpretationsspielräume für die Richter. Gerichte sind eben nicht nur, wie Montesquieu annahm, der Mund, der die sich aus dem Gesetz ergebenden Sätze ausspricht, sondern sie treffen wertende Entscheidungen, und diese sind legitimationsbedürftig.

In demokratischen Staaten ergibt sich insofern eine gewisse Rückkopplung der Gerichte an den demokratischen Gesetzgeber, als dieser auf Interpretationen seiner Gesetze durch die Gerichte, die seinem Willen nicht entsprechen, reagieren kann. Diese Rückkopplung fehlt in der EU, wie ich in Anlehnung an

---

42 Kritische Auseinandersetzung mit der Ultra-vires-Rechtsprechung des BVerfG bei Dietrich Murswiek: *Die Ultra-vires-Kontrolle im Kontext der Integrationskontrolle*, in: Europäische Grundrechte-Zeitschrift 2017, S. 327 ff.

Dieter Grimm[43] skizzieren möchte: Wenn auf nationaler Ebene der Gesetzgeber mit der Interpretation oder Fortentwicklung seiner Gesetze durch die Rechtsprechung nicht einverstanden ist, kann er das korrigieren, indem er das Gesetz ändert und präzisiert. Auf Unionsebene ist das viel schwieriger. Die Änderung einer Richtlinie oder Verordnung kommt sehr viel schwerer zustande als die Änderung eines nationalen Gesetzes. Vor allem hat die Kommission das Initiativmonopol. Sie kann also eine Korrektur der Gesetzesinterpretationen, die sie selbst mit Hilfe des EuGH durchgesetzt hat, verhindern.

Wenn der EuGH am Maßstab des primären Unionsrechts entschieden und dabei eine Vertragsnorm gegen den Willen der Vertragsstaaten auslegt, können diese die Rechtsprechung nur durch Vertragsänderung korrigieren. Vergleichbar ist dies mit Entscheidungen des Bundesverfassungsgerichts, dessen Rechtsprechung nur durch den verfassungsändernden Gesetzgeber korrigiert werden kann. Aber das ist mit einer Zweidrittelmehrheit in Bundestag und Bundesrat immerhin möglich. Eine Änderung der EU-Verträge setzt hingegen Einstimmigkeit unter allen Mitgliedstaaten voraus – ein kaum zu überwindendes Hindernis.

Und während Staatsverfassungen in der Regel nur die Staatsorganisation und die Grundrechte normieren und darüber hinaus entweder gar keine oder nur sehr wenige materiellrechtliche Vorschriften enthalten, sind im primären Unionsrecht ganze Rechtmaterien normiert, die auf staatlicher Ebene nicht in der Verfassung, sondern im einfachen Gesetz geregelt würden. Das entrückt den EuGH jeder demokratischen Anbindung durch gesetzgeberisches Korrekturpotential.

Die demokratische Legitimation des EuGH wäre daher nur sichergestellt, wenn er sich in seiner Rechtsprechung sehr zurückhaltend verhielte und die Verträge mit ihren begrenzten Einzelermächtigungen strikt beachtete. Das Gegenteil ist der

---

43 Dazu näher Grimm (Fn. 5), S. 17 f. und 41.

Fall. Der EuGH betreibt eine aktivistische Rechtsprechung. Für Politik in Form der Rechtsprechung hat er aber kein demokratisches Mandat.[44] Dennoch geriert er sich wie ein europäischer Verfassunggeber, wenn er beispielsweise die Unionsbürgerschaft mit Inhalten auflädt, die sich aus den Verträgen nicht ergeben.[45] Den Mitgliedstaaten werden auf diese Weise Pflichten insbesondere im Aufenthaltsrecht auferlegt, denen sie nicht zugestimmt haben, und die Wähler haben nie die Chance, darauf zu reagieren.

Kann man dagegen etwas machen? Schließlich gehört die richterliche Unabhängigkeit zu den Errungenschaften des Rechtsstaats. Einen Appell an die richterliche Zurückhaltung würde der EuGH aller Erfahrung nach unbeachtet verhallen lassen. Die Briten haben mit dem Brexit, der sich auch gegen die EuGH-Rechtsprechung richtete, die Notbremse gezogen. Das kommt für Deutschland und die meisten anderen Mitgliedstaaten nicht in Betracht. Vielleicht könnte eine Klarstellung in den Verträgen helfen, daß der EuGH zwar zur internen Rechtsfortbildung im üblichen Umfang befugt ist, nicht jedoch die Kompetenzgrenzen zwischen der Union und den Mitgliedstaaten zu Lasten letzterer verschieben darf.

Diskutiert wird auch die Einrichtung eines Kompetenzkonfliktgerichtshofs. In Streitigkeiten über die Abgrenzung der Kompetenzen zwischen Union und Mitgliedstaaten ist der EuGH schließlich Richter in eigener Sache. Kein Wunder, daß er noch in keinem einzigen Ultra-vires-Fall zugunsten der Mitgliedstaaten entschieden hat.[46] Der Vorschlag lautet,

---

44 Kritisch dazu aus politikwissenschaftlicher Sicht z. B. Scharpf (Fn. 19), S. 255–275.
45 Dazu Schoch (Fn. 38), S. 355–368.
46 Ein einziges Gegenbeispiel wird in der Literatur genannt, das Urteil vom 5. Oktober 2000 – Rs. C-376/98 – Tabakwerbeverbot I. Dieses Beispiel paßt aber nicht richtig, denn der EuGH beanstandete nur die kompetenzwidrige Zwecksetzung der Richtlinie (Gesundheitsschutz), um zugleich einen Tip hinzuzufügen, wie eine entsprechende Richtlinie auf die Binnenmarktkompetenz gestützt werden könne (Rn. 98).

für Kompetenzkonflikte einen besonderen Gerichtshof einzurichten, der aus Richtern nationaler Verfassungsgerichte besteht.[47]

Hilfreich wäre es sicherlich, in die Verträge einen möglichst präzis formulierten Katalog von Materien aufzunehmen, die den Mitgliedstaaten vorbehalten sind, und zwar selbst dann, wenn sie einen mittelbaren Bezug zum Binnenmarkt haben.[48]

Ein anderer Vorschlag lautet, alle Materien, die nicht typischen Verfassungsinhalt haben – also nicht die Organisation der Union und die grundlegenden Beziehungen zwischen Bürgern und Union betreffen – aus den Verträgen herauszunehmen und in das sekundäre Unionsrecht herabzustufen. Das hätte, so wird argumentiert, den Vorteil, daß unerwünschte gerichtliche Interpretationsergebnisse leichter durch Gesetzesänderungen korrigiert werden könnten.[49] Der Vorschlag berücksichtigt aber nicht das Initiativmonopol der Kommission. Und da für die sekundäre Gesetzgebung in der Regel das Mehrheitsprinzip im Rat gilt,[50] würde ein Demokratiemangel durch einen anderen ersetzt.

Der schleichenden Kompetenzausdehnung könnte auch durch ein Rückholrecht der Mitgliedstaaten entgegengewirkt werden.[51] Könnte der Rat (oder der Europäische Rat) mit Mehrheit beschließen, daß eine bestimmte Materie auf die na-

---

Und in einer Folgeentscheidung, die in der Literatur als weiterer Beleg für eine expansive Kompetenzinterpretation kritisiert wurde – Nachweise bei Mangold (Fn. 39), S. 151 –, bestätigte der EuGH die sehr zweifelhafte Kompetenz der EU für den Erlaß einer solchen Richtlinie, Urteil vom 12. Dezember 2006 – Rs. C-380-03 – Tabakwerbeverbot II.

47 Vgl. Herzog, Gerken (Fn. 22); Siegfried Broß: *Bundesverfassungsgericht – Europäischer Gerichtshof – Europäischer Gerichtshof für Kompetenzkonflikte*, in: Verwaltungsarchiv 92 (2001), S. 425 ff., der auch einen Richter des EuGH beteiligen will.
48 Grimm (Fn. 5), S. 27; vgl. auch Herzog, Gerken (Fn. 22).
49 Grimm (Fn. 5), S. 27.
50 Zur Legitimationsproblematik dieses Prinzips s.o. II. 2. a).
51 Herzog, Gerken (Fn. 22).

tionale Ebene zurückverlagert wird, stünde ein Korrektiv für ungewollte Kompetenzverschiebungen zur Verfügung.[52]

Man könnte auch daran denken, dem Europäischen Rat eine Funktion für die Ultra-vires-Kontrolle zu übertragen, etwa in der Weise, daß in einem Kompetenzkonflikt, den der EuGH zu Lasten der Mitgliedstaaten entschieden hat, dem mit Mehrheit entscheidenden Europäischen Rat das Recht zur verbindlichen Vertragskonkretisierung zusteht. Das wäre kein Eingriff in die Unabhängigkeit des Gerichtshofs, sondern eine Kompetenz zur konkretisierenden Vertragsänderung. Diese könnte auch nur pro futuro wirken und ließe die konkrete Gerichtsentscheidung unberührt.[53] Vertragsänderungen können zwar prinzipiell nur mit Zustimmung aller Mitgliedstaaten erfolgen. In dieser Konstellation wäre die vereinfachte Vertragskonkretisierung durch den Rat aber mit dem Prinzip der souveränen Staatengleichheit vereinbar, weil die in Frage stehende Konkretisierung den Zuständigkeitsbereich der Mitgliedstaaten gegen eine ausdehnende Rechtsprechung verteidigt und den Mitgliedstaaten nichts nimmt, sondern ihnen etwas zurückgibt, was ihnen ohne ihre Zustimmung genommen wurde.[54]

---

52 Wesentlich zurückhaltender und in der Praxis wohl kaum ausreichend ist der Vorschlag, das vereinfachte Vertragsänderungsverfahren (Art. 48 Abs. 6 und 7 EUV) für diesen Zweck anwendbar zu machen, vgl. Dieter Grimm: *Die Europäische Union im 60. Jahr*, in: Zeitschrift für Staats- und Europawissenschaften (ZSE) 15 (2017), S. 15.
53 Weitergehend fordert Scharpf (Fn. 19), S. 273 ff., daß der Europäische Rat sich das Recht nehmen solle, mit Mehrheit zu entscheiden, daß die Mitgliedstaaten einem EuGH-Urteil die Gefolgschaft verweigern dürfen, wenn es vertragswidrig in einen der Autonomie der Mitgliedstaaten vorbehaltenen Bereich interveniert.
54 Frank Schorkopf: *60 Jahre Römische Verträge*, in: ZSE 15 (2017), S. 28, gibt zu bedenken, ob man generell die Vertragskonkretisierungskompetenz gemäß Art. 31 Abs. 2 lit. b, Abs. 4 WKRV zur Korrektur der EuGH-Rechtsprechung heranziehen und die Grundfreiheiten unter einen legislativen Konkretisierungsvorbehalt stellen sollte.

VI. Rückwirkungen auf die Demokratie in den Mitgliedstaaten

1. Aushöhlung der Parlamentskompetenzen

Ein zentrales Problem für die Demokratie im europäischen Mehrebenensystem ist für das Bundesverfassungsgericht die Auszehrung der unteren, der mitgliedstaatlichen Ebene. Mit jeder Übertragung von Rechtsetzungskompetenzen auf die EU wird ja der Bereich dessen kleiner, worüber die nationalen Parlamente noch eigenverantwortlich entscheiden können. Inzwischen dürfte der weitaus größte Teil der Gesetze, die der Bundestag beschließt, durch europäische Richtlinien vorgeformt sein. Man liest immer wieder die Schätzung, daß rund 80 Prozent der vom Bundestag beschlossenen Gesetze auf einen europarechtlichen Impuls zurückgingen. Das ist umstritten. Manche Schätzungen liegen deutlich niedriger. Unstreitig ist jedoch ein sehr großer Teil dessen, was der Bundestag tut, bloße Umsetzung von EU-Richtlinien. Die nationalen Parlamente sind weitgehend zu Ausführungsorganen für die EU geworden.

Für die Parlamentarier ist es schwierig zu verstehen, was im einzelnen eine EU-Richtlinie an Umsetzungsgesetzgebung verlangt und welche Gestaltungsspielräume den nationalen Parlamenten noch verbleiben. Selbst hochspezialisierte Juristen haben mitunter Schwierigkeiten, das zu verstehen. Die Parlamentarier sind in der Regel keine Experten, aber Experten – auch für das Verstehen von EU-Richtlinien – hat die Bundesregierung. Man kann den Abgeordneten daher kaum Vorwürfe machen, wenn sie die Tendenz zeigen, die Vorlage der Bundesregierung für das Umsetzungsgesetz einfach abzunicken. Es kommt sogar vor, daß der Bundestag sich diese Mühe erspart, indem er die Bundesregierung gesetzlich ermächtigt, die Umsetzungsgesetzgebung für EU-Richtlinien, die bestimmten Zwekken dienen – z.B. Emissions- oder Immissionswerte für Luftschadstoffe festlegen – gleich in Form einer Rechtsverordnung selbst vorzunehmen (z. B. § 48 Abs. 1 und 3 BImSchG).

Die Übertragung von Rechtsetzungskompetenzen auf die EU ist nicht nur aus diesem Grunde mit einer Verschiebung im Machtgefüge zwischen Parlament und Regierung verbunden. Auf nationaler Ebene ist das Parlament der Gesetzgeber, auf europäischer Ebene aber – neben dem Europaparlament – vor allem der Rat, der sich wiederum aus Vertretern der nationalen Regierungen zusammensetzt. Die den nationalen Parlamenten entzogenen Kompetenzen wachsen also – teilweise und anteilig – ihren Regierungen zu. Auf der höheren und normativ übergeordneten Ebene des Mehrebenensystems ist die Bundesregierung Gesetzgeber, während der Bundestag die untergeordnete Ausführungsgesetzgebung leisten muß und hierbei noch auf die Expertise der Bundesregierung angewiesen ist.

Diese Entparlamentarisierung der Gesetzgebung, die zu den Standardthemen der Kritik an europäischen Demokratiedefiziten gehört, ist freilich mit der Konstruktion des europäischen Mehrebenensystems notwendig verbunden. Man hat – auch auf Impulse hin, die das Bundesverfassungsgericht gesetzt hat – versucht, den Bedeutungsverlust des Bundestages und auch des Bundesrates teilweise durch erweiterte Informations- und Mitwirkungsrechte zu kompensieren (Art. 23 Abs. 1 a bis 7 GG). Die Gesetzgebungsorgane des Bundes werden so in die Willensbildung der Bundesregierung in europäischen Angelegenheiten eingebunden. Das ist ein begrüßenswerter Ansatz, der freilich in der Praxis angesichts der Flut des Brüsseler Normen- und Dokumentenausstoßes schnell an die Grenzen der parlamentarischen Problembewältigungskapazität des Bundestages stößt.

Der Aushöhlung der Kompetenzen des Bundestages durch die europäische Integration hat das Bundesverfassungsgericht eine scheinbar absolute Grenze gesetzt: Bei der Übertragung von Hoheitsrechten auf die EU müsse gewährleistet sein, daß dem Bundestag noch eigenverantwortliche Entscheidungszuständigkeiten «von substantiellem politischen Gewicht» verbleiben.⁵⁵ Das ist einleuchtend. Denn wozu sollten wir den Bundestag überhaupt noch wählen, wenn er nichts Wesentliches mehr selbst entscheiden könnte? Nur: Wann ist diese absolute Grenze erreicht? Wann hat der Bundestag keine Zuständigkeiten mehr, die noch «substantiell» sind? Neben der Unbestimmtheit dieses Kriteriums dürfte das Hauptproblem sein, daß im Laufe des Integrationsprozesses immer nur einzelne, relativ begrenzte, Zuständigkeiten auf die EU übertragen werden. Jeder einzelne Übertragungsakt erscheint dann als «nicht substantiell», während die Summe der Übertragungsakte nicht in den Blick der gerichtlichen Kontrolle gerät.

2. Schaffung von Zwangsläufigkeiten und Irreversibilitäten

In einem Punkt hat das Bundesverfassungsgericht sich aber festgelegt: Zum unaufgebbaren Kernbestand parlamentarischer Kompetenzen und letztlich des Demokratieprinzips gehört die Budgethoheit. Der Bundestag muß eigenverantwortlich über Einnahmen und Ausgaben des Staates entscheiden können. Er darf seine Haushaltsverantwortung nicht auf andere Akteure übertragen und sich insbesondere nicht internationalen Finanzmechanismen ausliefern, die «zu nicht überschaubaren haushaltsbedeutsamen Belastungen ohne vorherige konstitutive Zustimmung führen können».⁵⁶

Dieses Kriterium steht beispielsweise der Vergemeinschaftung der Staatsschulden in der Eurozone, etwa in Form von «Eurobonds», entgegen. Es wäre mit dem Demokratieprinzip unvereinbar, wenn die Regierungen anderer Staaten durch ihre Ausgabenpolitik indirekt den Bundeshaushalt belasten könn-

---

55 BVerfGE 89, 155 (172, 207) – Maastricht; BVerfGE 123, 267 (341, 356, 406) – Lissabon.
56 Urteil vom 7. September 2011, BVerfGE 129, 124 (179) – EFSF/EFSM.

ten. Wie ist es aber zu beurteilen, wenn nicht eine rechtliche Verpflichtung zur Übernahme der Haftung für die Verbindlichkeiten anderer Staaten, sondern eine politische Zwangslage geschaffen wird, in welcher Finanztransfers in haushaltspolitisch relevanter Größenordnung unvermeidlich sind?

Beispiele hierfür finden sich im Kontext der Währungsunion. Nur eines davon sei hier erwähnt: Als die Währungsunion geschaffen wurde, versicherten die Politiker, die Eurozone sei eine Stabilitäts- und keinesfalls eine Haftungs- und Transferunion. Das Bail-out-Verbot wurde ausdrücklich in den Vertrag von Maastricht aufgenommen. Rechtlich ist die Währungsunion kein Haftungsautomatismus im Sinne der erwähnten Rechtsprechung des Bundesverfassungsgerichts. Aber ökonomisch war es absehbar, daß früher oder später die Währungsunion auseinanderbrechen müßte, wenn sie nicht durch Transferleistungen zusammengehalten würde. Der Testfall trat 2010 mit der Griechenlandkrise ein, die sich zur Eurokrise ausweitete. Jetzt wurde das Bail-out-Verbot einfach übergangen. Wir erinnern uns an die Begründung: Ein Bankrott Griechenlands würde die ganze Eurozone destabilisieren und einen Dominoeffekt auslösen. Und: «Scheitert der Euro, dann scheitert Europa.» Mit dieser Formel ließ sich nicht nur alles rechtfertigen. Sie begründete auch die angebliche «Alternativlosigkeit» der «Euro-Rettung».

Man hätte die «alternativlose» Zwangslage vermeiden können, wenn man von vornherein nicht Staaten in die Währungsunion aufgenommen hätte, die schon im Hinblick auf die Stabilitätskriterien nicht hineingehören, und wenn man den Marktteilnehmern rechtzeitig kommuniziert hätte, daß es zwecklos sei, gegen das Bail-out-Verbot zu spekulieren. Nachdem das Tabu gebrochen war, gab es kein Halten mehr. Man schuf einen «Rettungsschirm» für alle Eurostaaten. Ein zunächst als vorübergehende Notstandsmaßnahme konzipierter Rettungsmechanismus wurde schnell durch einen dauerhaften Mechanismus, den ESM, abgelöst. Das Bundesverfassungsgericht sah auch im ESM keinen mit dem Grundgesetz unvereinbaren Haftungsautomatismus, weil ja der Bundestag der Bereitstellung des Kapitals im vorhinein zugestimmt hatte. Aber was passiert, wenn das Kapital des ESM verbraucht ist? Eine Nachschußpflicht ist nicht ausdrücklich geregelt. Aber nach der Logik der «alternativlosen» Rettungspolitik bliebe dem Bundestag nichts anderes übrig, als neue Milliardenbeträge zu bewilligen. Denn andernfalls bräche ja auf der Basis der Annahmen, die zur Schaffung des ESM geführt haben, die Eurozone zusammen. Man hätte solche Folgezwänge vermeiden können, wenn man das Bail-out-Verbot ernst genommen und im Fall Griechenland angewendet hätte. Der Schock des Bankrotts wäre längst überwunden, und die Marktanreize hätten dafür gesorgt, daß die Staaten sich nicht übermäßig verschulden.

Für das Bundesverfassungsgericht spielen solche faktischen Folgezwänge, die die Entscheidungsfreiheit des Haushaltsgesetzgebers zunichte machen, keine Rolle, weil es nur auf rechtliche Verpflichtungen, aber nicht auf faktischen Zwang schaut. Die Demokratie leidet dennoch darunter. Denn Demokratie setzt Entscheidungsfreiheit, setzt die Möglichkeit der Wahl zwischen Alternativen voraus. Die Schaffung faktischer Zwangslagen unterminiert die Demokratie. Wenn die Abgeordneten vor der Entscheidung über einen Schritt stehen, von dem sie – wie Mephisto im *Faust* – sagen müssen: «Das erste steht uns frei, beim zweiten sind wir Knechte», dann müssen sie das zweite mit bedenken und verantworten. Wenn sie das nicht können oder nicht wollen, muß das Bundesverfassungsgericht in der Lage sein, sie zu stoppen. Denn das Parlament darf sich nicht zum Knecht selbstgeschaffener, aber ungewollter Zwangsläufigkeiten machen.

Das gleiche gilt für die Schaffung tatsächlich oder vorgeblich irreversibler Zustände. Da Demokratie Herrschaft auf Zeit ist, müssen ein Wechsel der Politik durch Wahlen und eine Korrektur der einmal eingeschlagenen Richtung aufgrund des Wahlergebnisses möglich sein. Prinzipielle Reversibilität politischer Beschlüsse gehört zum Wesen der Demokratie.⁵⁷ Unter den Enthusiasten der europäischen Integration gehört es hingegen zum Standardlob eines neuen Integrationsschrittes, daß dieser jetzt «unumkehrbar» sei. Nur wer völlig sicher ist, daß sein Weg der einzig richtige ist, kann solchen Stolz empfinden. Aber auch der Prozeß der europäischen Integration – je komplexer er wird, desto mehr – ist ein Prozeß des *trial and error*. Die Haltung der «Unumkehrbarkeit» ist Ausdruck der Weigerung, aus Fehlern zu lernen. Die Währungsunion zeigt das in aller Deutlichkeit. Sie funktioniert nicht wie vorgesehen, weil sie Staaten in eine Einheitswährung zwängt, die dafür zu unterschiedlich in ihrer ökonomischen Leistungs- und Wettbewerbsfähigkeit, ihrer Haushaltsdisziplin und ihrer Sozialpolitik sind. Sie wird nur mühsam zusammengehalten durch Finanztransfers und vor allem durch die rechtlich höchst problematische Rettungspolitik der EZB. Aber statt zu lernen und den Austritt oder auch den Ausschluß von Mitgliedern, die die Konditionen nicht einhalten, zu ermöglichen, damit sie außerhalb der Eurozone nach Abwertung ihre Wettbewerbsfähigkeit wiedergewinnen können, wird die Zugehörigkeit jedes einzelnen Mitglieds dogmatisiert. Eine Korrektur aufgrund neuer Erkenntnisse und aufgrund neuer politischer Einsichten wird so unmöglich gemacht.

VII. Zusammenfassung

Die EU entzieht ihren Mitgliedstaaten demokratische Substanz, während sie selbst nur unvollkommen demokratisch legitimiert ist. Ihr Machtzentrum, die Kommission, besitzt keine demokratische Legitimation. Das Europaparlament kann keine Legitimation von einem europäischen Unionsvolk beziehen, da dieses nicht als Gesamtheit aller Unionsbürger auf der Basis

---

57 Vgl. Egon Flaig: *Wie entscheidungsfähig sind Demokratien?*, in diesem Band.

des demokratischen Gleichheitsprinzips konstituiert worden ist. Demokratische Legitimation fließt von den Völkern der Mitgliedstaaten zum Europäischen Rat und zum Rat, also den Organen, die sich aus Vertretern der nationalen Regierungen zusammensetzen. Doch wird der Legitimationsfluß unterbrochen, wo diese Organe nicht einstimmig, sondern nach dem Mehrheitsprinzip entscheiden. Die EZB hat keine demokratische Legitimation, was gerechtfertigt ist, aber nur, soweit sie strikt im Rahmen ihres eng auszulegenden geldpolitischen Mandats bleibt, was sie aber nicht tut. Der EuGH kann demokratische Legitimation nur aus seiner Bindung an die demokratisch legitimierten Unionsverträge und an das halbdemokratisch legitimierte sekundäre Unionsrecht gewinnen. Für seine Aktivität als rechtsschöpfender «Motor der Integration» fehlt ihm die demokratische Grundlage. Die Legitimation der Unionsgesetzgebung leidet nicht nur an den Defekten der Gesetzgebungsorgane. Hinzu kommt, daß die nichtdemokratische Kommission das Initiativmonopol hat und daß die Legitimation der negativen Gesetzgebung durch Vetopositionen gestört wird, die einen Sperrklinkeneffekt erzeugen – die Vetopositionen der einzelnen Mitgliedstaaten bei Materien, für die Einstimmigkeit erforderlich ist, die Vetoposition der Ratsminderheit, die das Quorum für die qualifizierte Mehrheit verhindern kann, und die Vetoposition der Kommission. Die EU erweitert ihre Kompetenzen durch ausdehnende Auslegung der Verträge, ohne durch die Mitgliedstaaten hierfür legitimiert zu sein. So wächst der Herrschaftsbereich demokratisch nur unzulänglich legitimierter Institutionen auf undemokratische Weise weiter an.

Das darf nicht so bleiben. Aber was ist zu tun?

VIII. Lösungsansätze

1. Lösungsansätze für den Zwischenzustand

Eine Patentlösung kann ich ebensowenig anbieten wie alle anderen, die sich Reformgedanken gemacht haben. Solange die EU ein Zwischenwesen zwischen Staatenbund und Bundesstaat bleibt, spricht einiges dafür, daß die Kohärenz des Systems nur durch eine Kommission gewährleistet werden kann, die demokratischen Legitimationsanforderungen nicht genügt. Wenn dieser Zwischenzustand dem heutigen Grad an Integrationsbereitschaft der Mitgliedstaaten angemessen ist und deshalb erhalten bleiben soll, muß man das wohl in Kauf nehmen, sollte es aber auch klar aussprechen.[58]

Das heißt nicht, daß man sich mit allen einzelnen Demokratiedefiziten abfinden müßte. Ein paar Vorschläge habe ich schon gemacht. Ich erinnere an das Verfallsdatum für Unionsgesetze, das mit einem Schlag alle Sperrklinkeneffekte beseitigen und zugleich einen riesigen Entbürokratisierungsgewinn bringen könnte. Die Legitimation der Ratsentscheidungen und damit auch der EU-Gesetzgebung könnte durch Rückkehr zum Einstimmigkeitsprinzip oder zumindest durch Reaktivierung des Luxemburger Vetos wiederhergestellt werden. Daß dies bei einer Zahl von 28 oder demnächst 27 Mitgliedstaaten Probleme für die Entscheidungsfähigkeit bereiten kann, liegt auf der Hand. Die Probleme sind aber wohl geringer, als es den Anschein hat. In der Praxis entscheidet der Rat auch auf den Gebieten, für die das Mehrheitsprinzip gilt, in den allermeisten Fällen einstimmig.[59] Die vielen Mitgliedstaaten sind

---

[58] So etwa Vosgerau (Fn. 32), S. 294 und 327, der freilich der Ansicht ist, Demokratie auf EU-Ebene sei weder möglich noch durch Art. 23 Abs. 1 Satz 1 GG geboten, vgl. S. 294 ff., 321 f., 325 ff. et passim.
[59] Haltern (Fn. 21), Rn. 664 ff. und 1065.

also durchaus in der Lage, sich zu einigen, wenngleich man nicht verkennen darf, daß diese Einigung «im Schatten des Mehrheitsprinzips» stattfindet[60] und das Abstimmungsverhalten sich ändern könnte, wenn jeder Staat Vetospieler wäre.

Ständige Kompetenzausweitungen könnten durch einen präzisen Kompetenzkatalog und durch eine echte verfassungsgerichtliche Ultra-vires-Kontrolle oder durch einen Kompetenzkonfliktgerichtshof eingedämmt werden.

Die mangelnde Legitimation des Europaparlaments ließe sich beheben, wenn alle Bürger auf der Basis eines für alle gleichen Wahlrechts europäische Parteien wählen könnten, die prinzipiell in allen Mitgliedstaaten antreten und als solche auch die Fraktionen im Parlament bilden, und wenn vor allem die Kontingentierung der Stimmen beseitigt würde und jeder Bürger mit seiner Stimme die gleiche Einflußchance hätte.

Das mit 750 Abgeordneten ohnehin schon zu große Parlament müßte freilich noch viel größer werden, wenn auf der Basis gleicher Stimmen für alle Unionsbürger auch Malta oder Luxemburg dort vertreten sein sollten. Aber warum sollten Malta oder Luxemburg überhaupt im Parlament vertreten sein? Man muß eben klar entscheiden, ob das Parlament die Vertretung des Unionsvolks oder ob es eine Staatenvertretung (beziehungsweise Vertretung der Staatsvölker) sein soll. Wenn das Parlament das europäische Unionsvolk repräsentiert, kann es auf die Herkunft der Abgeordneten nicht ankommen. Und maltesische Kandidaten könnten auf den Listen europäischer Parteien auch dann gewählt werden, wenn auf Malta rechnerisch kein Sitz entfiele. Die Staaten und ihre Völker hingegen wären immer noch im Rat repräsentiert.

Ein Standardreformvorschlag zur Verbesserung der Demokratie in Europa besteht darin, dem Europaparlament die Kompetenzen eines echten Parlaments zu geben, also insbesondere das Initiativrecht und das Budgetrecht. Außerdem

---

60 Dazu Haltern (Fn. 21), Rn. 667 und 1065 ff.

könnte die Kommission einer echten parlamentarischen Verantwortlichkeit unterworfen werden. Diese Parlamentarisierung der Union wäre aber nur dann ein Gewinn für die Demokratie, wenn ihr die Demokratisierung des Parlaments vorausginge. Andernfalls müßte – das hat das Bundesverfassungsgericht richtig gesehen[61] – die Aufwertung des Parlaments gegenüber dem Rat die Demokratie sogar erheblich schwächen.

Ein anderer Vorschlag geht auf die Anreicherung der Legitimationsansätze durch Einführung von Elementen direkter Demokratie. Es gibt seit dem Vertrag von Lissabon bereits die sogenannte Europäische Bürgerinitiative. Mit einem Quorum von einer Million Teilnehmern aus mindestens einem Viertel der Mitgliedstaaten kann die Kommission aufgefordert werden, einen Gesetzesvorschlag zu machen.[62] Das ließe sich zu einem echten Volksbegehren ausbauen, das in einen Volksentscheid münden könnte. So könnte der mitunter sehr abgehoben wirkenden und in der EU zudem unzureichend legitimierten politischen Klasse ein direktdemokratisches Korrektiv entgegengestellt werden.

Das Problem ist allerdings: Wenn die Unionsbürger in diesem Sinne ein echtes Entscheidungsrecht bekämen, verschöbe sich die Balance in einem System dualer Legitimation zugunsten des Unionsvolks, das dann nicht nur die Kommission und das Parlament, sondern auch den Rat übertrumpfen könnte. Ein europäischer Volksentscheid paßt also nicht in das vorhandene Institutionengefüge. Außerdem würde damit das Unionsvolk die maßgebliche Legitimationsquelle, gegenüber der die Völker der Mitgliedstaaten zweitrangig würden. Das wäre ein Ausbruch aus der Konzeption der EU als Staatenverbund und mit dem Grundgesetz nicht vereinbar.

---

61 Vgl. BVerfGE 123, 267 (372) – Lissabon.
62 Art. 11 Abs. 4 EUV i. V. m. Art. 24 Abs. 1 AEUV und Art. 7 VO (EU) Nr. 211/2011 des Europäischen Parlaments und des Rates vom 16. Februar 2011 über die Bürgerinitiative.

2. Auflösung des Zwischenzustands

Nun müssen ja Reformüberlegungen nicht innerhalb des bestehenden Systems verweilen. Man könnte die mit dem Zwischenzustand der EU verbundenen Legitimationsdefizite überwinden, indem man den Zwischenzustand auflöst – nach oben oder nach unten, oder, wie überzeugte Integrationisten sagen würden: vorwärts oder rückwärts. Schlagwortartig verkürzt: Mit der Verdichtung der Integration zur Gründung eines europäischen Bundesstaates oder ihrer Auflockerung zu einer staatenbündischen Formation hätte man wieder klare und eindeutige Legitimationsstrukturen und könnte Legitimationsbrüche vermeiden, die im Staatenverbund schwer vermeidbar sind. Rückwärts zu einer staatenbündischen Struktur will aber niemand. Und vorwärts zu einem Bundesstaat will im heutigen Europa auch kaum jemand, außer Martin Schulz.

Der Bundesstaat wäre ein Modell, in dem sich die Legitimationsprobleme der Union aus der Sicht des Organisationsverfassungsrechts überwinden ließen. Ob die realen Voraussetzungen dafür, daß die Demokratie in einem europäischen Bundesstaat funktionieren kann, heute schon gegeben wären, ist ein anderes Thema, das ich an dieser Stelle nicht behandeln kann.[63] Die Entscheidung für einen europäischen Bundesstaat wäre eine Fundamentalentscheidung, die die Völker der EU-

---

63 Die Zweifel daran, die Dieter Grimm: *Braucht Europa eine Verfassung?* München 1995, S. 39 ff., schon vor über 20 Jahren geäußert hat, sind immer noch aktuell. Stichworte: Fehlen einer europäischen Öffentlichkeit, europäischer Parteien, Sprachenvielfalt als Kommunikationshemmnis. Vgl. ebenso Scharpf (Fn. 19), S. 250 m. w. N.; Vosgerau (Fn. 32), S. 327; zu den kommunikativen Voraussetzungen funktionierender Demokratie vgl. auch BVerfGE 89, 155 (185) – Maastricht; BVerfGE 123, 267 (358 f.) – Lissabon. Noch weitergehend sah das BVerfG im Maastricht-Urteil auch eine relative Homogenität des Staatsvolkes als Demokratievoraussetzung an, BVerfGE 89, 155 (186). – Eine Gegenposition vertritt z. B. Jürgen Habermas: *Braucht Europa eine Verfassung? Eine Bemerkung zu Dieter Grimm*, in: *Die Einbeziehung des Anderen*. Frankfurt am Main 1996, S. 185 ff.

Staaten kraft ihrer verfassunggebenden Gewalt zu treffen hätten.[64] Ob der Reichtum der Vielfalt europäischer Kulturen, Lebensgewohnheiten und Politikstrukturen in einem Bundesstaat bewahrt werden könnte oder einer Nivellierungsgefahr ausgesetzt würde, hätten sie dann zu erwägen.

Fatal wäre es hingegen, wenn die EU-Staaten sich wie Schlafwandler auf einen Weg begäben und in bundesstaatlichen Strukturen landeten, ohne es bewußt entschieden und gewollt zu haben: Man macht einen Schritt und löst damit den nächsten und dann wieder den übernächsten aus, ohne diese vorher bedacht zu haben. Ich meine damit die schon erwähnte Schaffung von Zwangsläufigkeiten und Irreversibilitäten. Man schafft eine Währungsunion, die so nicht funktionieren kann. Man repariert und repariert, und jede Reparaturmaßnahme führt zu weniger Eigenverantwortung der Mitgliedstaaten und zu mehr Zentralismus. Jede Reparaturmaßnahme aber wird als unerläßlich dargestellt, damit die Währungsunion nicht zusammenbricht: Zuerst Rettungsschirme und Finanztransfers. Dann Bankenunion und europäische Einlagensicherung. Weil die notwendige Konvergenz und die notwendige Haushaltsdisziplin mit den vorgesehenen Regeln nicht zu erreichen sind, fordert man einen europäischen Finanzminister und ein europäisches Budget. Dabei wird es nicht bleiben. Vergemeinschaftung der Arbeitslosenversicherung, Angleichung der Sozialsysteme, ein europäischer Sozialminister könnten die nächsten «zwangsläufigen» Folgen sein. Solche Abläufe sind undemokratisch, weil es an Freiheit der Entscheidung fehlt.

3. Verstärkung und Verschlankung

Die Wahrscheinlichkeit, daß die EU noch lange im Rahmen der bestehenden Staatenverbundstrukturen bleibt, ist groß. Deshalb wird die demokratische Qualität der EU auch davon

---

64 BVerfGE 123, 267 (347 f., 364) – Lissabon.

abhängen, ob es in der weiteren Entwicklung gelingt, die Zuständigkeitsverteilung zu optimieren. Bisher war die Wanderungsbewegung von Hoheitsrechten eine Einbahnstraße – immer von den Mitgliedstaaten zur Union, immer mehr Zentralisierung. Das bedeutete, wie wir gesehen haben, auch immer mehr Entdemokratisierung. Dabei muß es nicht bleiben. Der EU liegt eine großartige Idee zugrunde: die Subsidiarität. Das Subsidiaritätsprinzip steht zwar im Vertrag, hat sich aber als juristisch nicht operabel erwiesen. Es wird in der Praxis nicht angewandt. Angewandte Subsidiarität aber stärkt die Demokratie. Was man dafür tun könnte, wäre ein negativer Kompetenzkatalog – also ein Katalog von Gebieten, auf denen auf jeden Fall die Mitgliedstaaten zuständig sind. Auch mein Vorschlag eines Verfallsdatums für EU-Gesetze wirkt in Richtung auf Subsidiarität, ebenso der Vorschlag eines Rückholrechts.[65] Vor allem sollten die Staaten sich darauf einigen, künftig nur noch dann neue Kompetenzen auf die EU zu übertragen, wenn zugleich in mindestens demselben Umfang andere Kompetenzen von der EU an die Mitgliedstaaten zurückgegeben werden. Das ist ein Vorschlag, den sogar jedes einzelne Land durchsetzen könnte, weil es ohne seine Zustimmung keine neue Kompetenzübertragung gibt. Auf diese Weise wäre die Union entwicklungsfähig, ohne zu zentralistisch zu werden und ohne ihre Demokratiedefizite zu verstärken. Sie könnte in Bereichen, in denen dies als notwendig erscheint – etwa in der Verteidigungspolitik – gestärkt werden, während sie in anderen Bereichen, in denen sich unnötige Kompetenzmassen in der Zentrale angelagert haben, entschlackt werden könnte.

---

65 S. o. bei Fn. 51.

IX. Schlußbemerkung

Natürlich sind das nicht die einzig möglichen Lösungsvorschläge. Man könnte auch grundlegend anders denken und sich fragen, ob wir demokratische Legitimation in der EU überhaupt brauchen. Man könnte zum Beispiel fragen, ob es nicht ausreicht, daß die EU sich durch ihre Erfolge – ihren Output – legitimiert, indem sie etwa Wohlstand schafft und Frieden sichert. Oder man könnte fragen, ob wir uns nicht auf eine postdemokratische Ära zubewegen, in welcher Demokratiedefizite gar nicht mehr beklagt werden und in der die halbdemokratische EU nicht als rückständig, sondern als Avantgarde gelten könnte. Solche Fragen lassen sich nicht juristisch beantworten. Aber als Verfassungsrechtler kann ich auf die Frage, ob wir uns mit den Demokratiedefiziten der EU abfinden oder sie sogar begrüßen sollten, eine knappe und eindeutige juristische Antwort geben: Nein, von Verfassungs wegen dürfen wir es nicht.

HEINRICH MEIER

Epilog
Die Vergangenheit einer Illusion

Die Zukunft der Demokratie schien für einen geschichtlichen Augenblick außer Frage zu stehen. Ende des 20. Jahrhunderts war die öffentliche Meinung voller Zuversicht. Die Demokratie werde sich in den Ländern des Westens beständig vertiefen und rund um den Erdball unaufhaltsam verbreiten. Rückschläge seien nicht auszuschließen, doch könnten sie dem Fortschritt in der vorgezeichneten Richtung auf Dauer nichts anhaben. Der Glaube an den unfehlbaren Aufstieg der Demokratie, an ihren alles erfassenden Sog, an ihren universalen Sieg hatte seinen Höhepunkt erreicht. Der Zusammenbruch des Sowjetimperiums, die Entlassung der Staaten des Warschauer Pakts in die politische Unabhängigkeit, die in Revolution, Krieg und Bürgerkrieg erstrittene Selbstbestimmung der Völker auf dem Balkan, diese und andere spektakuläre Ereignisse stützten den Geschichtsglauben, der sich im 20. Jahrhundert mit den Begriffen «Säkularisierung», «Modernisierung» und «Globalisierung» verband. Dem Umsturz der totalitären Einparteiherrschaft im Osten, aus dem in den 1990er Jahren mehr als ein Dutzend neue Staaten demokratischer Orientierung oder demokratischer Aspiration entstanden, ging zwei Jahrzehnte zuvor die Abdankung der letzten autoritären Regime im Westen Europas voraus. Der ökonomische Wandel und die mit ihm einsetzende Öffnung Chinas ließ sich als frühes Stadium eines Entwicklungsprozesses einordnen, der zum gleichen Ziel führen werde. Francis Fukuyama fand nicht zufällig ein weltweites Echo, als er 1989 in einem an eher entlegenem Ort veröffentlichten Aufsatz und, durch den überwältigenden Widerhall ermutigt, 1992 in einem unmittelbar in zwei Dutzend Sprachen übersetzten Bestseller unter Berufung auf

Hegel und Alexandre Kojève das Ende der Geschichte proklamierte.[1] Die liberale Demokratie markiere, so lautete Fukuyamas These, sowohl den Endpunkt der ideologischen Entwicklung der Menschheit als auch die endgültige, nicht mehr zu überholende Regierungsform. Auf eine Formel gebracht: Das Ende, das mit der liberalen Demokratie im Prinzip erreicht ist, muß über kurz oder lang in der Realität nachvollzogen werden. Die Idee kann nicht umhin, sich historisch zu materialisieren.

Der publizistische Erfolg von Fukuyamas *The End of History?* beruhte darauf, daß der Autor, dessen Name bis dahin nur Spezialisten der professionellen Sowjetbeobachtung geläufig war, eine weitverbreitete Meinung mit einer popularisierten geschichtsphilosophischen Konstruktion verknüpfte und einer lange gehegten Erwartung pointiert zum Ausdruck verhalf, in ebendem geschichtlichen Augenblick, da die Zukunft der Demokratie keine Frage mehr zu sein schien. Dieser Augenblick ist vorüber, und die Meinung vom unaufhaltsamen Fortschritt der Demokratie hat ihre vermeintliche Selbstverständlichkeit verloren. Die einstige Gewißheit ist einer zunehmenden Verunsicherung gewichen. Sie läßt sich der Rede von der Krisis der repräsentativen Demokratie wie der Parole von der Postdemokratie ablesen und findet ihren Niederschlag ebenso im Attentismus gegenüber der expansiven Politik wiedererstarkter Verächter und Feinde der Demokratie, nicht zu sprechen von der geistigen Hilflosigkeit angesichts der Herausforderung durch die Theokratie. Abermals trugen spektakuläre Ereignisse zum Umschwung bei. Der Angriff vom 11. September 2001, das Fiasko des Irak-Kriegs, das Ende des kurzlebigen Arabischen Frühlings, der Aufstieg Chinas zur Weltmacht, die Entscheidung Großbritanniens, aus der Europäischen Union auszutre-

---

[1] Francis Fukuyama: *The End of History?* in: The National Interest 16 (Sommer 1989) S. 3–18; *The End of History and the Last Man.* New York 1992.

ten, die Wahl Donald Trumps zum Präsidenten der Vereinigten Staaten von Amerika.

Der Glaube, die Demokratie sei das Ziel der Geschichte oder das Schicksal alles dessen, was Menschenantlitz trägt, ist der Demokratie nicht förderlich gewesen. Es mag sehr wohl Illusionen geben, die eine heilsame politische Wirkung haben. Im Falle der Illusion des demokratischen Geschichtsglaubens überwiegen indes die Risiken und Nebenwirkungen den denkbaren therapeutischen Effekt bei weitem. Sie verleitet zu missionarischem Eifer oder einer Werteseligkeit, die die Wirklichkeit allzuleicht ausblendet und so das politisch Mögliche verfehlen läßt. Sie begünstigt in eins damit die Unempfindlichkeit für erkennbare Fehlentwicklungen und die Unachtsamkeit gegenüber neuen Herausforderungen. Sie schwächt die Gefahrenabwehr. Die Dysfunktionalität der Illusion tritt deutlicher zutage, sobald die Illusion selbst, nicht zum geringsten Teil als Folge ihrer Dysfunktionalität, erschüttert oder im Schwinden begriffen ist. Zwei Phänomene, die für die Zukunft der Demokratie von Gewicht sind, bieten sich an, um den Zusammenhang zu veranschaulichen: die Antwort auf den Populismus und die Erwartungen, die mit dem Export der Demokratie verbunden werden.

Der «Populismus», der seinen bislang aufsehenerregendsten und folgenreichsten Triumph in den Vereinigten Staaten von Amerika errang, war dort als Kampfbegriff, als polemisches Konzept und pejorative Kennzeichnung, entscheidend geprägt worden. Der Sozialwissenschaftler Edward Shils führte ihn Mitte der 1950er Jahre in die intellektuelle Debatte ein. Zunächst auf Senator McCarthy und seine Unterstützer gemünzt, dann in einem weiteren Sinn zur Benennung und Abwehr der unterschiedlichsten Bestrebungen und Bewegungen, die im Gegensatz zur liberalen Demokratie, deren Institutionen und Repräsentanten stehen. Seymour Martin Lipset fügte die soziologische Einordnung hinzu, der Populismus finde seine Anhängerschaft unter den Modernisierungsverlierern, der dem sozioökonomischen Wandel zu einer Dienstleistungsgesellschaft ausgesetzten Arbeiterschaft und den abstiegsbedrohten Mittelschichten. Populismus war nach Shils und Lipset ein Begriff zur Brandmarkung der Gegner der liberalen Demokratie von links und rechts, die – hier kommt der Geschichtsglaube ins Spiel – angesichts des «Modernisierung» oder später «Globalisierung» genannten historischen Fortschritts ein Rückzugsgefecht führten und denen langfristig der Aussterbeetat zugewiesen sei. Wachsender Wohlstand schien notwendig mit zunehmender Demokratie koordiniert, in den USA und weltweit.[2]

Nachdem bei der Präsidentschaftswahl 2016 im wichtigsten Land der liberalen Demokratie jeder zweite Wähler für einen Populisten stimmte, ist der Glaube, daß der Fortschritt mit innerer Gesetzmäßigkeit gegen den Populismus arbeite, angeschlagen. Statt sich dabei zu beruhigen, dem Populismus sei ob seiner Rückständigkeit das historische Urteil längst gesprochen, hätten Politiker, Meinungsführer und Politikwissenschaftler besser daran getan, sich frühzeitig und eingehend mit den Defiziten zu befassen, die der Populismus offenlegt. So verweist die Parole «Main Street» gegen «Wall Street» auf ein ernstes Problem der politischen Ordnung und insonderheit des Wahlsystems, das aussichtsreiche Kandidaturen von enormen finanziellen Aufwendungen abhängig macht, mit dem Ergebnis, daß der Anteil der Millionäre im Kongreß der Vereinigten Staaten höher ist als im Parlament jeder anderen liberalen Demokratie. Daß der Populismus seinerseits einem Multimillionär das Präsidentenamt bescherte, widerspricht dem nicht, sondern unterstreicht das Problem. Die populistische Grundwelle könnte Anlaß sein, längst überfällige Reformen der politischen Institutionen in Angriff zu nehmen und ihnen die nötige Dringlichkeit zu verleihen. Vom überholten, längst zur Fiktion gewordenen «moderierenden» Wahlmännergremium

---

2 Edward Shils: *The Torment of Secrecy. The Background and Consequences of American Security Policies.* Glencoe, Ill. 1956; Seymour Martin Lipset: *Political Man. The Social Bases of Politics.* Garden City, N. Y. 1960.

über die unbefristete Amtszeit der obersten Verfassungsrichter, die den Streit um die Besetzung des Supreme Court erheblich verschärft und die demographische Realität außer acht läßt, bis zum hypertrophen Parcours der Primaries, der in einem zutiefst zerrissenen Land die Scharfmacher und Blender groß macht. In Europa, wo der Populismus von Griechenland bis Finnland, von Großbritannien bis Italien Erfolge feiert, wäre, mutatis mutandis, gleichfalls eine Antwort der politischen Urteilskraft angezeigt. Gegen Populismus hilft weder moralische Entrüstung noch fortschrittsgewisse Herablassung oder die gönnerhafte Beteuerung, die rückständigen Schichten und verblendeten Teile der Bevölkerung «mitnehmen» zu wollen.

Der Populismus gewinnt seine Stärke aus der Kluft zwischen den Repräsentanten und den Repräsentierten, aus der Entfernung der Berufspolitiker von der Lebenswirklichkeit der Mehrheit, aus der Ablösung der Experten- und Elitenprojekte vom Willen und der aktiven Entscheidungsmöglichkeit des Volkes. Die über Jahrzehnte gewachsene, parteiübergreifende Verkrustung eines politischen Establishments mit teilweise dynastischen Zügen bietet eine willkommene Angriffsfläche für Demagogen, die fehlende Kenntnisse und Manieren zum Ausweis ihrer Volksnähe stilisieren. Wenn die gewählte Volksvertretung über Streitfragen von großer Bedeutung, die das Volk spalten, ohne eingehende Debatte mit Mehrheiten von 80 oder 90 Prozent entscheidet, gibt das dem Protest der Straße und dem Zorn Auftrieb, dessen sich selbstermächtigende Anwälte des Volkswillens oder bedenkenlose Ausleger der Schweigenden Mehrheit bedienen. Plebiszitäre Elemente, Volksentscheide über grundlegende Weichenstellungen, die eine öffentliche Debatte unausweichlich machen, können unter solchen Umständen die parlamentarische Demokratie stärken und den Populismus, jedenfalls auf längere Sicht, bezähmen. Regierende, die ihre politischen Grundsatzentscheidungen in Talkshows verkünden oder erklären, statt dies vor der gewählten Volksvertretung als dem in der Ordnung der Institutionen vorgesehenen Forum zu tun, schwächen dagegen die parlamentarische

Demokratie. Der Populismus kann als Spätindikator für Ausfälle und Mängel des Parlamentarismus dienen und wird so zum Warnzeichen, daß eine Rückbesinnung auf die Grundlagen einer funktionsfähigen Demokratie geboten ist. Der Populismus ist nicht einer sozioökonomischen Entwicklungsstufe oder einer bestimmten historischen Phase zuzuordnen, die schließlich zu überwinden oder ein für allemal abzutun wäre. Er gehört zum Auf und Ab der Regierungsformen und ihrer wiederkehrenden Aberrationen und Krisen, von denen die Demokratie nicht ausgenommen ist. Sowenig wie sie sich dem Wettstreit mit anderen, neben ihr bestehenden und ihr widersprechenden Herrschaftsordnungen zu entziehen vermag.

Der «Export der Demokratie» ist wiederum eng mit den Vereinigten Staaten verbunden. Die USA verstanden sich als Motor der Verbreitung der Demokratie, seitdem Woodrow Wilson am 2. April 1917 vor dem Kongreß erklärte, der Eintritt Amerikas in den Krieg diene dem Ziel, daß die Welt «be made safe for democracy». Die Problemlage kann an drei Vorträgen erläutert werden, die prominente amerikanische Intellektuelle Anfang des 21. Jahrhunderts in der Münchner Carl Friedrich von Siemens Stiftung hielten. Francis Fukuyama sprach über «World Politics After the End of History», Ronald Dworkin trug Gedanken zu einem «New Liberalism for Bad Times» vor, und William Kristol stellte sich mit der programmatischen Rede «An American Empire? American Foreign Policy Since September 11» einer lebhaften Diskussion.[3] In einem Punkt stimmten die drei Vortragenden überein: Die Proklamation des Vorhabens, die Demokratie weltweit zu verbreiten, unterlag für sie keinem Zweifel. Was die Wege zur Verfolgung und endlichen Durchsetzung des universalen Zwecks betraf, nahmen sie indes drei höchst unterschiedliche

---

[3] Die drei Vorträge fanden am 11. März 2002, 11. Februar 2003 und 30. März 2004 im Wissenschaftlichen Programm der Stiftung in Nymphenburg statt.

Positionen ein. Fukuyama stützte sich auf die Extrapolation historischer Entwicklungen und ökonomischer Tendenzen: Export von Demokratie durch wirtschaftlichen Wandel und als Ergebnis des entschlossen vorangetriebenen Globalisierungsprozesses. Dworkin setzte seine Hoffnung auf Fortschritte der internationalen Konstitutionalisierung: Export von Demokratie vermittels supranationaler Institutionen und eines immer dichteren Netzes völkerrechtlicher Verträge. Kristol wies den USA als einzig verbliebener Supermacht die Mission zu, «to promote the principles of liberty and justice around the world». Die USA hätten sich nicht nur um des universalen Zwecks willen, sondern im wohlverstandenen nationalen Interesse in den Dienst dieser Aufgabe zu stellen: «the more democratic the world becomes, the more likely it is to be congenial to America.»

Die Erwartungen, die sich in den USA und in anderen Teilen der Welt über ein knappes Jahrhundert, von Woodrow Wilson bis George W. Bush, mit der Außenpolitik der Vereinigten Staaten verbanden – Jürgen Habermas sprach von einem «hegemonialen Liberalismus» –, sind mit der Präsidentschaft von Barack Obama an ihr Ende gekommen. Wenig spricht dafür, daß die USA sich künftig dem früheren Ziel verschreiben, und noch weniger, daß sie in der Verfassung sein und über die Mittel verfügen werden, die Welt für die Demokratie sicher zu machen. Der augenfälligste Einwand gegen die Extrapolationen, die für die Vision einer liberaldemokratischen Welt- und Friedensordnung als Ergebnis des ökonomischen Fortschritts herangezogen wurden, war der Anschlag auf die Twin Towers des World Trade Center in New York. Ebendie Kräfte und Erfolge, auf die die Prognose baute, haben den politisch-religiösen Radikalismus gegen sich aufgebracht und einen Feind sichtbar gemacht, der die Prinzipien der liberalen Demokratie fundamental verneint und sie zu bekämpfen entschlossen ist. Doch selbst wenn wir den politisch-religiösen Radikalismus außer acht ließen – was wir nicht können –, sind die Prämissen, die der Vision zugrunde liegen, nicht mehr Wunsch als

Wissen? Die Annahmen, daß wachsender Wohlstand liberale Demokratie nach sich ziehen muß und daß demokratische Gemeinwesen keine Kriege gegeneinander führen werden.

Die Hoffnung auf Verbreitung der Demokratie im Gefolge einer forcierten internationalen Konstitutionalisierung, über ein immer engmaschigeres Netz der Juridifizierung und durch die Übertragung von Kompetenzen des rechtlich zwingenden Durchgriffs an supranationale Agenturen wirft andere Fragen auf. Hier geht es nicht mehr nur um die Plausibilität historischer Vergleiche in prospektiver Absicht. Wenn etwa die Ausweitung der demokratischen Partizipation in den Vereinigten Staaten während der letzten zwei Jahrhunderte auf die in Aussicht genommene globale Demokratie übertragen oder wenn die Entwicklung des Verfassungsstaats auf die einst zu erreichende Robustheit der internationalen Institutionen hochgerechnet werden soll. Es geht nicht allein oder zuerst um die Effektivität der supranationalen Agenturen, sondern um deren Rückwirkung auf die demokratischen Gemeinwesen, die sie tragen müssen. In Rede steht die demokratische Legitimation. Angesichts der langen, angespannten, verwickelten Legitimationskette, die für die supranationalen Agenturen und die internationale Verrechtlichung beansprucht wird, ist es geboten, sich vor Augen zu führen, daß kein Rückgriff auf naturrechtliche Stipulationen – einerlei ob unter Berufung auf die mit Thomas von Aquin verbundene Tradition oder im Anschluß an John Locke –, kein Vertrauen auf die Vernunft, die im geschichtlich gewachsenen Recht sedimentiert sei oder in völkerrechtlichen Vertragswerken ihre Verkörperung gefunden habe, die republikanische Rechtsquelle zu ersetzen vermag. Diese Rechtsquelle, der Kern der Demokratie, ist in Gefahr, unter immer weiter in die Höhe getriebenen Gebäuden, die mit Berufung auf sie errichtet werden, zugedeckt und durch immer längere Ableitungen und immer neue Übertragungen zum Versiegen gebracht zu werden, bis sie auf eine bloße Instanz der Akklamation, um nicht zu sagen der Deklamation reduziert ist. Wenn die republikanische Rechtsquelle unversehrt erhalten, politisch intakt bleiben soll, muß der demokratische Souverän sich aktuell äußern können. Aktuell, gegenwärtig und wirklich, äußern kann er sich aber nur, wenn er auch gewachsenes Recht, selbst völkerrechtliche Konstruktionen und internationale Institutionen zur Disposition stellen, wenn er *ja* und *nein* sagen kann.[4]

Der Wahrung der republikanischen Rechtsquelle kommt nicht allein in Rücksicht auf internationale Organisationen wie die Vereinten Nationen zentrale Bedeutung zu, deren demokratische Legitimation äußerst schwach ist. Sie bleibt ein beständiges Offizium auch für das erfolgreichste Exportunternehmen in Sachen Demokratie, das die Welt bisher gesehen hat: für die Europäische Union. Man kann sagen, sie exportiert Demokratie, indem sie Staaten importiert, die sich nach den Vorgaben der Union einer weitreichenden inneren Umgestaltung unterziehen müssen. Die Europäische Union erscheint so als die größte Annäherung an die von Kant erhoffte Weltrepublik oder zumindest an den von ihm geforderten «Friedensbund». Lord Dahrendorf hat ein Jahrzehnt vor dem Brexit, ebenfalls in einem Münchner Vortrag, dafür geworben, die EU weiter zu öffnen und ausgreifen zu lassen: Neuseeland, Singapur usw. als künftige Kandidaten und spätere Mitglieder.[5] Die EU auf den Spuren des British Empire. Aber sollten die Bürger der europäischen Staaten nicht ein vitales Interesse daran haben, daß der Export der Demokratie nicht zur Verdünnung, Aushöhlung, Entkräftung der Demokratie in ihren Gemeinwesen führt? Was hilft der Export von Demokratie, wenn die Demokratie dabei selbst Schaden nimmt? Wenn sie den Exporteuren Stück für Stück abhanden kommt?

---

4 Siehe dazu meine Auseinandersetzung mit Jean-Jacques Rousseaus *Du contrat social* in *Politische Philosophie und die Herausforderung der Offenbarungsreligion*. München 2013, S. 154 ff.
5 Ralf Dahrendorf: «Vereint oder offen? Die europäische Alternative.» Vortrag, gehalten in der Carl Friedrich von Siemens Stiftung am 11. Juli 2005.

An den Erwartungen, die auf den Export der Demokratie, auf deren kosmopolitische Expansion oder Transgression, gerichtet sind, hat eine Vorstellung Anteil, die mit dem alten Geschichtsglauben verbunden, aber nicht eins ist. Sie trifft sich mit ihm in der Hoffnung, daß das Beste, das Wahre oder Gerechte, allererst bevorstehe. Sie vertraut nicht so sehr auf die Notwendigkeit einer Entwicklung oder die Gesetzmäßigkeit eines Prozesses, sondern betont die Forderung, die Verheißung, das Gebot. Die Demokratie als Versprechen, immer aufgegeben und nie erreicht. Jacques Derrida hat dem Glauben an eine Demokratie, die stets eine kommende, eine Demokratie im Kommen ist, am beredtsten Ausdruck verliehen. Die «démocratie à venir» verlange, die bisherigen Beschränkungen der Politik, jede Art von Homogenität und Partikularität, und mithin die Demokratie selbst zu überschreiten. Um der unverstellten Universalität der «démocratie à venir» ansichtig zu werden, muß nicht nur das «mystische Band» zwischen Staatsbürgerschaft und Nation dekonstruiert werden. Die Dekonstruktion, die auf eine Brüderlichkeit geht, «welche niemanden mehr ausschließt», befindet sich in vollkommenem Einklang mit dem nach Derridas Konzeption entscheidenden Moment der Demokratie, nämlich mit «der Möglichkeit und der Pflicht der Demokratie, sich selbst zu entgrenzen». Die Demokratie ist eine ebenso unendliche Aufgabe wie die Dekonstruktion, die sich an deren «unendlicher Heterogenität» abzuarbeiten hat. Die Demokratie bleibt immer im Kommen, «das ist ihr Wesen, sofern sie bleibt. Sie wird nicht nur unendlich vervollkommbar, also immer ungenügend und zukünftig bleiben, sondern sie wird, da sie der Zeit der Verheißung zugehört, immer, zu jeder ihrer zukünftigen Zeiten, im Kommen bleiben: selbst wenn es die Demokratie gibt, existiert sie niemals, ist sie niemals gegenwärtig».[6] Die theologischen Impli-

---

6 Jacques Derrida: *Politiques de l'amitié*. Paris 1994, S. 122, 128, 247, 258-259, 263-264, 339. Cf. *Force de loi*. Paris 1994, S. 35, 48, 126.

kationen der Vorstellung einer «unendlichen», «dem Anderen geschuldeten» Gerechtigkeit, von der sich Derridas Dekonstruktion leiten läßt, mögen dies eine Mal auf sich beruhen bleiben.[7] Aus der «Pflicht der Demokratie», sich in einem fort selbst zu entgrenzen, ist jedenfalls kein demokratisches Gemeinwesen zu gewinnen. Die Fixierung auf eine Demokratie, die nie ankommt, weil sie stets im Kommen sein soll, hat mit der Illusion des Geschichtsglaubens, dem zufolge die Demokratie notwendig kommen muß, gemeinsam, daß sie vom Wichtigsten ablenkt: von der Demokratie, die weder eine historische Phantasmagorie noch ein moralisches Sollen, sondern eine politische Herrschaftsform ist. Eine Herrschaftsform, die nur Zukunft hat, wenn sie in der Gegenwart ausgeübt und verteidigt wird. Die Kritik der demokratischen Illusion ist ein Plädoyer für die Zukunft der Demokratie.

---

[7] Sie sind Gegenstand meines Essays *Eine theologische oder eine philosophische Politik der Freundschaft* in: *Carl Schmitt, Leo Strauss und «Der Begriff des Politischen». Zu einem Dialog unter Abwesenden*. Erweiterte Neuausgabe. Stuttgart–Weimar 1998. 3. Auflage 2013, S. 171–181.

Über die Autoren

SABINO CASSESE, geboren 1935 in Atripalda, Italien. Sein Studium an der Universität Pisa schloß er 1956 mit *summa cum laude* ab. Danach unterrichtete er an den Universitäten Urbino, Neapel und Rom sowie an der Scuola Normale Superiore, Pisa. Heute lehrt er an der School of Government der Libera Università Internazionale degli Studi Sociali, Rom. Von 1993 bis 1994 war er Mitglied der italienischen Regierung und von 2005 bis 2014 Richter am italienischen Verfassungsgericht. Er erhielt acht Ehrendoktorate: Aix-en-Provence (1987), Córdoba (1995), Paris II (1998), Castilla-La Mancha (2002), Athen (2002), Macerata (2002), Europäisches Hochschulinstitut (2010) und Roma La Sapienza (2016). Ausgewählte Veröffentlichungen: *When Legal Orders Collide. The Role of Courts*. Sevilla 2010. *Lo Stato fascista*. Bologna 2010 (französisch). *L'Italia una società senza Stato*. Bologna 2011. *The Global Polity. Global Dimensions of Democracy and the Rule of Law*. Sevilla 2012. *Tre maestri del diritto*. Neapel 2012. *Chi governa il mondo?* Bologna 2013. *Governare gli italiani. Storia dello Stato*. Bologna 2014. *Dentro la Corte. Diario di un giudice costituzionale*. Bologna 2015. *Territori e potere*. Bologna 2016. *La Democrazia e i suoi limiti*. Mailand 2017. Als Herausgeber u.a.: *New Trends in Italian Public Law*. London 2012 (mit Luisa Torchia). *Lo Stato e il suo diritto*. Bologna 2013 (mit Pierangelo Schiera und Armin von Bogdandy). *Diritto amministrativo. Una conversazione*. Bologna 2014 (mit L. Torchia). *Research Handbook on Global Administrative Law*. Cheltenham–Northampton 2016. *Lezioni sul meridionalismo*. Bologna 2016. *The Max Planck Handbooks in European Public Law*. Bd. 1: *The Administrative State*. Oxford 2017 (mit A. von Bogdandy und Peter M. Huber).

ÜBER DIE AUTOREN

DAN DINER, geboren 1946 in München, studierte in Frankfurt am Main Rechts- und Sozialwissenschaften. 1973 Promotion. 1980 Habilitation. Danach unterrichtete er zunächst moderne arabische Geschichte in Odense (Dänemark), bevor er 1985 auf den Lehrstuhl für Außereuropäische Geschichte an der Universität Essen berufen wurde. Außerdem lehrte er seit 1988 europäische Geschichte an der Universität Tel Aviv und leitete dort von 1994 bis 1999 das Minerva-Institut für deutsche Geschichte. Er ist Professor Emeritus für moderne Geschichte an der Hebräischen Universität zu Jerusalem. Von 1999 bis 2014 war er Direktor des Simon-Dubnow-Instituts für jüdische Geschichte und Kultur sowie Professor an der Universität Leipzig. Er nahm Gastprofessuren und Forschungsaufenthalte u.a. in Wien, Oxford, Princeton, Stanford, Duke, Chicago, Uppsala wahr. Im Rahmen eines European Research Council Advanced Grant (ERC) führt er an der Hebräischen Universität das Projekt «Judging Histories – Experience, Judgement and Representation of World War II in an Age of Globalization» durch. Ausgewählte Veröffentlichungen: *Das Jahrhundert verstehen. Eine universalhistorische Deutung.* München 1999/2015. *Versiegelte Zeit. Über den Stillstand in der islamischen Welt.* Berlin 2005/2015. *Gegenläufige Gedächtnisse. Über Geltung und Wirkung des Holocaust.* Göttingen 2007. *Zeitenschwelle. Gegenwartsfragen an die Geschichte.* München 2010. *Rituelle Distanz. Israels deutsche Frage.* München 2015. *Aufklärungen. Wege in die Moderne.* Stuttgart 2017. Er ist Herausgeber der von der Sächsischen Akademie der Wissenschaften zu Leipzig beauftragten *Enzyklopädie Jüdischer Geschichte und Kultur.* 7 Bde. Stuttgart–Weimar 2011–2017. Ausgezeichnet u.a. mit dem Ernst-Bloch-Preis der Stadt Ludwigshafen (2006), dem Leipziger Wissenschaftspreis (2013) und der Ehrendoktorwürde der Freien Universität Berlin.

HORST DREIER, geboren 1954 in Hannover, studierte dort von 1975 bis 1981 Rechtswissenschaften und ging anschließend als Assistent zu Hasso Hofmann an die Universität Würzburg. 1985 Promotion. 1989 Habilitation. Nach Lehrstuhlvertretungen in Würzburg und Heidelberg war er von 1991 bis 1995 Inhaber des Lehrstuhls für Öffentliches Recht und Verwaltungslehre an der Universität Hamburg. Seitdem Ordinarius für Rechtsphilosophie, Staats- und Verwaltungsrecht an der juristischen Fakultät der Universität Würzburg. Seine Vorlesungen zum Staats- und Verfassungsrecht wurden von den Studierenden in drei aufeinanderfolgenden Semestern zur «besten Vorlesung» gewählt. Im Jahr 2000 verlieh ihm der Bayerische Staatsminister für Wissenschaft, Forschung und Kunst einen «Preis für gute Lehre». Durch Beschluß des Bundeskabinetts wurde er 2001 in den Nationalen Ethikrat berufen. Der Bundespräsident der Republik Österreich verlieh ihm im Dezember 2002 das «Österreichische Ehrenzeichen für Wissenschaft und Kunst». Er ist Mitglied der Bayerischen Akademie der Wissenschaften (seit 2003) und der Deutschen Nationalakademie Leopoldina (seit 2007). Von 2004 bis 2006 amtierte er als Vorsitzender der Vereinigung der Deutschen Staatsrechtslehrer. In der DFG wirkte er als Fachgutachter (2000–2004) und als Mitglied des Fachkollegiums Rechtswissenschaften (2004–2008). Er war Fellow des Wissenschaftskollegs zu Berlin (2005–2006), des Max-Weber-Kollegs in Erfurt (2008–2010) sowie der Carl Friedrich von Siemens Stiftung (2011–2012). Im Wintersemester 2016–2017 bekleidete er die Hans-Blumenberg-Gastprofessur am Exzellenzcluster «Religion und Politik» an der Westfälischen Wilhelms-Universität Münster. Ausgewählte Buchveröffentlichungen: *Rechtslehre, Staatssoziologie und Demokratietheorie bei Hans Kelsen*. Baden-Baden 1986, 2. Aufl. 1990. *Hierarchische Verwaltung im demokratischen Staat*. Tübingen 1991. *Gilt das Grundgesetz ewig?* München 2009. *Bioethik. Politik und Verfassung*. Tübingen 2013. *Säkularisierung und Sakralität*. Tübingen 2013. *Idee und Gestalt des freiheitlichen Verfassungsstaates*. Tübingen 2014. *Staatsrecht in Demokratie und Diktatur*. Hg. von Matthias Jestaedt und Stanley L. Paulson. Tübingen 2016.

Staat ohne Gott. Religion in der säkularen Moderne. München 2. Aufl. 2018. Als Herausgeber u. a.: *Grundgesetz-Kommentar* (3 Bde., 1.Aufl. 1996–2000; 2.Aufl. 2004–2008; 3.Aufl. 2013–2018). *Festschrift 50 Jahre Bundesverfassungsgericht.* 2 Bde. Tübingen 2001 (gemeinsam mit Peter Badura). *Raum und Recht. Festschrift 600 Jahre Würzburger Juristenfakultät.* Berlin 2002. *Rechts- und staatstheoretische Schlüsselbegriffe. Legitimität – Repräsentation – Freiheit. Symposion für Hasso Hofmann zum 70. Geburtstag.* Berlin 2005. *Kulturelle Identität als Grund und Grenze des Rechts.* Stuttgart 2008 (gemeinsam mit Eric Hilgendorf). *Wissenschaft und Politik.* Stuttgart 2010 (gemeinsam mit Dietmar Willoweit).

EGON FLAIG, geboren 1949 in Gronau, studierte Geschichte, Romanistik, Lateinamerikanistik und Philosophie in Stuttgart, Paris und Berlin. 1984 Promotion. 1990 Habilitation in Freiburg im Breisgau. 1993–1997 Wissenschaftlicher Referent am Max-Planck-Institut für Geschichte (Göttingen). Von 1997 bis 2008 Professor für Alte Geschichte an der Universität Greifswald, von 2008 bis zur Emeritierung 2014 an der Universität Rostock. Gastprofessuren an der EHESS in Paris (auf Einladung von Pierre Bourdieu), am Centre Gustave Glotz (Sorbonne) und an der Universität Konstanz. Mitglied des Instituts für Historische Anthropologie (Wien–Freiburg) und des Conseil Scientifique des Institut de la Communication du CNRS (Paris). Mitherausgeber der *Historischen Anthropologie* (1993–2001). Preis der Aby-Warburg-Stiftung 1997. Fellow am Wissenschaftskolleg zu Berlin (2003–2004). Senior Stipendiat des Historischen Kollegs München (2009–2010). Fellow am Kulturwissenschaftlichen Kolleg Konstanz (2015). Buchveröffentlichungen: *Giovanni Boccaccio.* Salzburg 1984. *Angeschaute Geschichte. Zu Jacob Burckhardts «Griechische Kulturgeschichte».* Rheinfelden 1987. *Den Kaiser herausfordern. Die Usurpation im Römischen Reich.* Frankfurt 1992. *Ödipus. Tragischer Vatermord im klassischen Athen.* München 1998. *Römische Republik von den Gracchen bis Sulla.*

Fernuniversität Hagen 1999. *Römische Republik von Sulla bis zu Cäsars Konsulat.* Fernuniversität Hagen 1999. *Ritualisierte Politik. Zeichen, Gesten und Herrschaft im Alten Rom.* Göttingen 2003. *Weltgeschichte der Sklaverei.* München 2009, 3. Aufl. 2018. *Die Mehrheitsentscheidung. Entstehung und kulturelle Dynamik.* Paderborn 2013. *Gegen den Strom. Für eine säkulare Republik Europa.* Springe 2013. *Die Niederlage der politischen Vernunft. Wie wir die Errungenschaften der Aufklärung verspielen.* Springe 2017. Als Herausgeber: *Genesis und Dynamiken der Mehrheitsentscheidung.* München 2013.

FRIEDRICH WILHELM GRAF, geboren 1948 in Wuppertal, studierte Evangelische Theologie, Philosophie und Geschichte in Wuppertal, Tübingen und München. 1978 Promotion. 1986 Habilitation. Von 1988 bis 1999 war er Professor für Systematische Theologie und neuere Theologiegeschichte an der Universität Augsburg. Von 1999 bis 2013 war er Ordinarius für Systematische Theologie und Ethik an der Ludwig-Maximilians-Universität München. Zahlreiche Gastvorlesungen an Universitäten in Japan, Indien, China und den USA. 1999 erhielt er als erster Theologe den Leibniz-Preis der Deutschen Forschungsgemeinschaft. Seit 2001 ist er Mitglied der Bayerischen Akademie der Wissenschaften. Buchveröffentlichungen: *Theonomie. Fallstudien zum Integrationsanspruch neuzeitlicher Theologie.* Gütersloh 1987. *Die Wiederkehr der Götter. Religion in der modernen Kultur.* München 2004, 3. Aufl. 2005, erw. Ausgabe in der Beck'schen Reihe 2007. *Moses Vermächtnis. Über göttliche und menschliche Gesetze.* 1. bis 3. Aufl. München 2006. *Der Protestantismus. Geschichte und Gegenwart.* München 2006, 3., aktualisierte und überarbeitete Aufl. 2017. *Missbrauchte Götter. Zum Menschenbilderstreit in der Moderne.* München 2009. *Kirchendämmerung. Wie die Kirchen unser Vertrauen verspielen.* München 2011, 3. Aufl. 2013. *Der heilige Zeitgeist. Studien zur Ideengeschichte der protestantischen Theologie in der*

Weimarer Republik. Tübingen 2011. *Fachmenschenfreundschaft. Studien zu Troeltsch und Weber.* Berlin–Boston 2014. *Götter global. Wie die Welt zum Supermarkt der Religionen wird.* München 2014, Sonderausgabe Bonn 2014. *Helmut Thielicke und die Zeitschrift für evangelische Ethik.* Tübingen 2018. Als Herausgeber u. a.: *Die Flucht in den Begriff. Materialien zu Hegels Religionsphilosophie.* Stuttgart 1982 (mit Falk Wagner). *Profile des neuzeitlichen Protestantismus*, 3 Bde. Gütersloh 1990–1993. *Liberale Theologie. Eine Ortsbestimmung.* Gütersloh 1993. *Ernst Troeltsch in Nachrufen.* Gütersloh 2002, 2. Aufl. 2003. *Ernst Troeltschs «Historismus».* Gütersloh 2002, 2. Aufl. 2003. *Der Tod im Leben.* München 2004, 3. Aufl. 2009, sowie *Politik und Religion. Zur Diagnose der Gegenwart.* München 2012, 2. Aufl. 2017 (beide mit Heinrich Meier). Mitherausgeber der *Zeitschrift für Neuere Theologiegeschichte/Journal for the History of Modern Theology* und der *Kritischen Gesamtausgabe* der Werke Ernst Troeltschs.

HEINRICH MEIER, geboren 1953 in Freiburg im Breisgau, studierte dort Philosophie, Politische Wissenschaft und Soziologie. Promotion 1985. Seit demselben Jahr leitet er die Carl Friedrich von Siemens Stiftung in München. Seit 1999 lehrt er als Honorarprofessor für Philosophie an der Ludwig-Maximilians-Universität München und seit 2008 als ständiger Gastprofessor am Committee on Social Thought der University of Chicago. Er war Georges Lurcy Professor der University of Chicago (2000) und Gastprofessor am Boston College (2003). 2005 wurde er mit der Leibniz-Medaille der Berlin-Brandenburgischen Akademie der Wissenschaften ausgezeichnet und 2011 zum Ehrensenator der Humboldt-Universität zu Berlin ernannt. Buchveröffentlichungen: *Jean-Jacques Rousseau: Discours sur l'inégalité/Diskurs über die Ungleichheit. Kritische Edition mit deutscher Übersetzung und ausführlichem Kommentar.* Paderborn 1984, 6. Aufl. 2008. *Carl Schmitt, Leo Strauss und «Der Begriff des Politischen». Zu einem Dialog unter Abwesenden.* Stuttgart 1988, 3., durchgesehene und erweiterte Aufl. 2013 (französisch 1990, japanisch 1993, amerikanisch 1995, chinesisch 2002, spanisch 2008, italienisch 2011, russisch 2012, koreanisch 2018). *Die Lehre Carl Schmitts. Vier Kapitel zur Unterscheidung Politischer Theologie und Politischer Philosophie.* Stuttgart–Weimar 1994, 4., durchgesehene Aufl. 2012 (amerikanisch 1998, chinesisch 2004, französisch 2014, japanisch 2015, italienisch 2018, koreanisch 2019). *Die Denkbewegung von Leo Strauss. Die Geschichte der Philosophie und die Intention des Philosophen.* Stuttgart–Weimar 1996 (chinesisch 2002, amerikanisch 2006, französisch 2006, spanisch 2006). *Warum Politische Philosophie?* Stuttgart–Weimar 2000, 2. Aufl. 2001 (chinesisch 2001, amerikanisch 2002, französisch 2006, spanisch 2006, japanisch 2010). *Das theologisch-politische Problem. Zum Thema von Leo Strauss.* Stuttgart–Weimar 2003 (chinesisch 2004, französisch 2006, spanisch 2006, japanisch 2010). *«Les rêveries du Promeneur Solitaire». Rousseau über das philosophische Leben.* München 2005, 2. Aufl. 2008 (chinesisch 2006, japanisch 2008, amerikanisch 2010, französisch 2010, koreanisch 2018). *Was ist Politische Theologie? – What Is Political Theology?* München 2006, 2. Aufl. 2017 (italienisch 2000, chinesisch 2002, polnisch 2003, französisch 2008, spanisch 2008, koreanisch 2018). *Leo Strauss and the Theologico-Political Problem.* Cambridge, Mass. 2006, 7. Aufl. 2008. *Über das Glück des philosophischen Lebens. Reflexionen zu Rousseaus «Rêveries» in zwei Büchern.* München 2011 (chinesisch 2014, amerikanisch 2016). *Politische Philosophie und die Herausforderung der Offenbarungsreligion.* München 2013 (chinesisch 2014, amerikanisch 2017). *Politik und Praktische Philosophie. Gedenkrede auf Wilhelm Hennis.* Berlin 2014. *Was ist Nietzsches Zarathustra? Eine philosophische Auseinandersetzung.* München 2017 (chinesisch 2018, amerikanisch 2019). Herausgeber der *Gesammelten Schriften* von Leo Strauss.

HERFRIED MÜNKLER, geboren 1951 in Friedberg/Hessen, studierte an der Johann-Wolfgang-von-Goethe-Universität in Frankfurt Politikwissenschaft, Philosophie und Germanistik. 1981 Promotion. 1987 Habilitation. Nach Assistententätigkeit und Professurvertretung in Frankfurt am Main nahm er 1992 einen Ruf auf den Lehrstuhl für Theorie der Politik an der Berliner Humboldt-Universität an, wo er trotz mehrerer Rufe an andere Universitäten blieb. Er ist Mitglied der Berlin-Brandenburgischen Akademie der Wissenschaften, dort u. a. für die Marx-Engels-Gesamtausgabe (MEGA) verantwortlich. Neben mehreren Forschungsaufenthalten und Gastprofessuren hat er zahlreiche Forschungsprojekte geleitet. 2009 erhielt er den Preis der Leipziger Buchmesse sowie den Meyer-Struckmann-Preis der Heinrich-Heine-Universität Düsseldorf, 2016 den Friedrich-Schiedel-Literaturpreis. Zuletzt war er Fellow der Carl Friedrich von Siemens Stiftung (2016–2017). Ausgewählte Buchveröffentlichungen: *Machiavelli. Die Begründung des politischen Denkens der Neuzeit aus der Krise der Republik Florenz.* Frankfurt am Main 1982. *Staatsraison. Ein Leitbegriff der Frühen Neuzeit.* Frankfurt am Main 1987. *Im Namen des Staates. Die Begründung der Staatsraison in der Frühen Neuzeit.* Frankfurt am Main 1987. *Gewalt und Ordnung. Das Bild des Krieges im politischen Denken.* Frankfurt am Main 1992. *Hobbes zur Einführung.* Frankfurt am Main 1993. *Nationenbildung. Die Nationalisierung Europas im Diskurs humanistischer Intellektueller. Italien und Deutschland.* Berlin 1998 (mit Hans Grünberger und Kathrin Mayer). *Lexikon der Renaissance.* München 2000 (mit Marina Münkler). *Die neuen Kriege.* Reinbek bei Hamburg 2002. *Über den Krieg. Stationen der Kriegsgeschichte im Spiegel ihrer theoretischen Reflexion.* Weilerswist 2002. *Imperien. Die Logik der Weltherrschaft. Vom Alten Rom bis zu den Vereinigten Staaten.* Berlin 2005. *Der Wandel des Krieges. Von der Symmetrie zur Asymmetrie.* Weilerswist 2006. *Die Deutschen und ihre Mythen.* Berlin 2009. *Mitte und Maß. Der Kampf um die richtige Ordnung.* Berlin 2010. *Der Große Krieg. Die Welt 1914–*

1918. Berlin 2013. *Macht in der Mitte. Die neuen Aufgaben Deutschlands in Europa.* Hamburg 2015. *Kriegssplitter. Die Evolution der Gewalt im 20. und 21. Jahrhundert.* Berlin 2015. *Einführung in die Politische Theorie und Ideengeschichte.* München 2016 (mit Grit Straßenberger). *Die neuen Deutschen. Ein Land vor seiner Zukunft.* Berlin 2016 (mit M. Münkler). Berlin 2016. *Der Dreißigjährige Krieg. Europäische Katastrophe, Deutsches Trauma 1618–1648.* Berlin 2017. Zahlreiche Bücher von Herfried Münkler erschienen in mehreren Auflagen. Sie wurden in mehr als zwanzig Sprachen übersetzt.

Dietrich Murswiek, geboren 1948 in Hamburg, studierte Rechtswissenschaft in Erlangen, Marburg und Heidelberg. Promotion 1978 in Heidelberg. Habilitation 1984 an der Universität des Saarlandes in Saarbrücken; venia legendi für Staats-, Verwaltungs- und Völkerrecht. Von 1986 bis 1990 war er Professor für Öffentliches Recht an der Georg-August-Universität Göttingen. Von 1990 bis zu seiner Emeritierung 2016 lehrte er als Ordinarius für Staats- und Verwaltungsrecht, Deutsches und Internationales Umweltrecht an der Albert-Ludwigs-Universität in Freiburg im Breisgau. Während dieser Zeit war er zugleich Direktor des Instituts für Öffentliches Recht. Einen Ruf auf den Lehrstuhl für «Allgemeine Staatslehre, Öffentliches Recht und Rechtsphilosophie» an der Universität zu Köln lehnte er 1997 ab. Er war Fellow der Carl Friedrich von Siemens Stiftung (2005–2006). Seit 2016 ist er Mitglied der Europäischen Akademie der Wissenschaften und Künste. Neben seiner wissenschaftlichen Tätigkeit war und ist er rechtsberatend tätig, insbesondere als Prozeßvertreter in politisch bedeutsamen Verfassungsprozessen wie in dem Prozeß über den Vertrag von Lissabon oder in den verschiedenen Verfahren zur «Eurorettung». Ausgewählte Buchveröffentlichungen: *Die verfassunggebende Gewalt nach dem Grundgesetz für die Bundesrepublik Deutschland.* Berlin 1978. *Die staatliche Verantwortung für die Risiken der Technik. Verfassungsrechtliche Grundlagen und immissionsschutzrechtliche*

Ausformung. Berlin 1985. *Das Staatsziel der Einheit Deutschlands nach 40 Jahren Grundgesetz.* München 1989. *Die Entlastung der Innenstädte vom Individualverkehr. Abgaben und andere Geldleistungspflichten als Mittel der Verkehrslenkung.* Baden-Baden 1993. *Peaceful Change – ein Völkerrechtsprinzip?* Köln 1998. *Das Wiedervereinigungsgebot des Grundgesetzes und die Grenzen der Verfassungsänderung.* Köln 1999. *Die Eurokrise vor dem Bundesverfassungsgericht.* Baden-Baden 2016. *Grundrechte, Umweltrecht und Völkerrecht.* Hg. von Tsuyoshi Hatajiri [Japanische Übersetzung ausgewählter Aufsätze]. Tokyo 2017. Als Mitherausgeber: *Staat – Souveränität – Verfassung.* Berlin 2000. *Ein Jahrhundert Minderheiten- und Volksgruppenschutz.* Köln 2001. *Minderheitenschutz und Demokratie.* Berlin 2004. *Minderheitenschutz und Menschenrechte.* Berlin 2006. *Das Selbstbestimmungsrecht der Völker. Eine Problemschau.* Berlin 2013. *Nationales Wahlrecht und internationale Freizügigkeit.* Berlin 2015.

THOMAS L. PANGLE, geboren 1944 in Gouverneur, New York, USA. Studium der Politischen Wissenschaft an den Universitäten Cornell und Chicago. 1972 Ph.D. Er lehrte an der Yale University, am Dartmouth College, der École des Hautes Études en Sciences Sociales und von 1979 bis 2004 im Department of Political Science der Universität Toronto, Kanada, seit 2001 als University Professor. Seit 2004 hat er den Joe R. Long Chair in Democratic Studies am Department of Government der University of Texas at Austin inne, wo er auch Direktor des Thomas Jefferson Center for the Study of Core Texts and Ideas ist. Fellow der Royal Society of Canada. Fellowships der Guggenheim Foundation, des Killiam-Canada Council, der Connaught Faculty, des Social Sciences and Humanities Research Council und des National Endowment for the Humanities. Er war Carl Friedrich von Siemens Fellow des Jahres 1997/1998. Ausgewählte Veröffentlichungen: *Montesquieu's Philosophy of Liberalism. A Commentary on «The Spirit of the Laws».* Chicago 1973. *The Laws of Plato. Translated with*

Notes and an Interpretive Essay. New York 1980. *The Spirit of Modern Republicanism. The Moral Vision of the American Founders and the Philosophy of Locke.* Chicago 1988. *The Ennobling of Democracy. The Challenge of the Postmodern Age.* Baltimore 1992. *The Learning of Liberty. The Educational Ideas of the American Founders.* Lawrence 1993 (mit Lorraine Smith Pangle). *Justice Among Nations. On the Moral Basis of Power and Peace.* Lawrence 1999 (mit Peter J. Ahrensdorf). *Political Philosophy and the God of Abraham.* Baltimore–London 2003. *Leo Strauss. An Introduction to His Thought and Intellectual Legacy.* Baltimore 2006. *The Theological Basis of Liberal Modernity in Montesquieu's «Spirit of the Laws».* Chicago 2010. *Aristotle's Teaching in the «Politics».* Chicago 2013. *The Key Texts of Political Philosophy. An Introduction.* Cambridge–New York 2014 (mit Timothy Burns). *The Socratic Way of Life. Xenophon's «Memorabilia».* Chicago 2018. Als Herausgeber: *The Roots of Political Philosophy. Ten Forgotten Socratic Dialogues.* Ithaca–London 1987.

PETER SLOTERDIJK, geboren 1947 in Karlsruhe, studierte von 1968 bis 1974 in München und Hamburg Philosophie, Geschichte und Germanistik. Promotion 1976. Zwischen 1978 und 1980 hielt er sich im Ashram von Bhagwan Shree Rajneesh (später Osho) im indischen Pune auf. Von 2001 bis 2015 war er Rektor der Staatlichen Hochschule für Gestaltung in Karlsruhe. Von 2002 bis 2012 moderierte er – zusammen mit Rüdiger Safranski – die Gesprächsrunde «Das Philosophische Quartett» im ZDF. Zahlreiche Auszeichnungen u. a. Österreichisches Ehrenzeichen für Wissenschaft und Kunst (2005), Ordre des Arts et des Lettres (2006), Lessing-Preis für Kritik (2008), Ehrendoktorwürde der Universität Nijmegen, Niederlande (2011), Ludwig-Börne-Preis (2013), Helmuth-Plessner-Preis (2017). Ausgewählte Veröffentlichungen: *Kritik der Zynischen Vernunft.* Frankfurt am Main 1983 (englisch, französisch, spanisch, italienisch, niederländisch). *Der Denker auf der Bühne. Nietzsches Materialismus.* Frankfurt am Main

1986 (englisch, französisch, spanisch). *Kopernikanische Mobilmachung und ptolemäische Abrüstung.* Frankfurt am Main 1987. *Falls Europa erwacht. Gedanken zum Programm einer Weltmacht am Ende des Zeitalters ihrer politischen Absence.* Frankfurt am Main 1994. *Sphären I. Blasen.* Frankfurt am Main 1998. *Sphären II. Globen.* Frankfurt am Main 1999 (beide: englisch, französisch, spanisch, italienisch, niederländisch). *Die Verachtung der Massen. Versuch über Kulturkämpfe in der modernen Gesellschaft.* Frankfurt am Main 2000 (spanisch). *Luftleben. An der Quelle des Terrors.* Frankfurt am Main 2002 (englisch, italienisch). *Sphären III. Schäume.* Frankfurt am Main 2004 (englisch, französisch, spanisch, niederländisch). *Im Weltinnenraum des Kapitals.* Frankfurt am Main 2006 (englisch, französisch, spanisch, italienisch, niederländisch). *Gottes Eifer. Vom Kampf der drei Monotheismen.* Frankfurt am Main–Leipzig 2007 (englisch, französisch, spanisch, niederländisch). *Zorn und Zeit.* Frankfurt am Main 2008 (englisch, französisch, spanisch, italienisch, niederländisch). *Du mußt Dein Leben ändern.* Frankfurt am Main 2009 (englisch, französisch, spanisch, italienisch, niederländisch). *Reflexionen eines nicht mehr Unpolitischen.* Berlin 2013. *Die schrecklichen Kinder der Neuzeit.* Berlin 2014 (französisch, niederländisch). *Was geschah im 20. Jahrhundert?* Berlin 2016 (italienisch). *Nach Gott. Glaubens- und Unglaubensversuche.* Berlin 2017.

Edition der
Carl Friedrich von Siemens
Stiftung

Friedrich Wilhelm Graf und Heinrich Meier (Hg.)
Politik und Religion
Zur Diagnose der Gegenwart
Zweite Auflage. 2017. 325 Seiten. Klappenbroschur

Friedrich Wilhelm Graf
Einleitung

Hans Ulrich Gumbrecht
Religion und Politik in den Vereinigten Staaten

Gregory L. Freeze
**Von der Entkirchlichung zur Laisierung
Staat, Kirche und Gläubige in Rußland**

Hillel Fradkin
Die lange Suche nach dem Islamischen Staat

Robert C. Bartlett
**Religion und Politik
in der klassischen politischen Wissenschaft**

Peter Schäfer
**Theokratie: Die Herrschaft Gottes
als Staatsverfassung in der jüdischen Antike**

Giorgio Agamben
Archäologie des Befehls

Hans Joas
**Sakralisierung und Entsakralisierung
Politische Herrschaft und religiöse Interpretation**

Jürgen Habermas
Politik und Religion

Heinrich Meier
Epilog – Politik, Religion und Philosophie

Edition der
Carl Friedrich von Siemens
Stiftung

Heinrich Detering
Die Stimmen aus der Unterwelt
Bob Dylans Mysterienspiele
2. Auflage. 2016. 256 Seiten mit 24 Abbildungen
Gebunden

Horst Dreier
Staat ohne Gott
Religion in der säkularen Moderne
2. Auflage. 2018. 256 Seiten
Gebunden

Karl Schlögel
Das sowjetische Jahrhundert
Archäologie einer untergegangenen Welt
4. Auflage. 2018. 912 Seiten mit 86 Abbildungen
Gebunden

Brendan Simms
Der längste Nachmittag
400 Deutsche, Napoleon und die Entscheidung von Waterloo
2. Auflage. 2014. 191 Seiten mit 16 Abbildungen
und 2 Karten
Gebunden

Friedrich Wilhelm Graf und Heinrich Meier bei C.H.Beck

Friedrich Wilhelm Graf
Götter global
Wie die Welt zum Supermarkt der Religionen wird
2014. 286 Seiten. Klappenbroschur

Friedrich Wilhelm Graf
Der Protestantismus
Geschichte und Gegenwart
3., überarbeitete und aktualisierte Auflage. 2017. 128 Seiten
Paperback

Friedrich Wilhelm Graf
Moses Vermächtnis
Über göttliche und menschliche Gesetze
2006. 99 Seiten mit 22 Abbildungen. Klappenbroschur

Heinrich Meier
Was ist Nietzsches Zarathustra?
Eine philosophische Auseinandersetzung
2017. 240 Seiten. Gebunden

Heinrich Meier
Politische Philosophie und die Herausforderung der Offenbarungsreligion
2013. 236 Seiten. Gebunden

Heinrich Meier
Über das Glück des philosophischen Lebens
Reflexionen zu Rousseaus *Rêveries* in zwei Büchern
2011. 442 Seiten mit 2 Abbildungen. Gebunden